알쏭달쏭 헷갈리는 개념이 머리에 쏙!
정리 끝! 교과서 과학 비교 사전

초판 1쇄 발행 2018년 8월 27일
초판 3쇄 발행 2020년 1월 2일

지은이 신과람과학교사모임
그린이 윤지혜

펴낸이 김영철
펴낸곳 국민출판사
등록 제6-0515호
주소 서울특별시 마포구 동교로12길 41-13(서교동)
전화 02)322-2434
팩스 02)322-2083
블로그 blog.naver.com/kmpub6845

편집 한수정, 임여진, 고은정
표지 디자인 최치영
내지 디자인 블루
경영지원 한정숙
종이 신승 지류 유통 | **인쇄** 예림 | **코팅** 수도 라미네이팅 | **제본** 은정 제책사

ⓒ 신과람과학교사모임, 2018
ISBN 978-89-8165-343-9 (73400)

※ 이 책은 저작권법에 따라 보호받는 저작물이므로 무단전재와 무단복제를 금지하며,
   이 책의 전부 또는 일부를 이용하려면 국민출판사의 서면 동의를 받아야 합니다.
※ 잘못된 책은 구입한 서점에서 교환하여 드립니다.

정리 끝! 교과서 과학 비교 사전

알쏭달쏭 헷갈리는 개념이 머리에 쏙!

신과람과학교사모임 지음 · 윤지혜 그림

머리말

　신나는 과학을 만드는 사람들(신과람)은 신나고 정확한 과학을 모든 이에게 알리기 위해 서울·경기 지역의 과학 선생님들이 매주 모여서 워크숍을 하는 모임입니다. 모일 때마다 발표를 준비해 온 선생님의 설명을 듣고 같이 활동하며 어떻게 하면 조금 더 재미있게, 그러면서도 틀리지 않게 과학 원리를 설명할까를 고민하고 토론합니다.

　세상에는 어른들도 학생들에게 설명하기 힘든 무수히 많은 개념이 있습니다. 이를테면 화합물과 혼합물은 무엇이 다를까요? 분자와 원자는, 그리고 속력과 속도는 어떻게 다른 걸까요? 이런 애매한 개념들이 과학을 공부하는 학생들을 괴롭히는 부분입니다. 그렇다고 무시하고 지나갈 수 없는 개념이지요. 이 개념들을 정확하게 알아야만 다음 학습 단계로 넘어갈 수 있고 과학에 재미를 붙일 수 있기 때문입니다.

　〈교과서 과학 비교 사전〉은 교과서 속 애매한 개념을 비교로 살펴보며 학생들이 정확하게 개념을 이해할 수 있게 하려는 의도에서 기획되었습니다. 과학을 배우는 동안 꼭 알아야 하지만 헷갈리는 과학 개념들을 확실하게 비교하고 대조하여 정확한 정의와 활용법을 익힐 수 있도록 꾸민 학습 교양서입니다. 학교 현장에서 많은 학생을 가르치며 무엇을 어려워하고 어떤 부분에서 정리가 안 되는지를 잘 알고 계신 과학 선생님들이 이 책을 위해 모였습니다. 그리고 하나하나 정성 들여 집필한 원고를 국민출판사와 함께 편집했습니다.

　이러한 노력의 결과를 반영한 〈교과서 과학 비교 사전〉을 읽으면 과학 교과서의 전체 흐름을 살필 수 있습니다. 또 알쏭달쏭한 과학 개념을 정확하게 이해하여, 다음 단계 학습도 수월해집니다. 인터넷 검색이나 질문을 통해서도 해결할 수 없었던 과학 개념들을 영역별로 분류해 쉽게 찾아 이해할 수 있도록 한 권에 개념을 정리하였습니다.

　학교 일과 봉사 활동으로 바쁜 와중에도 시간을 쪼개어 좋은 원고를 써 주신 김경민, 김경숙, 김동건, 김미정, 김희경, 박상희, 박우용, 박지선, 손미현, 신선영, 원진아, 유가연, 이재은, 임현구, 정지수 선생님께 진심으로 감사드립니다. 그리고 어린 학생들이 편하게 읽고 쉽게 이해할 수 있도록 노고를 아끼지 않은 국민출판사 편집부 여러분께도 머리 숙여 감사 인사드립니다.

　미래 사회는 지금보다 더 과학이 필요한 세상이 될 것입니다. 그러한 미래 세상의 주역이 될 학생들에게 이 책이 널리 읽히고, 과학과 더 친해지기를 바랍니다. 그리고 과학 개념을 정확하게 이해하는 데 도움이 되길 바랍니다.

신나는 과학을 만드는 사람들

차례

머리말 ... 6

PART 1 물리, 뭐가 헷갈리니?

01 힘 vs 파워	•초 3–4 무게 •중 1–3 힘	14
02 부력 vs 양력	•중 1–3 힘	19
03 자기력 vs 전기력	•초 3–4 자기력 •중 1–3 전기와 자기	23
04 구심력 vs 원심력	•중 1–3 힘	27
05 중력 vs 만유인력	•초 3–4 무게 •중 1–3 힘	30
06 질량 vs 무게	•초 3–4 무게 •중 1–3 힘	34
07 마찰력 vs 저항력	•중 1–3 힘	37
08 평형 vs 작용·반작용	•중 1–3 힘과 운동	42
09 과학에서의 일 vs 일상에서의 일	•중 1–3 일	46
10 속력 vs 속도	•초 5–6 속력 •중 1–3 등속 운동	51
11 등속도 vs 가속도	•초 5–6 속력 •중 1–3 자유 낙하 운동	54
12 굴절 vs 반사	•초 3–4 빛의 반사 •초 5–6 빛의 굴절 •중 1–3 평면거울의 상	58
13 실상 vs 허상	•초 3–4 평면거울 •초 5–6 볼록 렌즈 •중 1–3 평면거울의 상	64
14 진동 vs 파동	•초 3–4 소리의 발생, 세기, 높낮이, 전달 •중 1–3 횡파, 종파	67
15 큰 소리 vs 높은 소리	•초 3–4 소리의 발생, 세기, 높낮이, 전달 •중 1–3 진폭, 진동수, 파형	71
16 대전 vs 충전	•중 1–3 대전	74
17 저항 vs 비저항	•초 5–6 전기 회로 •중 1–3 저항	78
18 열전도 vs 전기 전도	•초 5–6 전도, 대류 •중 1–3 열의 이동 방식	82
19 전류 vs 전압	•초 5–6 전기 회로 •중 1–3 전압, 전류	86
20 전류의 자기 작용 vs 전자기 유도	•초 5–6 전자석 •중 1–3 전동기, 발전	90

PART 2 화학, 먀가 헷갈리니?

01	플라스크 vs 비커	•초 5–6 용액 •중 1–3 혼합물의 분리	96
02	열 vs 온도	•초 5–6 온도 •중 1–3 온도, 열평형	100
03	섭씨온도 vs 화씨온도	•초 5–6 온도 •중 1–3 온도, 열평형	104
04	물리 변화 vs 화학 변화	•초 5–6 연소, 소화 •중 1–3 물리 변화, 화학 변화	108
05	혼합물 vs 화합물	•초 3–4 혼합물 •중 1–3 순물질과 혼합물	113
06	어는점 vs 녹는점	•초 3–4 물질의 성질 •중 1–3 녹는점, 어는점	117
07	증발 vs 끓음	•초 3–4 물질의 성질 •중 1–3 끓는점	121
08	수증기 vs 김	•초 3–4 물의 상태 변화 •중 1–3 상태 변화	127
09	기체의 압력 vs 기체의 온도	•초 5–6 온도와 압력에 따른 기체의 부피 •중 1–3 기체의 압력과 부피의 관계, 기체의 온도와 부피의 관계	131
10	융해 vs 용해	•초 5–6 용해 •중 1–3 용해도, 상태 변화	135
11	원소 vs 원자	•중 1–3 물질의 구성 입자	140
12	원자 vs 분자	•중 1–3 물질의 구성 입자	144
13	철 vs 철분	•중 1–3 물질의 구성 입자	148
14	밀도 vs 비중	•초 5–6 용액의 진하기 •중 1–3 밀도	152
15	질량 보존의 법칙 vs 기체 반응의 법칙	•초 5–6 연소, 소화 •중 1–3 화학 반응	157
16	연소 vs 산화	•초 5–6 연소 •중 1–3 물리 변화, 화학 변화	161
17	산화 vs 환원	•초 5–6 연소 •중 1–3 물리 변화, 화학 변화	165
18	발열 반응 vs 흡열 반응	•중 1–3 화학 반응에서의 에너지 출입	169
19	산성 vs 염기성	•초 5–6 산과 염기	173
20	정촉매 vs 부촉매	•중 1–3 화학 반응에서의 에너지 출입	177

PART 3 생명과학, 뭐가 헷갈리니?

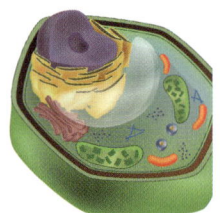

01	세포막 vs 세포벽	• 초 5–6 식물의 구조와 기능 • 중 1–3 식물과 에너지	184
02	엽록소 vs 엽록체	• 초 5–6 식물의 구조와 기능 • 중 1–3 식물과 에너지	188
03	유기 양분 vs 무기 양분	• 중 1–3 식물과 에너지	192
04	곁뿌리 vs 뿌리털	• 초 5–6 식물의 구조와 기능 • 중 1–3 식물과 에너지	196
05	풀 vs 나무	• 초 5–6 식물의 구조와 기능 • 중 1–3 식물과 에너지	200
06	증산 vs 호흡	• 초 5–6 식물의 구조와 기능 • 중 1–3 식물과 에너지	204
07	근시 vs 원시 vs 난시	• 초 5–6 감각 기관의 종류와 역할, 자극 전달 과정 • 중 1–3 눈, 귀, 코, 혀의 구조와 기능	208
08	동맥 vs 정맥	• 초 5–6 소화·순환·호흡·배설 기관의 구조와 기능 • 중 1–3 순환계, 호흡계의 구조와 기능	213
09	배설 vs 배출	• 초 5–6 우리 몸의 구조와 기능 • 중 1–3 동물과 에너지	218
10	중추 신경 vs 말초 신경	• 중 1–3 자극과 반응	222
11	건 vs 인대	• 초 5–6 뼈와 근육의 구조와 기능	226
12	일란성 쌍생아 vs 이란성 쌍생아	• 중 1–3 동물의 발생 과정	231
13	DNA vs 유전자	• 중 1–3 생식과 유전	235
14	세균 vs 균류	• 초 5–6 다양한 생물과 우리 생활 • 중 1–3 생물의 다양성	239
15	감기 vs 독감	• 초 5–6 우리 몸의 구조와 기능 • 중 1–3 동물과 에너지	243
16	먹이 사슬 vs 먹이 그물	• 초 5–6 생물과 환경	246
17	원핵생물 vs 원생생물	• 초 5–6 균류, 원생생물, 세균의 특징과 사는 곳 • 중 1–3 생물 다양성의 중요성	250
18	난생 vs 태생	• 초 3–4 동물의 한살이 • 중 1–3 생물의 다양성, 생식과 유전	255
19	나비 vs 나방	• 초 3–4 동물의 한살이, 동물의 생활 • 중 1–3 생물의 다양성, 생식과 유전	260
20	헤모글로빈 vs 헤모시아닌	• 초 5–6 우리 몸의 구조와 기능 • 중 1–3 동물과 에너지	264

PART 4 지구과학, 뭐가 헷갈리니?

01	항성 vs 행성	• 초 5–6 태양계 행성 • 중 1–3 태양계의 구성과 운동	270
02	슈퍼문 vs 미니문	• 초 3–4 지구와 달의 모양 • 초 5–6 달의 위상 • 중 1–3 달의 위상 변화	275
03	유성 vs 혜성	• 초 5–6 태양계 행성 • 중 1–3 태양계의 구성과 운동	280
04	은하 vs 우주	• 중 1–3 우리 은하의 모양과 구성 천체	285
05	성운 vs 성단	• 중 1–3 우리 은하의 모양과 구성 천체	289
06	상현 vs 하현	• 초 3–4 지구와 달의 모양 • 초 5–6 달의 위상 • 중 1–3 달의 위상 변화	293
07	위도 vs 경도	• 중 1–3 지구계	296
08	일식 vs 월식	• 중 1–3 일식과 월식	300
09	광년(LY) vs 파섹(pc)	• 중 1–3 연주 시차	304
10	자전 vs 공전	• 초 5–6 낮과 밤, 계절별 별자리 • 중 1–3 지구의 자전과 공전	309
11	지각 vs 판	• 중 1–3 지권의 층상 구조	313
12	마그마 vs 용암	• 초 3–4 화산 활동 • 중 1–3 화산대	318
13	광물 vs 광석	• 초 3–4 화강암과 현무암 • 중 1–3 광물과 암석	323
14	온실 효과 vs 지구 온난화	• 중 1–3 온실 효과, 지구 온난화	327
15	날씨 vs 기후	• 초 5–6 계절별 날씨 • 중 1–3 대기의 운동과 순환	331
16	엘니뇨 vs 라니냐	• 중 1–3 지구 온난화	335
17	태풍 vs 토네이도	• 초 5–6 저기압과 고기압 • 중 1–3 저기압과 고기압	339
18	기단 vs 전선	• 중 1–3 기단과 전선	343
19	구름 vs 안개	• 초 5–6 이슬과 구름 • 중 1–3 단열 팽창과 강수 과정	347

PART 01 물리, 뭐가 헷갈리니?

우리는 주위에서 일어나는 다양한 자연 현상을 자주 마주하지 않니?
사과는 언제나 땅으로 떨어지는데 달은 왜 떨어지지 않을까?
세상에 있는 여러 소리는 어떻게 만들어져서 우리에게 전해질까?
하늘에서 내리치는 번개는 어떻게 생기는 걸까?
이런 의문들은 '물리'를 알면 과학적으로 설명할 수 있어.
물리에는 속력이나 속도, 무게나 질량, 파동과 진동처럼 여러분이 한 번쯤 들어 본 무궁무진한 개념들이 있단다. 일상 가까이에서 자주 접할 수 있는 흥미진진한 물리 현상과 개념. 이 물리의 세계에서 친구들이 아리송한 교과서 속 개념들을 하나하나 살펴보도록 할까?

무얼 배울까?

01 힘 VS 파워

초등학교 3–4 무게
중학교 1–3 힘

힘 VS 파워 속으로

"힘을 영어로 말하면?"이라는 질문을 받으면 어떤 답이 떠오르나요? 아마도 '파워'일 것입니다. 그만큼 일상에서 힘과 '파워'는 동의어처럼 번역되고 있습니다.

두 단어의 사전적 의미를 찾아보면, 일상에서 사용할 때 상황에 따라 나눠서 사용합니다. 힘을 북돋을 때 "Power up!"이라고 하고, 힘이 느껴질 때 "Force!"라고 하듯요. 과학에서는 힘과 파워를 좀 더 분명하게 나눠요. 두 개념을 기호로 어떻게 나타낼까요? 힘은 '포스Force'의 첫 알파벳을 따서 'F'를, '파워Power'는 첫 알파벳을 따서 'P'를 사용하고 F는 힘, P는 일률, 전력을 말한답니다.

선생님, 왜 헷갈릴까요?

영한사전을 찾아보면 어떤 뜻이라고 나올까?

power
① 전력의 ② 힘 ③ 권력 ④ 파워 ⑤ 권한
force
① 강요하다 ② 군대 ③ 힘 ④ 세력 ⑤ 효력

사전에서는 두 단어가 모두 '힘'으로 번역되고 있어. 이렇다 보니 실제 친구들이 힘과 파워를 모두 '힘'이라고 오해하곤 해. 물론 일상에서는 이 둘을 같은 뜻으로 사용할 수 있어. 친구들이 힘과 파워를 헷갈리지 않으려면 이 점을 꼭 알아둬!
"일상에서와 과학에서 쓰는 힘과 파워는 그 뜻이 달라!"

PART 01 물리

🔍 힘

물리학에서 힘은 물체의 운동 상태나 모양을 바꾸는 원인입니다. 운동 상태라 하면 속력과 방향을 말해요. 물체의 *운동 방향과 나란한 방향으로 힘을 줬을 때 물체는 속력이 느려지거나 빨라집니다. 그리고 물체의 운동 방향과 수직으로 힘을 주면 운동 방향이 바뀝니다.

그렇다면 물체의 운동 방향과 비스듬하게 힘을 주면 어떻게 될까요? 힘은 크기와 방향을 가집니다. 비스듬하게 준 힘을 운동 방향에 나란한 방향과 수직인 방향의 힘으로 나누어 보겠습니다. 나란한 방향의 힘은 물체의 속력에 영향을 줍니다. 수직인 방향의 힘은 운동 방향에 영향을 줘 물체의 속력과 운동 방향이 동시에 바뀐답니다.

> ★ 힘과 운동 방향이 나란하면?
> 같은 방향 → 속력이 빨라짐
> 반대 방향 → 속력이 느려짐
> ★ 힘과 운동 방향이 나란하지 않을 때
> 수직 → 운동 방향이 달라짐.
> 비스듬하면 운동 방향과 물체의 속력이 달라짐

자전거를 타고 가는데 뒤에서 밀거나 앞에서 당기면 속력이 빨라집니다. 이와 달리 뒤에서 당기거나 앞에서 밀면 힘의 크기에 따라 속력이 느려지면서 멈추었다가 자전거의 이동 방향이 반대 방향으로 바뀝니다.

자전거를 타고 있는 아이
+
뒤에서 밀거나 앞에서 당기는 사람
→ 자전거의 속력이 빨라진다!

자전거를 타고 있는 아이
+
뒤에서 당기거나 앞에서 미는 사람
→ 힘의 크기에 따라 자전거가 뒤로 갈 수 있다!

굴러가는 탁구공 옆에서 수직으로 입김을 불어 보세요. 탁구공은 부는 힘의 세기에 따라 운동 방향이 진행 방향과 다양한 각도로 바뀐답니다. 이 탁구공을 손으로 눌러 힘을 가하면 찌그러집니다. 이처럼 힘은 물체의 모양을 바꾸는 원인이기도 합니다.

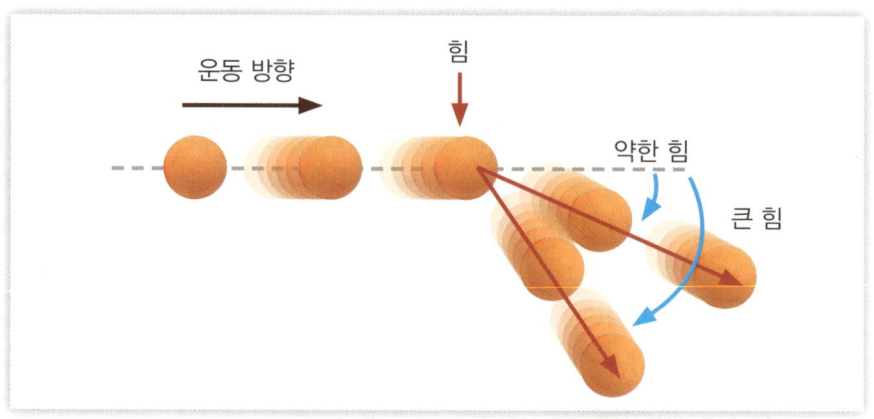

▲ 부는 세기에 따라 꺾이는 정도가 달라지는 탁구공

🔍 일률(파워)

사막을 가로지르는 아스팔트 도로 위에 운석이 떨어졌다고 상상해 보세요. 하늘에서 무게가 10N, 또 다른 하나는 100N인 운석 두 개가 1km 거리를 두고 떨어졌어요. 같은 속도로 떨어졌지만, 도로는 부서진 정도가 달랐습니다. 어떤 운석이 도로에 피해를 더 많이 줬을까요?

▲ '무게'가 다른 운석으로 파손 정도가 다른 도로

무게는 중력의 크기입니다. 무게가 많이 나간다는 뜻은 그 물체가 중력을 많이 받고 있다는 말입니다. 즉 물체에 작용한 힘의 크기가 크다는 뜻이에요.

이번에는 같은 무게의 운석 두 개가 다른 '속도'로 떨어졌습니다. 하나는 시속 100km, 다른 하나는 시속 1,000km입니다. 어떤 운석이 도로에 피해를 더 많이 줬을까요?

PART 01 물리

▲ '속도'가 다른 운석으로 파손 정도가 다른 도로

무겁고 빠를수록 도로는 피해가 컸을 것입니다. 이것이 '파워, 일률'입니다.

*일률은 일정 시간 동안 할 수 있는 일의 양이에요. 힘이 크고 속력이 빠를수록 큰 값을 가집니다. 힘과 일률의 크기를 말할 때 숫자 값만 말하면 곤란합니다. 단위에 따라 그 값들의 의미가 달라지기 때문이에요.

흔히 사용하는 힘의 단위는 'N'이라 적고 '뉴턴'이라 읽습니다. 간혹 '엔'으로 읽는 친구들이 있는데 '뉴턴'으로 읽어야 해요. 간혹 *dy을 쓰기도 하는데 1dy은 $\frac{1}{100,000}$N입니다.

1N은 질량이 1kg인 물체를 1초에 1*m/s씩 빠르게 하는 힘입니다.

일률의 단위는 'W'라 적고 '와트'로 읽습니다. 1W는 1N의 힘이 1m/s의 속력으로 작용했을 때의 일률입니다. 또는 1*J의 일을 1초 동안 했을 때의 일입니다. 말 한 필이 일할 때의 일률을 1마력이라고 합니다. 마력은 또 다른 일률의 단위로 'HP'로 적고 '마력'이라 읽습니다. 1HP는 735W에 해당하는 값입니다.

일상에서는 일률보다는 전력을 더 많이 사용합니다. 전력은 전류의 일률입니다. 단위는 일률과 같은 'W'나 'kW'를 사용하며 *1kW는 1,000W예요. 가전제품에는 대부분 소비 전력이 표시되어 있어요.

★일률 공식
일률 = 힘 × 속력

★dy
'다인'으로 읽습니다.

★m/s
'미터 퍼 세컨드'로 읽는 속력 단위

★J
'줄'로 읽는 일의 단위

★1kW
1kW = 1,000W
kW : 킬로와트
kWh : 킬로와트시,
　　　 전력량의 단위

전력량 = 전력 × 시간
1kWh = 1kW × 1h

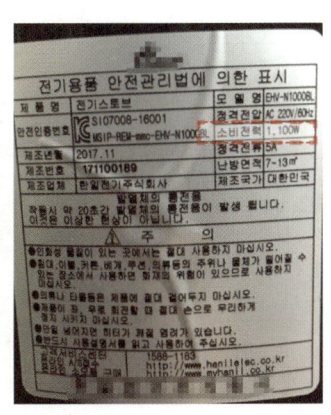

힘과 파워는 이렇게 쓴대!

생활에서는 파워를 힘으로 번역하여 씁니다. 하지만 힘에 빠르기가 더해지는 상황이 과학에서 말하는 '파워'입니다. 오락실에서 펀치를 주먹으로 때릴 때를 생각해 보세요. 같은 빠르기로 A는 강하게, B는 약하게 쳤다고 하면 A에게 "힘이 좋다."라고 말할 수 있습니다. 같은 강도로 A는 빠르게 B는 천천히 펀치를 때렸다고 하면 A의 "파워가 더 크다."라고 말할 수 있답니다. 더 강하게, 더 빠르게 펀치를 때릴수록 파워는 크다고 할 수 있기 때문이에요.

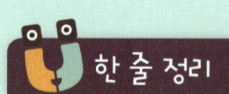 한 줄 정리

힘 : 물체의 운동 상태나 모양을 바꾸는 원인
파워(=일률) : 일정 시간 동안 할 수 있는 일의 양

중학교 1-3 힘

02 부력 VS 양력

부력 VS 양력 속으로

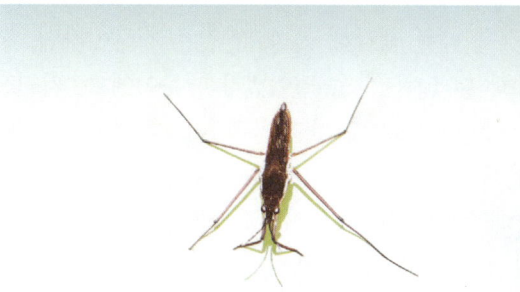

수영장 물에서 좀처럼 떠오르지 않는 사람도 바닷물에서는 더 쉽게 물에 뜨지요? 물론, 튜브를 타고 있다면 물 위에 뜨기는 더욱 쉬워요. 물 위에 뜨는 무거운 배도 신기한데 수륙양용 비행기는 물 위에 떠 있다가 하늘을 날기도 한답니다. 이 비행기는 배처럼 생기기도 했고 날개에 프로펠러까지 갖추어 비행기처럼 생기기도 했어요.

수륙양용 비행기가 물을 미끄러져 나가는 모습이 헤엄치는 소금쟁이 같기도 하고 물 위로 떠서 날아가는 모습이 갈매기 같기도 하네요. 그런데 소금쟁이는 물 위에 떠다닐 수 있는 부력을 받아요. 갈매기는 하늘을 날 수 있는 양력을 받고 있지요. 부력과 양력은 모두 무언가를 띄우는 힘을 나타내는데 두 개념은 어떻게 다를까요?

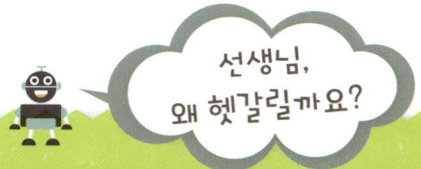

부력이나 양력 모두 힘을 나타내는 개념이야. 이 두 개념은 물에서 몸이 뜨거나 공기 중에서 비행기가 뜨는 모두가 "어떤 공간에서 뜬다."라는 인상을 주고 있어. 그래서 친구들은 같은 원리라고 생각하기도 해. 특히 둘 다 힘의 방향이 아래에서 위를 향해 물체를 떠오르게 하는 힘이라서 서로 헷갈리기 쉬울 수 있어.

부력 vs 양력 | 19

🔍 부력

소금쟁이는 어떻게 가라앉지 않고 물 위에 떠 있을까요? 비밀은 소금쟁이 다리에 있어요! 다리에 있는 촘촘하고 아주 짧은 털 사이의 공기 방울이 부력을 받아서 떠 있을 수 있답니다. 물론, 소금쟁이가 아주 가벼운 몸무게인 데다 물이 가진 *표면 장력도 물에 뜰 수 있도록 돕고 있지요.

이처럼 물이나 공기 같은 *유체에 잠긴 물체는 중력과 반대 방향으로 떠오르는 힘을 받는데요, 이를 '부력'이라고 합니다. 이때 부력의 크기는 유체에 잠겨 있느라 밀어낸 부피만큼에 해당하는 유체의 무게와 같아요.

물속에 가로와 세로 높이가 1m인 정육면체(이 경우 부피는 1㎥) 모양의 나무 1㎥가 있다고 생각해 보세요. 물과 나무는 서로 *밀도가 달라요. 그래서 같은 크기라도 물과 나무는 그 질량이 달라요. 질량이 다르면 중력이 달라지고, 그 때문에 나무는 물속에서 물보다 작은 중력을 받아 떠오릅니다. 이것이 부력이지요.

나무보다 더 작은 밀도를 가진 스티로폼이라면 더 큰 부력을 받아요. 수영장에서 처음 수영을 배울 때 물 위에 뜨기 쉬운 플라스틱 스펀지 같은 것을 쓴답니다. 그래야 더 큰 부력을 받으니까요.

같은 질량의 물체가 물에 잠겼을 때를 생각해 볼까요? 같은 질량이라면, 부피가 클수록 부력을 크게 받아요. 더 많은 물을 밀어냈기 때문이에요. 기원전 3세기쯤 살았던 그리스 철학자 아르키메데스가 가짜 금관을 밝혀냈지요? 이때 가짜 금관은 진짜 금관과 질량은 같았겠지만, 부피가 조금 달랐답니다. 물에서 받는 부력도 각각 달랐어요. 물에 들어갔을 때 밀어낸 물의 양이 달라서 아르키메데스는 금관이 가짜라는 사실을 밝혀냈답니다.

> ★ **표면 장력**
> 액체가 표면적을 작게 하려고 하는 힘. 이 덕분에 물방울은 동그란 모양을 하고 있습니다.
>
> ★ **유체**
> 기체와 액체를 아울러 이르는 말
>
> ★ **밀도**
> 어떤 물질의 질량을 부피로 나눈 값. 물질마다 고유해 물질의 특성이 됩니다.

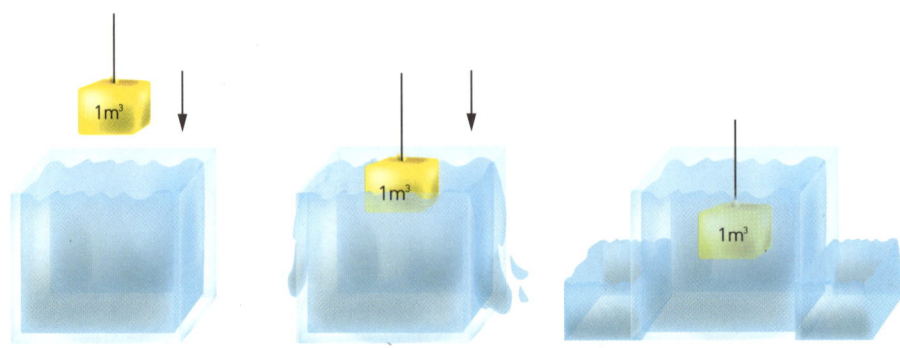

양력

양력은 공기나 물과 같은 유체 속에 있는 물체가 수평으로 운동할 때, 물체가 진행하는 방향에 수직이면서 위쪽으로 향하는 힘을 받는 것이에요.

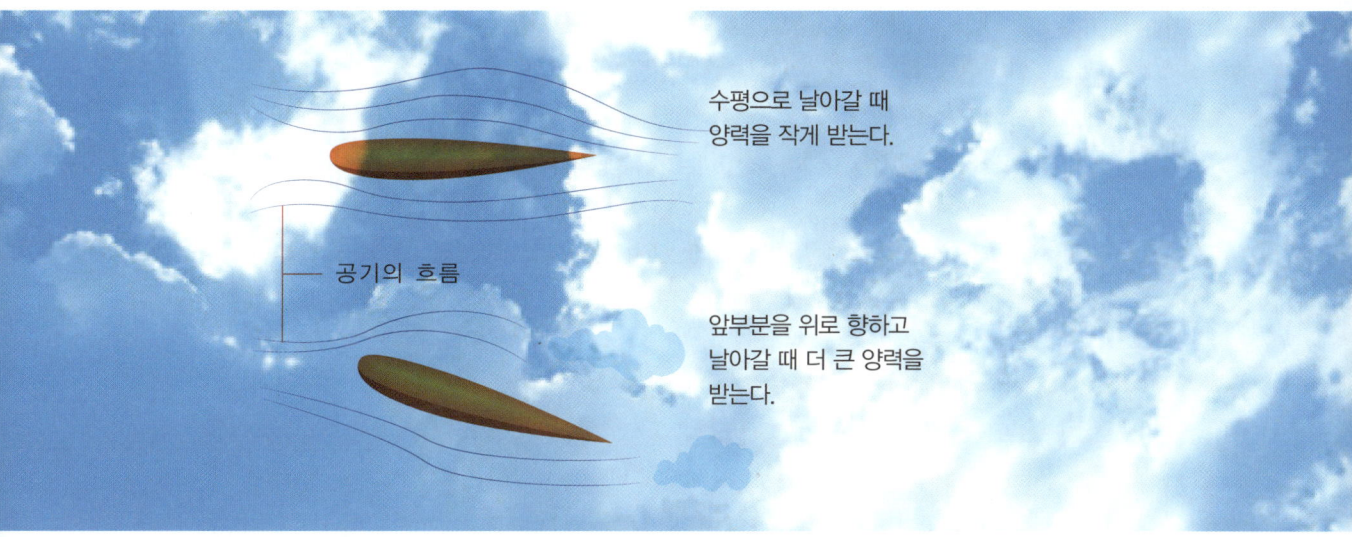

▲ 날개 주위의 공기의 흐름

비행기의 날개는 이 양력을 이용해서 무거운 비행기를 하늘에 띄울 수 있어요. 새나 곤충의 날개를 잘 살펴보면 윗면이 볼록하고 아랫면이 평평하게 생겼어요. 비행기 날개 역시 이와 비슷하게 만들어서 양력을 받기 쉽게 했지요.

양력은 왜 생길까요? 날개 윗면에 흐르는 공기의 빠르기가 날개 아랫면에 흐르는 공기의 빠르기보다 더 빠릅니다. 그래서 날개 위쪽 기압과 아래쪽 기압의 차이로 날개가 위로 떠올려지는 양력을 받는답니다.

바닷가에 가면 세찬 바람 속에서 날개를 펴고 멈춰 있는 듯 날아가는 갈매기에서도 양력 현상을 볼 수 있지요.

유선형 날개를 가진 갈매기가 수평 방향으로 공기를 날아갈 때 공기에서 운동에 방해되는 저항력을 받아요. 그런데 유선형 날개의 위와 아래로 작용하는 공기의 압력은 서로 차이가 있어요. 날개의 아랫부분에 더 큰 압력이 작용하고 윗부분에는 작은 압력이 작용하지요. 이때 압력이 큰 쪽에서 작은 쪽으로, 즉 아래에서 위로 양력이 작용한답니다. 이런 비밀이 있어서 갈매기들은 거침없이 하늘을 날 수 있지요.

양력과 부력은 이렇게 쓴대!

물에 떠 있는 물체는 부력을 받습니다. 어떤 물질의 밀도가 물의 밀도보다 작으면 물에 의해 생기는 부력이 그 물질의 중력보다 크기 때문에 물에 뜨지요. 반대로 물의 밀도보다 크면 당연히 가라앉겠지요.

철은 물보다 밀도가 7.9배나 크고 수영을 배울 때 쓰는 킥 판의 재료 스티로폼은 밀도가 물의 $\frac{5}{100}$ 정도밖에 되지 않아요. 그러니 철은 물에 가라앉고 스티로폼은 뜰 수 있지요. 그런데 철로 된 배나 잠수함은 어떻게 물에 떠 있을까요? 철로 된 배와 잠수함은 안쪽에 빈 곳이 아주 많이 있어요. 그래서 전체 밀도는 물보다 작아서 물에 뜰 수 있답니다.

하늘을 나는 비행기도 엄청나게 많은 짐을 싣고 승객을 태우고도 문제없이 하늘을 날아다니니 바다에 떠 있는 배처럼 신기하지요? 이는 비행기가 가진 날개가 양력을 받기 때문입니다. 비행기 날개는 새의 날개와 비슷하게 생겼어요. 비행기가 유선형 날개를 펼치고 활주로를 신나게 달리면 날개 위와 아래의 공기 흐름에 차이가 생긴답니다. 이때 비행기 날개 아래에서 위쪽으로 밀어 올리는 양력이 발생하면 비행기는 거뜬히 하늘을 날 수 있어요.

한 줄 정리

부력 : 공기나 물과 같은 유체 속에서 물체가 중력과 반대 방향으로 떠오르려는 힘
　　　: 물 위에 떠 있는 배가 받는 힘은 부력이다.
양력 : 공기와 같은 유체 속에서 물체가 진행 방향의 수직으로 받는 힘
　　　: 비행기가 하늘을 날아오르는 힘이 양력이다.

초등학교 3-4 자기력
중학교 1-3 전기와 자기

03 자기력 VS 전기력

자기력 VS 전기력 속으로

추운 겨울날, 플라스틱 빗으로 머리를 빗어 본 적 있나요? 머리카락이 사방으로 일어나 곤란했을 거예요. 또 문손잡이를 잡을 때는 어땠나요? 찌릿함을 느껴 긴장해야 했지요? 놀랍게도 이 모든 현상은 전기력이 작용하여 나타난 현상이랍니다. 과학 실험을 하나 해 볼까요?

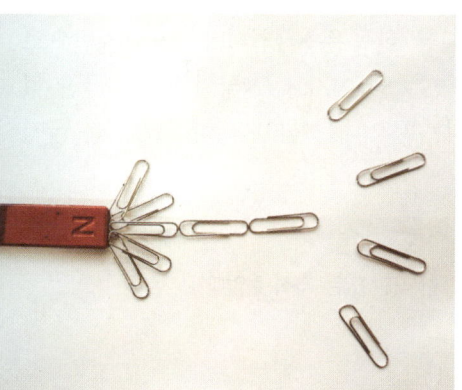

종이를 사이에 두고 서로 다른 자석의 극을 마주 보게 해 아래쪽 자석을 움직여 보세요. 위쪽 자석이 따라 움직입니다. 클립 통의 뚜껑을 열고 자석을 가까이하면 어떨까요? 클립이 자석에 끌려오고 자석에 끌려오는 클립에 서로 매달려 따라오는 다른 클립들을 볼 수 있습니다.

나침반을 평평한 곳에 놓으면 나침반 N극이 북쪽을 가리켜 우리는 북쪽을 알 수 있습니다. 이는 지구가 하나의 큰 자석으로 지구의 북쪽이 S극을 띠어서 N을 끌어당기는 자기력이 작용한 현상입니다.

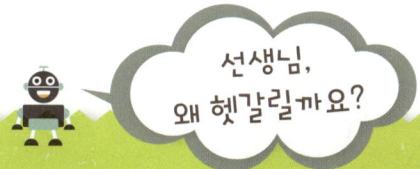

선생님, 왜 헷갈릴까요?

★ **전자력**
전자기장 내의 전하, 자기량, 전류에 전자기장이 미치는 힘

자기력, 전기력 이 개념들은 서로 어떻게 다른지 알겠니?

과학에서는 자기력과 전기력을 각각 나누어서 사용해. 하지만 자기력이나 전기력을 말할 때도 모두 *전자력으로 아울러 표현해서 더욱 헷갈릴 거야. 또 한 음절만 다르고 비슷하니 더 그렇게 사용하는 것 같아. 확실하게 알려면 자기력과 전기력이 무엇과 관련 있는지 생각해 봐. 이를테면 자석과 관련 있는 뜻이라 자석 자를 쓰는 자기력. 전기를 띠는 물체와 관련 있는 뜻이라 전기 전을 쓰는 전기력. 어때, 조금은 감이 잡히지?

🔍 자기력

"자기력이 작용하는 예에는 무엇이 있을까?"

이 물음에 먼지떨이에 먼지가 붙는 모습을 먼저 떠올린다면 뒤늦게 전기력을 떠올려도 두 개념이 헷갈릴 거예요. 자기력은 한자로 자석 자(磁)를, 전기력은 한자로 번개 전(電)을 사용합니다. 영어로 자기력은 Magnetic자석의, 자기의, 전기력은 Electric전기의으로 씁니다.

자석은 철을 끌어당기는 성질이 있는 물체입니다. 자석의 양 끝에서 끌어당기는 힘이 강하고 가운데로 갈수록 힘은 약해집니다. 두 개의 자석 양 끝을 가까이하면 밀어내기도 하고 끌어당기기도 합니다. 이렇게 밀고 당기는 힘이 '자기력'입니다. 자석은 한쪽이 N극이면, 다른 한쪽은 S극입니다. 자석을 반으로 계속 잘라도 한쪽이 N극이면, 다른 한쪽은 S극이지요. N극만 또는 S극만 있는 자석은 없답니다. 자석은 같은 극끼리는 밀어내는 힘이, 다른 극끼리는 끌어당기는 힘이 작용합니다.

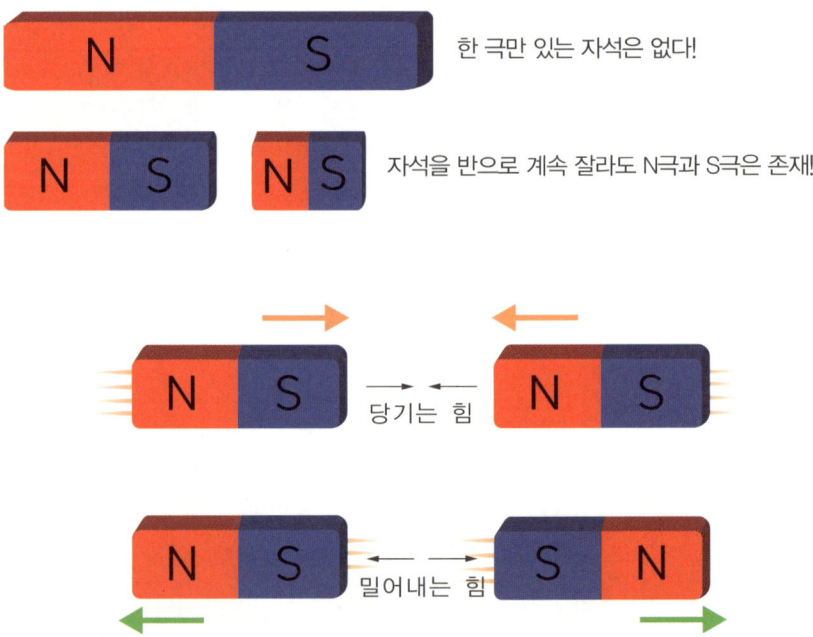

냉장고에 많이 붙이는 고무 자석 두 개를 가까이해 보세요. 마주하는 고무 자석 위치에 따라 밀어내기도, 끌어당기기도 합니다. 고무 자석의 극은 양쪽으로 나뉘지 않고 그림처럼 N극과 S극이 교대로 길게 나열해 있습니다. 고무 자석을 마주하는 방향과 위치에 따라 자기력의 작용이 달라집니다.

PART 01 물리

자석 가루를 고무와 섞어 만든 고무 자석의 자극

자석은 종류와 크기에 따라 세기가 다릅니다. 같은 종류라면 크기가 클수록 세기가 강하고 자기력도 큽니다. 고무 자석보다는 막대자석이, 막대자석보다는 네오디뮴 자석이 더 강합니다. 자석을 잘못 보관하면 *자성을 잃을 수 있으니 주의하세요. 철에 붙여 놓거나 다른 극끼리 붙여 보관하고 충격을 주지 않아야 한답니다.

★자성
자석의 성질
★전하
물체가 띠는 전기의 양

전기력

고대 그리스 시대, 먼지를 없애려고 호박을 천으로 문질렀더니 오히려 먼지가 달라붙는 것을 알게 되었습니다. 이렇게 호박에 먼지가 달라붙는 힘이 전기력인데요, 유럽 여러 나라에서 사용하는 전기를 나타내는 단어들의 기원이 이 호박의 고대 그리스어랍니다. 전기력은 *전하 사이에 작용하는 힘입니다. 전하는 (+)전하와 (−)전하 두 종류가 있습니다. 같은 전하 사이에는 밀어내는 힘이, 다른 전하 사이에는 끌어당기는 힘이 작용합니다. 물질을 이루는 기본 입자인 원자는 핵과 전자로 이루어져 있어요. 그림처럼 핵은 (+)전하를, 전자는 (−)전하를 띠고 있어 끌어당기는 전기력이 작용합니다. 가지고 있는 전하의 양이 많거나 전하들 사이의 거리가 가까울수록 전기력은 세기가 강합니다.

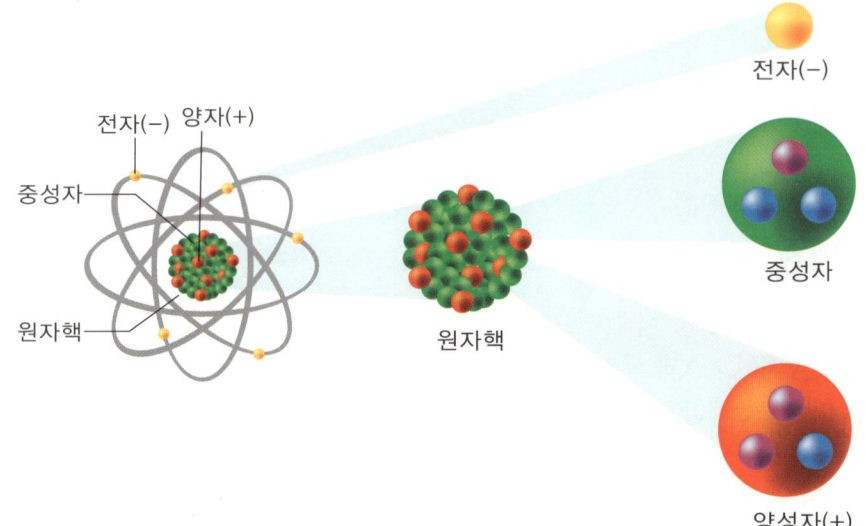

자기력과 전기력은 이렇게 쓴대!

자기력과 전기력은 이름뿐만 아니라 다음과 같은 비슷한 특성이 있습니다.

1. 서로 떨어져 있어도 힘이 작용한다.
2. 밀어내는 힘척력과 끌어당기는 힘인력이 있다.
3. 거리를 가까이할수록 힘은 강해지고 멀어질수록 힘은 약해진다.

자석의 앞 첫 자인 '자'를 가진 자기력, 전하의 앞 첫 자인 '전'을 가진 전기력이라고 외워야 할까요? 물론 한자어를 살펴보면 같은 '자석 자'와 '번개 전'이라는 한자를 사용합니다. 그렇게 기억해도 좋은 방법이에요. 이 두 개념을 더 가까운 곳에서 살펴보겠습니다. 일상에서 냉장고 문을 열었다 닫으면 착, 하고 달라붙는 문이 보이지요? 이는 자기력을 활용한 예로, 냉장고 문에 자석이 있어서랍니다. 악수할 때 맞잡은 손과 손에서 생기는 정전기나 털모자를 벗으면 머리카락이 달라붙는 현상은 전기력 때문이에요.

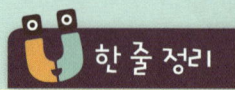

자기력 : 자석과 자석 사이, 자석과 쇠붙이 사이에 작용하는 힘
전기력 : 전하를 띠는 물체 사이에 작용하는 힘

중학교 1-3 힘

04 구심력 VS 원심력

구심력 VS 원심력 속으로

예전부터 사람들은 우주를 신비롭게 생각하며 살아왔습니다. 오래 우주를 연구하고 노력한 결과로 우리는 우주로 나갈 수 있었지요. 우주로 나가기는 쉽지 않아서 우주 비행사들은 여러 가지 훈련을 받습니다. 그 가운데 하나가 바로 *중력 가속도 내성 훈련이에요. 실제로 이 훈련을 받다가 지구 중력의 3배 정도로도 의식을 잃곤 합니다. 우주 비행사는 어떻게 지구 중력의 9배나 되는 큰 힘을 느낄 수 있을까요? 답은 '구심력'과 '원심력'에서 찾을 수 있습니다. 그런데, 여러분은 구심력과 원심력이 어떻게 다른지 알고 있나요?

★중력 가속도 내성 훈련
빠르게 돌아가는 의자에서 지구 중력의 9배인 중력을 견디는 훈련

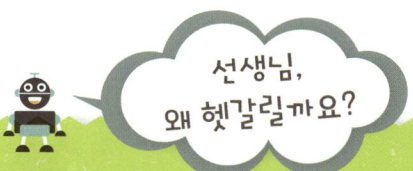
선생님, 왜 헷갈릴까요?

구와 원은 어떻게 다를까? 친구들은 흔히 한자어로 '공 구(球)'를 써서 구와 원이 같다고 생각해. 또 원은 평평하고 동그란 면으로 많이 그리잖아? 하지만 구는 입체적으로 나타내. 생활에서는 원이나 구를 똑같이 둥근 모양을 가진 사물이라고 여겨서 원과 구가 들어가는 원심력과 구심력도 똑같다고 생각하는 거야.

PART 01 물리

우리 주변에는 원 모양으로 빙글빙글 돌아가는 물체들이 많습니다. 스포츠 경기, 놀이공원 등 여러 상황과 장소에서 이런 것들을 직접 보거나 경험할 수 있어요. 이처럼 둥글게 도는 물체와 관련 있는 힘으로 '원심력'과 '구심력'이 있답니다. 이름도 비슷한 이 두 가지 힘을 자세히 살펴볼게요.

구심력

구심력은 물체가 원 모양으로 둥글게 돌 때 필요한 힘입니다. 물체가 돌기 위해 운동의 중심 방향으로 당겨지는 힘이지요. 구심력의 크기가 커지면 물체가 빨리 돌아가거나 물체가 도는 원의 크기가 작아집니다.

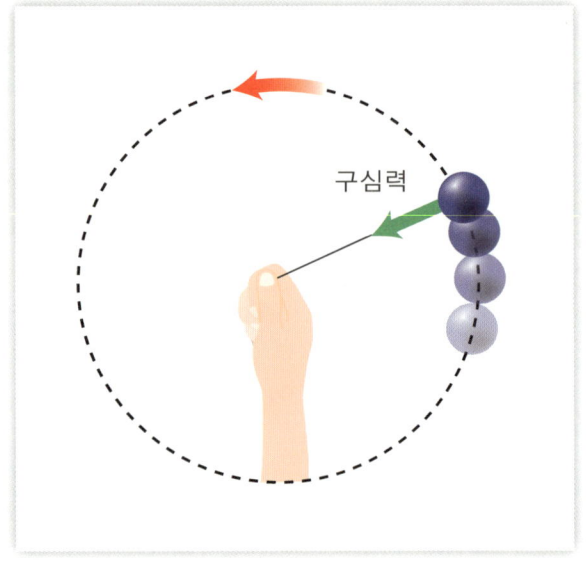

원심력

원심력은 물체가 둥글게 돌 때 그 바깥 방향으로 밀리는 것처럼 느껴지는 힘입니다. 구심력으로 돌고 있는 물체가 계속 돌고 있던 원 모양을 벗어나 똑바로 나아가려고 하는 *관성 때문에 원심력이 생기지요. 따라서 원심력은 물체에서 느껴지는 힘일 뿐 실제로 물체에 작용하는 힘은 아니랍니다.

★관성
물체가 현재의 운동 상태를 유지하려는 성질

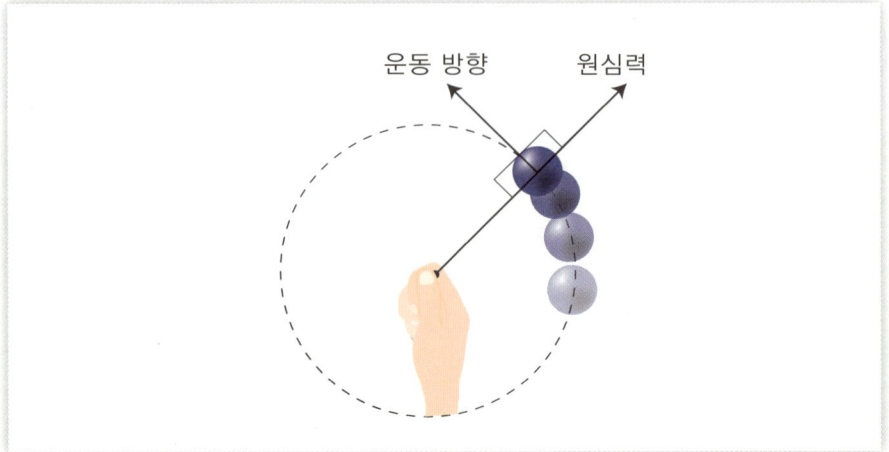

구심력과 원심력은 이렇게 쓴대!

당기는 힘 (구심력)

해머던지기 선수가 멀리 던지려고 해머를 강하게 잡아당기는 힘은 '구심력'이라고 부를 수 있습니다. 구심력이 커지면 해머가 빨리 돌아가고 더 멀리 날아갑니다.

놀이공원에서 *타가다Tagada나 다른 회전 놀이기구를 탈 때 몸이 바깥쪽으로 밀리는 느낌이 있지요? 이 느낌은 '원심력' 때문입니다. 이 힘은 우리 몸이 놀이기구가 도는 대로 움직이지 않고 직진하여 놀이기구 밖으로 나아가려고 하기 때문에 느껴진답니다. 물체가 빨리 돌아가면 원심력도 커집니다. 그래서 놀이기구가 빠르게 돌아갈수록 몸이 바깥으로 더욱 강하게 쏠리듯 느껴진답니다.

즉, 우리가 물체를 돌릴 때는 구심력을 느낄 수 있지만 돌아가는 물체 속에 있을 때는 원심력을 느낀다고 쓸 수 있어요.

★타가다
사람들이 앉아 있는 원반형 기구를 회전시키는 놀이기구

한 줄 정리

구심력 : 물체가 돌 수 있도록 중심 방향으로 당기는 힘
원심력 : 둥글게 도는 물체가 바깥 방향으로 밀려 나가듯 느껴지는 힘
→ 구심력으로 물체를 돌리면 물체는 원심력을 느낄 수 있다.

05 중력 VS 만유인력

초등학교 3-4 무게
중학교 1-3 힘

중력 VS 만유인력 속으로

다음은 우주선 속 우주인의 생활을 나타낸 그림입니다. 잘못된 부분이 있다면 무엇인지 골라 보세요.

★정답
돗자리, 바구니, 접시, 사람, 컵
우주에서는 중력이 작용하지 않아서, 돗자리를 깔고 앉을 수 없어요. 바닥에 놓은 바구니나 접시 등은 바닥에 있지 않고 공중에 떠 있을 거예요. 물론, 사람도 떠 있겠죠?

우주 비행사들은 우주선에서 마치 수영하듯 둥둥 떠다니지요. 물을 마시거나 잠을 자거나 화장실에서 볼일을 보아도 지구에서와는 전혀 다르답니다. 물을 마실 때는 젤리 모양 물방울에 입을 대고 물을 빨아들여야만 하지요. 잠잘 때도 우주에서는 우주선 벽에 안전벨트처럼 생긴 고정 장치에 들어가야만 잠을 잘 수 있어요. 이 모두가 물리의 중력 때문인데요, 여러분은 중력과 만유인력이 어떤 차이가 있는지 알고 있나요?

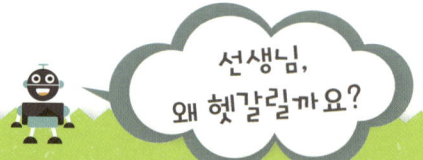

지구가 사람이나 물체를 지구 중심으로 끌어당기는 힘을 중력이라고 해. 그런데 만유인력 역시 질량을 가진 물체가 끌어당기는 힘이야. 여기서 "끌어당긴다."만 머릿속에 박혀서 두 개념의 차이점을 모르는 거야. 앞으로는 끌어당기는 힘의 주체와 범위를 분명하게 학습하면 어떨까? 중력과 만유인력은 둘 다 물체가 가지는 질량으로 인해 물체 사이에 작용하는 힘이야. 다만, 중력이 지구가 지상의 물체를 잡아당기는 만유인력을 가리키는 작은 범위에 주로 쓰이고 만유인력은 지구를 벗어난 더 넓은 범위에서 쓰인다고 생각하면 돼.

🔍 무중력

　놀이공원에서 기둥 꼭대기까지 올라갔다가 갑자기 밑으로 뚝 떨어지는 놀이기구 '자이로드롭'을 타 보았나요? 몸이 '붕' 떠오르는 느낌이 오싹하면서도 스릴을 느낄 수 있지요? 꼭대기에서 떨어질 때는 마치 우주를 나는 듯한 기분이 들기도 해요. 이 순간, 우리 몸에는 중력이 작용하지 않을까요? 그렇다면, 무중력이 되는 것일까요?

　무중력은 중력이 사라지는 상태를 말해요. 지구에 사는 우리에게 중력이 작용하지 않는 순간은 사실 존재하지 않지요. 다만, 상대적으로 중력을 느끼지 못하는 순간을 흔히 '무중력 상태'라고 말합니다.
　무중력을 더 정확하게 설명하면 다음과 같은 예를 들 수 있습니다. 체중계 위에 올라간 사람이 엘리베이터를 타고 있다고 해 볼까요? 엘리베이터가 높은 곳에 매달려 있다가 갑작스럽게 떨어지고 있다면 이 사람이 올라서 있는 체중계는 얼마를 나타낼까요? 이 순간, 체중계는 몸무게를 잴 수 없습니다. 사람도 저울도 함께 떨어지고 있기 때문이지요. 이처럼 사람과 체중계를 포함한 엘리베이터를 하나의 세계라고 생각한다면, 이 세계에서는 무게를 가진 물체도 그 무게가 0이 됩니다.

　비슷한 상황을 우주에서 생각해 볼까요? 우주의 어떤 곳에 있는 작은 돌멩이 주변에 태양처럼 질량이 큰 항성은 존재하지 않는다고 해 보겠습니다. 이와 같은 곳에서 이 돌멩이는 주변의 어떤 물체에서도 힘을 받지 않기 때문에 무게는 '0'이라고 할 수 있어요.

🔍 중력과 만유인력

　지구 위에 있는 물체는 둘 다 질량이 있어서 서로를 끌어당기는 힘을 받지요. 그렇지만, 물체의 질량보다 어마어마한 질량을 가진 지구에서 끌어당기는 만유인력을 받아요. 이를 '중력'이라고 부릅니다. 중력도 만유인력 가운데 하나라고 할 수 있지요.
　그렇다면 중력에 의한 현상에는 무엇이 있을까요? 우리가 일상에서 겪는 현상이 중력에 의한 것이지요. 손에 잡은 공을 놓으면 공이 땅으로 떨어진다거나 땅을 박차고 높이 뛰어오르면 다시 땅으로 내려온다거나, 높은 산 위의 물이 낮은 곳으로 흘러내려 오는 현상 등 셀 수 없이 많아요.

혹시 지구도 지구 위의 물체가 끌어당기는 힘을 느낄까요? 그렇지 않습니다. 지구 위의 물체는 그 질량이 무시할 만큼 작아서 지구는 그 중력을 느끼지 못합니다. 물론, 지구와 그 질량을 견줄 정도의 물체가 있다면 이야기는 달라져요. 태양이나 달 같은 천체는 지구에 충분히 그 힘을 미치지요.

무중력과 비슷한 단어로 '무중량'이 있어요. 만유인력과 원심력 등의 힘이 서로 크기가 같고 반대 방향으로 작용하면 그 합력이 0이 되는 상태를 말합니다. 정확히 말하자면, 실제로 무중력 상태에서는 '중력'이 0이 되는 것이 아니라 물체에 가해지는 '무게'가 0이 되기 때문에 무중량 상태라고 해야 더 정확합니다.

중력과 만유인력은 이렇게 쓴대!

지구 위의 물체는 지구에서 끌어당기는 힘, '중력'을 받는데 중력의 크기는 그 물체의 무게와 같아요. 그런데 지구가 아닌 다른 곳에 가면 어떻게 될까요? 이를테면, 달이나 화성 같은 곳에 간다면요? 달이나 화성은 지구보다 질량이 작답니다. 달은 특히 지구의 $\frac{1}{6}$밖에 되지 않아요. 덕분에 달에 가서 몸무게를 잰다면 지구의 $\frac{1}{6}$로 줄어들겠지요.

질량이 있는 모든 물체 사이에 서로 끌어당기는 힘이 작용하면 '만유인력'이라 합니다. 태양과 지구가 서로 끌어당기는 힘, 지구와 달이 끌어당기는 힘, 지구가 지구 위의 물체를 끌어당기는 힘, 모두 만유인력이지요. 그중에 중력은 지구와 지구 위의 물체 사이에 작용하는 힘을 말해요.

그렇다면, 지금 내 옆에 앉아 있는 친구와 나도 서로 끌어당기고 있을까요? 맞아요! 나와 친구, 내 손과 휴대폰, 책과 책가방 등 모든 물체에 인력이 작용하고 있어요. 그렇지만, 그 힘의 크기가 아주 작아서 느끼지 못하고 있을 뿐이랍니다.

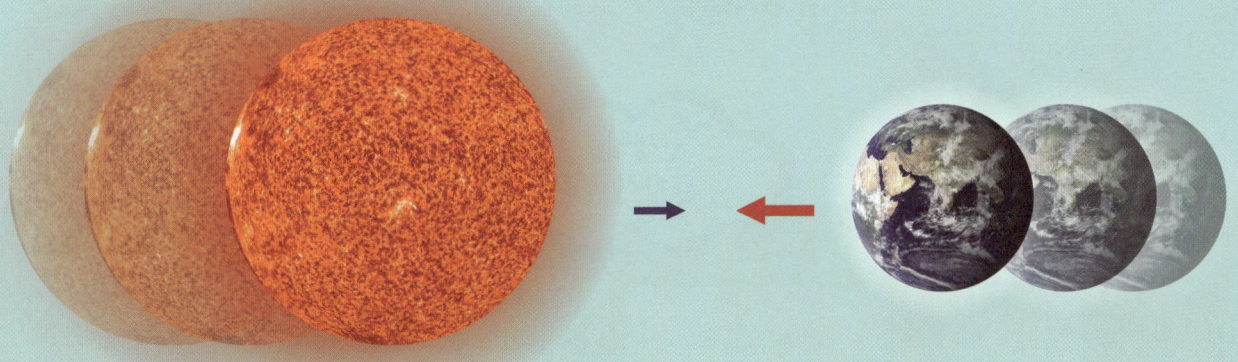

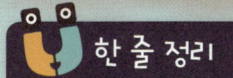 한 줄 정리

중력 : 지구가 지구 위의 물체를 끌어당기는 힘
: 지구 위 물체는 지구가 끌어당기는 힘의 크기만큼 무게를 가진다.
만유인력 : 질량이 있는 모든 물체 사이에 서로 끌어당기는 힘

초등학교 3-4 무게
중학교 1-3 힘

06 질량 VS 무게

질량 VS 무게 속으로

여러분은 자신의 몸무게에 관심이 많은가요? 혹시 무조건 마른 몸이 예쁘다고 생각하지는 않나요? 최근에 사람들은 무조건 마르기보다 지방과 근육량을 적당히 유지하면서 건강하게 몸무게를 관리하는 방법에 관심이 많아졌어요. 아래 표는 간단하게 자신의 몸무게 상태를 확인해 볼 수 있는 *체질량 지수를 계산하는 방법과 그 결과를 나타낸 표입니다. 아래 표를 통해 여러분의 체질량 지수를 측정해 볼까요?

★체질량 지수
Body Mass Index의 약자, BMI 지수라고도 합니다.

$$\text{체질량 지수} = \frac{\text{몸무게(kg)}}{\text{키(m)} \times \text{키(m)}}$$

체질량 지수	몸무게 상태
18.5 미만	저체중
18.5 이상 ~ 23 미만	정상 체중
23 이상 ~ 25 미만	과체중
25 이상 ~ 30 미만	경도 비만
30 이상 ~ 35 미만	중정도 비만
35 이상	고도 비만

결과가 어떻게 나왔나요? 체질량 지수가 너무 낮거나 높게 나온 친구들은 몸무게를 관리해야겠죠? 그런데 여러분의 몸무게는 질량일까요, 무게일까요?

선생님, 왜 헷갈릴까요?

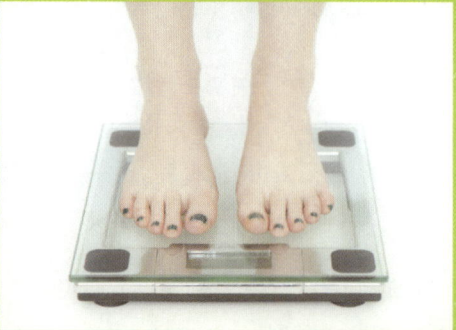

질량과 무게가 어떻게 다른지 알고 있니? 일상에서는 이 둘을 구별하지 않아도 큰 불편함이 없어. 게다가 몸무게를 이야기할 때 질량 단위인 킬로그램$_{kg}$을 더 많이 쓰기 때문에 과학 시간에 둘을 오해하곤 해. 거기에다 몸무게에 들어가는 '무게'라는 말 때문에 질량을 무게에 포함해서 이해해 버리는 거지. 하지만 과학 시간에는 무게의 단위를 'N$_{뉴턴}$'이라고 해야 더 정확한 답이 된단다.

34 | 물리

PART 01 물리

🔍 질량

　질량은 물체가 가진 고유한 양으로 물체를 이루고 있는 입자(원자, 분자)의 종류와 수에 따라 결정됩니다. 질량 단위로는 kg, g 등을 사용합니다. 질량은 측정하는 방법에 따라 중력 질량과 관성 질량 두 가지로 나눌 수 있어요.

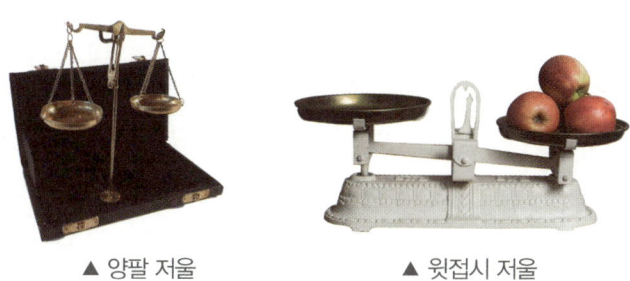

▲ 양팔 저울　　　　　▲ 윗접시 저울

　우선 중력 질량은 양팔 저울이나 윗접시 저울로 측정할 수 있습니다. 이 방법은 질량이 클수록 물체에 작용하는 중력이 크다는 사실을 이용합니다. 저울이 수평을 이루면 저울 양쪽에 작용하는 중력은 크기가 같아서 물체의 질량도 같다는 사실을 알 수 있지요. 질량을 알고 싶은 물체를 저울의 한쪽에 올리세요. 저울이 수평이 될 때까지 반대쪽에 질량을 알고 있는 물체들을 올립니다. 그다음 이미 알고 있던 물체들의 질량을 더하면 우리가 알고 싶은 물체의 질량이 된답니다.

　관성 질량은 중력이 거의 없는 우주에서 사용하는 방법이에요. 질량이 큰 물체일수록 *관성이 커서 속도를 바꿀 때 필요한 힘이 더 크다는 사실을 이용하여 측정합니다. 측정하려는 물체를 고정하고, 물체를 앞뒤나 좌우로 흔들어 속도에 변화를 주면서 사용되는 힘을 측정합니다. 이렇게 측정한 질량을 관성 질량이라고 해요. 지금까지 살펴본 중력 질량과 관성 질량은 같은 값을 갖는답니다.

★관성
물체가 현재 운동 상태를 유지하려는 성질

🔍 무게

　무게는 물체에 작용하는 *중력의 크기입니다. 지구에 있는 물체의 무게는 지구가 물체를 당기는 중력의 크기예요. 이때 중력의 크기인 무게는 질량이 클수록 커지고, 질량이 작아지면 함께 작아집니다. 그리고 이때의 변화비가 같습니다. 따라서 "무게와 질량은 비례 관계이다."라고 나타낼 수 있습니다. 무게는 힘의 크기 때문에 힘의 단위인 N(뉴턴)을 단위로 쓴답니다.

★중력
질량이 있는 물체들끼리 서로 당기는 힘

질량과 무게는 이렇게 쓴대!

> 지구에서 물체의 무게(N) = 질량(kg) × 9.8

지구에서는 질량에 약 9.8을 곱하면 무게를 계산할 수 있습니다. 여러분의 질량이 50kg이라면 몸무게는 50kg × 9.8 = 490N이 됩니다. 이때 9.8은 지구의 *중력 가속도로, 지구에서 중력에 의해 떨어지는 물체 속도가 1초마다 9.8m/s씩 빨라진다는 뜻입니다.

중력은 물체의 위치에 따라 달라집니다. 달의 중력은 지구의 약 $\frac{1}{6}$ 정도이므로 달의 중력 가속도는 지구의 중력 가속도의 약 $\frac{1}{6}$ 정도입니다. 그래서 같은 물체라고 해도 달에서 무게는 지구에서 무게의 $\frac{1}{6}$ 로 작아집니다. 또 지구에서도 물체가 위치한 높이와 위도에 따라 중력의 크기가 달라진답니다.

> ★중력 가속도
> 물체 속도가 중력에 의해 바뀌는 정도

한 줄 정리

질량 : 물체가 가진 고유한 양
무게 : 질량을 가진 물체에 작용하는 중력의 크기
      : 질량이 커질수록 무게도 커진다!

07 마찰력 VS 저항력

중학교 1-3 힘

마찰력 VS 저항력 속으로

놀이터에서 가장 인기 있는 탈 것은 단연 그네가 으뜸이지요. 그네에 올라타면 땅을 박차고 하늘에 닿을 듯이 두 발을 뻗어 올려요. 발을 열심히 구르지 않고 가만히 있으면 그네는 점점 느려지다가 멈추고 말지요. 놀이터의 인기 아이템, 그네를 좀 더 잘 나아가게 하려면 어떻게 해야 할까요? 움직이는 그넷줄을 방해하는 마찰이 없다면 좀 쉽게 탈 수 있을까요? 그네를 탈 때 휙휙 부는 바람이 방해되니 공기 저항력이 없으면 좀 더 쉽게 탈 수 있을까요? 여기에서 나오는 마찰력과 저항력이 정확하게 무엇인지 알고 있나요?

선생님, 왜 헷갈릴까요?

마찰력과 저항력이란 개념은 모두 "운동을 방해한다."라는 공통점이 있어. 과학에서는 운동을 방해하는 힘은 마찰력으로 본단다. 운동하는 물체와 운동을 방해하는 물체가 고체냐, 액체냐, 기체냐에 따라 마찰력과 저항력을 나누어서 쓰고 있지. 일상에서 이 두 개념이 그리 많이 쓰이지는 않는 데다 "문지르다, 비비다."라는 摩擦이란 한자 때문에 정확한 뜻이 쉽게 와 닿지 않을 거야. 앞으로 과학을 공부할 때는 운동하는 물체와 운동을 방해하는 물체에 따라 마찰력과 저항력을 나누어서 비교해 보면 어떨까?

🔍 마찰력

그넷줄이 매달려 있는 부분은 쇠고리 같은 곳에 단단하게 연결되어 있습니다. 그네를 탈 때마다 이 부분에서 삐걱거리는 소리가 나는데요, 이렇게 물체가 서로 접촉해 있는 상태에서 움직이거나, 움직이는 동안 물체의 접촉면에서 운동을 방해하려는 현상을 '마찰'이라고 합니다.

무거운 물체를 평평한 길 위에서 쉽게 이동시키는 방법은 무엇일까요? 고대 이집트 사람들은 피라미드를 지을 때 둥근 통나무를 무거운 돌 밑에 깔고 이 굴림대 위로 돌을 밀어서 옮겼다고 하지요. 이때 돌을 미는 힘이 아래 그림처럼 작용한다면, 이 물체가 움직이는 방향과 반대로 마찰력이 작용합니다. 마찰력은 운동하는 방향과 항상 반대로 작용하지요. 이때, 미는 힘이 마찰력보다 크면 물체는 힘을 주는 방향으로 밀려납니다. 마찰력은 보통 무게가 클수록 큽니다. 물체가 바닥과 닿아 있는 면적이 넓거나 좁은 것과는 상관없어요. 또 서로 닿아 있는 물체와 바닥 사이가 거칠수록 마찰력이 크게 작용한답니다.

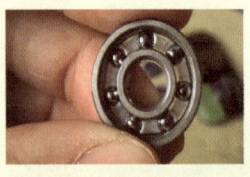

★**베어링**
기계의 회전이나 직선 운동을 하는 굴림대 사이에 강철 알 등을 넣어 마찰을 적게 하는 기구

★**윤활유**
기계끼리 맞닿는 부분의 마찰을 줄이려고 쓰는 기름

손으로 물체를 잡을 때는 물체와 손 사이 마찰력이 적당히 커야 좋아요. 로션을 바른 손으로 음료수 뚜껑을 돌려서 열려고 할 때 손이 미끄러져서 뚜껑을 열기가 어렵지요? 이는 손과 뚜껑 사이의 마찰력이 작기 때문이지요. 이때, 고무장갑을 끼고 음료수 뚜껑을 돌리면 울퉁불퉁한 고무장갑 표면과 뚜껑 사이의 마찰력이 커져서 쉽게 뚜껑을 열 수 있어요.

반대로, 마찰력이 작아야 좋을 때도 있어요. 앞서 말한 그네의 고리 부분처럼 기계끼리 서로 맞닿아서 움직일 때는 서로 부드럽게 움직여야 좋지요. 자전거 페달이나 페달이 연결된 축에는 마찰력을 줄이기 위한 *베어링이 쓰여요. 여기에 *윤활유를 뿌리면 마찰력을 더욱 줄일 수 있고요.

교실 끝에 서 있는 여러분 앞에 들어 올리기 무거운 교탁이 있다고 생각해 보세요. 교탁을 옮기려고 밀어 보지만, 좀처럼 잘 움직이지 않는군요. 친구와 함께 밀어 보니 겨우 움직여요.

마찰력에도 여러 종류가 있어요. 정지한 물체가 움직이려고 할 때, 운동을 방해하려는 힘을 '정지 마찰력'이라고 해요. 움직이기 시작한 뒤에 물체의 운동을 방해하는 힘을 '운동 마찰력'이라고 해요. 정지해 있던 물체를 움직일 때 더 많은 힘이 든다는 사실에서 정지 마찰이 운동 마찰보다 더 크다는 점을 알 수 있어요. 이 두 마찰력은 미끄러지면서 생기기 때문에 '미끄럼 마찰력'이라고 해요. 자전거 바퀴가 지면을 굴러갈 때 생기는 마찰력은 '굴림 마찰력'이라고 합니다. 보통 굴림 마찰력은 미끄럼 마찰력보다 크기가 작아요. 그러니까 교탁이 무거워 움직이기 힘들다면 교탁 아래 굴림대를 넣고 굴리면 쉽겠지요.

저항력

저항력이나 마찰력이나 과학적으로는 운동을 방해하는 힘이랍니다. 고체 사이의 마찰력을 보통 '마찰력'으로, 고체와 액체, 고체와 기체 사이의 마찰력은 '저항력'이라고 해요.

도로를 달리는 자동차가 공기를 뚫고 지나갈 때 받는 마찰력은 '공기의 저항력'이라 할 수 있어요. 하늘에서 별똥별이 떨어질 때나 빗방울이 내려올 때도 공기의 저항력이 이들의 운동을 방해합니다. 공기의 저항력이 없다면 별똥별은 지구에 엄청난 빠르기로 떨어져서 지구에 큰 충격을 줄 수도 있어요. 빗방울도 공기의 저항력을 받지 않는다면 위험한 흉기가 될 수 있겠지요.

　공기의 저항력은 물체가 빨라질수록 더 크게 작용합니다. 천천히 걸어갈 때는 공기가 방해하는 것을 느낄 수 없어요. 반대로 있는 힘껏 빨리 달릴 때 앞에서 불어오는 바람이 무척 방해된다고 느껴지지요? 이는 공기의 저항력이 속력에 영향을 받기 때문이에요.

　하늘을 날아다니는 새들의 몸이나 비행기 등이 유선형인 까닭도 저항력 때문이랍니다. 유선형은 공기가 부드럽게 지나가 저항력을 적게 받아요. 이처럼 저항력은 물체 모양에도 영향을 받는답니다.

마찰력과 저항력은 이렇게 쓴대!

물체는 외부에서 힘을 받아 움직일 때 운동하는 반대 방향으로 마찰력을 받아요. 자전거를 타고 갈 때를 생각해 볼까요? 자전거의 핸들과 축 사이에 마찰력이 크다면 자전거를 탈 때 힘이 많이 들고 무척 불편할 거예요. 그래서 핸들과 축 사이에 기름칠을 하거나 쉽게 움직일 수 있도록 장치를 해 두지요. 이때는 마찰력이 작을수록 편리해요.

반대로 얼음판 위나 젖은 바닥에서 걸을 때는 어떨까요? 자칫하면 미끄러지는 사고가 생기기도 하는데 이때는 마찰력이 너무 작아서 오히려 불편한 경우랍니다. 미끄러운 바닥에서 넘어지지 않으려면, 되도록 바닥 면이 거친 신발을 신어야 좋지요.

축구 경기에 참여하는 선수들은 바닥에 못처럼 뾰족뾰족한 돌기가 난 신발을 신기도 하는데 이는 바닥과의 마찰력을 크게 하려는 방법이지요. 하늘을 나는 비행기나 물속을 헤엄치는 잠수함 등이 공기나 물에 의해 운동에 방해되는 힘을 받는 것도 마찰력이에요. 보통 이렇게 물이나 공기에서 나타나는 마찰력은 '저항력'이라고 하지요. 올림픽 같은 대회에 출전하는 선수의 수영복이라면 물에서의 저항력을 적게 받도록 디자인해야 좋겠지요? 반대로, 높은 곳에서 떨어지는 낙하산 모양은 공기의 저항력을 크게 받는 디자인이 좋겠고요.

마찰력 : 접촉하는 두 물체 사이에 작용해 운동을 방해하는 힘
: 주로 고체와 고체 사이에 작용할 때 마찰력이라고 한다.
저항력 : 고체가 기체나 액체 사이에 있을 때 운동을 방해하는 힘

중학교 1-3 힘과 운동

08 평형 VS 작용·반작용

평형 VS 작용·반작용 속으로

학교 운동회에서 열린 반 대항 줄다리기에는 재미난 과학 현상이 있는데요, 양쪽에서 힘을 주어도 줄이 움직이지 않고 멈춰 있는 현상 '평형'과 학생들이 줄을 당길 때 줄도 학생들을 당기게 되는 '작용·반작용'이 바로 그것이에요. 일정한 속도로 떨어지는 공에서도 평형과 작용·반작용 현상이 있답니다. 지구가 공을 당기는 힘인 중력과 공이 지구를 당기는 힘, 공기가 공을 받치는 공기 저항력과 공이 공기를 누르는 힘도 각각 작용·반작용의 관계예요. 지금부터 친구들이 헷갈리는 평형과 작용·반작용은 과연 어떻게 다른지 살펴볼까요?

선생님, 왜 헷갈릴까요?

★작용점
물체에 힘이 작용하는 지점

한 현상에서 평형과 작용·반작용이 함께 존재해 무엇이 평형이고 무엇이 작용·반작용인지 알기가 어렵지? 실에 매달린 추에 지구가 추를 당기는 힘인 중력이 있다고 하자. 여기에는 실이 추를 당기는 힘도 있고, 추가 실을 당기는 힘도 있어. 하지만 '힘의 *작용점'을 먼저 찾으면 이해가 쉬워져! 두 힘이 서로 같은 물체에 작용한다면 평형 관계야. 지구가 추를 당기는 힘과 실이 추를 당기는 힘은 추라는 같은 물체에 작용하니까 평형 관계이지. 반대로 두 힘이 서로에게 작용한다면 작용·반작용의 관계야. 실이 추를 당기는 힘과 추가 실을 당기는 힘은 작용·반작용의 관계이지. 더 쉽게 보면 각각의 힘을 서술하는 문장에서, 같은 목적어를 가지면 평형, 주어와 목적어가 바뀐 두 문장의 관계는 작용·반작용이란 말이야.

PART 01 물리

🔍 평형

우리 주변에는 안정 상태를 이루는 물체들이 많습니다. 물체들이 안정 상태에 놓이는 까닭은 작용하는 여러 힘이 평형을 이루기 때문이에요. 평형이란 물체의 작용하는 모든 힘의 *합력, 즉 *알짜힘이 0인 상태로 운동 상태에 변화가 없습니다. 따라서 힘의 평형을 이루는 물체는 멈춰 있거나 등속도 운동을 합니다. 물체에 작용하는 두 힘이 평형을 이루려면 두 힘의 크기가 같고, 방향이 반대이며, 일직선에서, 동시에 작용해야 합니다. 그리고 두 힘의 작용점이 한 물체에 있어서 두 힘을 합성할 수 있어 알짜힘이 0입니다.

★**합력**
한 물체에 둘 이상의 힘이 동시에 작용할 때 이 힘들의 합과 같은 효과를 내는 하나의 힘

★**알짜힘**
물체에 작용하는 모든 힘의 합

▲ 왼쪽 사람이 미는 힘과 오른쪽 사람이 미는 힘이 같다.

▲ 자동차의 저항력과 추진력이 같다.

🔍 작용·반작용의 법칙

작용·반작용의 법칙은 *뉴턴의 운동 법칙 중 제3법칙이에요. 물체 사이에 작용하는 힘의 상호 작용에 대한 물리 법칙입니다. 한 물체가 다른 물체에 힘을 작용하면 다른 물체도 그 물체에 힘을 작용합니다. 그 힘은 크기는 같지만, 방향이 반대이며, 일직선에서 동시에 작용합니다. 그런데 두 힘의 작용점이 각각 상대 물체에 있어 두 힘은 합성할 수 없고 각각 알짜힘이 생긴답니다. 따라

★**뉴턴의 운동 법칙**
물체의 운동을 다루는 물리 법칙 세 개

PART 01 물리

★등가속도 운동
가속도가 일정한 운동

서 물체가 고정되어 있다면 멈춰 있지만, 그렇지 않다면 힘이 작용하는 동안 *등가속도 운동을 합니다.

▲ 사람이 벽을 미는 힘과 벽이 사람을 미는 힘은 같다.

▲ 남자가 여자를 미는 힘과 여자가 남자를 미는 힘은 같다.

평형과 작용·반작용은 이렇게 쓴대!

앞에서 살펴본 평형과 작용·반작용을 정리해 볼까요?
평형은 두 힘의 작용점이 같아, 반대 방향으로 작용하는 두 힘을 합할 수가 있어 알짜힘이 0입니다. 따라서 평형 관계에 있는 물체는 정지하거나 등속도 운동을 합니다. 반대로 작용·반작용은 두 힘의 작용점이 상대 물체에 있어, 작용점이 달라서 두 힘을 합할 수가 없습니다. 그래서 두 힘은 각각 알짜힘을 가집니다. 작용·반작용 관계에 있는 물체는 정지하거나 등가속도 운동을 합니다.

평형과 작용·반작용을 잘 구별하려면 힘의 작용점을 찾으면 된답니다. 줄다리기를 통해 구별해 볼까요?
운동회에서 1반과 2반이 팽팽한 줄다리기를 할 때 1반이 줄을 당기는 힘과 2반이 줄을 당기는 힘은 힘의 작용점이 같은 줄이라 평형입니다. 이와 달리 1반이 줄을 당기는 힘과 줄이 1반을 당기는 힘은 힘의 작용점이 서로에게 있어 작용·반작용으로 볼 수 있어요. 1반이 줄을 당기는 힘에는 줄에, 줄이 1반을 당기는 힘에는 1반에 작용점이 있기 때문이지요.

	평형	작용·반작용
공통점	1. 두 힘이 존재한다. 2. 두 힘의 크기가 같다. 3. 두 힘의 방향이 반대다.	4. 일직선에서 작용한다. 5. 동시에 일어난다.
차이점	힘의 작용점이 하나의 물체에 존재	힘의 작용점이 각 물체에 존재
힘의 합성	가능 : 알짜힘이 0이다.	불가능 : 알짜힘이 각각 존재한다.
운동 상태	정지, 등속도 운동	정지, 등가속도 운동
기타	A ← B → C A가 B를 당긴다. C가 B를 당긴다.	D ↔ E 작용 : D가 E를 당긴다. 반작용 : E가 D를 당긴다.

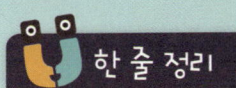

평형 : 물체에 작용하는 알짜힘이 0인 상태
작용·반작용(뉴턴의 제3법칙) : 한 물체가 다른 물체에 힘을 가하면, 다른 물체도 그 물체에 크기가 같고 방향이 반대인 힘이 동시에 발생한다.

09 과학에서의 일 VS 일상에서의 일

중학교 1-3 일

과학에서의 일 VS 일상에서의 일 속으로

학교 근처나 집 주변의 공사 현장을 지날 때가 있지요? 공사 현장에서 크레인을 운전하시는 아저씨는 의자에 앉아서 리모컨을 조종합니다. 아래층에서 서류를 들여다보면서 열심히 스마트폰으로 문자를 보내는 분도 있어요.

이 가운데 어떤 분이 가장 힘든 *일을 하고 있을까요? 더 과학적으로 물어보겠습니다. 어떤 분이 과학적인 일을 하고 있을까요? 우리가 일상에서 하는 일은 모두 과학적인 일에 해당할까요?

★일
물체에 일정한 힘을 주어 힘을 준 방향으로 이동했을 때 일을 했다고 합니다.

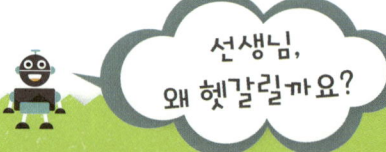

선생님, 왜 헷갈릴까요?

일상에서의 '일'은 매우 폭넓게 쓰이고 있어. 직업을 나타내기도 하고, 힘들게 몸을 움직이는 노동을 이야기하기도 해. 또 열심히 수학 공식을 풀며 공부하는 것도 일이라고 말하기도 해. 일상에서는 이미 '일'이란 표현이 익숙하게 쓰이고 있지? 이렇게 일상과 과학에서 일이 어떻게 다른지 모른 채 섞어서 쓰다 보니 개념을 헷갈리는 거란다. 지금부터 우리는 일상에서의 일과 과학에서의 일이 어떻게 다른지 나누어서 알아볼 거야.

PART 01 물리

과학에서 '일'은 일상에서 쓰이는 일과 좀 다릅니다. 종일 사무실에서 열심히 컴퓨터를 보며 일하고 돌아오신 아버지는 과학적으로 일했을까요? 대답은 "글쎄요."입니다. 과학에서 '일'을 했다는 것은 물체에 일정한 힘을 주어 힘을 준 방향으로 이동했을 때를 말합니다. 공사장 아저씨가 1N의 무게가 나가는 벽돌을 1m 높이만큼 들어 올리면 1J만큼의 일을 했다고 할 수 있어요. 하지만 아버지가 하신 정신적인 '일'은 과학에서 일이라고 보기 어렵지요.

$$1J = 1N \times 1m$$

벽돌로 이야기해 볼까요? 높은 데서 땅으로 떨어지는 벽돌은 바닥에 있는 유리잔을 깨뜨리는 '일'을 할 수 있지요. 그렇다면 높은 곳에 정지해 있는 벽돌도 일을 할 수 있을까요? 높은 곳에 있는 벽돌도 일을 할 수 있는 능력이 있습니다. 이를 과학에서는 *에너지라고 합니다. 눈에 보이지 않지만, 벽돌은 에너지를 갖고 있답니다. 그리고 에너지를 가진 물체는 외부에 '일'을 할 수 있고요.

일과 에너지가 무슨 관계인지 다시 설명해 볼게요.

에너지란, 영어 'Energy'를 소리 나는 대로 읽어서 우리말로 쓴 거예요. 그리스어로 일을 뜻하는 에너곤Energon에서 유래했고, '물체 내부에 숨겨져 있는 일' 또는 '일을 할 수 있는 능력'을 뜻하지요.

★에너지Energy
물체가 가진, 일을 할 수 있는 능력

🔍 과학에서의 일

그렇다면, "일을 한다."라는 것은 무슨 뜻일까요?

3층 건물 꼭대기로 벽돌 1개와 벽돌 20개를 옮겨야 한다고 생각해 보세요. 여러분이라면 어떤 벽돌을 옮기고 싶은가요?

앞서 말했듯이 과학에서는 물체에 힘을 주어서 힘이 작용하는 방향으로 움직여야 '일'을 한다고 합니다. 벽돌 1개와 벽돌 20개를 3층 건물 위로 옮기는 것은 '과학적으로 일'을 했다고 할 수 있어요. 이때 벽돌 20개를 옮기는 일은 더 많은 힘을 주어서 들어 올려야 하므로 일의 양은 벽돌 1개를 옮기는 것보다 20배나 되지요.

그렇다면 벽돌 1개와 20개 중 무엇이 더 많은 에너지를 가졌을까요? 벽돌 20개를 옮기는 데 더 많은 일을 해 주었으므로 벽돌 20개가 더 많은 에너지를 갖고 있답니다. 사람이 벽돌을 3층 건물 꼭대기로 올리는 일을 해 주면, 벽돌 입장에서는 외부에서 일을 받은 셈이지요.

이처럼 물체가 외부에서 일을 받으면 물체는 눈에 보이지 않는 에너지를 갖는답니다. 또 에너지를 가진 물체는 나중에 자기가 가진 에너지로 일을 할 수 있지요. 즉, 벽돌을 옮기는 일은 에너지가 되고, 에너지를 가진 벽돌은 바닥에 떨어지면서 일로 바뀔 수 있어요. 그래서 일과 에너지는 서로 같은 단위를 써서 나타낼 수 있어요. 1N의 벽돌을 1m 높이로 들어 올리는 데 필요한 일은 1J 입니다. 1m 높이에 있는 1N의 벽돌이 가진 에너지도 1J로 서로 같지요.

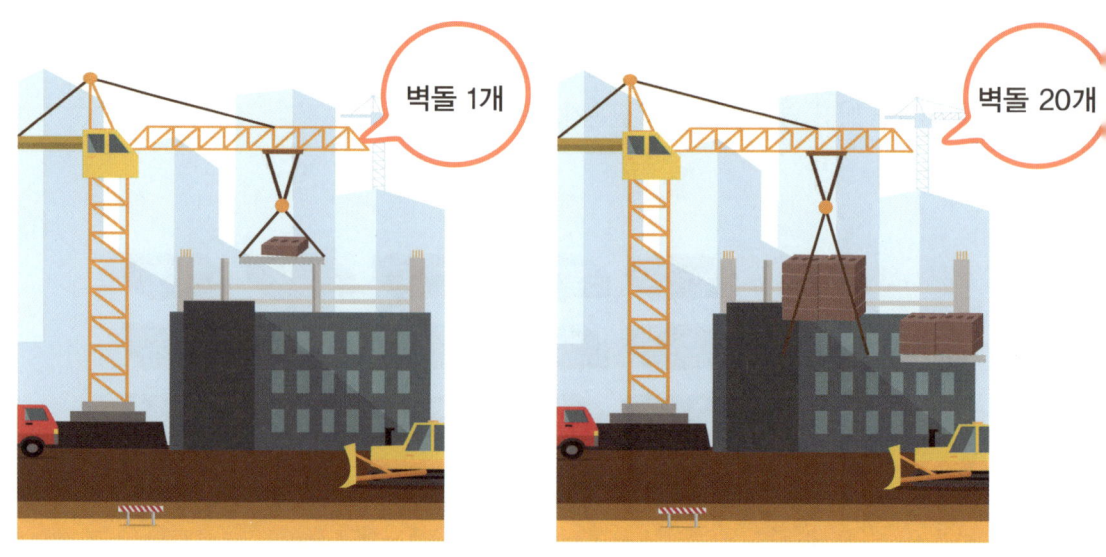

PART 01 물리

　지푸라기와 나무, 벽돌로 집을 지은 〈아기 돼지 삼 형제〉 이야기를 알고 있지요? 늑대가 입김을 불자 날아가 버렸다는 지푸라기 집과 벽돌집이 있다고 생각해 보세요. 어떤 집을 짓는 데 과학적으로 일을 많이 했을까요?

　지푸라기와 벽돌을 들어 올리는 일만 생각해 본다면, 가벼운 지푸라기 집보다 벽돌을 들어 올리기가 어려울 거예요. 따라서 벽돌집을 짓는 데 더 많은 힘을 들였을 테고 벽돌집을 짓는 데 더 일을 많이 했겠군요.

　그렇다면 지푸라기 집의 첫째 돼지는 일을 할 수 있는 에너지가 적어도 될 테니 근육이 없는 비실비실한 몸집이었을 테고 벽돌집의 막내 돼지는 힘든 일도 척척 하는 에너지 넘치는 근육질 돼지였을지도 모르겠군요.

과학에서의 일과 일상에서의 일은 이렇게 쓴대!

정신적인 연구나 노래, 연설을 하는 일 등은 힘이 들더라도 과학적으로 '일'을 했다고 하지 않아요. 무언가 힘의 방향으로 움직이지 않았기 때문이지요. 어떤 물체가 힘의 방향으로 이동했을 때 이 물체가 과학적으로 일을 했다고 합니다. 그리고 이때 물체를 움직인 사람은 물체에 일을 해 주었다고 하고, 물체는 외부에서 일을 받았다고 한답니다.

벽돌 들어 올리기처럼 무거운 물체를 높은 곳까지 들어 올리는 일은 힘이 듭니다. 이때 작용해야 할 힘은 얼마일까요? 물체의 무게만큼의 힘을 주면 됩니다. 물체를 들어 올린 힘에 들어 올린 높이만큼을 곱하면 이 물체에 해 준 일의 양이 됩니다. 그리고 높이 올려진 물체는 받은 일만큼의 일을 갖지요. 아, 물체가 받은 일은 이제 어떻게 되었냐고요? 물체가 갖는 에너지가 되었답니다!

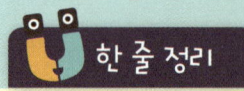

과학에서의 일 : 물체에 힘을 주어 힘의 방향으로 이동시켰을 때, '일'을 한다고 한다.
: 과학적으로 일을 할 수 있는 능력이 에너지
: 물체에 일을 해 주면, 에너지를 가진 물체는 외부에 일을 할 수 있다!

초등학교 5-6 속력
중학교 1-3 등속 운동

10 속력 VS 속도

속력 VS 속도 속으로

0.00758mph   20mph   25-30mph   29mph   40mph   45-50mph   50-60mph   70mph

　　육상 경기는 올림픽에서 많은 사람에게 관심받는 종목입니다. 경기가 끝나면 위 그림처럼 달리기 선수의 빠르기를 다른 동물과 비교하기도 합니다. '지구에서 가장 빠른 사나이'라는 수식어를 가진 우사인 볼트가 2009년에 세운 100m와 200m 세계 기록으로 평균 속력을 계산하면 약 36km/h가 나옵니다. 굉장히 빠른 속력이지만 경주용 말70km/h이나 치타112km/h의 속력과 비교하면 그리 빠르지 않아요.

　　이번에는 다른 이야기를 해 볼까요? 도로에는 제한 속도 표지판이 있습니다. 도로마다 자동차가 안전하게 달리도록 넘지 말아야 할 속도를 알려 주려고 설치했어요. 여기서 잠깐! 육상 이야기를 할 때는 빠르기를 '속력'으로 표현하다가 자동차 이야기를 할 때는 '속도'라고 표현하네요? 대체 왜 그럴까요?

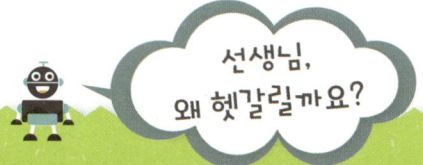

　　속력과 속도에 사용하는 '속(速)'이라는 한자어가 어떤 뜻인지 아니? '속(速)'은 "빠르다."라는 뜻이 있어. 일상에서는 속력과 속도를 둘 다 '빠르기'라는 말 대신 쓰는 거야. 과학에서는 물체의 빠르기를 상황에 따라 두 가지로 나누어서 생각해. 하지만 일상에서는 이 두 가지 빠르기를 나누어 생각해야 하는 경우가 별로 없어서 '속력'과 '속도'를 헷갈리곤 해.

속력

| 속력 = 이동 거리 / 걸린 시간 | 이동 거리 = 물체가 실제로 움직인 거리 |

속력은 *단위 시간 동안 물체가 실제 이동한 거리로 물체의 '빠르기'를 나타냅니다. 속력은 m/s, km/h, mi/h_{mph로 쓰기도 함} 등 여러 가지를 단위로 씁니다. 각 단위의 의미는 다음과 같습니다. 우리나라 자동차의 속도계는 km/h를 단위를 사용하고 있습니다.

> 1m/s = 1초 동안 1m를 이동하는 빠르기
> 1km/h = 1시간 동안 1km를 이동하는 빠르기
> 1mi/h = 1시간 동안 1mile을 이동하는 빠르기

★ 단위 시간
속력의 단위에 따라 1초, 1시간 등을 뜻합니다.
*거리의 단위
1mile = 약 1.6km
*속력의 단위
1mi/h = 약 1.6km/h

속도

| 속도 = 변위 / 걸린 시간 | 변위 = 물체의 위치가 바뀐 정도 |

속도는 단위 시간 동안 물체의 '위치가 바뀐 정도'입니다. 속력에 해당하는 개념인 빠르기와 물체 위치가 달라진 방향을 함께 나타냅니다.

이동 거리와 변위의 차이를 생각해 볼까요? 여러분이 400m 원형 트랙을 한 바퀴 돌았다고 해 보겠습니다. 이때 이동 거리는 400m입니다. 하지만 출발한 위치와 도착한 위치가 같아서 변위는 0이에요. 결국, 변위는 물체가 실제로 이동한 경로를 생각하지 않고 출발점과 도착점의 위치 차이만 나타낸 것입니다.

최고속도제한

최저속도제한

생각발전소 속력과 속도는 이렇게 쓴대!

여러분이 연을 날리기 위해 친구에게 바람이 어떻게 불고 있는지 물었습니다. 친구가 "바람이 5m/s의 속력으로 불고 있어."라고만 설명해 준다면 바람의 빠르기는 알 수 있지만 바람의 방향은 알 수 없습니다. 이럴 때는 처음부터 "바람의 속도 좀 알려줄래?"라고 물어봐야 해요. 그래야 바람의 속력인 풍속과 바람이 불어오는 방향인 풍향을 함께 알 수 있어 연날리기에 필요한 바람의 상태를 안답니다.

물체가 일정한 빠르기로 돌고 있는 운동을 '같을 등(等)'이라는 한자를 사용하여 '등속 원운동'이라고 부릅니다. 등속 원운동을 하는 동안 물체의 속력은 변하지 않습니다. 하지만 매 순간 물체의 운동 방향이 원의 접선 방향으로 끊임없이 달라지기 때문에 속도는 끊임없이 변하는 운동입니다. 그래서 등속 원운동에서 '등속'은 '등속도'가 아니라 '등속력'을 뜻하는 것입니다.

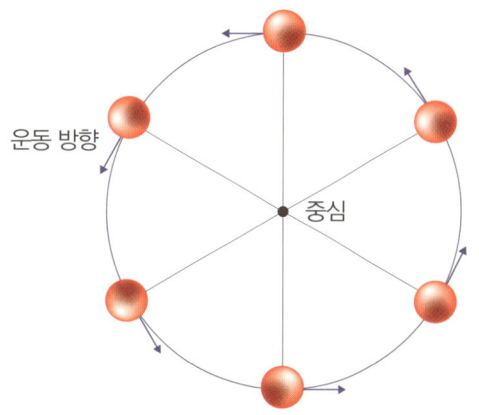

한 줄 정리

속력 : 단위 시간당 실제로 이동한 거리
속도 : 단위 시간당 위치 변화량으로 이동 경로와 관계없다.
→ 속력은 크기만 나타내고 속도는 크기와 방향을 모두 나타낸다.

11 등속도 VS 가속도

초등학교 5-6 속력
중학교 1-3 자유 낙하 운동

등속도 VS 가속도 속으로

　버스를 타고 가다 보면 몸이 정지해 있는 것처럼 느끼기도 하고, 몸이 앞으로 쏠리거나 뒤로 쏠리기도 할 겁니다. 이와 함께 멀미라는 불청객이 찾아오기도 해요. 이 모든 현상은 버스의 등속도와 가속도 운동과 관련이 있답니다. 먼저 멀미는 버스의 가속도로 생기는 흔들림에 몸의 평형감각이 적응하지 못해 일어나는 증상이에요. 생소한 이름이지만 의학적으로 '가속도병'이라고 합니다. 버스가 일직선에서 계속 등속 운동을 한다면 멀미를 하지 않겠지만, 도로는 커브길도 많고 교통 상황에 따라 버스가 *가속과 감속을 해요. 멀미가 심한 사람이 오래 버스를 탄다면 멀미를 견디기 힘듭니다. 그렇다면 잠깐! 등속도와 가속도란 무엇일까요? 여러분은 등속도와 가속도가 어떻게 다른지 알고 있나요? 지금부터 등속도와 가속도가 무엇인지 알아볼까요?

★가속
속력의 증가
★감속
속력의 감소

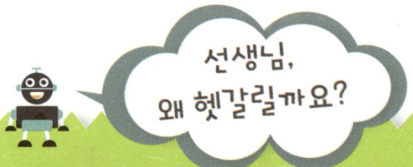
선생님, 왜 헷갈릴까요?

　'등속도'과 '가속도'에서 '속도'는 한자로 '速度'라고 써. '속도'는 '물체의 단위 시간 동안의 위치 변화'라는 뜻으로 '크기와 방향을 가진 빠르기'라고 말하지. 이렇게 두 개념이 '속도'라는 같은 단어를 쓰는 데다 '등'과 '가'라는 말이 정확히 무슨 뜻인지 친구들은 잘 몰라. 이 두 개념이 어떻게 다른지 알려면 '등'과 '가'의 뜻을 비교해 봐. '등'은 한자로 '等'이라고 쓰고 "등급, 같다."라고 해석해.

[등(等) = =]

　이와 달리 '가'는 한자로 '加'라고 쓰고 "더하다, 변하다."라고 해석해.

[가(加) = +, -]

　정리하면 '등속도'는 같은 크기와 방향을 가진 빠르기, '가속도'는 단위 시간 동안 크기와 방향이 바뀌는 빠르기를 말해. 이때 가속도는 '크기'와 '방향'의 두 요인 가운데 하나만 바뀌어도 생긴단다.

PART 01 물리

물체에 작용하는 알짜힘이 0이면 *가속도 법칙에 따라 가속도는 0이므로 물체는 정지하거나 등속도 운동을 합니다.

버스가 등속도 운동을 하는 이유는 버스의 추진력과 버스에 작용하는 저항력이 같아 알짜힘이 0이기 때문이에요. 이와 달리 물체에 작용하는 알짜힘이 있으면 가속도 법칙에 따라 물체는 가속도 운동을 합니다.

버스가 가속도 운동을 하는 이유는 버스의 *추진력이 버스에 작용하는 저항력보다 커서 알짜힘이 있기 때문이에요. 그러나 물체의 질량이 너무 크거나 고정되어 있으면 물체에 작용하는 알짜힘이 있어도 물체는 움직이지 않는답니다.

★가속도의 법칙
(뉴턴의 제2법칙)
물체의 가속도는 작용하는 알짜힘과 비례한다.
★추진력
물체를 밀어 앞으로 내보내는 힘

▼ 등속도와 가속도 운동을 하는 자동차

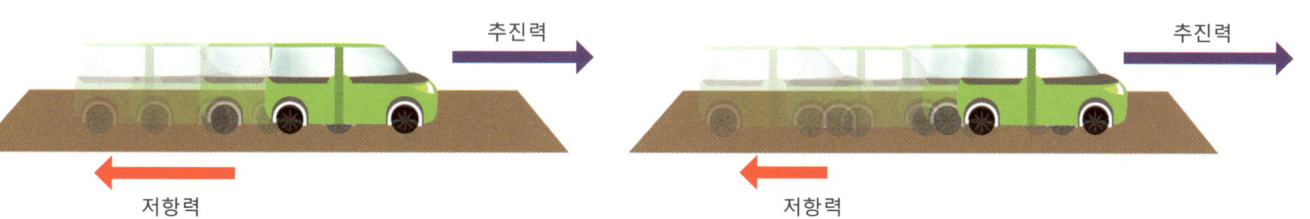

자동차가 추진력과 저항력이 같아 등속도 운동을 한다.　　자동차가 추진력이 저항력보다 커서 가속도 운동을 한다.

등속도

등속도 운동은 물체의 속도가 일정합니다. 등속도 운동을 그래프로 보면 다음과 같습니다.

〈위치–시간〉 그래프에서 기울기는 속도이고, 기울기가 일정해 등속도 운동을 나타내지만, 면적은 무엇도 뜻하지 않아 해석할 필요가 없습니다.

〈속도–시간〉 그래프에서는 기울기의 물리량은 가속도이고 기울기가 0이므로 속도에 변화가 없는 등속도 운동을 나타냅니다. 면적은 변위 즉, 거리이므로 면적의 크기는 이동 거리를 나타낸답니다.

등속도 vs 가속도

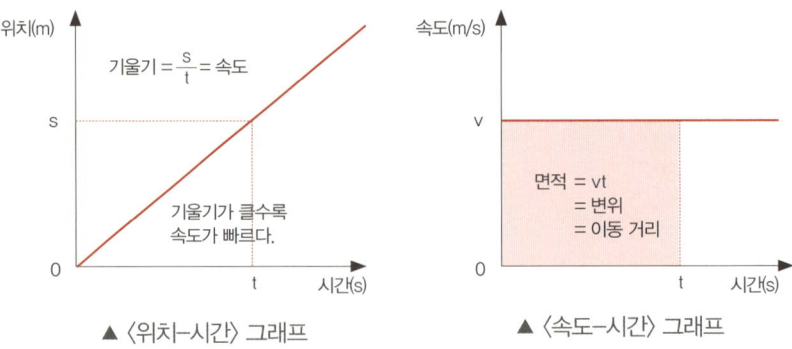

▲ 〈위치–시간〉 그래프   ▲ 〈속도–시간〉 그래프

🔑 가속도

가속도 운동은 물체의 속도가 바뀌는 운동입니다. 가속도 운동에서 속도의 변화가 일정한 등가속도 운동을 그래프로 보겠습니다.

〈가속도–시간〉 그래프에서 기울기는 무엇도 뜻하지 않아 해석할 필요가 없어요. 면적은 속도이므로 면적 크기는 속도 크기를 나타냅니다.

〈속도–시간〉 그래프에서는 기울기는 가속도이고 기울기가 일정하므로 등가속도 운동을 나타내며, 면적은 변위 즉, 거리이므로 면적의 크기는 이동 거리를 나타냅니다.

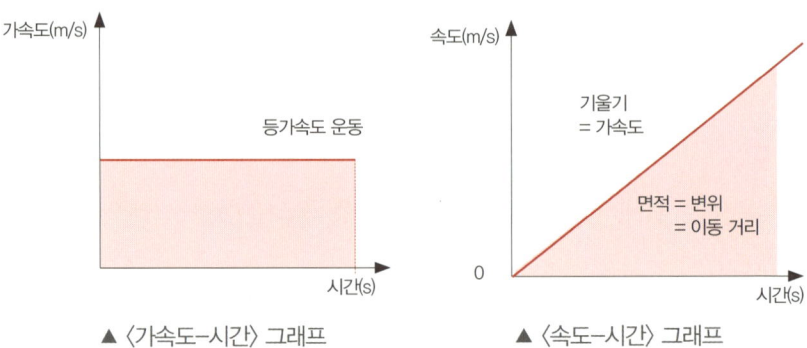

▲ 〈가속도–시간〉 그래프   ▲ 〈속도–시간〉 그래프

등속도와 가속도는 이렇게 쓴대!

등속도와 가속도는 어떤 차이가 있는지 다시 정리해 볼까요?

등속도 운동은 물체가 크기와 방향이 일정한 빠르기로 운동하는 것입니다. 가속도 운동은 물체가 단위 시간 동안 크기와 방향이 변하는 빠르기로 운동하는 것입니다. 가속도가 0인 운동은 속도에 변화가 없어 등속도 운동이 됩니다.

엘리베이터 안에서 체중계로 사람의 몸무게를 잴 때 엘리베이터가 출발하여 올라가면서 몸무게가 증가하거나 올라가다 멈추면서 몸무게가 감소하는 것은 가속도 운동을 해서 나타나는 현상이에요. 이와 달리 엘리베이터가 올라갈 때 체중계의 눈금이 바뀌지 않고 원래 몸무게를 나타내면 등속도 운동을 해서 나타나는 현상입니다.

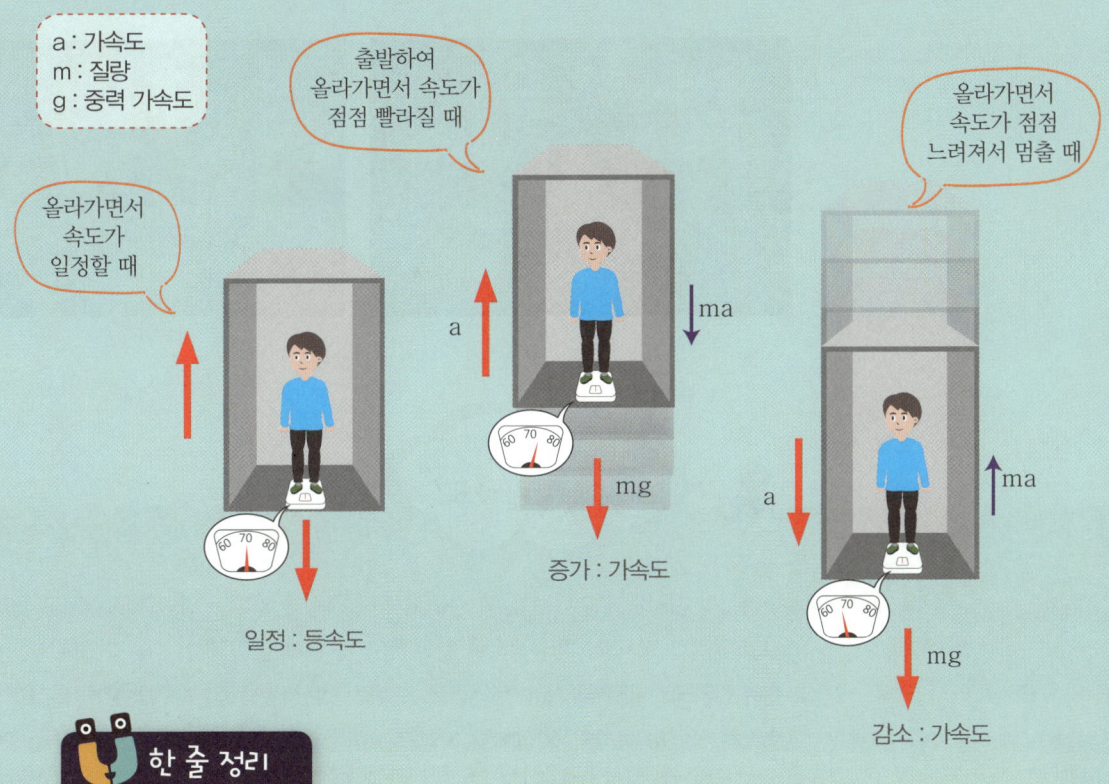

한 줄 정리

등속도 : 크기와 방향이 일정한 빠르기
가속도 : 단위 시간 동안 크기와 방향이 변하는 빠르기

초등학교 3~4 빛의 반사, 5~6 빛의 굴절
중학교 1~3 평면거울의 상

12 굴절 VS 반사

굴절 VS 반사 속으로

여러분이 가진 돋보기로 작은 벌레를 관찰하거나 돌에 박힌 작은 알갱이를 관찰해 본 적이 있나요? 눈이 나빠지면서 착용한 안경을 코끝으로 내리고 보면 맨눈으로 보이는 세상은 크기가 달라 보였지요? 안경 속 세상은 작아 보였는데 말이에요. 그것이 신기하여 틈만 나면 안경을 쓰고 본 세상과 맨눈으로 본 세상을 비교하기도 했지요. 그런데 이것이 굴절 때문이라는 사실, 알고 있나요? 그렇다면 굴절이란 무엇일까요? 또 굴절 하면 같이 알아야 하는 반사와 어떤 차이가 있는지 정확하게 알고 있나요?

안경을 쓰면 잘 보이지만 그 외에는 잘 안 보이죠?

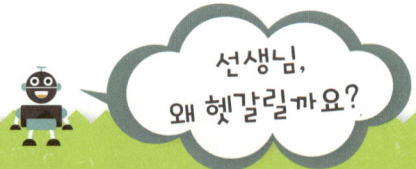

선생님, 왜 헷갈릴까요?

굴절과 반사는 꺾인다는 점이 같아서 각각 특징을 알지 못하면 헷갈릴지도 몰라. 흔히 빛의 굴절과 반사를 같이 생각하곤 해. 렌즈를 통해 빛이 꺾이거나, 거울에 부딪힌 빛이 꺾여 반사되기 때문일 거야. 무언가를 되돌려 꺾는다는 느낌 때문에 흔히 굴절과 반사를 정확하게 알지 못하지. 일상에서 어떻게 쓰이는지 살펴볼까? 물이 담긴 컵 속 젓가락이 꺾여 보일 때 '굴절'이라는 단어를 쓰지? 친구와 말싸움할 때 장난처럼 "반사!"라는 말을 쓰기도 하잖아? 이런 예를 보면 우리는 반사는 되돌린다는 의미를, 굴절은 꺾인다는 의미를 생각해서 써야 할 것 같아. 지금부터 과학적으로 굴절과 반사가 무엇을 뜻하는지 쉽게 설명해 줄게.

🔍 굴절

집에서 학교까지 가는 방법이 여러 가지라고 해 봐요. 아침에 늦게 집에서 출발하였다면, 시간이 가장 짧게 걸리는 길을 선택하겠지요? 여기에서 우리는 '거리'가 아니라 '시간'이 가장 짧게 걸리는 길에 관심을 가져야 해요. 목적지를 찾아가려고 지도에서 거리가 가장 짧은 길을 골랐다가 더 늦었다면 무엇 때문일까요? 공교롭게도 그 길은 전날 내린 비로 물웅덩이가 곳곳에 있고 진흙 길이라 조심조심 걷다 보니 속력이 나지 않았을 수도 있지요.

빛도 마찬가지입니다. 이를 *페르마의 원리*라고 한답니다. 빛은 어떤 공간을 지나는지에 따라 속력이 달라집니다. 아무것도 없는 진공 상태에서는 가장 빠르게 이동합니다. 하지만 공기나 물, 유리 등 물질이 채워져 있으면 속력은 느려집니다. 빛은 직진한다고 하지만, 지나가는 공간의 물질이 변하지 않을 때입니다.

빛이 이동하다가 다른 물질을 만나면 속력이 달라집니다. 그리고 목적지까지 이동하는 가장 빠른 길을 찾아 꺾이지요. 이것이 '빛이 꺾이는, 굴절하는 이유'입니다. 빛뿐만 아니라 소리나 파도도 마찬가지입니다.

★ **페르마의 원리**
빛의 진행 경로에 대한 설명으로, 빛은 최단 시간으로 이동할 경로를 고른다는 원리입니다.

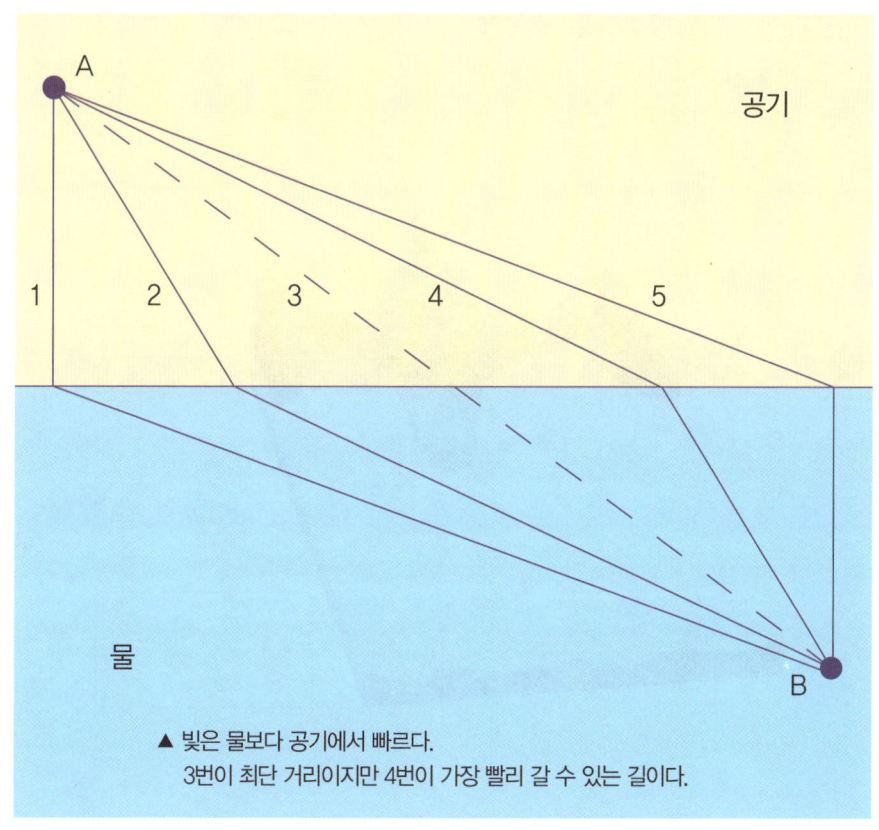

▲ 빛은 물보다 공기에서 빠르다.
3번이 최단 거리이지만 4번이 가장 빨리 갈 수 있는 길이다.

"낮말은 새가 듣고 밤말은 쥐가 듣는다."라는 속담은 대단히 과학적이에요. 소리는 온도가 높으면 속력이 빨라지고, 온도가 낮으면 속력이 느려집니다. 낮에는 태양이 땅을 가열하고 땅 주변의 공기도 데웁니다. 소리는 땅에서 위로 갈수록 속력이 느려지지요. 반대로 밤에는 땅이 차가워지고 땅 주변의 공기도 땅에 의해 식어서 위에서 땅으로 갈수록 소리의 속력도 느려진답니다. 소리의 속력이 달라져 낮에는 소리가 위쪽으로 꺾여 새가 듣는다는 것이고, 밤에는 소리가 낮보다 아래 방향으로 꺾여 쥐가 듣는다고 하는 것입니다.

바닷가에서 가만히 파도를 관찰해 볼까요? 해변으로 다가올 때 방향이 바뀌어 해안선에 나란하게 오는 파도를 볼 수 있습니다. 파도는 물이 깊을수록 속력이 빠릅니다. 해안으로 다가올수록 물의 깊이가 얕아져 속력이 느려지면서 꺾이지요.

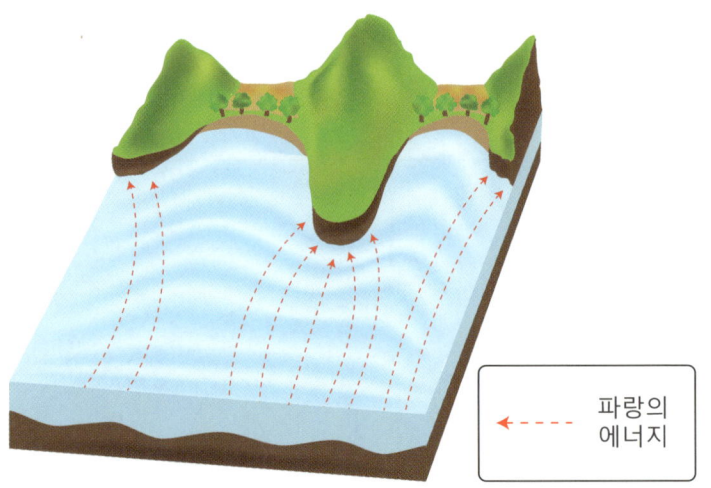

🔍 반사

산에 올라 "야호!" 외치면 반대편에서도 "야호!" 하고 들려오는 메아리는 지른 소리가 먼 산에 부딪혀 되돌아온 것입니다.

목욕탕에서 노래를 부르면 노래방의 에코 기능처럼 잘 부르게 느껴지지요? 이는 목욕탕 벽에 부딪혀 되돌아온 소리와 함께 들렸기 때문입니다. 먼 산에 부딪혀 온 메아리처럼 시간 간격이 있다면 확실히 구별하였을 테지만, 좁은 목욕탕이라 큰 차이 없이 귀로 소리가 전달되는 것입니다.

버스의 앞 유리창 위에 달린 거울을 보면 나와 반대편에 있는 사람이 보입니다. 물론 반대편에 있는 그 사람도 거울에 비친 나를 볼 수 있습니다. 이는 *반사의 법칙으로 알 수 있습니다. 반사 광선이 입사 광선이 되면 빛이 가는 방향과 오는 방향이 겹치기 때문입니다. 거울이 모든 방향에서 각각 특정 부분만 볼 수 있는 것과 다르게 극장의 스크린이나 종이는 모든 방향에서 같은 것을 볼 수 있습니다. 매끈한 거울은 *정반사하지만, 극장의 스크린이나 종이는 *난반사하여 빛을 모든 방향으로 반사하기 때문입니다. 물론 난반사를 할 때도 반사의 법칙은 만족한답니다.

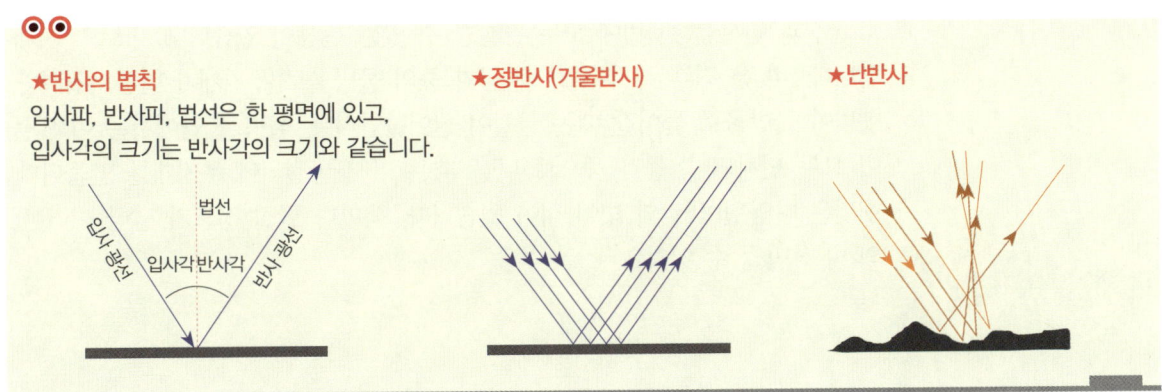

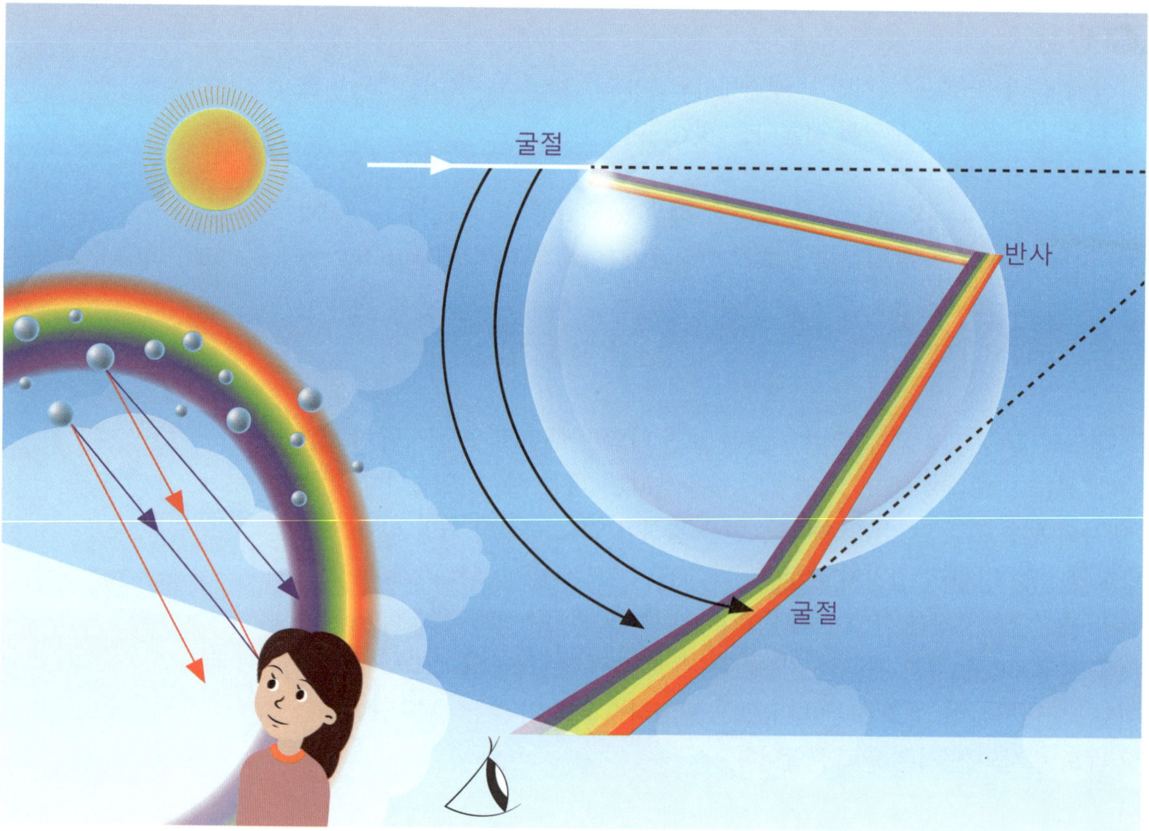

굴절과 반사를 한 번에 모두 관찰할 수 있는 현상이 있습니다. 바로 '무지개' 랍니다. 비 온 직후 해가 보일 때 공기 중의 물방울로 무지개가 만들어집니다. 햇빛이 물방울로 들어갈 때는 굴절이 일어난답니다. 물방울 안에서는 이 빛들이 모두 반사되며, 공기 중으로 나올 때는 다시 굴절되어 무지개를 만듭니다. 햇빛은 다양한 색깔의 빛이 섞여 있습니다. 색마다 굴절 정도가 달라 여러 색의 띠를 만들 수 있지요.

굴절과 반사는 이렇게 쓴대!

굴절은 한 매질에서 다른 매질로 *파동이 이동할 때 속력이 달라져 파동의 방향이 바뀌는 현상입니다. 이를 이용하여 시력 교정용 안경을 만들어 쓰고, 위에서 내려다본 물의 깊이가 보이는 것보다는 깊다는 사실을 알고 조심합니다. 또 사막의 신기루를 따라가도 그곳에는 보이던 것이 없다는 사실을 깨달을 수 있습니다.

거울을 보면 나와 똑같은 나를 볼 수 있습니다. 내 모습을 그대로 반사하여 보여 주는 것이지요. 영화관 스크린은 매끄럽지 않아 빛을 여러 방향으로 반사해 모든 좌석 사람들이 영화를 볼 수 있게 합니다. 또 축구공이 수비수에 맞아 꺾이는 것은 굴절이 아니고 반사되었다고 해야겠지요.

> ★파동
> 전자기파 · 지진파 · 음파 · 물결파 등으로 매질을 통해 진동이나 에너지가 전달되는 현상

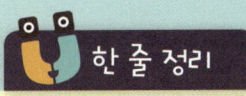

- **굴절**: 파동이 매질 경계에서 속력 차이로 방향을 바꾸는 현상
- **반사**: 파동이 다른 두 매질 경계에서 방향을 바꿔 튕겨 내는 물리 현상

13 실상 VS 허상

초등학교 3-4 평면거울, 5-6 볼록 렌즈
중학교 1-3 평면거울의 상

실상 VS 허상 속으로

우리에게는 시각·청각·후각·미각·촉각이라는 다섯 가지 감각이 있습니다. 그 가운데 가장 많이, 그리고 쉽게 사용하는 감각은 아마 시각이 아닐까요? 최근에는 시각을 즐겁게 해 주는 다양한 기술이 개발되고 있습니다. 우리가 시각을 통해 주변에서 보는 것을 이야기해 볼까요?

눈으로 보는 것들은 때로는 실제 물체이기도 하고, 평면거울 속 *상이기도 하고, 스크린에 맺힌 상이기도 합니다. 이를테면 물체를 거울 앞에 두면 앞에는 실제 '물체'가 보이고, 거울 속에는 마치 물체가 있는 것처럼 보이는 '물체의 상'을 볼 수 있습니다. 이러한 상들은 언뜻 보면 비슷하다고 느껴지지만 실제로는 차이점이 있답니다. 그 차이점을 알아볼까요?

★상
실제 물체는 아니지만, 실제 물체처럼 보이는 형상입니다.

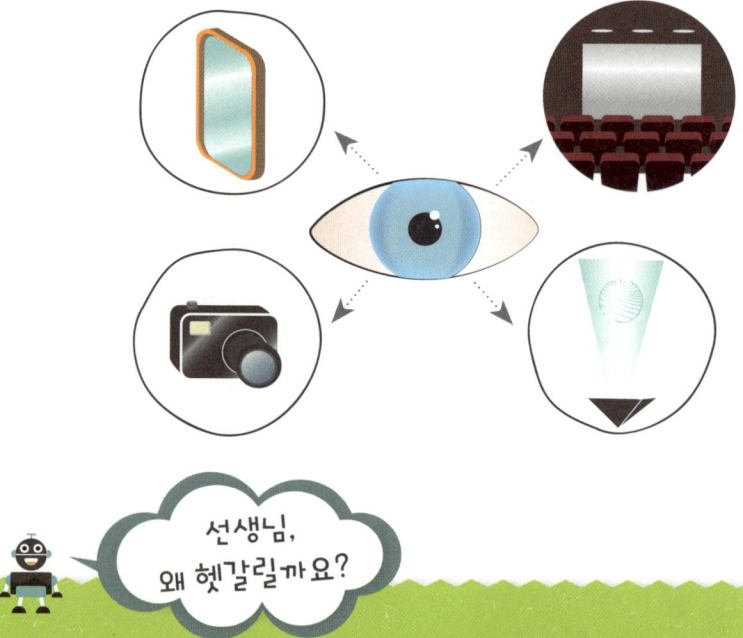

선생님, 왜 헷갈릴까요?

우리가 눈으로 무언가를 본다는 것은 눈 속으로 들어온 빛을 뇌에서 해석하는 거야. 우리 눈에 같은 빛을 주는 실상과 허상은 눈이 구별할 수가 없어서 헷갈리곤 해. 빛이 모여 만들어졌는지 아닌지를 중점에 두고 두 개념을 공부하면 그 차이를 알 수 있을 거야.

실상

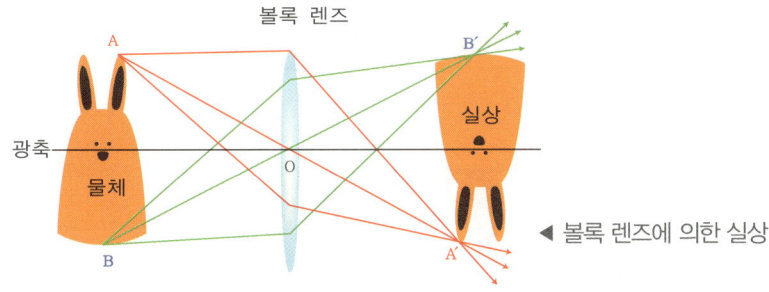

◀ 볼록 렌즈에 의한 실상

　실상은 물체에서 출발한 빛이 렌즈나 거울에 의해 상의 위치에서 다시 모여 '만들어지는' 상입니다. 실제로 빛이 실상이 있는 위치에 도착하기 때문에 실상 위치에 종이나 스크린을 올려놓으면 상을 관찰할 수 있습니다.

　물체의 한 점(A)에서 출발한 빛이 상의 한 점(A′)으로 모여서 상의 일부를 만듭니다. 이런 방식으로 물체의 여러 부분(B)에서 출발한 빛이 상의 각 부분(B′)에 도착하여 상 전체가 완성되는데요, 마치 작은 퍼즐 조각들이 물체에서 출발하여 다시 상에서 맞춰지는 것과 비슷하지요?

　만약 물체의 모든 부분에서 출발한 빛들이 모두 한 점으로 모이면 그냥 작고 밝은 점이 됩니다. 볼록렌즈로 빛을 모으는 것과 같은 것이지요.

허상

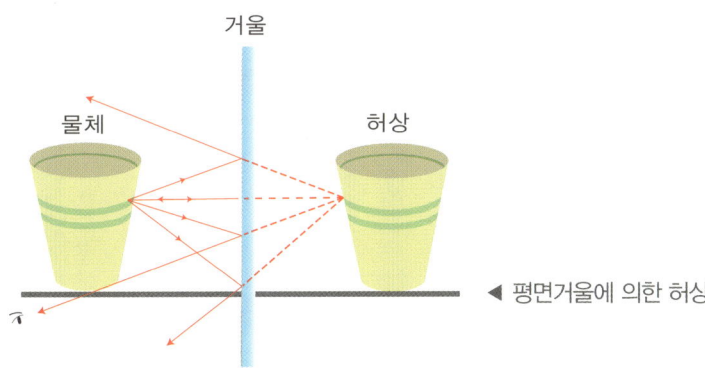

◀ 평면거울에 의한 허상

　허상은 물체에서 출발한 빛이 렌즈나 거울에 의해 상의 위치에서 다시 모여서 '만들어진 것처럼 느껴지는' 상입니다. 허상 위치에 직접 빛이 도착한 게 아니라서 상의 위치에 종이나 스크린을 올려두어도 상을 볼 수 없답니다. 하지만 렌즈나 거울을 통해 보면 허상의 위치에서 빛이 나온 것처럼 보입니다.

실상과 허상은 이렇게 쓴대!

 VS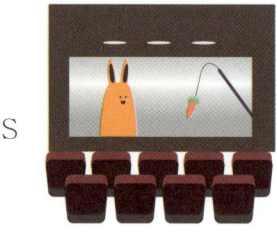

◀ 평면거울　　　　　　　　　◀ 스크린

　평면거울 속에 보이는 물체의 상과 영화 스크린에 있는 상을 떠올려 보세요. 차이점이 느껴지나요? 차이가 있다면 실상과 허상의 차이인데요, 우리가 평면거울 속에 있다고 느껴지는 상은 허상, 영화관 스크린에 보이는 상은 실상입니다. 영화관 스크린이나 교실 빔 프로젝터를 통해 실상이 만들어지는 이유는 그 속에 있는 볼록렌즈 때문이에요.

　우리 눈에도 수정체라는 볼록 렌즈가 있어 눈앞의 풍경이 눈속에 실상으로 맺힐 수 있게 해 줍니다.
　실상과 허상은 렌즈나 거울의 종류, 물체와의 거리에 따라 둘 다 만들어질 수 있어요. 따라서 렌즈는 실상을 만들고 거울은 허상을 만든다고 생각하지 않아야 합니다.

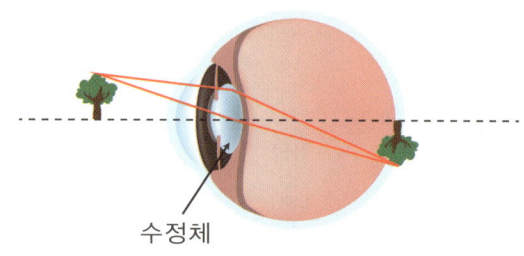

수정체

 한 줄 정리

실상 : 실제로 빛이 모여 만들어진 물체의 모습
허상 : 실제로 빛이 모이지는 않았지만, 실상이 만들어진 듯 느껴지는 물체의 모습
→ 실상 위치에 스크린을 놓으면 상이 보이지만 허상 위치에는 스크린을 놓아도 상이 보이지 않는다.

초등학교 3-4 소리의 발생, 세기, 높낮이, 전달
중학교 1-3 횡파, 종파

14 진동 vs 파동

진동 vs 파동 속으로

신나게 공을 주고받으며 놀다가 기분이 너무 들뜬 탓인지 그만 잡고 있던 공을 놓친 적이 있나요? 날아간 공이 물에 빠진 적은요? 제법 물이 깊어 보여서 안으로 들어가기 어려워 돌멩이를 던져 보았지만, 그저 물결을 만들 뿐 공은 꿈쩍도 안 했을 거예요. 좀 더 큰 돌덩이를 던졌지만, 큰 물결만 생기고 공은 더 크게 오르락내리락할 뿐 물에서 건져 가져올 수 없었을 겁니다.

물에 돌멩이를 던지면 물이 출렁거리지만, 위에 떠 있는 공이 여러분에게 오지는 않는답니다. 그렇다면 돌멩이는 물에 무엇을 해 준 것일까요? 돌멩이 주변으로 일어나는 물결을 보면 무엇인가 움직이는 듯한데 물이 움직인 것일까요? 물결이 일어나는 것과 공이 위아래로 오르락내리락하는 것은 어떤 관계일까요?

답은 진동과 파동에 숨어 있답니다. 여러분은 이 둘이 어떻게 다른지 알고 있나요?

선생님, 왜 헷갈릴까요?

석유 파동 **조류 독감으로 일어난 달걀 파동**

사회적으로 큰 문제였던 사건을 이야기할 때, '파동'이라는 말을 쓰지? 사회를 통째로 흔들 만한 큰 사건을 '파동'이라고 하는데 진동 역시 '흔들림'을 뜻하고 있어. 이렇게 파동이나 진동이 떨리는 현상을 나타낼 때 일상에서는 둘을 섞어서 쓰고 있지. 이 탓에 과학에서는 전혀 다른 이 두 개념을 헷갈리곤 해.

진동

진동과 파동은 둘 다 비슷하게 '떨림'을 뜻하는 듯 보이지요?

진동은 흔히 볼 수 있는 단순히 떨리는 현상을 말하지만, 파동은 더 과학적인 현상을 말합니다. 과학에서 진동은 이러한 파동을 일으키는 '원인'입니다.

악기와 공기의 진동으로 소리가 나고, 땅의 진동으로 지진이 나고, 물의 진동으로 물결이 생겨나지요. 여기서 소리·지진·물결은 모두 파동의 종류랍니다.

잔잔한 물웅덩이에 나무 막대를 대고 두드려 보세요. 수면이 출렁이면서 '물결'이 만들어집니다. 이때 출렁거리는 물을 진동이라고 할 수 있어요. 진동은 물체의 흔들림을 말하지요.

파동

물질의 어떤 곳에서 생긴 진동이 주위로 전달되는 현상을 '파동'이라고 합니다. 앞에서 다룬 진동과 비교해 정리하면 물이 위아래로 출렁거리면 진동, 물의 출렁거림이 전달되어 퍼져 나가는 물결은 파동이라고 할 수 있지요. 물에 돌을 던져서 출렁거린다면 물이 직접 이동하지 않고 물결인 파동만 주위로 전해졌을 뿐이에요.

★ **파동에도 종류가 있다?**
파동의 진행 방향과 매질의 진동 방향이 수직인 파동을 횡파, 파동의 진행 방향과 매질의 진동 방향이 같은 파동을 종파라고 합니다.

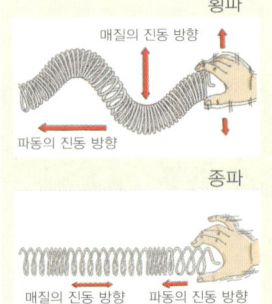

파동 하면 물결의 움직임인 물결파가 대표적입니다. 눈에는 보이지 않지만 소리나 빛도 파동에 속한답니다. 보통 파동은 진동하는 물질이 있고, 진동을 한쪽에서 다른 쪽으로 전달해 줍니다. 물결파에서는 '물'이, 소리에서는 '공기'가 진동을 전해 주지요. 이때 물이나 공기를 '매질'이라고 해요.

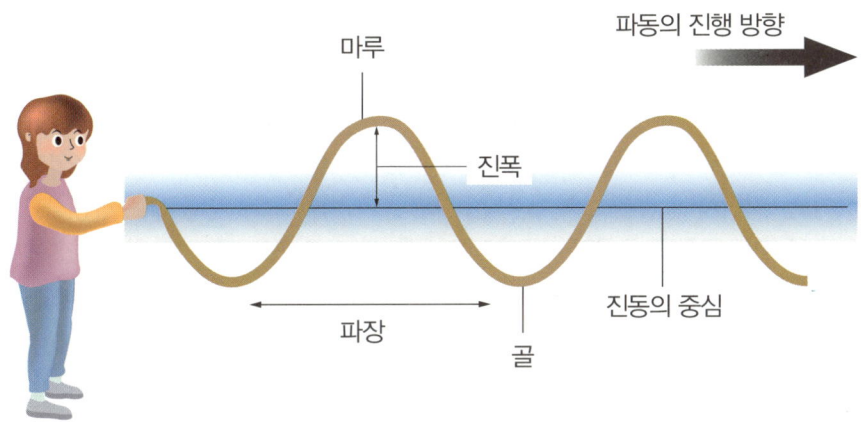

파도의 출렁임과 비슷하게 줄을 잡고 파동을 만들어 볼 수 있어요.

그림에서 보듯 파동 중 가장 높은 곳을 '마루', 가장 낮은 곳을 '골'이라고 합니다. 그리고 진동 중심에서 마루나 골까지의 거리를 '진폭'이라고 하지요. '파장'은 이웃한 마루에서 마루 또는 골에서 골까지의 거리를 뜻해요. 줄을 잡고 위아래로 크게 흔들면 진폭이 커지고, 줄을 잡고 빠른 속도로 흔들면 빨리 진동하면서 파장이 짧아지겠지요. 반대로 줄을 천천히 흔들면 천천히 진동하고 파장은 길어집니다.

진동과 파동은 이렇게 쓴대!

진동과 파동은 서로 원인과 결과라고 할 수 있지요. 지구의 어느 곳에서 일어난 진동이 땅을 통해 전달되는 현상을 지진이라고 하듯 물질의 진동이 있어서 파동이 생겨납니다. 파동은 한곳에서 생긴 진동이 주변으로 퍼져 나가는 현상을 말합니다.

얼마 전, 포항에서 일어났던 지진은 우리나라도 더 이상 지진으로부터 안전지대가 아니라는 생각을 갖게 했어요. 지진이 발생한 포항에 사는 사람들이 벽이 크게 흔들리는 진동을 느꼈다면, 포항에서 멀리 떨어진 서울에 있는 사람들은 어떻게 작은 진동을 느낄 수 있었을까요? 이는 물결이 치는 것처럼 땅을 타고 그 파동 에너지가 사방으로 전달되었기 때문이에요.

피아노를 연주할 때 들리는 아름다운 선율은 건반이 일으킨 금속 줄의 진동이 공기를 통해 소리로 전달되어 우리의 귀에 들리는 것이지요. 이것을 음파라고 합니다. 우리가 공기가 없는 우주에 있다면 옆에서 외치는 친구의 소리도 들을 수 없답니다.

 한 줄 정리

진동 : 물체의 흔들림
파동 : 한곳에서 생긴 진동이 주위로 퍼져 나가는 현상

초등학교 3-4 소리의 발생, 세기, 높낮이, 전달
중학교 1-3 진폭, 진동수, 파형

15 큰 소리 VS 높은 소리

큰 소리 VS 높은 소리 속으로

우리 주변에는 다양한 소리가 있습니다. 종일 이어폰으로 음악만 듣다 보면 이런 소리를 듣지 못할 때도 있지요. 혹시 책을 읽는 지금도 귀에 이어폰을 끼고 있지 않나요? 등교하거나 하교하는 길에 이어폰을 빼고 어떤 소리가 들리는지 자세히 귀 기울여 보세요. 평소에 생각하지 못했던 숨어 있는 다양한 소리를 들을 수 있답니다.

그 가운데 여러분이 참기 어려운 소리는 어떤 소리일까요? 친구가 뒤에서 낮은음으로 크게 "왁!" 하고 놀라게 하는 소리도 참기 힘들지요? 수업에서 칠판에 분필로 글씨를 쓰다가 긁히면서 나는 작지만 높은 소리도 참기 힘듭니다. 하지만 두 소리는 뭔가 다른 느낌이 있어요. 그 차이는 무엇일까요?

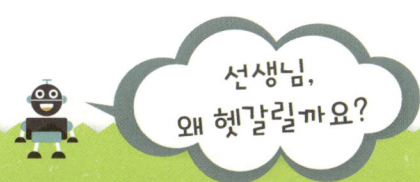

선생님, 왜 헷갈릴까요?

소리 때문에 놀랄 때 귀가 아프다는 느낌을 받은 적이 있지? 귀에 강한 에너지를 가진 소리가 친구들에게 전달되기 때문이야. 문제는 이 큰 소리와 높은 소리 모두 에너지가 큰 소리라서 두 소리 모두 우리를 놀라게 한다는 거야. 일상에서는 큰 소리와 높은 소리 차이 없이 무조건 "크다."라는 고정 관념으로 받아들이고 있어. 그래서 이 두 개념을 헷갈리곤 해.

큰 소리

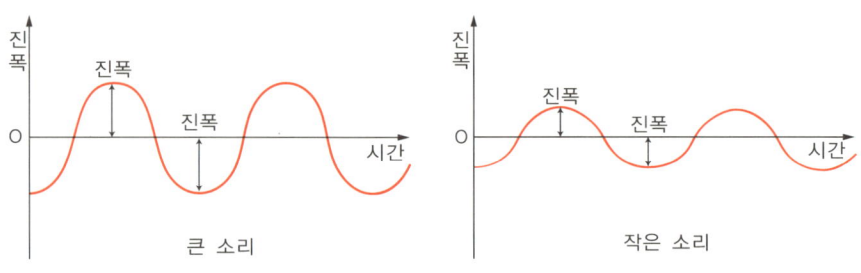

▲ 소리의 크기와 진폭

소리의 크기는 진폭을 뜻합니다. 큰 소리는 '진폭이 큰' 소리이고, 작은 소리는 '진폭이 작은' 소리입니다. 여기서 진폭은 진동의 중심에서부터 움직이는 최대 간격입니다. 우리가 일상에서 듣는 소리는 공기의 떨림이 전달되는 것이랍니다. 소리의 진폭이 크다면 그만큼 공기가 넓은 간격을 움직이며 떨리지요. 그리고 소리의 진폭을 '소리의 세기'라고도 한답니다.

높은 소리

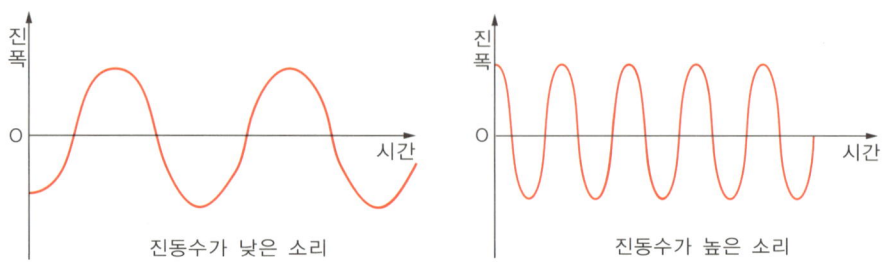

▲ 소리의 높이와 진동수

소리의 높이는 진동수를 뜻합니다. 높은 소리는 '진동수가 높은' 소리이고, 낮은 소리는 '진동수가 낮은' 소리입니다. 여기서 진동수는 단위 시간 동안 진동하는 횟수입니다. 그래서 높은 소리의 공기가 더 빠르게 떨립니다. 이처럼 소리의 진동수가 높을 때 우리는 "소리의 높이가 높다."라고 하고, 음악에서도 '높은음'이라고 합니다. 진동수의 단위는 Hz헤르츠를 사용합니다.

큰 소리와 높은 소리는 이렇게 쓴대!

여러분은 만화나 영화에서 어떤 사람이 높은 소리를 내면 유리나 와인 잔이 깨지는 장면을 본 적이 있나요? 이는 물체가 가진 고유 진동수와 같은 진동수의 소리를 지속해서 보내면 그 물체가 진동하는 진폭이 점점 커지다가 물체가 견딜 수 있는 진폭의 한계를 넘어서면 깨지기 때문에 나타나는 현상이에요. 마치 친구가 타고 있는 그네를 밀어 줄 때 그네의 진동수에 맞추어 밀어 주면 그네의 진폭이 커져 더 높이 올라가는 현상과 비슷합니다. 이러한 현상을 공명이라고 해요. 하지만 만화나 영화에서처럼 사람이 실제로 와인 잔을 깨기는 쉽지 않아요. 사람이 일정한 진동수의 목소리를 지속적으로 내기는 어렵기 때문이지요.

큰 소리(큰 진폭) : 진동 중심에서부터 움직인 최대 거리 또는 최대 변위가 큰 소리
높은 소리(높은 진동수) : 단위 시간 동안 진동하는 횟수가 많은 소리(빠르게 진동하는 소리)
→ 큰 소리는 진폭이 큰 소리, 높은 소리는 진동수가 높은 소리

16 대전 VS 충전

중학교 1-3 대전

대전 VS 충전 속으로

파티장에서는 흥미로운 물리 현상 두 가지를 찾을 수 있답니다. 바로 '대전과 충전'이라는 현상인데요, 먼저 '대전'을 활용하면 파티장을 꾸며 줄 풍선을 테이프 없이 붙일 수 있습니다. 고무풍선을 머리카락에 문질러 보세요. 신기하게도 머리카락에 달라붙는 고무풍선을 볼 수 있지요?

또 파티 사진을 찍다 배터리가 얼마 안 남은 휴대폰에 보조 배터리를 사용하여 충전하면 '충전'이란 현상을 볼 수 있어요. 이 모두 전자가 이동해 나타나는 현상이에요. 여기에서 풍선이 전기를 띠면 왜 '대전'이라고 말하고, 배터리가 차면 '충전'이라고 말할까요? 이제부터 그 이유를 알아보겠습니다.

선생님, 왜 헷갈릴까요?

★전기
번개·정전기·전류 등의 전기 현상의 원인

'대전'과 '충전'에서의 '전'은 한자로 '電'이라고 써. "번개, 빠르다."라는 뜻이지. 또 전자의 이동으로 생기는 '*전기*'라고도 해석해. 대전과 충전 두 단어가 '전'이라는 같은 말을 쓰고 있지? 이게 친구들이 헷갈리는 첫 번째 이유야. 거기에 '대'와 '충'이 무슨 뜻인지 모르니 대전이 충전이고 충전이 대전이구나, 생각하는 거지. 먼저 '대'는 한자로 '帶'라고 쓰는데 "띠를 두르다."를 뜻해. 즉, "전기띠를 두르다."라는 뜻으로, 물체의 표면이 전기를 띤다고 말하지. '충'은 한자로 '充'이라고 쓰는데 "채우다."를 뜻해. 충전은 "전기를 채운다." 하여 물체에 전기를 채운다는 것을 말해.

대전

물질은 전기적으로 (+)전기를 띤 *양성자와 (−)전기를 띤 전자로 이루어져 있습니다. 흔히 양성자와 *전자의 수가 같아 중성을 띱니다. 외부에서 전자가 양성자와의 전기력을 끊을 수 있는 충분한 에너지를 얻으면 이동해 중성이 깨지지요. 따라서 서로 다른 두 물체는 마찰하면 전자의 이동으로 각각 전기를 띱니다. 이렇게 전기를 띠는 현상을 '대전', 이때 전기를 띤 물체를 '대전체'라고 합니다. 이를테면 고무혹은 풍선를 털가죽혹은 머리카락으로 문지르면 털가죽에 있던 전자가 에너지를 얻어 고무로 이동합니다. 그래서 털가죽은 가지고 있던 전자를 잃어 (+)전기를 띤 대전체가, 고무는 전자를 얻어 (−)전기를 띤 대전체가 됩니다. 이렇게 서로 다른 물체를 마찰했을 때 물체들은 저마다 전자를 잃기 쉽고 어려운 정도가 다르답니다. 전자를 잃기 쉬운 순서대로 나열한 것을 '대전열'이라고 불러요. 대전열이 큰 물체는 (+)로 대전되기 쉽고, 대전열이 작은 물체는 (−)로 대전되기 쉽습니다.

★ 양성자
원자의 구성 입자로 (+)전기를 띤 입자

★ 전자
(−)전기를 띤 입자

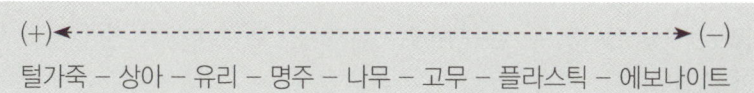

(+) ◀-------------------------------------▶ (−)
털가죽 − 상아 − 유리 − 명주 − 나무 − 고무 − 플라스틱 − 에보나이트

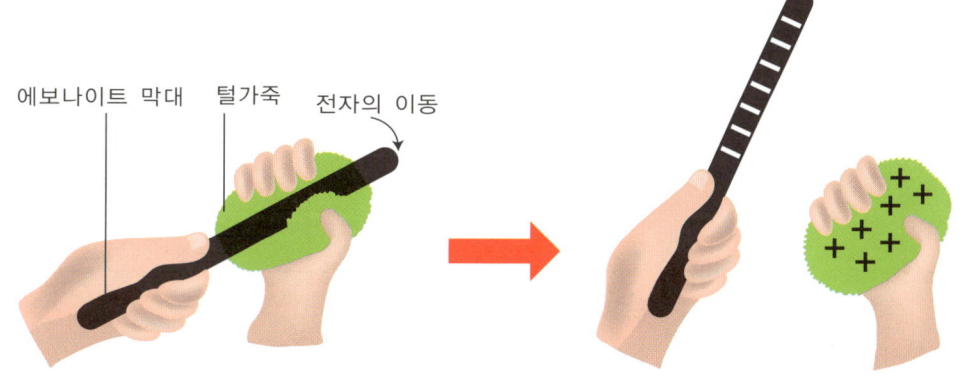

이렇게 대전된 고무풍선대전체을 그냥 두면 고무풍선의 전자들이 공기 중으로 이동해 오랫동안 전기적인 성질을 유지하지 못합니다. 또, 대전된 고무풍선대전체이 다른 물체에 닿으면 전자들이 한꺼번에 물체로 이동해 전기를 일정하게 공급하지 못합니다.

다시 파티장 이야기로 돌아가 볼까요? 테이프 없이 풍선을 붙이는 비밀은 '대전'에 있었답니다. 풍선을 머리카락에 문질러 보세요. 머리카락의 전자가 풍

PART 01 물리

선으로 이동하여 마찰 전기가 생깁니다. 전자를 잃은 머리카락은 (+)전기를, 전자를 얻은 풍선은 (-)전기를 띱니다. 따라서 (+)전기로 대전된 머리카락과 (-)전기로 대전된 풍선은 전기력 덕분에 서로 달라붙습니다. 머리카락에 문지른 풍선은 천장에도 달라붙는답니다. 이때 천장은 전기적으로 중성인데, (-)로 대전된 풍선이 풍선과 가까운 쪽의 천장을 (+)전기로 만들어 풍선과 천장이 전기력으로 붙게 되는 것입니다.

★축전기
전기를 모아 두는 장치
★전하
전기현상을 일으키는 원인인 물질
★전위차
전기 회로에 있는 두 지점 사이 전위(전기적 위치 에너지)의 차로 전기를 흐르게 하는 원인. 단위는 볼트(V)입니다.

충전

충전은 *축전기에 *전하가 모이는 현상을 말합니다. 축전기는 평행한 두 금속판으로 이루어지며, 각 금속판에 같은 전하량이 충전되어 전기 에너지가 모입니다. 그림처럼 얇은 두 금속판을 일정한 거리만큼 떨어뜨려 나란히 배열해 만든 축전기를 '평행 판 축전기'라고 합니다. 축전기에 전하를 모으는 방법은 이렇습니다. 먼저 축전기에 전지를 연결하여 A 판에는 (+)전하를, B 판에는 (-)전하를 이동시킵니다. 금속판 사이 *전위차가 전지의 전압과 같아질 때까지 전하가 이동하여 각 금속판에는 같은 양의 전하가 분포합니다. 이 상태가 되면 전지를 떼어도 두 금속판에는 전기적인 인력이 생겨 전하가 그대로 저장되어 충전됩니다.

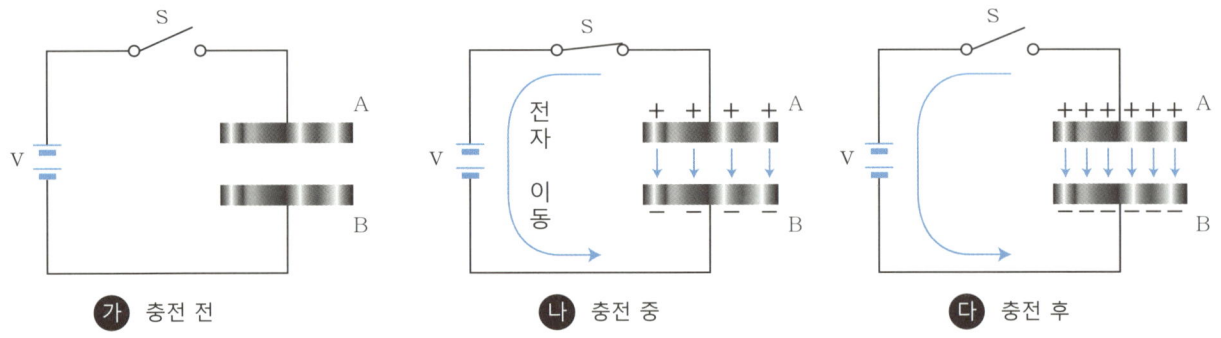

가 충전 전   나 충전 중   다 충전 후

▲ 축전기의 충전 과정

대전과 충전은 이렇게 쓴대!

대전은 물체가 전기를 띠는 현상을 말합니다. 이때 전자는 물체의 표면에 띠를 두르듯이 분포하게 됩니다. 이렇게 대전된 물체를 대전체라고 해요. 전기를 모아 두는 장치인 축전기 속에 전기가 모이는 현상을 충전이라고 하지요. 대전체와 축전기는 둘 다 전기를 가지고 있지만, 대전체를 축전기 대신 사용할 수는 없습니다. 축전기는 모인 전기를 일정하게 공급할 수 있지만, 대전체는 모인 전기를 일정하게 공급하지 못하기 때문이지요.

대전 현상은 생활에서 많이 경험하게 됩니다. 요즘에는 빨래할 때 섬유 유연제를 넣어서 잘 경험하지 못하지만, 예전에는 스웨터를 입고 벗을 때 정전기를 자주 경험할 수 있었지요. 이때 생긴 정전기가 바로 마찰로 대전되어 생긴 전기예요. 번개 현상도 구름 속의 물방울들이 서로 부딪치면서 마찰해 전기를 만들어 구름 표면에 분포해 있다가 지상의 높은 물체에 가까이 가면 나타나는 자연스러운 현상이지요.

이와 달리 충전 현상은 생활에서 경험을 하지만, 자연스럽게 나타나는 현상은 아니랍니다. 사람들이 인위적으로 축전기 안에 전기를 가두는 것이지요. 이와 비슷한 방법으로 가둔 전기를 일정하게 공급하여 사람들이 안전하게 사용하도록 한 것이 바로 배터리예요.

인간에게는 충전이라는 단어가 더 익숙하지만, 자연에게는 대전이라는 단어가 더 쉽게 느껴지지 않을까요?

한 줄 정리

대전 : 물체가 전기를 띠는 현상
대전체 : 전기를 일정하게 공급할 수 없다.
충전 : 축전기에 전하가 모이는 현상
축전기 : 전기를 일정하게 공급할 수 있다.

17 저항 VS 비저항

초등학교 5-6 전기 회로
중학교 1-3 저항

저항 VS 비저항 속으로

살아가면서 저항이라는 말은 많이 들어봤지요? 아마 과학보다 역사나 사회에서 더 많이 들어본 말이 아닐까 해요.

독재에 저항한다든지, 사상에 저항한다든지처럼 특정한 흐름에 반대해서 막아내려고 하는 것을 저항이라고 합니다. 저항의 주체가 어떤 집단이냐에 따라 저항의 정도도 달라진답니다. 물리에서 말하는 저항도 그 의미가 비슷해요. 저항은 전류의 흐름을 방해하는 역할을 해요. 저항의 역할을 하는 물질이 무엇인지, 길이와 단면적이 얼마인지에 따라 저항의 값이 달라집니다.

이와 달리 비저항은 보통 역사나 사회에서는 "저항하지 않는다."라는 뜻으로 사용해요. 그러면 물리에서의 비저항도 비슷한 뜻일까요? 여러분은 물리에서 비저항이 무엇을 말하고, 저항과는 어떤 관련이 있는지 알고 있나요?

★금속
단단하고 광택을 띠며, 전기를 잘 전달하는 도체

크기가 같은 여러 가지 *금속 저항의 크기(은 〉 구리 〉 알루미늄 〉 철)는 다르다.

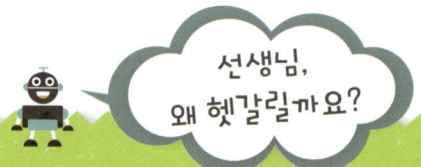

일상에서도 자주 사용하는 '저항'이라는 말에 "막는다."라는 뜻이 있다는 점은 잘 알고 있지? '저항'은 한자로 '抵抗'이라고 써. 여기서 '抵'는 "막다, 거절하다."의 '거스를 저'를, '抗'도 역시 "막다, 저지하다."의 '막을 항'을 쓰지. 이와 달리 '비저항'은 아마 '저항이 아닌 것'이라고 생각할 거야. '비저항'은 한자로 '非抵抗'이 아니라 '比抵抗'이라고 써. 비저항에서는 '아닐 비'가 아니라 "견주다."의 '견줄 비'를 쓰지. '견줄 비'는 어떤 두 개의 수나 양을 비교해 몇 배인가를 보이는 관계의 비례, 비율의 준말이야. 어때, 이제 저항과 비저항의 차이를 조금은 알겠지? 물리에서는 어떻게 쓰이고 있는지 살펴볼까?

PART 01 물리

전기를 잘 전달하는 물질을 '도체'라고 합니다. 전류를 원하는 곳까지 보내려면 도체를 전기가 잘 통하지 않는 *부도체로 감싼 *전선이 필요합니다. 전선의 피복을 벗겨 보면 그 안에는 구리선이 있습니다. 전선 안에 사용하는 도체로, 많은 금속 중에 왜 구리를 사용했을까요? 구리는 값이 싸면서도 저항이 작은 금속이기 때문이에요. 하지만 금속의 저항은 길이와 단면적을 변화시키면 값이 달라진답니다. 그러니 정확하게 말한다면 구리는 비저항이 작은 금속이기 때문이라고 말해야 해요. 그럼, 저항과 비저항에 대해 좀 더 자세히 살펴볼까요?

★부도체
전기를 전달하기 어려운 물질
★전선
전기가 통하는 도체로 된 선

저항

물리에서는 전기 저항을 저항이라고 간략하게 부릅니다. 전류의 흐름을 방해하는 정도를 나타내는 물리량이지요. *도선의 저항값은 전압이 일정한 전원에 어떤 도선을 연결할 때 전원의 전압 V와 도선에 흐르는 전류 I와의 비이며 단위는 옴(Ω)으로 써요. 이를 식으로 나타내면 다음과 같습니다.

★도선
전기의 양극을 이어 전류를 통하게 하는 금속 선

$$\text{저항 }(R) = \frac{\text{전압 }(V)}{\text{전류 }(I)}$$

저항의 크기는 도선 길이와 단면적에 따라 달라집니다. 그림처럼 도선 길이가 짧으면 전하가 쉽게 통과할 수 있고, 도선의 단면적이 크면 전하가 쉽게 통과할 수 있기 때문이에요. 같은 종류의 도선일 때 저항의 크기는 도선의 길이 l이 짧을수록 작아지고, 도선의 단면적 S가 클수록 작아집니다.

짧으면 저항이 작다   단면적이 크면(굵으면) 저항이 작다

길면 저항이 크다   단면적이 작으면(가늘면) 저항이 크다

▲ 도선의 길이와 저항의 관계

이를 식으로 표현해 볼까요?

저항 vs 비저항 | 79

$$R = \rho \frac{l}{S}$$

이 식에서 ρ는 도선의 비저항입니다.

🔍 비저항

비저항은 물질이 전류의 흐름을 '얼마나' 방해하는지를 측정한 물리량입니다. 비저항이 크다면 물질이 전하의 움직임을 크게 방해한다는 뜻으로 비저항이 큰 물질은 전류를 잘 흐르지 못하게 합니다. 이렇게 비저항에 따라 전류의 방해 정도가 달라서 비저항은 물질의 특성이 된답니다. 아래는 금속의 비저항을 나타낸 표입니다.

금속	기호	비저항값 (고유 저항)
은	Ag	1.63
동	Cu	1.72
알루미늄	Al	2.81
마그네슘	Mg	4.6
몰리브덴	Mo	5.14
아연	Zn	5.75
니켈	Ni	7.24
철	Fe	10
주석	Sn	11.5
납	Pb	22

※ 비저항 단위 : $\mu\Omega \cdot cm$

저항과 비저항은 이렇게 쓴대!

저항은 전기 회로에서 전류의 흐름을 방해하는 정도를 나타내는 물리량입니다. 보통 전기 회로에서 "저항이 다르다."라고 하면 종류가 다른 물질이라고 생각하곤 합니다. 전기 회로에서는 전류의 크기를 조절할 때 저항이 필요한데 대체로 도체를 사용한답니다. 이때 도체의 길이나 단면적을 변화시키면서 저항값을 조절하지요.

종류가 다른 도체라도 각각 길이나 단면적을 조절하여 같은 저항값을 만들 수 있습니다. 저항값을 보고는 물질이 무엇인지 판단할 수 없어서, 저항은 물질의 특성이 될 수가 없습니다.

비저항은 물질마다 정해진 고유의 값이기 때문에 물질의 특성이라고 할 수 있습니다. 따라서 물질이 다르다고 말할 때는 "저항이 다르다."가 아닌 "비저항이 다르다."라고 말해야 합니다.

 한 줄 정리

저항 : 전류의 흐름을 방해하는 정도를 나타내는 물리량
비저항 : 같은 크기의 물질이 전류의 흐름을 얼마나 방해하는지를 비교한 물리량

18 열전도 VS 전기 전도

초등학교 5-6 전도, 대류
중학교 1-3 열의 이동 방식

열전도 VS 전기 전도 속으로

뜨거운 국에 금속 숟가락을 넣어뒀다가 국을 떠 입으로 가져갔어요. 그런데 숟가락이 너무 뜨겁지 않겠어요? 아무 생각 없이 숟가락을 뜨거운 국에 넣어 놓으면 이런 일이 자주 생긴답니다. 이 숟가락이 나무로 만들어져 있다면 어떨까요? 국을 떴을 때 뜨거워서 숟가락을 놓쳤을까요?

아이들이 집에서 금속 젓가락을 가지고 놀다가 콘센트 구멍에 끼우는 위험 천만한 일도 생겼어요. 뭐든 빨기 좋아하는 아이들이 젓가락을 빨고 콘센트 구멍에 끼웠다 물기 때문에 전기가 잘 전해져서인데요, 젓가락이 나무젓가락이었다면 어땠을까요?

이 두 사례는 모두 '전도' 현상과 관련이 있답니다.

뜨거운 국 속의 숟가락은 열전도, 콘센트의 젓가락은 전기 전도 현상과 관련이 있어요. 그런데, 이 둘은 어떤 차이가 있는지 알고 있나요?

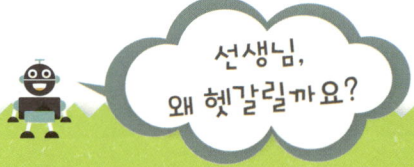

열전도와 전기 전도는 모두 '전도'라는 단어를 같이 쓰고 있지? 둘 다 전도라는 공통점은 있지만, 확실하게 다른 개념이야. 그런데 대체 왜 헷갈리는 걸까?

우리 주변에서 열을 잘 전하는 물질이 전기도 잘 전달하는 경우가 많아. 그래서 무조건 두 개념을 "전해 준다," 혹은 "전해진다."라는 뜻으로 한꺼번에 생각해 차이를 모를 수 있어. 실제로 전도에서의 핵심은 "무엇이 전기를 잘 전해 주느냐"거든. 금속은 열과 전기를 나무나 고무보다 더 잘 전해 줘. 그렇다면 열을 잘 전해 주는 물체가 전기도 더 잘 전해 줄까? 아니면 전기를 잘 전해 주는 물체가 열도 더 잘 전해 줄까? 열은 어떻게 전해지고, 전기는 어떻게 전해지는지를 확실하게 알면 이런 궁금증을 풀 수 있을 거야.

PART 01 물리

🔍 열전도

　열은 에너지의 한 형태로 온도가 높은 곳에서 낮은 곳으로 이동합니다. 지금부터는 열의 이동 방법 중에서 전도를 살펴보려고 해요. 전도는 온도가 높은 곳과 낮은 곳 사이에 열을 전달해 줄 물질이 있어야 일어난답니다. 물질은 *분자들로 이루어져 있습니다. 분자들은 멈춰 있지 않고 끊임없이 움직이고 있어요. 고체를 이루는 분자가 움직인다니 상상하기 힘들지만, 그 속에서 분자들은 바들바들 진동하고 있어요. 이 분자들의 진동과 자유롭게 움직이는 전자의 이동으로 열이 전해집니다. 물질이 열을 전달하면 열전도, 그 정도를 열전도도라고 하는데 이는 물질마다 다릅니다. 보통 금속이 열을 잘 전달하는데요, 금속을 이루는 분자들의 진동으로 전해지는 열뿐만 아니라 *자유 전자가 많아 전자의 이동으로도 열이 전해져서랍니다. 또 열은 두 물체의 온도가 같아질 때까지 이동해요. 더 이상의 열 이동이 없을 때 열평형에 도달했다고 하지요.

★ **분자**
물질의 성질을 지니는 가장 작은 알갱이

★ **자유 전자**
원자의 속박을 떠나 운동할 수 있는 상태에 있는 전자

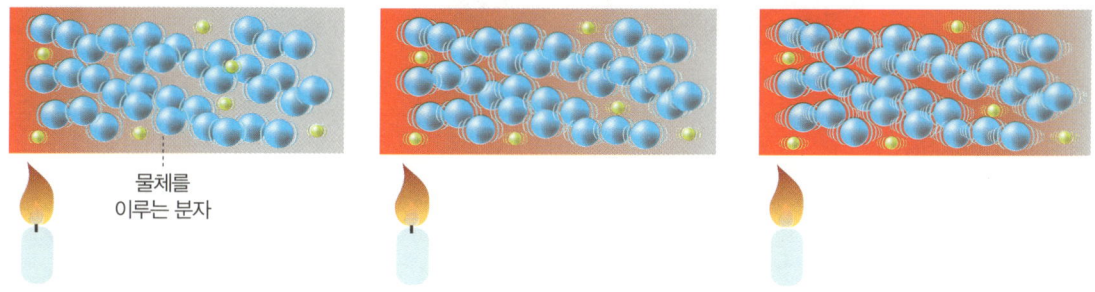

물체를 이루는 분자

🔍 전기 전도

　열과 비슷하게 금속들은 전기 전도도 잘합니다. 자유 전자가 *전하도 운반하기 때문이지요.

　고대 사람들은 전기메기나 전기가오리와 같은 전기 물고기의 전기 충격이 물체를 따라 이동할 수 있다는 사실을 알았습니다. 이것이 오늘날의 '전기 전도'입니다. 전기는 전하의 존재나 흐름과 관련된 현상이에요. 이를테면 번개는 구름과 구름 사이 또는 구름과 땅 사이에서 어느 한쪽에 모인 상당한 전하인 *정전기가 다른 쪽으로 이동하여 생긴답니다. 이를 다른 말로 방전했다고 하지요. 마찰 전기로 모였던 정전기가 찌릿함을 주며 전해지는 현상도 방전입니다. 전기를 잃는 현상인 방전은 전기를 이동시켜 주는 전도와는 다르답니다.

★ **전하**
전기 현상을 일으키는 원인으로, 어떤 물질에 있는 전기의 양

★ **정전기**
정지되어 있는 전하에 의해 일어나는 물리적 현상

열전도 vs 전기 전도 | **83**

전기 전도도에 따라 물체를 도체·부도체·반도체로 나눌 수 있습니다.

도체는 전기 전도체를 줄인 말이에요. 전도도가 높아서 전기가 잘 통하는 철·구리·은 등의 물질을 말합니다. 전기가 통하기 쉬운 도체와 비교해서 부도체라고 부르는 절연체는 전기나 열을 전달하기 어려운 성질의 종이·유리·나무·플라스틱 등의 물질입니다.

마지막으로, 반도체는 열 등의 에너지에 따라 전도도가 변화하여 매우 낮은 온도에서는 부도체처럼, 실온에서는 도체처럼 동작하는 물질입니다.

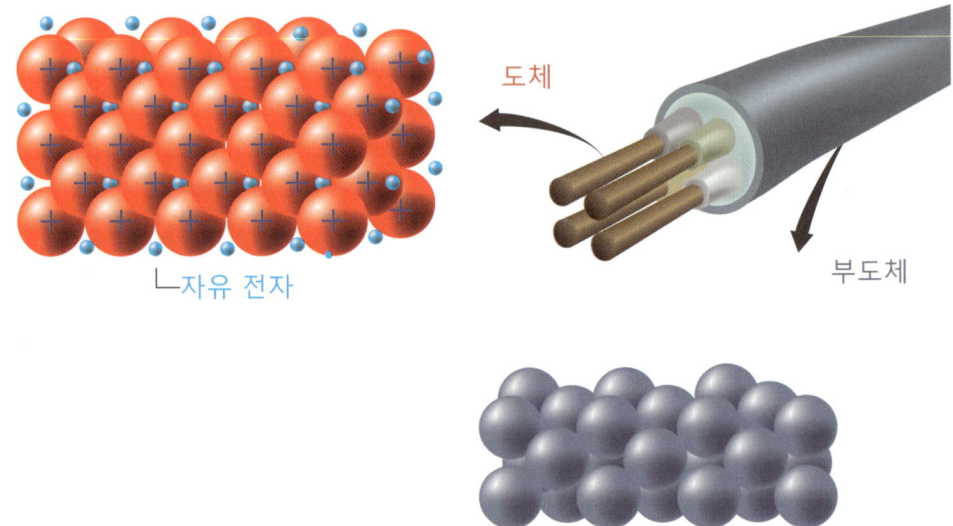

열전도와 전기 전도는 이렇게 쓴대!

　나무판과 금속판을 실내에 오래 두면 열평형에 도달하여 실내 온도와 같아집니다. 같은 온도의 나무판과 금속판을 왼손과 오른손으로 동시에 만지면 나무판보다 금속판이 차갑게 느껴지지요? 이는 열전도가 잘되는 금속판이 손의 열을 나무판보다 더 빨리 빼앗아 차갑게 느껴지기 때문이에요. 열전도가 좋은 금속으로는 냄비를 만들지만, 열전도가 낮은 플라스틱이나 나무로 냄비의 손잡이를 만드는 이유가 이 때문입니다. 금속으로 만든 수저도 손잡이는 진공으로 만든다거나 도자기를 덧대어 만들어서 열전도가 잘 안 되게 하지요.

　많이 사용하는 휴대폰 충전 케이블의 고무가 헤져서 드러나는 내부 도선을 보면 또 고무로 둘러싸여 있습니다. 이 고무가 벗겨지면 금속으로 이루어진 도선이 보입니다. 전기전도가 뛰어난 금속으로 도선을 만들고 이 도선 주변은 전기전도가 낮은 고무나 *PVC와 같은 물질로 감싸 전류가 흐르는 것을 막아 주지요.

★PVC
폴리염화 비닐

한 줄 정리

열전도 : 가까이 접한 물체 사이에서 일어나는 열의 전달 현상
전기 전도 : 도체 내에 전기장이 있을 때, 전하가 이동하며 전류를 생기게 하는 일

열전도 vs 전기 전도 | **85**

초등학교 5-6 전기 회로
중학교 1-3 전압, 전류

19 전류 VS 전압

전류 VS 전압 속으로

전류와 전압이라는 말을 일상에서 쓰는 일은 드물어요. 하지만 생활과는 무관하지 않은 개념입니다. 몸으로 느끼는 전기 현상으로, 건조한 계절에 자주 나타나는 정전기가 있어요. 사실 정전기는 우리에게 어떠한 느낌도 주지 않아요. 머물러 있는 전기인 정전기가 움직여 방전될 때 우리는 찌릿함을 느끼지요. 이때 전류가 흘렀다고 말할 수 있답니다. 천둥이나 번개가 치는 날, 창밖을 내다보면 구름 안에서, 구름과 구름 사이에서 또는 구름과 땅 사이에서 번쩍하며 이동하는 섬광을 볼 수 있지요? 이 또한 우리가 느끼는 정전기와 비슷한 현상이랍니다. 하지만 규모를 보면 엄청난 차이가 있는데요, 이 차이를 가지고 오는 것이 '전압'이랍니다. 여러분은 전류와 전압이 어떤 차이가 있는지 알고 있나요?

선생님, 왜 헷갈릴까요?

"전기 요금이 비싸니 전기를 아껴 써라."라는 말에서 볼 수 있듯, 평소 우리가 많이 쓰는 말은 '전기'야. 그래서인지 전류는 전기가 흐르는 것, 전압은 전기 압력 또는 전기의 힘으로 생각이 이어지나 봐. 실제로 전류와 전압에 연계된 전기 개념들도 많지. 친구들은 전류와 전압뿐만 아니라 단위도 많이 헷갈리곤 해. 전압을 볼트라고 부를 정도니 말이야.

🔎 전류

전류는 '전하의 흐름'입니다. 전하는 물체가 띠는 전기의 양인데요, (+)전하와 (-)전하 두 종류에서 움직이는 전하는 (-)전하입니다. 이 (-)전하는 전자가 가지고 있어요. 자유롭게 움직일 수 있는 자유 전자가 전기적 위치 에너지 차이로 한 방향으로 움직일 때 전류가 흐릅니다. 이 전자는 전기 에너지를 운반해 줍니다. 전자가 지나가면 전구의 불도 켤 수 있고, 소리도 나며, 모터를 돌릴 수도 있지요. 전자는 전지의 (-)극에서 전선을 따라 (+)극 방향으로 이동합니다. 하지만 전류의 방향은 (+)극에서 (-)극입니다. 전자의 존재가 밝혀지기 전인 과거에 과학자들은 (-)전하가 아닌 (+)전하가 전지의 (+)극에서 도선을 따라 전지의 (-)극으로 이동하여 전류가 흐른다고 생각했어요. 그래서 전류의 방향을 (+)극에서 (-)극으로 정하였답니다. 사실은 (-)전하가 이동하는 것이었지만요. 전류의 방향은 기존에 사용하던 방향을 그대로 사용하기로 하여 전류의 이동 방향과 전하의 이동 방향이 반대가 되었습니다.

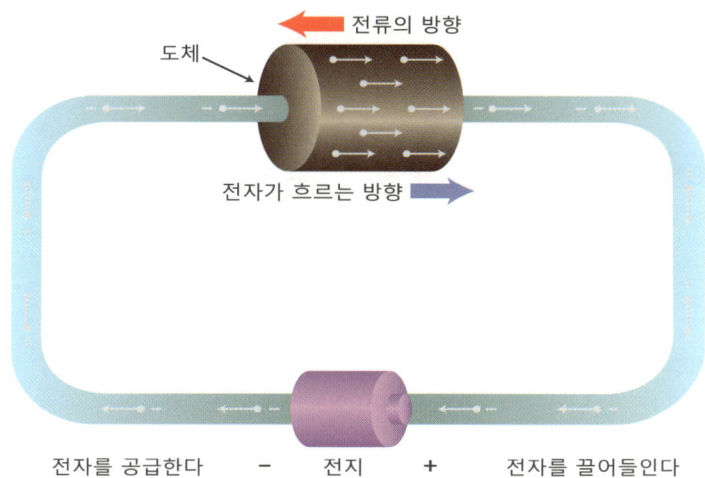

전류의 세기는 단위 시간 동안 전선의 단면을 흐르는 전하의 양으로 알 수 있습니다. 전자 1개가 가지는 전하의 양이 $1.60217653(14) \times 10^{-19}$ *C입니다. $6.24150962915265 \times 10^{18}$개의 전자가 갖는 전하의 양이 1C입니다. 전류의 단위는 '*A'라 적고 '암페어'라고 읽어요. 1초 동안 1C의 전하가 흘렀을 때 전류의 세기를 1A라고 합니다.

$$\text{전자 1개} = 1.60217653(14) \times 10^{-19} C$$
$$\text{전자 } 1 \div 1.60217653(14) \times 10^{-19} \text{개}$$
$$= \text{전자 } 6.24150962915265 \times 10^{18} \text{개} = 1C$$

> ★C
> 전하량의 단위로 '쿨롬'이라 읽습니다.
> ★A(암페어),
>   mA(밀리암페어),
>   C(쿨롬)
> 1A = 1,000mA
> 1A = 1C ÷ 1s
> 1C = 1A × 1s

🔍 전압

전류를 흐르게 하는 원인이 '전압'입니다. 전압은 전위차, 전기적 위치 에너지 차이로 전류를 계속 흐르게 하는 기전력이라고도 합니다. 위치 에너지는 기준점에서 어떤 위치에 있을 때 가지는 에너지입니다. 이때 위치는 동서남북의 위치가 아닙니다. 전기적 위치를 얘기합니다. 무한히 먼 곳에서의 전위를 0으로 놓으면, 전위가 0인 점을 기준으로 두 지점의 상대적 전위값을 결정할 수 있습니다. 그 전위값 차를 '전압'이라고 합니다. 보통 전기 회로에서는 접지의 전위를 0으로 합니다. 전기 회로는 전류가 흐르도록 전구·저항·건전지 등 다양한 전기 기구를 전선으로 나란히 연결하여 끊이지 않게 만든 닫힌회로입니다.

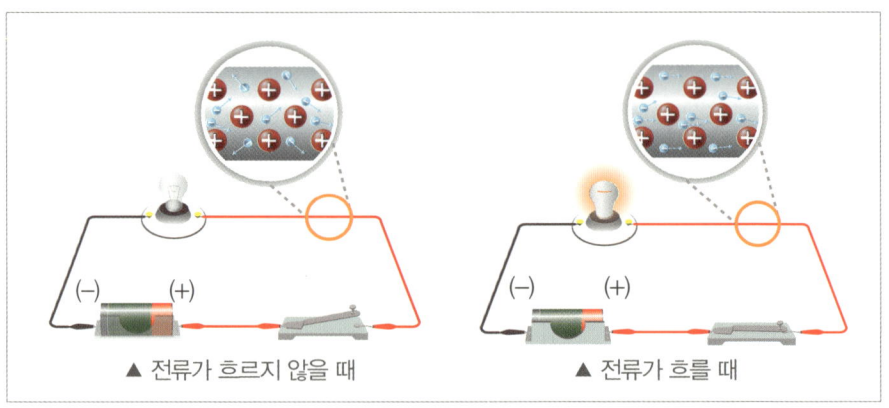

▲ 전류가 흐르지 않을 때   ▲ 전류가 흐를 때

수압이 셀수록 물이 많이 흐르듯, 전압이 셀수록 전하가 많이 흘러 전류의 세기도 커집니다. 전기 회로에서 전위차를 주는 역할을 건전지가 합니다. 전기 회로에 연결된 전기 기구에 알맞은 전압을 줄 수 있는 건전지를 선택하여 연결하여야 전기 기구가 손상을 입지 않습니다. 낮은 전압은 전기 기구가 작동하는 데 필요한 전류가 흐르지 않아 제대로 작동하지 않아요. 이와 달리 높은 전압은 전기 기구 내부에 손상을 줘 전기 기구를 사용할 수 없게 할 수 있습니다. 전압 단위는 'V'라 적고 '볼트'라고 읽습니다.

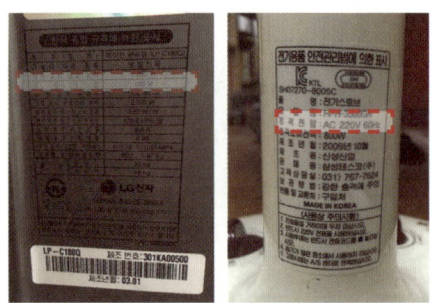

▲ 가전에 표시된 전압값들

# 전류와 전압은 이렇게 쓴대!

　(−)전하가 많은 곳과 (−)전하가 적은 곳의 상대적 전위차, 전압에 의해 (−)전하가 많은 곳에서 적은 곳으로 이동하여 전류가 흐른답니다. 이러한 전위차는 건전지나 가정으로 공급되는 전기로 주어집니다. 보통 많이 사용하는 AA, AAA는 1.5V 건전지이지요? 건전지 2개를 사용하는 기기가 있다면 3V의 전압이 필요한 전류가 흐른다고 볼 수 있습니다. 우리나라 가정에서는 220V의 전압을 받습니다. 이에 맞춰 가전제품들도 220V에 맞게 제작되어 있습니다. 외국에서 사 온 110V가 필요한 가전제품을 우리나라 콘센트에 연결해 보면 어떻게 될까요? 필요한 전류보다 많은 전류가 흘러 망가지고 말아요.

　많이 사용하는 여러 스마트 기기마다 충전기도 제각각입니다. 하나의 충전기로 여러 기기를 충전할 수는 없을까요? 충전기에 적힌 글을 보면 *입력 전압과 전류, *출력 전압과 전류가 있습니다. 출력값이 같다면 같이 사용해도 되겠지요. 이때 단위가 전압은 'V'이고, 전류는 'A'임을 기억해야 전압값인지 전류값인지 알 수 있습니다.

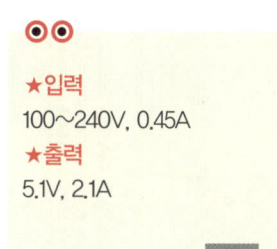

★입력
100~240V, 0.45A
★출력
5.1V, 2.1A

전류 : (−)전하의 흐름
전압 : 전류를 흐르게 하는 원인, 전위차

20 전류의 자기 작용 VS 전자기 유도

초등학교 5-6 전자석
중학교 1-3 전동기, 발전

전류의 자기 작용 VS 전자기 유도 속으로

누구나 한 번쯤 노래방에 가서 마이크를 잡아 봤을 거예요. 마이크를 잡고 노래하면 스피커에서 목소리가 나오지요? 이때 스피커는 전류의 자기 작용을 이용한 기기랍니다. 그리고 마이크는 전자기 유도 현상을 이용한 기기이지요. 마이크와 스피커는 겉보기에는 서로 다르게 생겼지만, 내부 구조가 거의 비슷하다는 사실을 알고 있나요? 마이크와 스피커는 진동판, *코일, 자석으로 이루어져서 간혹 학교 운동장 스피커 쪽으로 들어온 신호가 교실 스피커로 들어가 소리가 나기도 해요. 또, 마이크가 고장 났을 때 이어폰을 마이크 단자에 꽂아 마이크 대용으로 사용할 수도 있답니다.

그럼, 전류의 자기 작용과 전자기 유도 현상을 이용한 스피커와 마이크의 비슷하면서도 다른 원리를 알아볼까요?

★코일
감아 놓은 전선

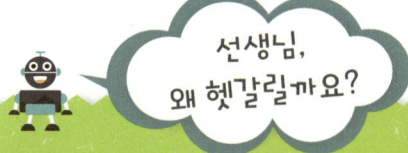
선생님, 왜 헷갈릴까요?

★자기
자석이 주위 물체에 영향을 끼치는 원인

전류의 자기 작용과 전자기 유도 현상은 모두 전기와 *자기로 생기는 현상이야. 그런데 일상에서 쓰는 여러 기기는 대부분 전기를 활용해서 그 원리가 전류의 자기 작용인지, 전자기 유도 현상인지 쉽게 판단하기가 힘들어. 무조건 전기를 쓴다고 다 자기 작용과 전자기 유도가 아니라는 사실을 기억해야 해. 그리고 우리가 쓰는 전기 기기 안에 있는 각 현상을 이용한 전동기와 발전기가 다르다는 점도 같이 기억해 두자.

PART 01 물리

우리는 전기 기기들을 많이 사용하지만, 겉모습만 볼 뿐이고 기기 안은 잘 볼 수가 없습니다. 그 안에 전류의 자기 작용을 이용한 전동기가 들어 있는지, 전자기 유도 현상을 이용한 발전기가 들어 있는지 알 수가 없어요. 전동기와 발전기는 구조가 비슷해서 구별하기가 힘듭니다. 이렇게 겉모습이나 구조를 보고 판단하기 어렵지만, 작동하는 전기 기기들을 보면 어떤 현상을 이용했는지 바로 알 수가 있습니다.

🔍 전기와 자기의 상호 작용

전기와 자기라는 말을 합쳐 '전자기'라고 합니다. 또 전기와 자기에 의해 일어나는 현상을 '전자기 현상'이라고 하지요. 이런 전자기 현상이 나타나려면 전류가 흐를 수 있는 코일과 자기장을 일으키는 자석이 필요합니다. 전자기 현상은 전류의 자기 작용과 전자기 유도 현상, 두 가지로 볼 수 있답니다. 쉽게 말하면 전류의 자기 작용, 자기력은 힘을 발생시켜 에너지로 말하면 *역학적 에너지를 생성하고, 전자기 유도 현상은 전류를 발생시켜 전기 에너지를 만든답니다. 그런데 *에너지 보존 법칙에 따르면 에너지는 아무것도 없는 데에서 새로 생길 수 없어, 다른 에너지로 전환되어야 한답니다. 우리는 전류의 자기 작용을 이용하여 전기 에너지를 역학적 에너지로 전환하고, 전자기 유도 현상을 이용하여 역학적 에너지를 전기 에너지로 전환합니다.

★역학적 에너지
위치 에너지와 운동 에너지의 합
★에너지 보존 법칙
에너지 총량은 일정하게 보존된다.

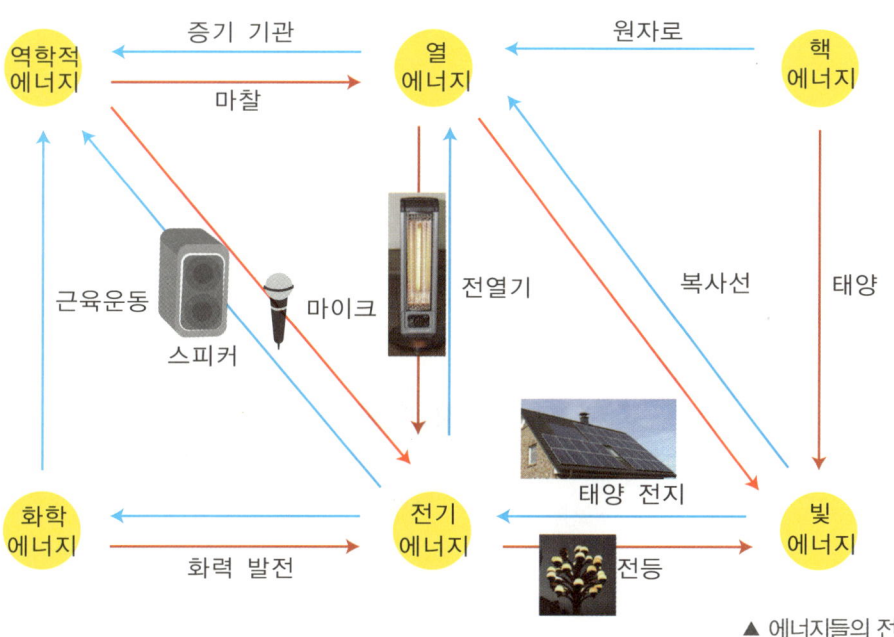

▲ 에너지들의 전환 예

전류의 자기 작용(자기력)

*도선에 전원 장치를 연결하여 전류를 흘리면 도선 주변에 자기장이 생깁니다. 이 자기장이 자석의 역할을 하여 다른 자석에 힘을 작용해 도선을 움직이게 하지요. 에너지로 생각하면 전기 에너지가 역학적 에너지로 전환된 것이랍니다. 이런 원리는 우리가 흔히 주변에서 볼 수 있는 선풍기, 청소기에 들어가 있는 전동기 모터나 스피커에 적용됩니다. 스피커의 진동판에 연결된 코일에는 전류가 흐르고 있어요. 이는 전기 에너지를 주는 것이랍니다. 그러면 코일에 흐르는 전류로 자기장이 생기고 이 자기장은 스피커 안에 있는 자석에게 힘을 작용해 진동판을 떨게 합니다. 이 진동이 바로 역학적 에너지입니다. 그리고 이 진동으로 소리가 생겨 우리가 들을 수 있답니다. 이처럼 스피커는 전류의 자기 작용을 이용했지요.

★도선
전기 양극을 이어 전류를 통하게 하는 선

전자기 유도

전자기 유도 현상은 전류의 자기 작용과 달리 별도의 전원 장치가 필요 없습니다. 도선과 자석 중 하나를 움직이면 그 변화를 방해하려는 현상 때문에 *유도 기전력이 생겨요. 도선에 유도 전류가 흘러 역학적 에너지가 전기 에너지로 전환됩니다. 이 원리는 발전기에 적용됩니다. 마이크에는 코일이 연결된 진동판이 있어요. 사람이 노래하면 음에 따라 진동판이 떨립니다. 결국, 사람의 노랫소리가 진동판을 떨게 하는 역학적 에너지의 역할을 하지요. 진동판에 연결된 코일은 자석 주위를 움직이는데요, 이때 이 변화를 방해하는 방향으로 유도 전류가 생겨 전기 에너지가 만들어집니다. 따라서 마이크는 전자기 유도 현상을 이용한 장치이지요.

★유도 기전력
전자기 유도 현상에서 전기 에너지(유도 전류)를 발생시키는 원인

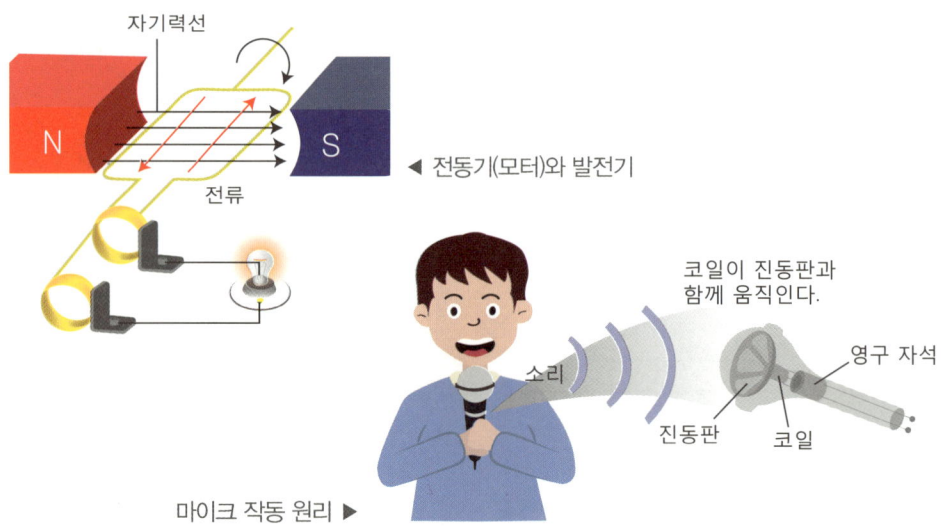

◀ 전동기(모터)와 발전기

마이크 작동 원리 ▶

자기 작용과 전자기 유도는 이렇게 쓴대!

스피커, 마이크는 진동판·코일·자석으로 이루어져 있다는 공통점이 있어요. 하지만 스피커는 전기 에너지를 역학적 에너지로 전환하고, 마이크는 역학적 에너지를 전기 에너지로 전환한다는 차이점이 있습니다. 같은 재료를 써서 만들었더라도 사람이 어떤 아이디어로 적용하느냐에 따라 전자기 유도 현상을 이용한 마이크로 만들어지기도 하고, 전류의 자기 작용(자기력)을 이용한 스피커로 만들어지기도 합니다.

더운 여름에 사람들이 많이 가지고 다니는 것이 있어요. 바로 휴대용 선풍기지요. 휴대용 선풍기 안에는 전동기 모터가 들어 있어요. 휴대용 선풍기를 사용하려면 건전지를 넣거나 충전을 해야 하지요? 휴대용 선풍기는 전류의 자기 작용(자기력)으로 작동되기 때문이에요. 전동기가 돌아가려면 전기 에너지를 공급해 줘야 하거든요.

밤에 자전거를 타고 달릴 때 자전거 앞에 달린 LED(발광 다이오드)에서 빛이 나오거나 킥보드를 타고 달릴 때 바퀴의 LED에서 빛이 나오는 것은 왜 그럴까요? 건전지도 없고 그렇다고 충전한 것도 아닌데 말이지요. 이는 자전거나 킥보드의 바퀴가 돌 때 전자기 유도 현상에 의해 전기 에너지를 생산하여 LED에 공급하기 때문이랍니다.

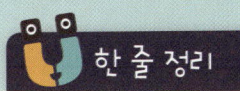

전류의 자기 작용(자기력) : 전기와 자기의 상호 작용으로 생기는 힘
: 전기 에너지가 역학적 에너지로 전환되는 현상
전자기 유도 : 코일(또는 자석)을 움직일 때 일어나는 자기장 변화에 의해 생기는 힘
: 코일에 전류가 생겨 역학적 에너지가 전기 에너지로 전환되는 현상

PART 02 화학, 뭐가 헷갈리니?

오래전부터 있었던 다양한 물질들에는 각각 성질이 있어. 이를 이용하려고 많은 화학자가 실험과 연구를 거듭했단다. 그 끝에 많은 연구 결과가 나오면서 화학이라는 분야는 눈부시게 발전했지. 덕분에 우리는 물질의 성질이나 구조, 그리고 변화를 다루는 화학을 이용해 편리한 생활을 할 수 있어. 다른 과학보다 덜 중요하다고 생각했던 화학에서도 친구들이 아리송한 개념이 많을걸? 화합물과 혼합물이 무엇인지, 수증기와 김이 어떻게 다른지. 용해와 융해가 어떻게 다른지, 원자와 원소, 분자는 각각 어떻게 다른지. 물질을 자세하게 살펴보는 화학에서 친구들이 애매하게 느꼈던 교과서 핵심 개념들을 하나하나 살펴보려고 해.

무얼 배울까?

01 플라스크 VS 비커

초등학교 5-6 용액
중학교 1-3 혼합물의 분리

플라스크 VS 비커 속으로

흔히 과학자 하면 어떤 장면이 떠오르나요? 실험실 안에서 흰색 실험복을 입고 양손에 든 유리 기구를 흔들면 색이 바뀐다거나 펑 소리와 함께 연기가 나는 장면이 떠오르지요? 실험실 안에는 많은 유리 기구가 있어요. 비슷한 모양인데 눈금이 있거나 없고, 모양은 둥글거나 삼각뿔이기도 하고, 길이가 짧거나 긴 도구 등 다양하게 만들어진 유리 기구를 볼 수 있습니다. 이름도 둥근바닥플라스크·삼각플라스크·부피플라스크·눈금실린더·비커 등 너무나 많아요! 도대체 이렇게 다양한 실험 기구는 언제 어떻게 사용할까요?

실험실에 있는 많은 기구는 무엇을 언제 어떻게 써야 하는지 정확하게 알고 있니? 모양이 다르기도 하지만, 비슷한 모양에 눈금이 있기도 하고 없기도 하고, 길이가 길기도 하고 짧기도 하고, 종류는 많지만 실제로 실험에서 쓰는 기구들은 얼마 없어. 그러다 보니 친구들이 각 기구 이름이 무엇인지 하나하나 알기에는 무리가 있지.

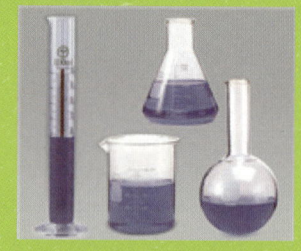

일일이 다 몰라도 크게 지장은 없어. 실험에서 자주 쓰는 기구는 정해져 있거든. 지금부터 친구들이 자주 쓰는 기구들을 중심으로 천천히 살펴보자.

🔍 플라스크

우리가 보통 플라스크라고 부르는 것에는 둥근바닥플라스크·삼각플라스크·부피플라스크 이렇게 세 가지가 있습니다. 둥근바닥플라스크나 삼각플라스크는 이름처럼 모양이 둥글거나 삼각뿔 형태입니다. 이 플라스크는 용액을 섞거나 가열할 때 사용합니다. 삼각플라스크는 보통 눈금이 있지만, 부피를 측정할 때는 사용하지 않습니다. 가열하면서 플라스크의 부피가 달라져서 정확하지 않게 측정될 수 있기 때문이지요.

이와 달리 부피플라스크는 표준으로 사용되는 용액들을 만들 때 사용됩니다. 화학 실험에서 사용되는 많은 용액은 이제까지 우리가 알던 퍼센트 농도보다는 *몰 농도라는 개념을 사용합니다. 원하는 농도에 맞는 용질의 질량을 계산하여 부피플라스크에 넣고 목 부분까지 용매를 넣습니다. 부피플라스크 역시 가열하면 부피가 변할 수 있으므로 절대로 가열해서는 안 된답니다.

> ★ 몰 농도
> 용액 1L에 들어간 용질의 양을 몰로 나타낸 것. 몰은 Molarity의 줄임말

▲ 삼각플라스크 — 눈금이 있지만, 부피 측정에는 맞지 않아요!

▲ 둥근바닥플라스크 — 용액을 가열, 혼합할 때 다양하게 써요!

▲ 부피플라스크 — 용액을 정확한 농도로 만들 때 써요!

표준 용액을 만들 때는 플라스크와 비커를 써서 해요. 다음은 염화나트륨으로 용액을 만든 순서랍니다.

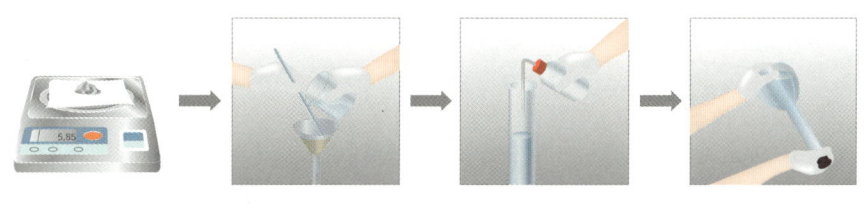

1. 염화나트륨을 저울로 정확히 재기!
2. 녹인 용액을 1L 부피플라스크에 넣기 증류수로 비커를 2~3회 씻어 부피플라스크에 넣기
3. 부피플라스크 눈금선까지 증류수 채우기
4. 부피플라스크 마개를 막고 흔들어서 섞으면 완성!

PART 02 화학

🔍 비커

　비커는 원기둥 모양으로 밑면이 평평하고 윗부분에서 가운데에는 액체를 따를 수 있는 뾰족한 주둥이가 있습니다. 보통 비커는 액체를 혼합하고 가열하는 용도로 실험실에서 흔히 사용합니다. 용액을 담아 가열하거나 냉각, 또는 용액을 섞는 등의 실험에 쓴답니다. 눈금이 있어서 부피 측정에도 비커를 많이 사용하곤 하는데요, 비커 역시 삼각플라스크처럼 정확한 부피 측정 도구는 아니에요. 부피를 대략 짐작할 뿐이니 정밀한 실험에서는 비커로 측정해서는 안 된답니다. 비커마다 부피의 오차가 10% 이상 나기도 해요.

🔍 눈금실린더

　정확한 부피는 도대체 무엇으로 측정해야 할까요? 바로 부피플라스크입니다! 그런데 부피플라스크는 용액을 만들 때 정확한 부피를 측정하는 데 쓰지만, 적은 부피를 측정하는 데는 한계가 있습니다. 더 정확한 부피를 측정할 때 사용하는 실험 도구는 '눈금실린더'입니다. 메스실린더라는 표현도 사용하지요. 눈금실린더를 이용하여 10mL에서 2L까지 다양한 부피를 측정할 수 있어요. 10mL보다 적은 양은 '피펫'이라는 도구로 측정합니다.

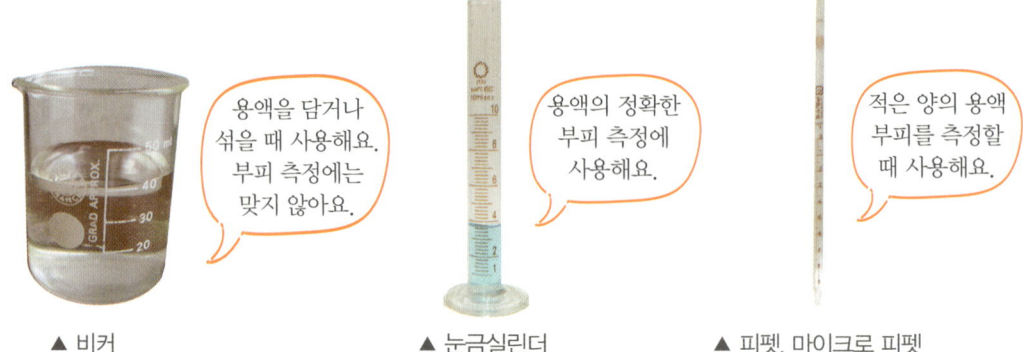

▲ 비커 용액을 담거나 섞을 때 사용해요. 부피 측정에는 맞지 않아요.

▲ 눈금실린더 용액의 정확한 부피 측정에 사용해요.

▲ 피펫, 마이크로 피펫 적은 양의 용액 부피를 측정할 때 사용해요.

플라스크와 비커는 이렇게 쓴대!

　용액을 단순히 따라 놓거나, 섞거나, 가열하고 싶다고요? 그렇다면 용액의 양이나 실험 방법에 따라서 삼각플라스크, 둥근바닥플라스크나 비커 등을 써 보세요.
　정확한 농도로 용액을 만들고 싶으면 부피플라스크를 써 보세요. 만들려는 용액 양에 맞춰서 적당한 부피플라스크를 골라 쓰면 끝이랍니다. 하지만 절대로 가열하면 안 돼요!
　정확한 부피를 측정하고 싶은가요? 그렇다면 눈금실린더를 쓰세요! 양이 적다면 피펫을 사용하도록 하세요. 당연히 이것도 가열하면 안 돼요!

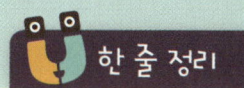

플라스크 : 모양에 따라 둥근바닥플라스크, 삼각플라스크로 나뉜다.
　　　　 : 용도에 따라 부피플라스크가 있다.
비커 : 눈금이 있는 원통형 실험 도구로 다양한 액체 실험에 사용한다.
　　 : 부피 측정에는 오차가 많아 사용하지 않는다.

02 열 VS 온도

초등학교 5-6 온도
중학교 1-3 온도, 열평형

열 VS 온도 속으로

라면을 끓여 먹으려고 가스레인지 위에 물을 담은 냄비를 올려 두면 조금 뒤 물이 보글보글 끓지요? 이렇게 물에 열을 가하면 온도가 올라갑니다. 여기에서 "물이 열을 받았구나."라고 말할 수 있겠네요. 여름철 바닷가에서도 열과 온도와 관련 있는 현상을 볼 수 있어요.

아침부터 저녁까지 쨍쨍 내리쬐는 햇볕 때문에 많은 열을 받은 모래와 바닷물이 있습니다. 같은 시간, 같은 공간이었으니 당연히 같은 열을 받았겠지요? 그런데 '모래는 뜨겁고 바닷물은 차갑다.'라고 느끼지 않았나요? 왜 이런 일이 일어날까요? 실제로도 바닷물과 모래는 온도가 다른 걸까요?

뜨거운 여름, 태양 아래에 똑같은 조건으로 아스팔트와 모래사장, 바닷물이 모두 노출되었다고 생각해 보자. 온도를 재 보면 각각 다르게 온도가 측정될 수 있어. 이를 통해 "열을 받으면 온도가 올라간다." 또는 "온도가 올라가면 열을 받은 것이다."라는 사실을 알 수 있지. 친구들은 열과 온도가 어떤 관계인지 알고 있니? 먼저 열은 "뜨겁다."라는 이미지가 강하게 머릿속에 잡혀 있어. 그렇다 보니 자연스럽게 뜨거우니까 온도가 올라간다는 상식으로 이어지는 거지. 이렇게 '이 둘은 자연스럽게 관계가 있구나.' 하는 생각에서 열과 온도를 헷갈리곤 해.

🔍 열

　뜨거운 물체와 찬 물체를 서로 접촉하면 어떻게 될까요? 뜨거운 물체는 식고 찬 물체는 데워집니다. 두 물체 사이에서 열이 이동했기 때문인데요, 열은 에너지의 개념으로 '뜨거운 곳'에서 '차가운 곳'으로 이동합니다. 즉, 온도가 높은 물체에서 온도가 낮은 물체로 이동하는 에너지를 열이라고 하지요. 얼음을 만졌을 때 차가운 이유는 손에서 얼음으로 열이 이동해서랍니다. 이런 열의 이동을 알려면 '뜨거운 곳'과 '차가운 곳'을 구별할 수 있어야 해요. 이러한 상대적인 느낌을 명확하게 알려면 '기준'이 필요하겠지요? 그 기준을 나타내는 단위가 바로 '온도'입니다. 물이 위에서 아래로 흐르듯, 열은 스스로 온도가 높은 물체에서 낮은 물체로 이동한답니다. 열이 이동하면 물체 온도가 변하지요.

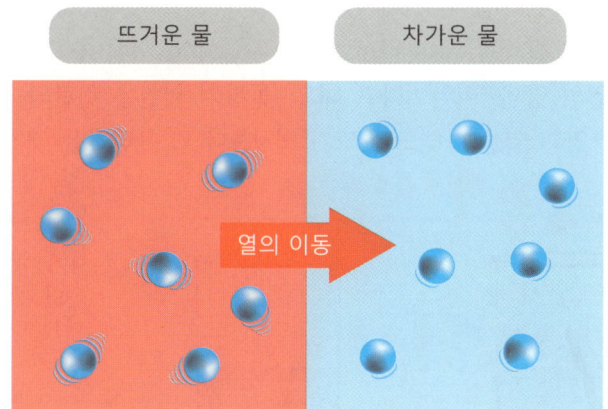

🔍 온도

　온도는 물체의 차고 뜨거운 정도를 수량으로 나타낸 값입니다. "차갑다, 뜨겁다."는 우리가 경험하면서 느끼는 말들이에요. 온도는 경험을 통해 나온 값으로 볼 수 있지요. 우리가 많이 쓰는 섭씨온도는 일반적인 1기압 아래에서 물이 어는점을 0℃로, 끓는점을 100℃로 정해 이를 100등분 하여 단위로 정한 것입니다.
　열은 온도가 높은 곳에서 낮은 곳으로 이동한다고 말했지요? 온도가 올랐다면 어디에선가 열이 물질에 들어왔다고 할 수도 있답니다. 그런데 같은 열을 주어도 온도가 상승하는 폭은 왜 달라질까요?

PART 02 화학

🔍 비열

　같은 열을 같은 시간 동안 가하면 돌판 온도가 철판보다 낮게 나타납니다. 물과 기름을 가열할 때도, 물과 기름의 질량이 같고 가한 열의 양이 같더라도 온도 변화는 각각 다릅니다. 이처럼 물질을 가열할 때 온도를 높이는 데 필요한 열의 양은 물질 종류에 따라서도 달라진답니다. 어떤 물질 1g을 1℃ 올리는 데 필요한 열의 양을 '비열'이라고 해요. 돌판의 비열은 철판의 비열보다 크기 때문에 같은 양의 열을 가해도 온도가 철판보다 덜 올라가는 것입니다.

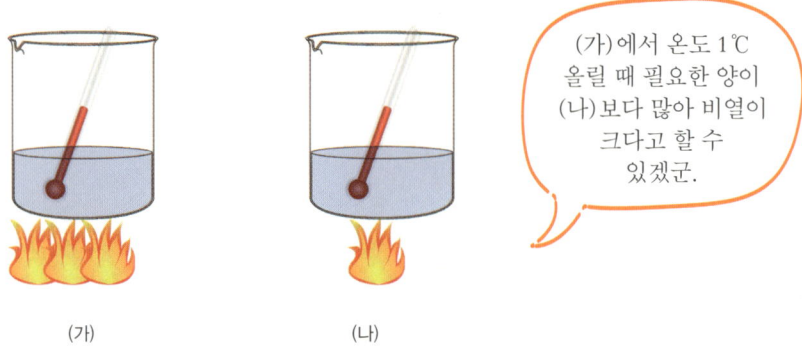

　사우나에 가서 온도를 본 적이 있나요? 보통 80℃에서 100℃까지 적혀 있어요. 물이었다면 당장 화상을 입었을 온도이지만 우리는 화상을 입지 않습니다. 바로 이 '비열' 덕분이지요. 수증기의 비열은 물보다 작습니다. 또 수증기는 기체라서 사우나 안에 있는 수증기의 양 자체는 별로 많지 않답니다. 온도는 높지만, 비열도 작고 양도 적은 수증기가 가지고 있는 전체 열은 크지 않다는 결론이지요. 그래서 우리가 화상을 입지 않고 사우나에서 견딜 수 있답니다.

열과 온도는 이렇게 쓴대!

열은 에너지의 개념이고 온도는 "차갑다, 뜨겁다."를 나타내 줄 수 있는 단위 같은 것이에요. 온도가 높은 뜨거운 물과 온도가 낮은 차가운 물을 섞어 보면 온도가 높은 곳에서 낮은 곳으로 열이 자연스럽게 이동한답니다. 열은 두 물의 온도가 같아질 때까지 이동합니다. 그래서 찬물과 뜨거운 물을 섞으면 뜨거운 물의 열에너지가 차가운 물로 이동해서 뜨거운 물의 온도는 떨어지고 차가운 물의 온도는 올라가서 그 중간 온도인 미지근한 물이 되지요.

이때 같은 열을 받으면 모든 물질의 온도는 똑같이 올라갈까요? 똑같은 열을 가해도 양은 냄비의 물이 일반 냄비의 물보다 더 빨리 끓는 이유는 물질마다 같은 열을 받더라도 온도가 다르게 올라가기 때문이에요. 이는 비열 때문에 일어나는 현상이랍니다. 양은 냄비는 일반 냄비의 스테인리스나 철보다 비열이 작습니다. 즉, 같은 열을 주었을 때 양은 냄비의 온도가 더 빠르게 높이 올라가는 것이지요. 여름철 해변에서도 열과 온도의 차이를 느낄 수 있습니다. 모래의 비열은 물의 비열보다 작아서 같은 햇볕열이 비추어도 모래는 쉽게 온도가 올라갑니다. 이와 달리 물의 온도는 쉽게 올라가지 않아 모래보다 물을 차갑게 느끼는 것입니다.

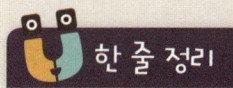

열: 온도가 높은 물체에서 온도가 낮은 물체로 이동하는 에너지
온도: 물체의 차고 뜨거운 정도를 수량으로 나타낸 값

초등학교 5-6 온도
중학교 1-3 온도, 열평형

03 섭씨온도 VS 화씨온도

섭씨온도 VS 화씨온도 속으로

요즘 우리나라의 여름은 무척이나 덥습니다. 가장 더웠던 해라는 1994년의 여름과도 비교하지 못할 만큼 말이에요. 폭염 일수가 무려 24일이나 되기도 했고 연속 폭염(최고 기온 33°이상)이 이어지기도 했어요.

날씨를 수치로 볼 수 있는 해외 날씨 검색 사이트 weather.com에 들어가면 주간 일기예보를 알 수 있답니다. 월요일 아침 기온이 62°, 낮 기온이 80°라고 나와 있네요? 목요일은 심지어 86°라고 나와 있어요. 과연 저 온도에서 사람이 살 수 있을까요? 가만 보니 미국은 우리와 쓰는 온도가 다르다고 해요. 평소에 쓰는 온도랑 표기법도 다르다고 하고요. 이게 그 섭씨온도와 화씨온도일까 싶네요. 그런데 여러분은 이 둘이 어떻게 다른지 알고 있나요?

선생님, 왜 헷갈릴까요?

이게 바로 여러분에게 알려 줄 섭씨·화씨·절대 온도야. 이것들이 어떻게, 언제 쓰이는지 많은 친구들이 모르고 있어. 먼저 이 온도를 나타내는 여러 가지 '기준'을 아예 모르기 때문이야. 과학자들이 온도계를 발명한 역사는 오래되었어. 오늘날에는 주로 물을 기준으로 하지만, 수은 등 다양한 물질이 연구되기도 했지. 그 가운데 대표로 쓰는 세 가지 온도 기준이 섭씨·화씨·절대온도야. 그런데 일상에서는 화씨온도보다 섭씨온도를 많이 쓰고 더 익숙해져 있어. 그렇다 보니 온도의 다양한 기준을 일일이 구별해서 쓸 필요도 없었지. 이 탓에 섭씨온도는 물론, 화씨온도까지 정확하게 뜻을 모르는 거야.

▲ 같은 표기의 다른 표현들

🔍 섭씨온도

우리가 가장 많이 쓰는 온도 기준이에요. 안드레스 셀시우스Andres Celius가 만들었는데 셀시우스 이름에서 유래해 기호를 ℃로 사용한답니다. 셀시우스가 만들었을 때는 지금과 반대로 *1기압 상태에서 물의 끓는점을 0℃, 물의 어는점을 100℃라고 기준을 정했습니다. 하지만 사용이 불편해 지금처럼 물의 끓는점을 100℃, 물의 어는점을 0℃로 하여 사용하고 있지요. 현재 우리나라에서 쓰는 온도계나 방송, 인터넷에서 보는 온도는 이 기준으로 사용하는 것이랍니다.

> ★1기압
> 공기의 누르는 힘으로 0℃에서 누르는 힘. 흔히 수은으로 측정하며 수은 기둥이 760mm일 때 높이를 뜻합니다.

🔍 화씨온도

가브리엘 파렌하이트Gabriel Fahrenheit가 제시한 기준이에요. 물의 어는점을 32, 끓는점을 212로 정하였습니다. 섭씨온도에서는 물의 어는점과 끓는점 차이가 100이었는데, 화씨에서는 180이므로 온도의 변화량은 섭씨와 화씨일 때 다르답니다. 기호로 ℉를 사용해요. 주로 영어권 국가들에서 많이 사용하였으나 현재는 미국 외에 극소수 국가만 사용하고 있어요.

🔍 절대 온도(켈빈온도)

절대 온도 또는 켈빈온도라 불리는 이 기준은 온도의 국제 단위로 정해졌습니다. 주로 과학에서 많이 쓰이는 온도 기준이에요. 섭씨온도에서 273.15를 빼면 되는 것으로 섭씨온도와 온도의 변화량은 같습니다. 즉 섭씨에서 1도가 변하면 절대 온도도 1도가 변하지요. 화씨온도는 물의 끓는점과 어는점이 달라 1.8도가 올라갑니다. 절대 영도라는 말을 들어본 적이 있나요? 절대 영도는 이론에서 가능한 가장 낮은 온도로, 기체의 부피가 완전히 0이 되는 온도입니다. 이론으로만 있는 온도인지라 아직 실제로 도달한 적은 없어요. 절대 온도는 바로 이 절대 영도를 기준으로 하는 온도이고 기호로 K를 사용합니다.

	섭씨온도	화씨온도	절대 온도
기준	물의 어는점 0 물의 끓는점 100	물의 어는점 32 물의 끓는점 212	절대 영도 0
기호	℃	℉	K
어는점과 끓는점의 차이	100	180	100

◀ 온도 기준 정리

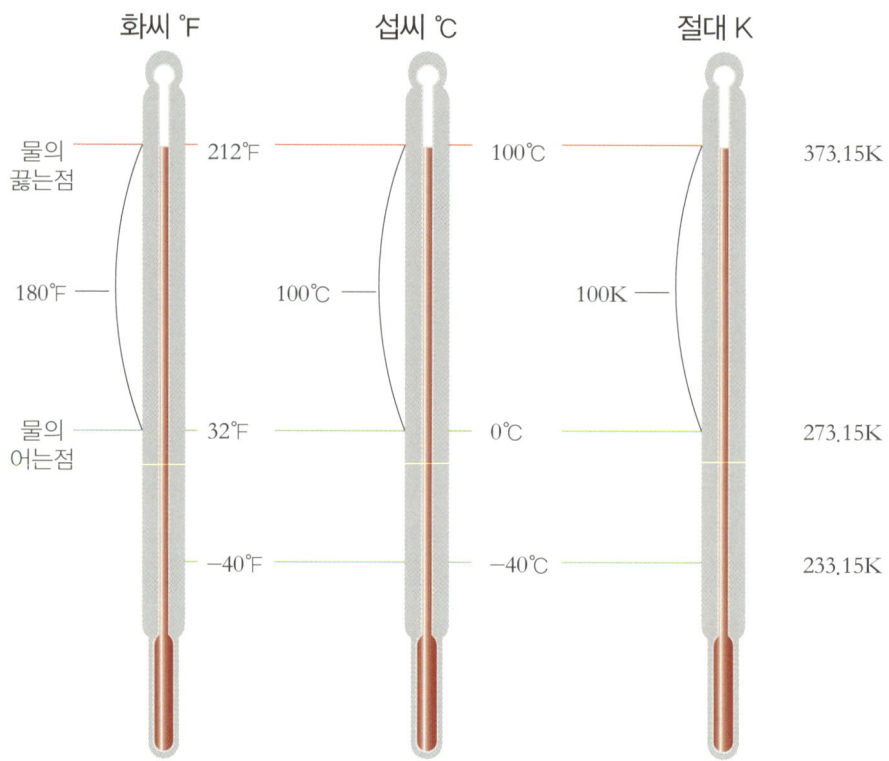

섭씨온도와 화씨온도는 이렇게 쓴대!

본문 가장 앞의 사진에 있는 8월 29일의 낮 기온을 보면 80°라고 나와 있습니다. 이 값은 미국이 화씨온도를 쓰기 때문에 나왔습니다.

섭씨와 화씨는 기준도 다르고 온도가 변화하는 구간도 다르답니다. 물이 끓을 때 섭씨가 100° 변하는 동안 화씨는 32°에서 212°로 180°가 변합니다. 이를 맞추어 주려고 온도 변화를 곱해 주지요. 80°F를 섭씨로 바꾸어 보면 아래와 같아요.

$$(\text{화씨온도}(°F) - \text{화씨온도 어는점 기준}) \div \frac{\text{화씨온도 변화}}{\text{섭씨온도 변화}} \rightarrow (80°F - 32) \div \frac{100}{180} = 26.67°C$$

반대로 섭씨를 화씨로 바꿀 때는 같은 내용을 반대로 적용하면 된답니다. 물의 끓는점인 100°C를 한번 바꾸어 볼까요?

$$\text{섭씨온도} \times \frac{\text{화씨온도 변화}}{\text{섭씨온도 변화}} + \text{화씨온도 어는점 기준} \rightarrow 100 \times \frac{180}{100} + 32 = 212°F$$

섭씨온도를 절대 온도로 바꾸는 법은 간단한데요, 섭씨온도와 절대 온도 모두 1도 변화하는 것이 같으므로 기준점의 온도만 더해 주면 된답니다. 반대로 절대온도를 섭씨로 바꾸는 과정은 기준을 빼 주면 되지요. 섭씨온도 100°C를 절대온도로, 절대온도 273.15K를 섭씨온도로 바꾸어 보면 아래처럼 나온답니다.

$$\text{섭씨온도} + \text{절대온도 기준} = 100 + 273.15 = 373.15$$
$$\text{절대온도} - \text{절대온도 기준} = 273.15 - 273.15 = 0°C$$

섭씨온도 : 물의 어는점을 0, 물의 끓는점을 100으로 정하여 만든 온도로 기호는 °C
화씨온도 : 물의 어는점을 32, 물의 끓는점을 212로 정하여 만든 온도로 기호는 °F
절대 온도 : 절대 영도 0을 기준으로 만든 온도로 기호는 K

초등학교 5-6 연소, 소화
중학교 1-3 물리 변화, 화학 변화

04 물리 변화 VS 화학 변화

물리 변화 VS 화학 변화 속으로

여러분은 집에서 빼빼로를 만들어 본 적 있나요? 맛있는 빼빼로를 만들려면 먼저 초콜릿을 녹여야겠네요. 꺼낸 냄비에 초콜릿을 넣고 가스레인지에 올리니 바로 녹기 시작합니다. 그런데 녹은 듯이 보였던 초콜릿이 까맣게 타들어 가고 있네요! 결국, 연기가 나면서 까만 재가 되고 말았어요. 초콜릿은 형태도 찾아볼 수 없고 쓴맛만 나는 이상한 물질로 바뀌어 있네요. 너무 오래 녹여서 타 버린 초콜릿은 과학적으로 무슨 변화를 했을까요?

초콜릿이라는 '물질'이 녹아 버렸으니 물리 변화? 아니면 초콜릿이라는 '성질'이 액체처럼 바뀌었으니 화학 변화? 여러분은 어떻게 생각하나요?

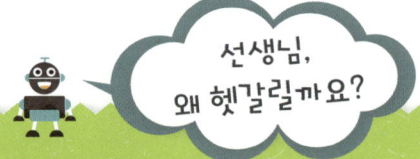
선생님, 왜 헷갈릴까요?

달콤한 초콜릿을 불에 녹였더니 달콤한 맛은 그대로지만 모양과 촉감은 완전히 달라졌어. 이 초콜릿이 바뀌긴 했는데 무슨 변화인지 아리송할 거야. 변화는 변화인데, 물리와 화학의 차이를 친구들이 잘 모를걸? 그러니 무엇을 했을 때 물리 변화이고 화학 변화인지 아는 게 순서야. 즉, 물질이 어떤 식으로 바뀌었는지를 나누는 '기준'을 알아야 하지. 지금부터 물리 변화와 화학 변화를 가르는 그 기준을 살펴볼까?

PART 02 화학

녹는다 = 물리 변화

"녹는다"와 "태운다."는 서로 다른 결과를 뜻합니다. "녹는다." 앞에 붙여도 어색하지 않은 것들이 있지요? 아이스크림·얼음·초콜릿 등 녹고 난 뒤까지도 머릿속에 떠오르는 이미지들이 있습니다. 초콜릿이 녹거나 아이스크림이 녹아도 맛은 바뀌지 않아요. 고체가 액체로 바뀌는 물질의 상태에만 변화가 생길 뿐입니다. 이렇듯 성질이 바뀌지 않는 변화를 '물리 변화'라고 합니다. 녹는 것·어는 것·증발하는 것·아이스크림 포장에 들어 있는 *드라이아이스 모두 원래 성질을 그대로 가지고 있습니다. 깨진 유리창처럼 성질은 그대로 있으면서 모양만 바뀌어도 물리 변화랍니다. 물에 녹는 설탕 역시 물리 변화를 한 상태입니다. 깨진 유리 조각을 보아도 우리는 유리임을 알 수 있어요. 또 설탕물을 맛볼 때도 원래 물질이 설탕이었다는 사실을 알 수 있지요. 그 성질이 바뀌지 않았기 때문이랍니다. 물속에서 잉크가 퍼지거나 냄새가 퍼지는 것도 마찬가지겠지요?

★드라이아이스
이산화탄소를 압축하고 얼려 만든 흰색 고체. 고체 이산화탄소인 드라이아이스는 기체로 변해 공기 중으로 사라집니다.

▲ 응고   ▲ 액화   ▲ 융해
▲ 기화   ▲ 승화   ▲ 기화

물리 변화 VS 화학 변화 | 109

🔍 태운다 = 화학 변화

이와 달리 초콜릿을 직접 불에 가져다 댄 것은 초콜릿에 열을 가해 형태를 바꾼 것과는 다른 행동입니다. 우리가 어떤 물체를 직접 불에 가져다 대면 "탄다."라고 말합니다. 나무가 타기도 하고 종이가 타기도 하고 이번처럼 초콜릿이 타기도 하지요. "탄다."라는 뜻은 과학적으로 '연소'라는 단어를 쓰고 실제로는 공기 중의 산소와 결합하는 것이에요. 종이에 불을 붙인다고 가정해 볼까요? 종이에 불을 붙이는 순간 공기 중의 산소와 종이를 이루는 탄소와 수소가 결합하여 탄소는 이산화탄소로, 수소는 물로 변한답니다. 산소는 우리가 호흡할 때 필요한 기체이지만 이산화탄소는 호흡의 결과로 만든 기체라, 산소와는 성질이 다른 기체이지요. 이처럼 연소가 일어나면 원래 물질과는 전혀 다른 '새로운 성질을 가진 물질'이 생기는데 이 변화를 '화학 변화'라고 합니다.

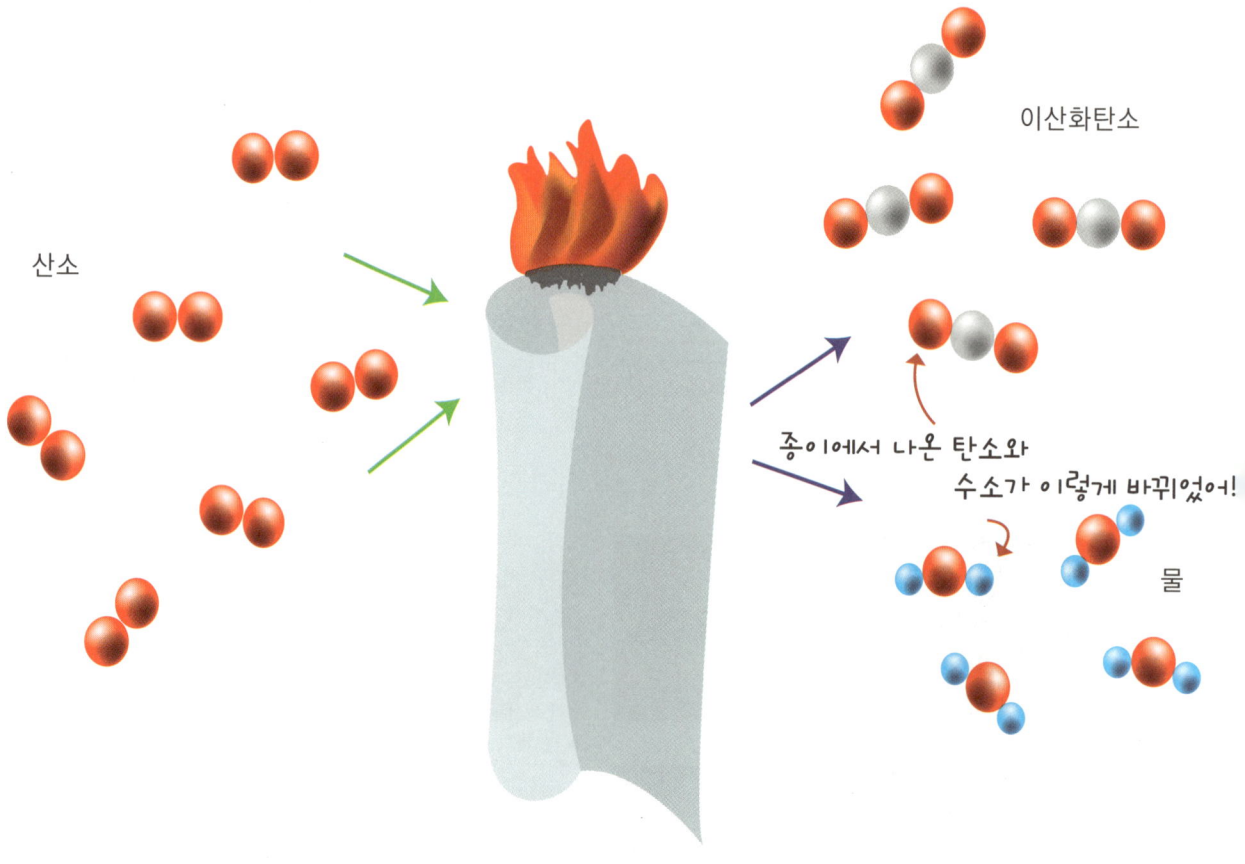

PART 02 화학

화학 변화에는 연소와 같은 변화 이외에 어떤 반응이 있을까요?

철이 녹슬 때 느리게 일어나는 산화 반응, 김치가 시어지거나 음식물이 썩는 등 맛이나 냄새가 바뀌는 현상, 가을에 나뭇잎 색이 바뀌는 현상, 떨어진 나뭇잎이 땅에 떨어져 썩는 현상. 이처럼 다양하게 찾아볼 수 있습니다. 대체로 냄새와 맛, 색 등에서 변화가 일어납니다.

▲ 녹슨 철

▲ 썩은 식빵

▲ 요플레

▲ 단풍잎

물리 변화 vs 화학 변화 | 111

물리 변화, 화학 변화는 이렇게 쓴대!

다양한 모양의 초콜릿을 만드는 방법은 매우 간단합니다. 초콜릿을 중탕으로 녹여서 고체 초콜릿을 액체 상태로 만들고 원하는 모양의 틀에 넣고 굳히면 끝이에요. 이렇게 초콜릿을 '녹이면' 고체에서 액체로 상태는 바뀌지만, 초콜릿의 향과 달콤한 맛은 그대로 남아 있습니다. 이러한 것이 물리 변화예요.

중탕으로 녹이지 않고 불에 직접 가열해 초콜릿에 불이 붙으면 타 버리게 됩니다. 초콜릿을 태우면 공기 중의 산소와 결합하여 숯이나 수증기, 이산화탄소와 같은 새로운 물질이 만들어져요. 그리고 남은 까만색 재에는 초콜릿의 달콤한 향과 맛이 느껴지지 않는답니다. 이는 화학 변화라 하며 물질의 상태뿐 아니라 성질이 새롭게 달라진다는 중요한 특징이 있어요.

나무를 잘라 장작을 만들어 태울 때도 물리 변화와 화학 변화가 포함되어 있습니다. 나무를 잘라 장작을 만드는 과정은 물리 변화예요. 모양이 달라지지만, 나무의 성질은 그대로 남아 있기 때문이에요. 하지만 나무를 잘라 만든 장작을 태우면 빛과 열이 나면서 흰 연기와 수증기, 재가 생성되고 나무의 성질은 남아 있지 않습니다. 따라서 장작을 태우는 과정은 화학 변화이지요.

한 줄 정리

물리 변화 : 물질의 고유한 성질은 바뀌지 않고 모양이나 상태만 달라지는 현상
화학 변화 : 물질이 처음과 성질이 전혀 다른 새로운 물질로 변하는 현상

05 혼합물 VS 화합물

초등학교 3-4 혼합물
중학교 1-3 순물질과 혼합물

혼합물 VS 화합물 속으로

★프리츠 하버 1868~1934

독일인 화학자로 공기 중의 질소로 암모니아를 합성하는 방법을 발견해 1918년에 노벨상을 받았습니다. 사람들은 합성 암모니아를 화학 비료 원료로 사용해 식량 위기를 극복할 수 있었습니다. 하지만 폭탄 원료로도 쓰여 많은 나라가 이 합성 암모니아로 무기를 만들었습니다. 인류에 기여했던 그는 제1차 세계대전에서는 반대로 독성 가스를 개발하는 데 큰 역할을 했습니다.

우리 주변의 먹거리는 그 종류를 헤아리기조차 힘들 만큼 풍족합니다. 이렇게 먹거리가 많아질 수 있었던 이유는 무엇이었을까요? 바로 질소 비료 덕분이에요. 질소는 공기의 70%를 차지할 만큼 가장 풍부하지만 식물이 바로 흡수하여 사용할 수는 없답니다. 독일의 과학자 *프리츠 하버는 공기 중의 질소 기체와 수소 기체를 이용하여 '암모니아'라는 새로운 물질을 만들었습니다. 이렇게 생긴 암모니아는 훌륭한 비료이지만 지독한 화장실 냄새가 납니다. 암모니아를 이루는 수소와 질소는 공기에도 있는 기체이지만 공기에서 화장실 냄새가 나지는 않아요. 암모니아를 이루는 수소와 질소, 그리고 공기 중의 수소와 질소, 이들을 합쳤다는 말을 과학 용어로 뭐라고 할까요? 그리고 여러분은 그 차이를 정확하게 알고 있나요?

선생님, 왜 헷갈릴까요?

화학을 공부할 때 한 번쯤 화합물과 혼합물을 들어봤지? 그런데 어떤 물질들을 섞는다는 뜻에서 '합물'이라는 말이 공통으로 들어가 있어. 공부할 때 결코 "서로 다른 물질을 섞는다."는 부분에만 집중하지 마. 이 부분에 초점을 두다 보니 물질을 섞어도 어떤 차이가 있는지 모르는 거야. 화합물과 혼합물이 국어에서는 물질을 섞는다는 뜻이 들어 있지만, 과학에서는 분명한 차이가 있거든. 따라서 어떤 기준에 따라 무엇이 화합물이고 혼합물인지 나누어서 살펴봐야 해.

🔎 혼합물

　공기 중의 질소와 수소는 냄새가 없고 안전한 물질로, 단순히 그냥 섞여만 있답니다. 이렇듯 각각 성질을 가지고 단순히 섞여만 있는 경우를 '혼합물'이라고 합니다. 마치 잡곡밥을 지으려고 엄마가 콩·현미·쌀·보리 등등을 단순히 양푼에 담아 놓은 것처럼 말이지요.

　소금물 역시 혼합물입니다. 소금물은 물이 가지고 있는 액체의 성질도 있고, 소금이 가진 짠맛도 그대로 있습니다. 소금물에서 소금과 물을 분리하고 싶다면 물을 모두 증발시켜 보세요. 접시에서 흰색 소금 가루를 관찰할 수 있습니다. 즉, 소금물은 단순히 소금과 물을 섞어 놓은 혼합물이랍니다.

🔎 화합물

　질소와 수소가 만나면 각각 존재하지 않고 두 물질 사이에 새로운 결합이 이루어지기도 합니다. 이렇게 새로운 결합으로 만들어진 물질을 '화합물'이라고 해요. 앞서 나왔던 소금은 어떻게 만들어질까요? 삼각플라스크에 초록빛 염소 기체를 넣고 금속 나트륨을 함께 넣은 뒤 물을 한 방울 떨어트려 보세요. 큰 폭발 소리와 함께 플라스크 바닥에 생긴 흰 고체를 확인할 수 있습니다. 그 흰색 가루가 바로 소금입니다. 소금을 만들 때 사용했던 염소 기체는 우리가 수돗물을 소독할 때 쓰는 기체랍니다. 이는 미생물을 죽일 수 있을 만큼 독성이 있는 물질이지요. 그래서 수돗물에도 아주 미량만 쓰인답니다. 나트륨은 물과 만나면 엄청난 폭발을 일으킬 만큼 매우 위험한 물질이지요. 이렇게 독성을 가진 위험한 두 물질이 만나면 우리 몸에 없어서는 안 될 소금이 만들어집니다. 소금을 물에 넣는다고 해서 나트륨처럼 폭발하거나 염소 기체처럼 독성이 있지는 않아요. 새로운 소금의 성질이 생긴 것입니다.

PART 02 화학

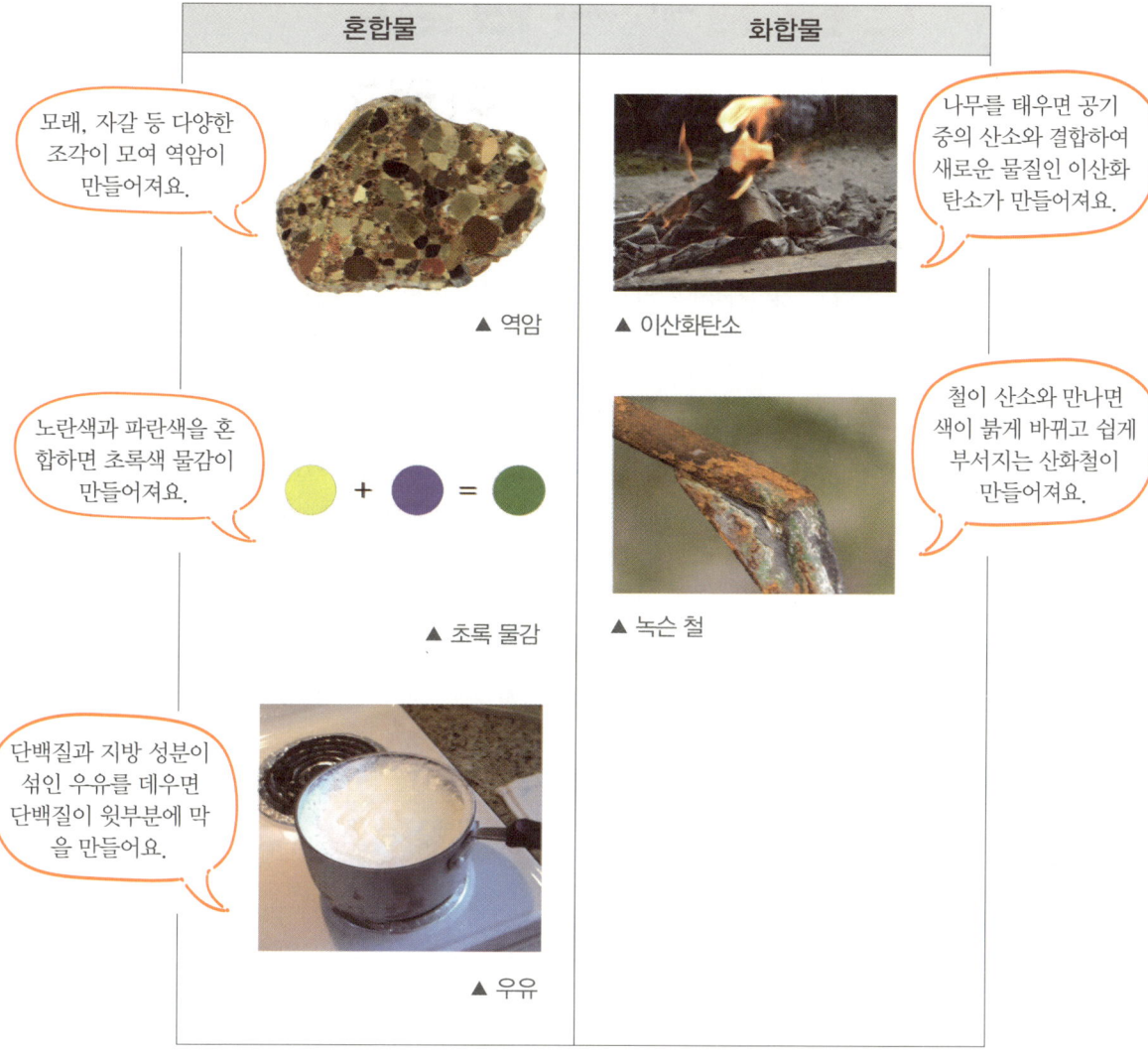

혼합물	화합물
모래, 자갈 등 다양한 조각이 모여 역암이 만들어져요. ▲ 역암	나무를 태우면 공기 중의 산소와 결합하여 새로운 물질인 이산화탄소가 만들어져요. ▲ 이산화탄소
노란색과 파란색을 혼합하면 초록색 물감이 만들어져요. ▲ 초록 물감	철이 산소와 만나면 색이 붉게 바뀌고 쉽게 부서지는 산화철이 만들어져요. ▲ 녹슨 철
단백질과 지방 성분이 섞인 우유를 데우면 단백질이 윗부분에 막을 만들어요. ▲ 우유	

　소금을 원래 상태인 염소 기체와 나트륨으로 다시 분리하기는 쉽지 않습니다. 여러 가지 복잡한 화학 반응을 거쳐야 할 수 있지요. 이와 달리 소금물은 증발만 시키면 바로 소금과 물로 나뉩니다. 화합물은 혼합물보다 다시 분리하기가 쉽지 않습니다. 즉 쉽게 분리할 수 있다면 혼합물, 그렇지 못하다면 화합물이랍니다.

혼합물 vs 화합물 | 115

혼합물과 화합물은 이렇게 쓴대!

어른들이 마시는 커피 믹스를 뜯어 컵에 담아 보세요. 프림과 설탕, 그리고 커피가 섞여 있지요? 커피 믹스의 믹스가 영어로 mix, "혼합하다."라는 뜻이에요. 즉, 커피 믹스는 커피를 맛있게 마시기 위한 몇 가지 물질이 섞여 있는 혼합물입니다. 그리고 혼합물을 이루는 각각의 성분인 커피와 설탕, 프림 각각은 탄소·수소·산소 등의 원소들이 합쳐져서 만들어진 화합물입니다.

우리가 밟고 서 있는 땅과 흙, 그 위를 굴러다니는 돌들 각각은 혼합물입니다. 한편 운동장에는 여러 개의 화합물인 돌들이 섞여 있는 혼합물이 채워져 있지요. 세상의 많은 물질은 화합물로 되어 있고, 이러한 화합물이 몇 가지 섞여 모여 있는 것이 혼합물인 것입니다.

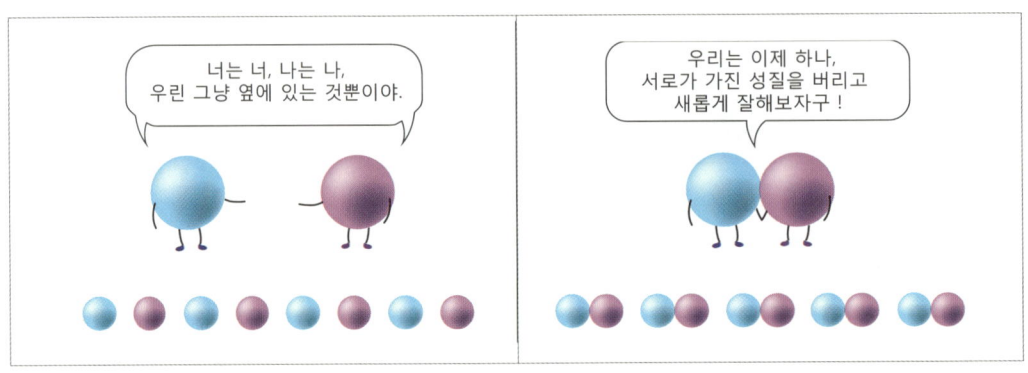

한 줄 정리

혼합물 : 2가지 이상의 순물질이 서로 섞여 있는 것
: 성분은 단순히 섞여만 있을 뿐 각각 고유한 성질을 그대로 가진다.

화합물 : 두 종류 이상의 원소가 화학적으로 결합하여 이루어진 것
: 기존 성질과는 다르게 새로운 물질이 된다.

초등학교 3-4 물질의 성질
중학교 1-3 녹는점, 어는점

06 어는점 VS 녹는점

어는점 VS 녹는점 속으로

겨울이 오면 날씨가 추워지고, 눈이 오고, 길은 빙판이 되기도 합니다. 밖에 내놓은 물은 밤이 되면서 기온이 낮아지면 점차 얼어 버리지요. 다음 날 낮에 해가 떠서 기온이 올라가면 얼었던 길과 물도 점점 녹습니다.

물이 얼어 얼음이 되는 상태 변화는 '응고', 이때 온도를 '어는점'이라고 합니다. 또, 얼음이 녹아 물이 되는 상태 변화는 '융해', 이때 온도를 '녹는점'이라고 합니다. 여러분은 이때 어는점과 녹는점이 어떻게 다른지 정확하게 알고 있나요? "얼다."와 "녹다."라는 말 덕분에 쉽게 구분할 수 있다고요? 여러분이 알고 있는 사실 외에 더 깊은 과학 지식을 살펴볼게요.

선생님, 왜 헷갈릴까요?

액체가 끓는 온도는 '끓는점'이라고 하지? 반대로 기체가 액화되는 온도도 '끓는점'이라고 해. 그런데 고체가 녹아 액체가 되는 온도는 '녹는점', 액체가 응고되어 고체가 되는 온도는 '어는점'이라고 따로 말하고 있어. 물론 "얼다."나 "녹다."라는 말 덕분에 크게 헷갈리지 않을 수 있어. 하지만 화학에서 보는 정확한 개념을 깊이 있게 알아볼게. 우선 물질이 온도에 따라 어떤 상태로 어떻게 바뀌는지 나누어서 살펴볼 거야.

🔍 온도와 물질의 상태 변화

고체를 가열하면서 시간에 따라 온도를 측정하면 어떤 모습이 보일까요?

고체는 열을 가하면 서서히 온도가 올라갑니다. 고체를 이루는 분자들이 열에너지를 받아 더 활발하게 운동해서 부피가 조금씩 늘어나지요. 계속 가열하여 녹는점이 되면 분자들은 운동이 더욱 활발해져서 주위 분자들과 결합을 끊고 액체로 바뀝니다. 상태 변화를 하는 동안 분자들끼리 작용하던 분자 사이 인력을 끊는 데 가해 주는 열에너지를 다 사용해서 온도는 올라가지 않고 일정해집니다. 계속 가열하여 고체가 모두 액체로 융해되면 다시 액체 상태의 분자도 더욱더 활발하게 운동하면서 온도가 높아져요.

가열을 멈추면 온도가 점차 낮아지겠지요? 온도가 낮아지다가 다시 어는점까지 낮아지면 액체 분자는 규칙적으로 주위 분자들과 결합하면서 에너지를 방출한답니다. 이때 방출하는 에너지 때문에 차갑게 해 주어도 온도가 내려가지 않고 일정하게 유지돼요. 액체가 모두 고체로 되면 다시 온도는 낮아집니다.

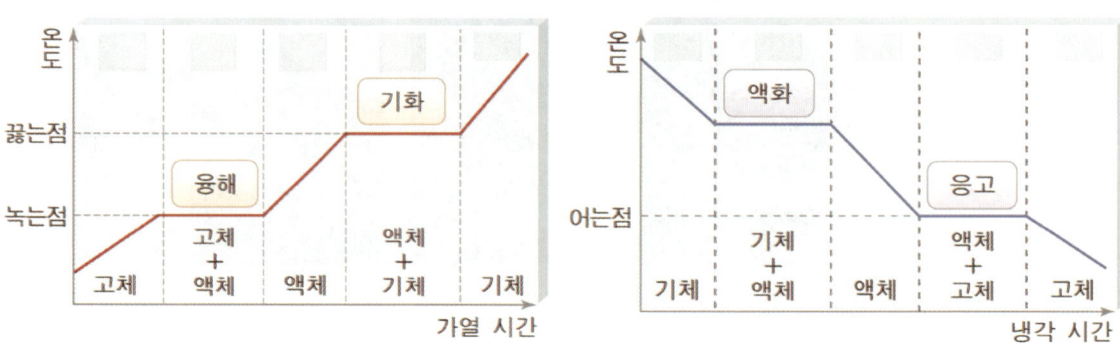

우리는 일상에서 액체를 가열하여 끓이는 것을 쉽게 관찰할 수 있어요. 반대로 기체가 이슬과 같은 형태가 아니라 모여서 액체가 되는 현상을 본 적은 거의 없습니다.

이와 달리 액체가 얼어 고체가 되는 응고 현상이나, 고체가 액체로 변하는 현상은 자주 관찰할 수 있어요. 겨울에 물이 얼었다가 녹는 것 뿐 아니라, 양초의 촛농도 녹았다가 굳고, 더 높은 온도로 가열하면 쇠도 쇳물이 되었다가 다시 쇠로 변하기도 합니다.

  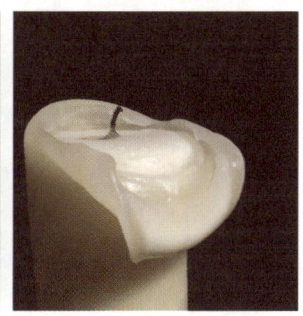

▲ 쇳물　　　　　▲ 촛불　　　　　▲ 촛농

　액체가 끓어 기체가 되는 온도는 끓는점이라고 해요. 하지만 반대되는 용어는 잘 사용하지 않는답니다. 일상에서나 과학에서 잘 관찰되지 않는 현상이라 딱히 용어를 만들어 사용하지 않기 때문이에요. 그런 현상이 나타난다면 그 온도는 끓는점과 같은 온도일 거예요.

　마찬가지로 한 물질에서 고체가 녹아 액체가 되는 온도인 녹는점과 액체가 굳어 고체가 되는 어는점은 같습니다.

어는점과 녹는점은 이렇게 쓴대!

녹는점 또는 어는점보다 높은 온도에서의 물질은 액체 상태이고, 녹는점보다 낮은 온도에서의 물질은 고체 상태입니다. 더운 여름, 더위를 식히는 아이스크림은 빨리 먹지 않으면 녹아서 줄줄 흐르지요? 보통 아이스크림은 물보다도 어는점이 더 낮아서 영하 10℃ 이하의 냉동고에서 보관합니다. 냉동고는 아이스크림의 어는점보다 온도가 낮아 아이스크림은 고체 상태로 유지될 수 있어요. 그런데 우리가 아이스크림을 먹을 때는 녹는점 또는 어는점보다 훨씬 높아서 액체 상태가 되어 흐르게 됩니다. 겨울철, 일기예보에서 기온이 영하라고 한다면 바닥의 물이 얼어 빙판을 만들 수 있으므로 미끄러지지 않는 신발을 신고 나가는 것이 좋아요.

 한 줄 정리

어는점: 액체가 고체로 변화하는 온도
녹는점: 고체가 액체로 변화하는 온도
→ 고체가 액체로 변하는 녹는점, 액체가 고체로 변하는 어는점은 같은 물질에서는 항상 같다.

07 증발 VS 끓음

초등학교 3-4 물질의 성질
중학교 1-3 끓는점

증발 VS 끓음 속으로

저녁 메뉴에 맛있는 매운탕이 나오네요. 엄마는 생선과 고춧가루, 예쁘게 썬 각종 야채 등을 냄비에 넣고 가스레인지 불을 켭니다. 탕이 끓는 사이 청소도 하시고 빨래도 하시는데요, 그러다 그만 불 위에 올려둔 탕을 깜빡 잊으셨네요. 탕에 있던 물이 줄어들어 탕이 짜졌어요. 그런데 '물이 증발해서' 탕이 짠 것일까요? '물이 끓어서' 탕이 짠 것일까요? 여러분은 어떤 말이 더 정확한 표현 같나요?

"○○이가 증발했다."

이런 표현을 자주 볼 수 있지? 무언가가 흔적도 없이 사라질 때 증발이라는 표현을 사용하곤 해. 증발과 끓음은 글자나 말이 주는 확연히 다른 뜻 덕분에 구별이 어렵지는 않을 거야. 하지만 과학에서 보는 증발과 끓음은 모두 사라진다는 느낌 때문에 오해할 수 있어. 증발이나 끓음, 모두 사라지거나 빠져나간다는 뜻을 담고 있거든. 따라서 각 현상에 맞춰 어떨 때 증발이고 어떨 때 끓음인지 정확하게 알아두도록 해.

🔍 증발

증발은 "마당에 고여 있던 물이 증발했다."처럼 서서히, 눈에 보이는 특별한 현상 없이 액체가 사라질 때 많이 쓰입니다. 증발은 액체 표면에 있던 입자가 공기 중으로 날아가는 현상이에요. 그렇다면 입자는 왜 날아갈까요? 컵에 물 입자가 담겨 있다고 가정해 볼게요. 위쪽에 있던 물 입자들에게는 빡빡하게 다닥다닥 붙어 있기보다 넓은 컵 밖 공간이 훨씬 편안하겠지요? 그래서 가장 위쪽의 물 분자들은 공기 중으로 나가려고 합니다. 이것이 우리가 배운 상태 변화, 기화예요. 기화에서도 표면에 있는 입자가 조용히 차례차례 공기 중으로 빠져나가는 것이 '증발'입니다. 즉, 액체 표면에 있는 입자가 차례차례 공기로 빠져나가는 증발이 기화에 포함되는 개념이에요. 그렇다면 컵 위쪽의 물 분자가 보기에 컵 밖의 공간에 이미 다른 물 분자들이 꽉 차 있다면 어떻게 하려고 할까요?

쉬운 설명을 위해 놀이공원에 비유해 보겠습니다. 물 분자를 여러분이라고 가정할게요. 여러분이 교실에 있다가 운동장에 나가서 체육을 하려고 합니다. 그런데 운동장에는 다른 반 학생들이 이미 있어 공간이 별로 없어요. 우리가 체육을 하려면 운동장에 있던 다른 반 학생들이 교실로 들어갈 때까지 기다려야 하겠지요?

증발 역시 공기 중에 수증기 입자가 있다면 액체에서 기체 상태로, 빨리 빠져나오지는 못합니다. 공기 중에 수증기 입자가 거의 없다면, 물 입자는 공기 중으로 매우 빠르게 빠져나올 수 있겠지요. 이런 이유로 비가 오는 날에는 물의 증발이 잘 일어나지 않아 빨래가 잘 마르지 않는답니다. 젖은 빨래에 있던 물 입자가 공기 중으로 나오고 싶어도 이미 공기 중에 수증기 입자가 많아 나올 공간이 부족하기 때문이지요. 증발이 잘 일어나려면 해가 있으면서 바람이 불어 공기 중의 수증기 입자를 멀리 퍼트려 줄 수 있어야 합니다.

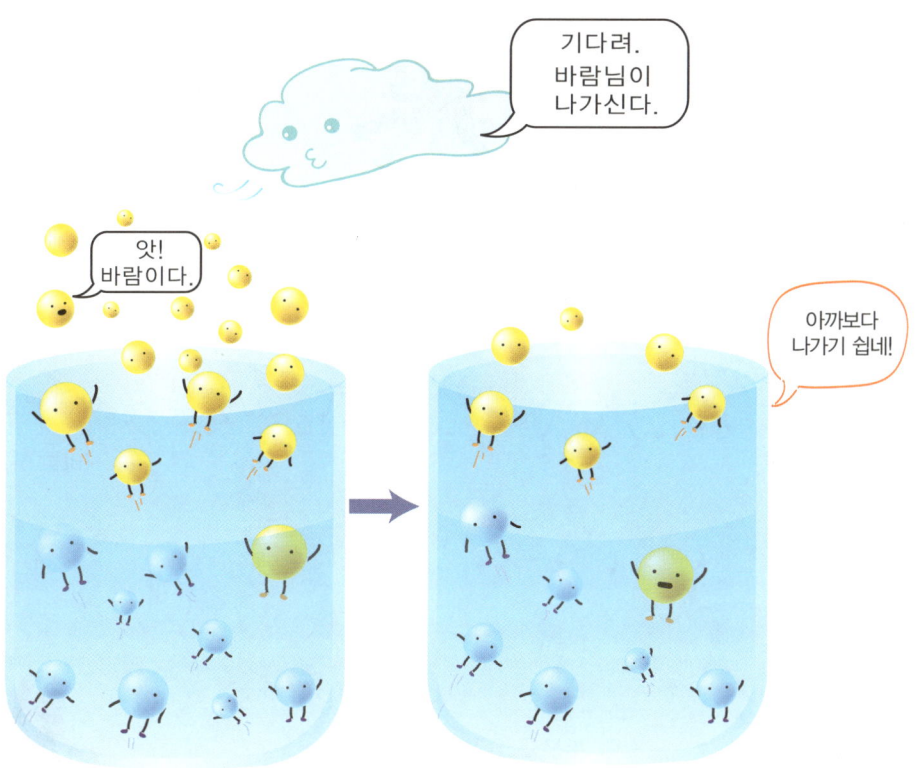

🔍 끓음

끓음은 액체의 중간 입자가 무작위로 빠져나가는 것이에요. 액체 안에 있던 입자가 에너지를 받으면 급하게 바깥으로 빠져나가지요. 우리가 보통 끓음을 표현할 때 쓰는 '보글보글'이라는 부사에서 왜 끓음인지 알 수 있답니다. 이 부사는 기체 방울이 액체 표면 위에서 터지는 것처럼 보이는 모습을 나타냈어요. 끓음은 액체 속에 있던 입자가 위로 이동해서 기화해 밖으로 빠져나가는 현상이랍니다.

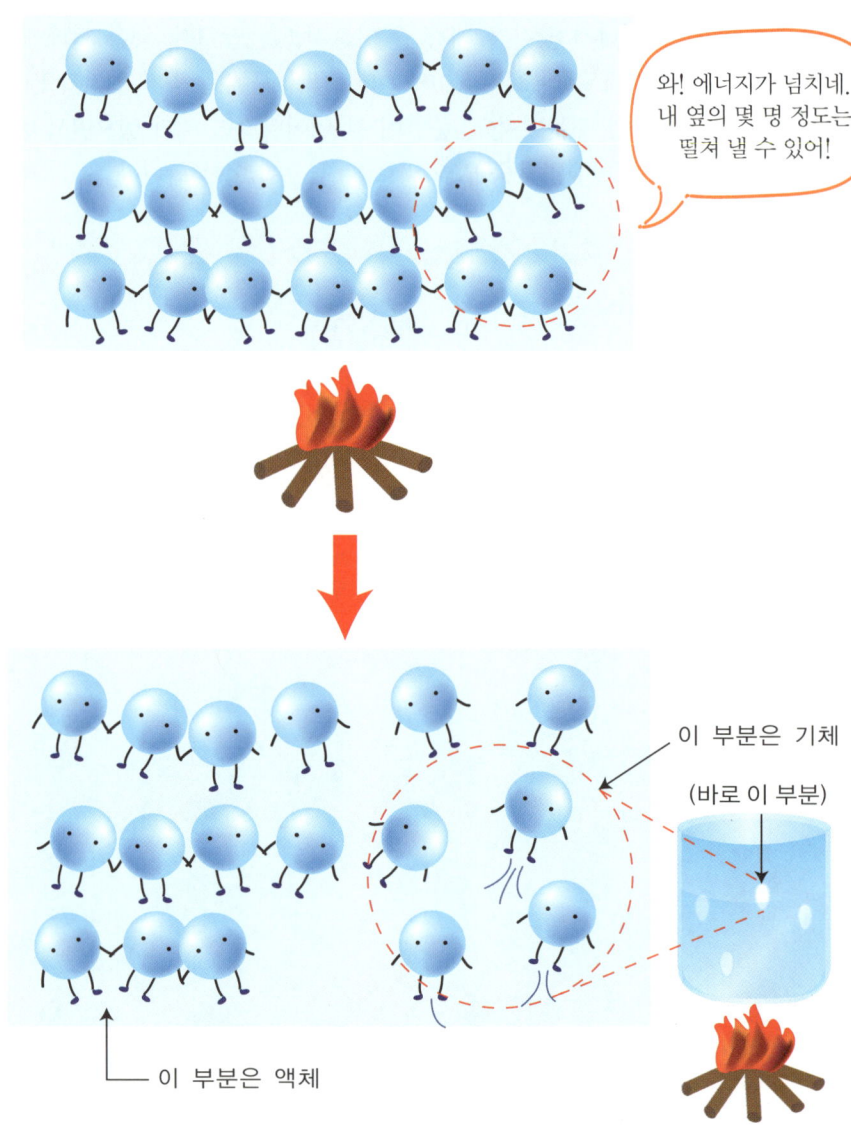

그렇다면 액체는 언제 끓을까요?

여기 물이 끓는 냄비가 있습니다. 냄비 바닥에서 보글보글 올라오는 기체를 볼 수 있어요. 불과 가장 가까운 냄비 바닥에서 에너지를 얻은 물 입자는 기체가 될 에너지를 얻은 덕분에 위로 솟구쳐 올라갑니다. 가스레인지로 무언가를 끓이면 불이 가장 센 냄비 가운데에서부터 발생하는 기포를 관찰할 수 있는 이유가 이 때문입니다.

증발 VS 끓음 | 125

증발과 끓음은 이렇게 쓴대!

증발은 표면에 있는 물 입자가 공기 중으로 빠져나가는 현상이에요. 마당의 물이 증발하거나 빨래가 마르는 것에서 볼 수 있듯 서서히 일어납니다. 우리가 특별히 무언가를 해 주지 않아도 일어나는 현상이지요. 증발은 공기 중의 물 입자가 적은 날 매우 잘 일어나고 물 입자가 많은 날은 잘 일어나지 않아요. 건조한 겨울철에 집 안에 둔 빨래가 잘 마르고 장마철에 빨래가 잘 마르지 않는 이유이기도 합니다.

끓음은 액체가 담긴 냄비를 끓일 때 볼 수 있어요. 계속 냄비를 가열하면 보글보글 물이 끓는 현상을 볼 수 있지요. 보글보글 생기는 거품을 자세히 보면 냄비 바닥에서부터 시작되는 것을 볼 수 있어요. 가장 온도가 높은 냄비 바닥에서 열을 가장 많이 받은 물 입자가 수증기 형태로 변해 위로 빠져나오는 현상이 끓음이지요. 즉 끓음은 증발과 달리 열을 받아야 일어나며 열을 가해 주었기 때문에 증발보다 빠른 시간 동안 일어난답니다. 또 증발은 표면에서 일어나지만 끓음은 열을 가해 준 지점에서부터 일어난다는 차이가 있습니다.

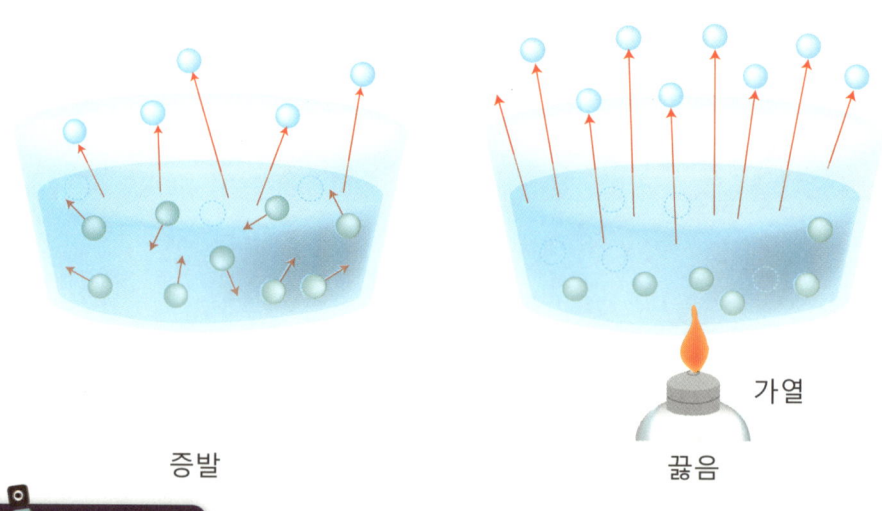

증발   가열 / 끓음

한 줄 정리

증발: 액체 표면에 있던 입자가 공기 중으로 서서히 날아가는 현상
끓음: 에너지를 받아 액체 안에 있던 입자가 급하게 빠져나가는 현상

08 수증기 VS 김

초등학교 3-4 물의 상태 변화
중학교 1-3 상태 변화

수증기 VS 김 속으로

추운 겨울, 사람들의 입과 코에서 나오는 김을 본 적 있지요? 집에서 냄비에 물을 끓이다 보면 물이 끓으면서 뚜껑 위로 하얗게 올라오는 김도 볼 수 있습니다. 밥솥에서 바로 담은 따뜻한 밥에서도 역시 김이 모락모락 피어납니다. 그런데 찬밥에서는 왜 김이 나지 않을까요? 공기 중에는 많은 수증기가 포함되어 있다고 하는데 눈에는 왜 김처럼 보이지 않을까요? 김은 물에서 나온 수증기일까요? 수증기가 아니라면 김은 무엇일까요? 여러분은 수증기와 김이 어떻게 다른지 알고 있나요? 지금부터 수증기와 김을 자세히 알아보겠습니다.

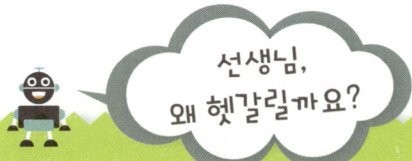

선생님, 왜 헷갈릴까요?

일상에서 수증기는 눈으로 볼 수 없는 기체이기 때문에 공기 중에 떠다니지만, 눈에 보이는 김을 수증기로 잘못 생각하는 거야. 아쉽게도 눈으로는 수증기를 볼 수 없어. 그러니까 눈에 보이는 김은 수증기라 할 수 없지. 그럼 우리 눈에 보이는 김은 뭘까? 수증기와 김을 이해하려면 '물질의 상태'라는 개념을 정확히 이해해야 해. 물질은 하나의 상태로 영원히 있지 않고 온도와 압력이 바뀌면 상태도 함께 바뀌어. 이 변화를 물질의 상태 변화라고 해. 단순히 공기 중에 떠다니면 기체라고 생각하지 말고 수증기와 김이 어떤 상태인지, 어떻게 변화를 일으켜 이루어졌는지 정확하게 알아봐야 해.

🔍 수증기

물질에는 물질을 구성하는 입자들이 있습니다. 이 입자와 입자 사이에는 공간이 있답니다. 입자들은 이 공간을 움직이는데요, 물질의 성질을 지니는 작은 입자를 '분자'라고 하며 이 분자의 움직임을 '분자 운동'이라고 합니다. 물질을 이루는 분자의 규칙성과 운동 상태에 따라 물질의 상태가 결정돼요. 가장 규칙적이고 *분자의 운동 상태가 느리면 고체입니다. 반대로 가장 불규칙하며 분자의 운동 상태가 활발하면 기체입니다. 물질의 상태는 일반적으로 고체·액체·기체 세 가지가 있어요. 고체에서 기체로 갈수록 분자는 운동 상태가 활발해지고 *분자들 사이의 거리가 가장 멀게 나타납니다.

> ★ 분자의 운동 상태
> 기체 〉 액체 〉 고체
> ★ 분자들 사이의 거리
> 기체 〉 액체 〉 고체

승화 (고체 → 기체)
가열 — 융해 → 기화 → 냉각
고체 — 응고 — 액체 — 액화 — 기체
승화 (기체 → 고체)

액체인 물은 온도가 내려가면 분자 운동이 느려지면서 분자들의 배열이 규칙적인 고체 얼음이 됩니다. 가열되어 온도가 올라가면 분자 운동이 활발해지면서 분자 사이 인력이 약해지고 분자끼리는 거리가 멀어져 기체인 수증기가 됩니다. 물의 기체 상태를 말하는 수증기는 공기 중에도 많이 있습니다. 공기 중에 포함된 수증기의 양을 측정하는데 우리는 이를 *습도라고 해요.

습도는 기준에 따라 상대 습도·절대 습도·비습도 3종류의 습도 표기가 사용됩니다. 흔히 습도, 하면 상대 습도를 많이 사용합니다. *상대 습도는 쉽게 말해 공기가 최대로 품을 수 있는 수증기 양에 대해 실제 포함된 수증기 양을 비율로 나타낸 것이에요. 상대 습도 50%라면 공기에 있을 수 있는 수증기 양의 절반만큼만 현재 들어 있다는 뜻이지요. 상대 습도는 보통 '%'로 나타내요. 실내의 쾌적함을 유지하려면 온도 외에도 습도를 고려해야 하는데, 습도가 30% 미만이거나 80% 이상이면 좋지 않고, 40~70% 정도면 쾌적함을 느낄 수 있다고 해요.

> ★ 습도
> 공기 중에 포함된 수증기의 양
> ★ 상대 습도
> 수증기의 분압을 포화 수증기압으로 나눈 것
> 상대 습도 = $\dfrac{수증기\ 분압}{포화\ 수증기압}$

🔍 김

주전자에 물을 끓일 때, 또는 드라이아이스처럼 차가운 물체 주변에서 쉽게 김을 볼 수 있어요.

김은 어떻게 해서 생길까요? 액체인 물이 기체인 수증기로 상태 변화가 일어난다면 그 반대 과정도 일어날 수 있습니다. 즉, 기체 상태인 수증기는 온도가 내려가면 분자 운동이 느려지면서 분자 사이 인력이 강해지고, 가까이 모이면서 규칙적인 배열을 이룹니다. 그렇게 모여서 작은 액체 물방울을 만들 수 있어요. 그러니까 김은 기체 상태의 수증기가 액체 상태의 물이 되려고 에너지를 잃고 가까이 모여 있는 매우 작은 물방울이라고 볼 수 있어요. 안개나 구름도 이러한 작은 물방울들이 모여 빛을 산란해서 눈으로 볼 수 있다고 해요.

물을 끓이면 액체 상태의 물 분자는 에너지를 얻어 분자 운동이 매우 활발해집니다. 물 분자 사이 인력이 약해지면서 기체 상태의 수증기가 되어 공기 중으로 퍼져 나가지요. 이렇게 날아간 분자는 주변의 찬 공기에 의해 다시 에너지를 잃고 액체 상태의 작은 물방울이 되면서 우리 눈에 보이는 것입니다.

수증기와 김은 이렇게 쓴대!

　수증기는 김과 다르다고 볼 수 있습니다. 김은 매우 작은 물방울로 이루어진 물질이에요. 수증기는 분자 운동이 더 활발한 기체 분자 상태의 물질입니다.

　온도와 압력에 따라 물질을 구성하는 입자(분자)의 운동으로 입자 사이 거리가 다릅니다. 모양과 형태의 특성에 따라 물질은 고체·액체·기체 세 가지 기본 상태가 있지요. 물은 에너지의 흡수와 방출에 따라 얼음과 수증기로 상태 변화가 일어나는데요, 우리 눈에 보이지 않는 수증기는 물의 기체 상태 물질이랍니다. 우리 눈에 보이는 김은 수증기에서 다시 액체 상태의 물이 되기 전의 작은 물방울이 떠다니는 것을 말합니다. 안개와 구름도 크기의 차이는 있지만 김처럼 작은 물방울들이 모여서 이루어졌답니다. 따라서 수증기와 김은 물질의 상태가 다른 물을 이야기하는 개념입니다.

한 줄 정리

수증기 : 물의 기체 상태 물질
김 : 수증기가 엉긴 아주 작은 물방울

초등학교 5-6 온도와 압력에 따른 기체의 부피
중학교 1-3 기체의 압력과 부피의 관계, 기체의 온도와 부피의 관계

09 기체의 압력 VS 기체의 온도

기체의 압력 VS 기체의 온도 속으로

놀이동산이나 학교 운동장에서 풍선을 가지고 놀았던 기억이 있나요? 풍선을 집에 가져가거나 놀다가 터뜨리기도 하고 실수로 놓치기도 했을 거예요. 그렇게 놓친 풍선은 우주까지 나가지 못하고 하늘에서 터진다고 이야기하곤 했지요.

풍선을 가지고 뛰어노는 여러분은 발에 운동화를 신고 있네요. 이 운동화 바닥에는 에어가 있어 점프할 때 충격을 약하게 해 주고 있어요. 덕분에 다른 운동화보다 발에 충격이 덜 오기도 하지요. 지금 이야기한 풍선과 운동화가 기체의 온도와 압력과 관련 있다니, 대체 기체의 온도와 압력은 무엇일까요?

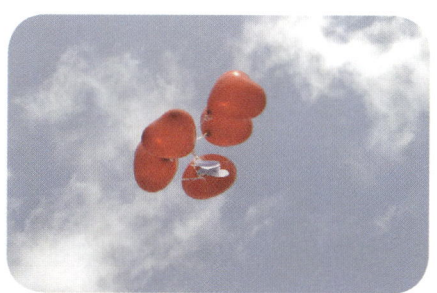

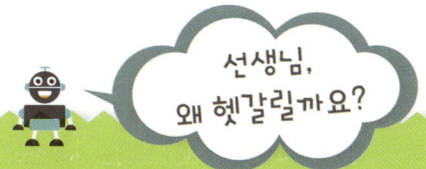

선생님, 왜 헷갈릴까요?

위로 올라갈수록 온도가 낮아진다고 배웠지? 기체의 온도와 압력은 사실 헷갈리는 개념이 아니야. 친구들이 이 개념을 모르는 원인을 짚어 볼까? 흔히 온도에 의해 기체의 부피가 바뀐다고 배웠잖아? 부피에 영향을 주는 요소로 우리는 온도 한 가지만 알고 있었어. 그런데 가만히 보니 압력에 의해서도 부피가 바뀌는 거야. 결국, 어떨 때 부피에 변화가 생기는지 헷갈리고 마는 거고. 지금부터 부피 변화에 영향을 주는 요소로 온도와 압력을 살펴보고 각각 어떤 차이가 있는지 살펴보도록 할게.

상태 변화와 분자의 배열

우리는 물질의 상태로 고체·액체·기체를 배우는데요, 이 가운데 고체는 분자들이 빼곡하게 채워진 상태입니다. 그래서 모양이나 부피가 정해져 있지요. 어떤 그릇에 옮겨 담아도 모양이 바뀌지 않고 그대로 옮길 수가 있습니다. 액체는 분자들이 조금 여유로운 간격을 가지고 있어요. 부피는 일정하지만, 모양이 바뀌는 상태입니다. 그릇에 옮기면 그릇의 모양대로 모양이 바뀐답니다. 물을 생각하면 가장 이해가 쉽겠지요?

기체는 분자들의 거리가 매우 먼 상태입니다. 모양도 일정하지 않고 부피도 다른 것보다 대단히 잘 바뀌는 상태이지요. 담는 그릇에 따라 부피나 모양이 크게 바뀐답니다. 우리 주변의 기체들은 대부분 색깔이 없어 눈에 잘 보이지 않지만, 풍선을 생각하면 쉬울 거예요.

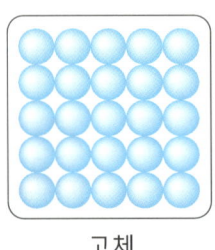 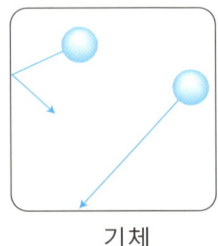

고체 액체 기체

고체와 액체는 기체보다 온도나 압력 변화에 받는 영향이 대단히 적습니다. 기체는 분자 사이의 거리가 멀어서 쉽게 보일 정도로 온도와 압력의 영향이 많이 나타납니다. 이제 이 두 가지 요소에 따른 영향을 알아보겠습니다.

기체와 압력

풍선에 압력을 주면 눈에 보이지는 않지만 풍선 속 수많은 기체 입자가 마구 돌아다니며 부딪치기도 하고 풍선의 막을 치기도 합니다. 우리는 그런 기체가 가하는 힘을 '압력'이라고 부릅니다. 정확하게 말하면 일정한 면적을 치는 힘이지요. 풍선을 누르면 찌그러지고 심하게 누르면 터지는 이유는 내부 압력이 높아져 풍선 막이 압력을 버티지 못하고 터져서랍니다. 이 기체의 압력과 관련이 있는 것이 *보일의 법칙'인데요, 화학자 보일은 1662년에 "일정한 온도에서 일정한 양의 기체는 압력에 반비례한다."라고 정의했습니다.

압력이 커지면 기체의 부피는 작아지고 압력이 작아지면 기체의 부피는 커진답니다. 이는 음료수 병을 누르면 음료수가 튀어나오거나 높은 곳에 올라가

★보일의 법칙
일정한 온도에서 기체의 부피는 압력에 반비례한다.
압력이 증가하면
→ 부피 감소
압력이 감소하면
→ 부피 증가

면 멍해지는 현상. 자동차 타이어 등을 설명하는 원리로 이용되기도 하며 잠수병의 원인이기도 하답니다.

기체와 온도

이번에는 온도에 따른 부피의 영향을 알아보겠습니다. 풍선 주변의 온도를 바꾸면 어떻게 될까요? 냉장고에 넣은 풍선은 시간이 지나면 *작아진 크기를 확인할 수 있습니다. 이 현상은 왜 일어날까요? 이를 연구한 프랑스 과학자 샤를은 1787년에 "일정한 압력에서 일정량의 기체의 부피는 *절대 온도에 비례한다."라는 *샤를의 법칙을 발표하였습니다. 기체의 온도가 내려가면 풍선 속 입자가 움직이는 속도가 느려지는데요, 입자 사이의 거리가 가까워지며 풍선의 막을 치는 힘이 약해집니다. 즉 풍선 내부의 압력은 작아지는데, 풍선의 크기는 내부와 외부의 압력이 같을 때의 크기이기 때문에 줄어들지요. 반대로 온도가 올라가면 기체 분자의 움직이는 속도가 빨라집니다. 분자 사이의 거리는 멀어지고 풍선 내부의 압력은 커지는데요, 풍선의 크기는 압력이 외부 압력과 같을 때의 크기이기 때문에 풍선의 크기가 커진답니다. 샤를의 법칙은 더운 여름철에 과자 봉지가 부풀거나, 찌그러진 탁구공을 펴지게 하는 원리입니다. 열기구의 원리로 이용되기도 해요.

★ 작아진 크기
인터넷에서 '액체 질소에 풍선 넣기'를 검색하면 조금 더 극적인 모습을 볼 수 있습니다. 자세한 내용은 〈섭씨온도vs화씨온도〉 참고.

★ 절대 온도
절대 영도(−273.15℃)를 기준으로 정한 온도 기준

★ 샤를의 법칙
압력이 같을 때 온도에 따라 기체의 부피가 변한다.
온도가 올라가면
→ 부피 증가
온도가 내려가면
→ 부피 감소

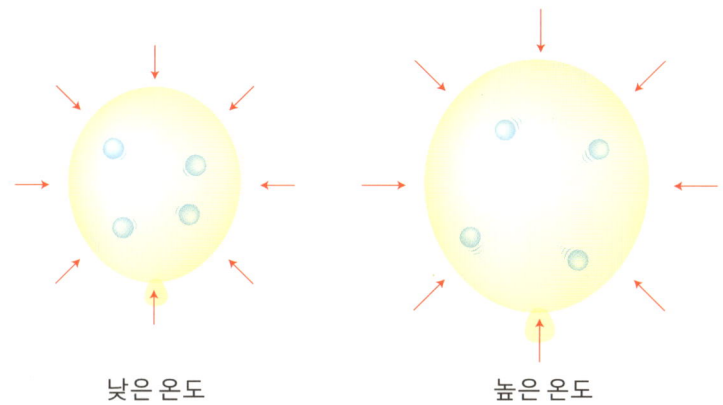

낮은 온도   높은 온도

기체의 압력과 온도는 이렇게 쓴대!

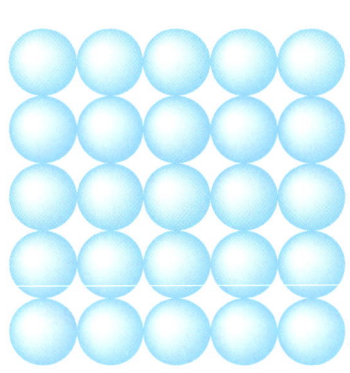

기체는 분자 사이의 거리가 멀어 온도와 압력의 영향으로 부피와 모양이 쉽게 바뀔 수 있습니다. 보통 실험실에서는 주로 온도나 압력 중 하나를 고정시켰다고 가정하고 설명한답니다. 실제 적용되는 사례를 살펴볼까요?

풍선을 놓치면 위로 올라갈수록 압력이 낮아져서 풍선 크기가 커지고, 결국 터지고 말아요. 이는 대기의 온도가 지상과 달라지기는 하지만 압력에 의한 영향이 더 큰 경우입니다. 보일의 법칙을 적용했다고 볼 수 있지요.

여러분은 실수로 찌그러진 탁구공을 펴는 방법을 알고 있나요? 기체는 온도가 올라가면 부피가 증가한다는 사실을 이용하면 쉽게 펼 수 있어요! 탁구공에 뜨거운 물을 부어 주거나 가스레인지 위에서 살짝 가열하면 탁구공이 원래 상태로 돌아온답니다. 이는 샤를의 법칙을 이용한 예이지요.

반대로 보일의 법칙을 이용해서 펴는 방법도 있습니다. 주변의 압력을 낮추면 기체의 부피가 증가해서 탁구공이 펴질 수 있어요. 하지만 특정한 기구를 이용해야 해서 대부분 샤를의 법칙과 관련이 있는 온도를 이용하는 방법이 더 많이 쓰이고 있어요.

한 줄 정리

기체와 압력, 샤를의 법칙 : 일정한 압력에서 온도에 따라 부피가 바뀌는 것
기체와 온도, 보일의 법칙 : 일정한 온도에서 압력에 따라 부피가 바뀌는 것

초등학교 5-6 용해
중학교 1-3 용해도, 상태 변화

10 융해 VS 용해

융해 VS 용해 속으로

뉴스에서는 지구 온난화로 북극의 빙하가 녹는다는 소식을 전하고 있습니다. 이 탓에 북극곰이 살 곳을 잃고 있다는 안타까운 내용도 함께 전하고 있어요. 여기에서 빙하가 "녹는다."라는 말을 쓰고 있네요. 굳이 북극이 아니어도 우리 일상에서도 "녹는다."라는 표현을 쉽게 볼 수 있어요. 싱거운 국에 소금을 넣으면 국물에 녹으면서 간이 맞춰지지요? 이 두 경우 모두 우리는 "녹는다."라는 표현을 사용합니다. 두 현상은 정말로 "녹는다."라는 같은 뜻을 가진 현상일까요?

과학에서는 '융해'와 '용해'로 "녹는다."라는 뜻을 더 확실히 나누어서 사용합니다. 여러분은 이 두 개념이 어떻게 다른지 아시나요?

선생님, 왜 헷갈릴까요?

두 개념 모두 우리말로 "녹는다."라는 표현을 사용해. 이 때문에 두 개념을 똑같이 생각하는 친구들이 많지. 융해와 용해를 공부할 때 국어에서 보는 "녹는다."라는 뜻보다 과학에서 보는 "녹는다."에 주목해야 해. 두 개념의 차이를 이해하려면 우선 '녹는 주체'가 무엇인지 알아 둬. 또 왜 녹는지 생각해 볼 필요가 있지. 이 두 가지 주의점을 바탕으로 융해와 용해를 자세하게 알아볼까?

🔍 융해

북극에서 빙하가 녹는 현상은 '융해'라는 개념입니다.

융해는 고체가 액체로 바뀌는 물질의 상태 변화를 나타내는 말이에요. 즉, 온도가 높아져서 얼어 있는 빙하의 분자 운동이 활발해져 규칙적인 배열이 풀어지고 녹아서 물이 되는 현상입니다.

> 빙하(고체) → 물(액체)

빙하가 녹는 현상은 하나의 주체가 등장합니다. 어떤 물체가 외부의 온도나 압력의 변화로 내부에서 에너지 변화가 생깁니다. 물질 구성 입자 사이의 인력이 약해지면서 입자 사이 거리가 멀어지고, 규칙적이었던 조직이 풀어지면서 고체 상태의 물질이 액체 상태의 물질로 상태 변화가 일어난답니다. 이러한 과정을 우리는 '융해'라고 이야기합니다.

🔍 용해

소금이 녹는 현상을 설명하려면 '용해'를 살펴보아야 해요.

용해는 소금이 많은 양의 물용매에 녹는 현상으로, 녹는 소금용질과 녹이는 물용매 두 개의 물질이 등장합니다.

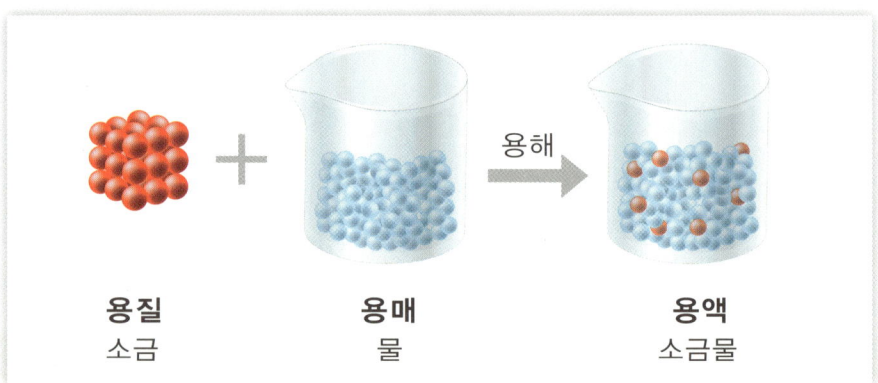

| 용질 | 용매 | 용액 |
| 소금 | 물 | 소금물 |

즉, 용질인 녹는 물질과 용매인 녹이는 물질이 등장한다는 말이에요. 이처럼 두 종류 이상의 물질이 고르게 섞이는 현상을 '용해'라고 합니다. 이렇게 섞인 균일 혼합물을 우리는 용액이라고 불러요. 이는 상태 변화의 융해와는 조금 다른 현상으로 생각해야 합니다. 소금물은 용액이고, 소금은 용질, 물은 용매가 되지요.

PART 02 화학

🔍 이온화

이온화를 이해하려면 물질 구성 입자를 생각해야 합니다. 전하를 띠는 입자인 이온 입자는 (+)전하를 띠는 양이온 입자와 (−)전하를 띠는 음이온 입자가 있습니다. 그리고 전기적 성질을 띠지 않는 중성 입자도 생각해 볼 수 있습니다.

우리가 자주 쓰는 소금과 설탕을 가지고 비교해 볼까요? 소금이 물에 녹는 현상과 설탕이 물에 녹는 현상은 용해입니다. 이 두 물질은 어떻게 되어 있을까요? 소금은 양이온인 나트륨 이온과 음이온인 염화 이온이 이온 결합으로 이루어진 물질입니다. 반면 설탕은 탄소와 수소, 산소 원자가 공유 결합으로 설탕 분자를 이루고 이 설탕 분자들이 모여서 생긴 물질입니다.

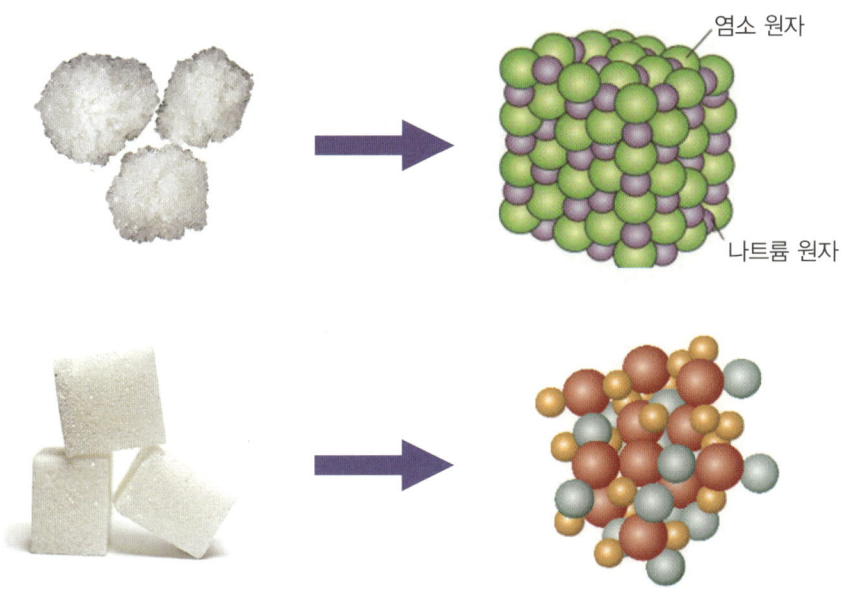

융해 vs 용해 | 137

PART 02 화학

　간단하게 말해서 소금은 전하를 띠는 입자로 된 물질이고, 설탕은 전기적 성질을 띠지 않는 중성 분자들로 된 물질입니다. 이들이 물속에 들어가서 녹는 모양은 어떻게 다를까요? 소금$_{NaCl}$이 녹는 현상과 설탕$_{C_{12}H_{22}O_{11}}$이 녹는 현상을 비교해 보겠습니다. 먼저, 물질을 구성하는 입자들 주변을 물 분자들이 둘러쌉니다. 그러면 입자들 사이의 인력이 약해져 물질 구성 입자들이 떨어져 나온답니다. 이렇게 용매 입자들이 용질 구성 입자들 주변을 둘러싸는 현상을 '용매화'라고 해요. 용매가 물이면 물 분자들이 둘러싸는 현상을 '수화'라고 합니다. 이 작용으로 용질 물질의 입자는 용매를 구성하는 입자와 섞여 균일 혼합물인 용액이 만들어지지요.

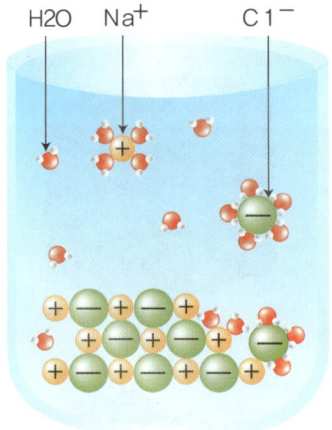
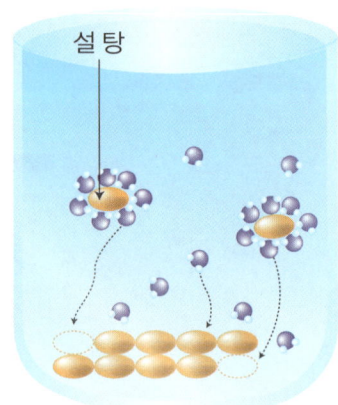

　소금과 설탕이 용매 물질과 균일하게 섞이면서 녹는 것은 똑같은 현상이에요. 소금 입자는 처음부터 전하를 띠는 이온 입자였고, 물 분자에 수화되어 각 이온 입자로 물속에 있답니다. 설탕 입자는 전하를 띠지 않는 설탕 분자로 되어 있는데, 이 설탕 분자도 물 분자에 수화되어 각각의 분자로 물속에 고르게 섞입니다. 이 둘은 모두 용매 입자에 녹아 균일하게 섞이는 용해로 볼 수 있습니다. 그런데 이렇게 녹아서 이루어진 입자는 전기적 성질을 띠는 이온 입자가 되었을까요? 전기적 성질을 띠는 이온 입자가 만들어졌을까요? 이온화의 차이는 이런 결과에 있습니다. 우리는 물에 녹아서 이온이 만들어지는 과정을 '이온화'라고 따로 구별하여 이야기합니다.

융해와 용해는 이렇게 쓴대!

융해는 물질이 녹는 현상으로 하나의 물질이 에너지를 얻어서 고체에서 액체로 상태 변화가 일어나는 과정을 이야기합니다. 이를테면 "빙하가 녹는다, 얼음이 녹는다, 고드름이 녹는다."처럼 하나의 물질이 녹는 현상을 융해라고 하지요.

용해는 용질을 용매로 녹여서 균일 혼합물인 용액을 만드는 과정을 이야기한답니다. "물에 소금이 녹는다, 물에 설탕이 녹는다."처럼 하나의 물질이 다른 물질에 녹는 현상을 용해라고 불러요.

두 과정은 모두 "녹는다."라는 표현으로 일상에서 사용됩니다. 자세하게 살펴보면 두 과정은 녹는 과정에 차이가 있어요. 에너지를 흡수하여 하나의 물질이 녹는지, 아니면 한 물질이 다른 물질에 섞이면서 녹는지 그 과정을 잘 살펴보면 융해와 용해를 쉽게 구별할 수 있답니다. 좀 더 어려운 이온화의 개념은 전기적 성질을 가지고 있는 입자를 만들면서 녹는 현상인지를 살펴보면서 생각해 보면 쉽게 이해할 수 있습니다.

- **융해** : 고체에서 액체로 바뀌는 상태 변화
- **용해** : 용질이 용매와 고르게 섞이는 현상
- **이온화** : 이온 입자가 만들어지는 과정

중학교 1-3 물질의 구성 입자

11 원소 VS 원자

원소 VS 원자 속으로

일본 연구팀이 만들어 낸 113번 원소 이름은 일본의 일어 발음인 '니혼'과 원소·금속을 의미하는 이움-ium을 붙인 '니호늄Nihonium'입니다. 얼마 전, 그 원소는 기호 'Nh'로 이름 붙였다는 기사가 있었답니다. 조만간 학생들이 공부하는 주기율표에도 오를 듯합니다. 이처럼 원소들은 저마다 상징적인 기호로 표현하고 있어요.

▲ 연금술사는 어떻게? ▲ 돌턴은 어떻게? ▲ 오늘날에는 어떻게?

그런데! 많은 학생이 원소 기호를 원자 기호라고 이야기하고는 합니다. 또 *원자 번호를 원소 번호라 이야기하기도 합니다. 원소를 써야 할 때 원자를 쓰고 원자를 써야 할 때 원소를 쓰기도 하는데요, 우리는 왜 원소와 원자를 헷갈릴까요? 이 둘은 어떤 차이가 있을까요?

★ 원자 번호
원자는 물질을 이루는 입자로 원자핵과 전자로 구성되어 있으며, 이 원자핵은 다시 양성자와 중성자로 이루어져 있습니다. 오늘날에는 양성자 수를 가지고 원자의 번호를 결정하여 원자를 구분하고 있습니다.

선생님, 왜 헷갈릴까요?

두 개념을 헷갈리는 이유는 물질의 정의가 명확하지 않아서란다. 원소와 원자의 정의를 헷갈리지 않으려면 두 개념이 도입된 배경을 이해해야 해. 화학에서 물질을 바라보는 생각인 *물질관에서 모든 물질은 기본 입자로 되어 있다는 *입자설을 생각해 봐야 하지.
 물질은 정의하기가 어려워서 오랜 기간 과학자들이 연구했고, 당연히 과학자들의 생각도 여러 번 바뀌었어. 물질은 사물의 바탕인 근본으로, 물체를 이루는 재료나 본바탕을 뜻하지. 하지만 사물의 바탕을 눈으로 볼 수 없으니 근거가 없는 단순한 철학 사고에서 출발하였고, 눈으로 직접 볼 수 없었기 때문에 원소와 원자는 어렵고 모호한 것이야.

★ 물질관
물질의 구성 성분에 대한 사람들의 생각

★ 입자설
물질이 더 이상 쪼갤 수 없는 입자(원자)로 되어 있다는 생각

140 | 화학

🔍 원소

만물일원론 : 하나의 물질로 만물이 구성되었다는 생각입니다. 탈레스는 만물의 근원으로 물을 이야기하였습니다.

사원론 : 물·공기·불·흙이 만물의 기본 원소라고 보았던 생각입니다. 네 종의 원소가 서로 혼합, 분리해 지구의 모든 변화를 일으킨다고 주장하였어요. 아리스토텔레스에 의해 종합된 사원론은 중세에 이르기까지 오랜 세월 동안 믿어져 왔답니다.

원자론 : 데모크리토스는 물질을 자르고 자르다 보면 더 이상 나누어지지 않는 알갱이에 이른다고 보았어요. 또 알갱이와 알갱이 사이에는 공간이 있다고 생각했지요. 즉, 모든 물질은 더 이상 쪼개지지 않는 입자인 원자로 되어 있다고 생각했습니다. 이는 근대 물질관의 기초였어요. 이후에 돌턴달톤이 체계적으로 정리해 원자설을 제시했답니다.

근대의 원소관 : 17세기부터 원소의 개념에 과학적인 검토가 이루어졌어요. 근대 원소관을 이룩한 사람은 영국의 로버트 보일이었습니다. 보일은 원소를 정할 때 실험을 기초로 해야 한다고 주장했답니다. 물질은 화합물, 혼합물 할 것 없이 모두 분석하면 더 이상 간단히 할 수 없는 물질에 도달하며, 이것을 원소라고 하였습니다. 20세기에는 X선 분석으로 확인이 이루어졌답니다. 덕분에 많은 원소를 발견하면서 원소가 갖는 본성도 차차 알려졌어요. 방사성 원소의 발견과 *인공 원소의 제조 및 *동위 원소를 발견하면서 원소는 같은 종류의 원자가 가지는 성질이라고 봤지요. 즉, 오늘날 원소는 같은 종류의 원자로 이루어진 성분 물질로 볼 수 있습니다.

> ★**인공 원소**
> 자연에는 없지만, 핵융합이나 중성자 흡수를 일으켜 인공으로 만드는 원소
>
> ★**동위 원소**
> 양성자 수(원자 번호)는 같아도 질량이 다른 원소

🔍 원자

고대 그리스 시대 : 원자는 단단한 공처럼 되어 있으며, 더 이상 쪼갤 수 없는 물질의 기본 입자 알갱이라고 생각하였습니다.

19세기 : 돌턴은 원자설을 제시하였으며 원소를 이루는 질량과 부피를 가진 기본 입자로 원자를 정의하였습니다. 같은 종류의 원자는 크기와 모양, 질량이 모두 같다고 생각하였답니다.

20세기 : 오늘날 원자에 대해서 많은 부분이 실험으로 밝혀졌어요. 원자

는 양성자와 중성자로 되어 있는 원자핵이 있어요. 또 그 원자핵 주위에 전자가 구름처럼 퍼져 있는 모양으로 존재합니다. 원자는 전기적으로 중성을 띠는 입자랍니다. 방사능 붕괴 하거나, 전자를 잃거나 얻으면 새로운 원자나, 이온으로 변화될 수 있는 입자로 이야기해요. 또 원자핵을 구성하는 양성자와 중성자는 쿼크라는 더 작은 기본 입자로 되어 있다고도 설명합니다.

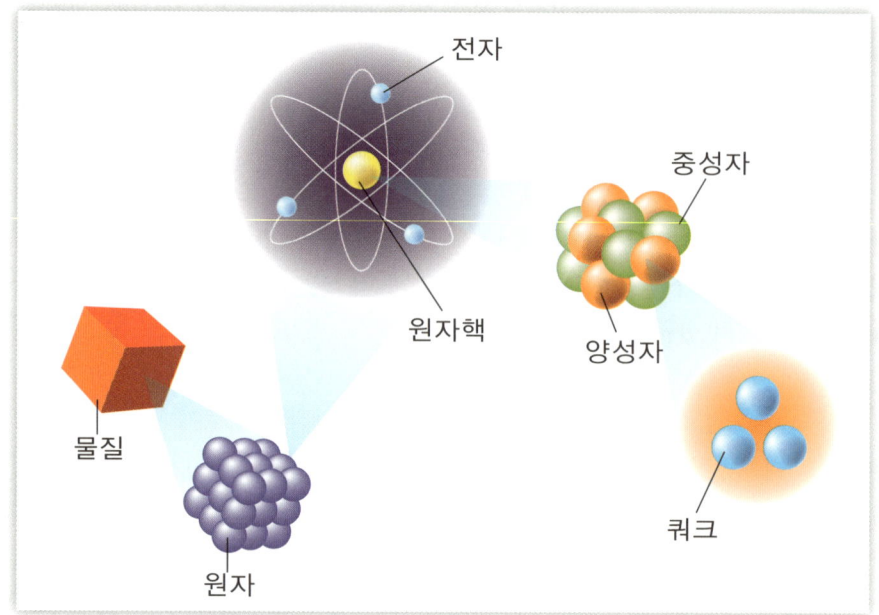

원소와 원자는 이렇게 쓴대!

원소는 더 이상 분해되지 않는 물질의 마지막 단계에서 이야기하는 기본 성분 물질로 정의합니다. 물이 수소와 산소로 분해되고 수소와 산소는 더 이상 분해되지 않아서 원소가 되지요. 수소Hydrogen는 기호 'H'로 표현하고, 산소Oxygen는 기호 'O'로 표현하는데요, 이 기호를 수소와 산소의 원소 기호라고 해요. 주로 물질의 본질적인 성질로 이야기하게 됩니다. 정리하면 같은 종류의 원자들로 이루어져 하나의 고유한 성질이 나타나는 물질을 원소라고 이야기하는 것이에요. 개개의 같은 종류의 원자 입자로 이루어져 하나의 특성을 갖는 집합체로 생각해 볼 수 있어요. 이를테면 수없이 많은 모래 알갱이가 모여서 형성된 것을 우리는 모래라고 하지요? 우리는 이러한 원소 물질을 기호로 표현하였고, 이를 원소 기호라고 이야기하게 되었습니다.

원자는 물질을 구성하는 기본 입자라는 생각으로 접근했어요. 즉, 모래를 이루는 하나하나의 작은 모래 알갱이처럼 물질은 원소로 되어 있습니다. 이러한 원소는 크기와 질량이 있는 원자의 입자 알갱이들로 이루어져 있으며, 거꾸로 말하면 원자라는 같은 종류의 입자들이 모여서 원소라는 물질의 집합체를 이루게 됩니다. 따라서 집합체인 물질의 성질을 이야기할 때는 원소를, 질량과 크기를 이야기하면서 입자의 개수를 이야기할 때는 입자 개념의 원자를 사용해야 바람직한 표현이에요. 따라서 원자 한 개가 가지고 있는 양성자의 개수를 이용하여 원자의 번호를 붙인 것이 원자 번호이므로 원소 번호가 아니라 원자 번호로 사용하는 것이지요.

원소 : 같은 종류의 원자로 이루어진 성분 물질
원자 : 원자핵과 전자로 이루어진 전기적 중성의 입자

중학교 1-3 물질의 구성 입자

12 원자 VS 분자

원자 VS 분자 속으로

고대 그리스 학자들은 이 세상이 무엇으로 이루어져 있는지 궁금했어요. 아리스토텔레스는 다양한 생각을 발전시키고 종합해서 물·흙·공기·불 4원소설사원론을 이야기했어요. 4원소설은 물질의 세 가지 상태를 대표하는 가장 흔한 물질과 불로 상징되는 에너지로 물질의 구성과 변화를 설명하는 놀라운 생각이었습니다.

시간이 지나 19세기 영국 과학자 돌턴달톤은 '원자론'을 통해 모든 물질은 원자로 이루어졌고 원자는 쪼개지지 않는다고 했습니다.

그런데 쪼개지지 않는 원자로는 설명할 수 없는 일들이 나타났어요! 바로 '분자'의 등장이었지요. 그 결과, 물질은 원자가 아닌 분자로 이루어져 있다고 생각했어요. 여러분은 물질이 원자로 이루어져 있다고 생각하나요, 분자로 이루어져 있다고 생각하나요? 이 둘이 어떻게 다른지 알고 있나요?

▲ 아리스토텔레스

▲ 존 돌턴 Dalton

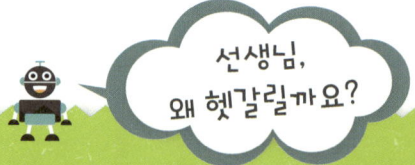
선생님, 왜 헷갈릴까요?

원자와 분자 뜻을 '물질을 이루는 기본 단위'라고 흔히 이야기하지? 여러분이 헷갈리는 이유는 바로 이거야. '기본 단위'를 이루더라도 두 개념에 각각 '어떤 기능'이 있는지 정확하게 알고 있지 않기 때문이야. 둘 다 물질을 이루는 아주 작은 물체라고 보기는 마찬가지이거든. 사실 원자나 분자나 정확한 뜻은 모르지만 아주 작아서 잘 보이지 않는 무엇이라고 생각하잖아? 그래서 원자와 분자를 헷갈리곤 해.

144 | 화학

🔍 원자

돌턴이 말한 원자는 과학적으로 틀린 용어가 아닙니다. 모든 물질은 원자로 이루어져 있습니다. 원자는 양성자와 중성자로 이루어진 원자핵과 양성자의 수와 같은 전자로 이루어져 있습니다.

아래 다이아몬드의 구조를 보면 작은 공 모양이 계속 이어져 있지요? 이때 작은 공이 원자를 나타낸 것입니다. 원자는 원자 상태로 있을 때 대부분 매우 불안정해서 다른 원자들과 다양한 형태로 결합한답니다.

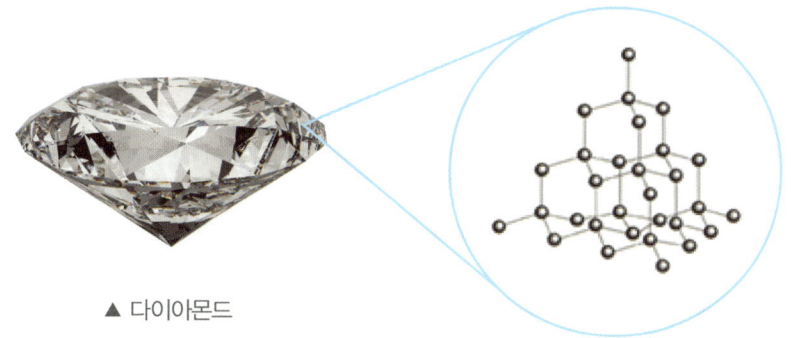

▲ 다이아몬드

🔍 분자

물을 생각해 볼까요? 물을 작게 계속 쪼개면 어디까지 쪼갤 수 있을까요? 물은 원자로만 이루어져 있을까요? 놀랍게도 물은 미키마우스를 닮은 분자로 이루어져 있습니다.

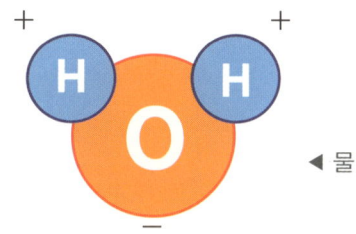

◀ 물

물도 물론 원자로 이루어져 있습니다. 화학식으로 물은 'H_2O'라고 하지요? 바로 수소 원자 2개와 산소 원자 1개로 이루어져 있다는 뜻이에요. 이처럼 물 분자는 수소 원자와 산소 원자로 이루어졌지만, 수소 원자와 산소 원자가 물은 아닙니다. 수소 원자와 산소 원자가 모여 미키마우스와 같은 모양의 분자를 만들어 성질을 이루면 드디어 '물'이 됩니다. 이처럼 원자들이 모여 물질의 성질을 갖도록 돕는 것이 '분자'랍니다. 하지만 모든 물질에 분자가 있지는 않아요. 원자는 서로 합쳐져 안정을 이루려고 합니다. 안정 상태를 이루는 방법이 분자를 만드는 것이지요. 기체나 액체 상태의 물질은 대부분 분자로 이루어져 있어요.

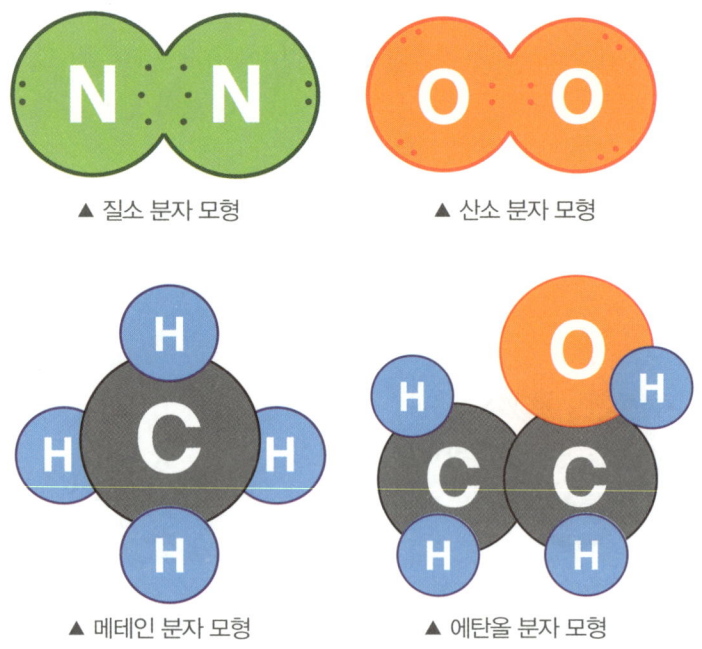

▲ 질소 분자 모형　　　　　▲ 산소 분자 모형

▲ 메테인 분자 모형　　　　▲ 에탄올 분자 모형

　　소금은 어떨까요? 소금의 모습을 살펴보면 두 가지 입자가 끊임없이 결합해 있습니다.

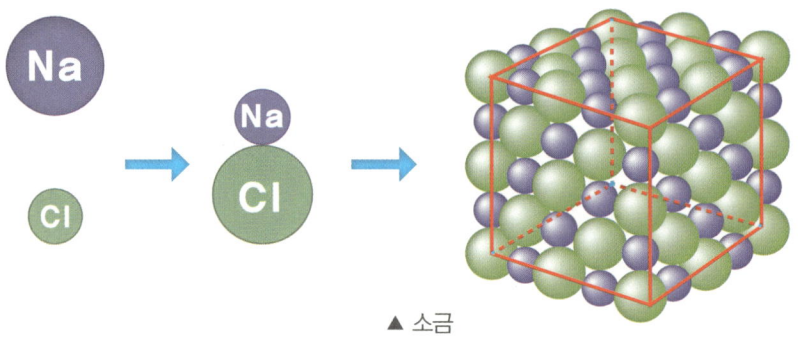

▲ 소금

　　소금은 어디까지가 분자일까요? 소금은 원자가 더 안정된 상태인 이온이 되어 합쳐져 있습니다. 나트륨 이온과 염화 이온이 양전하와 음전하를 띠고 이온 결합을 한 상태이지요. 따라서 소금은 분자로 존재하지 않아 "여기서 여기까지 모이면 소금이다."와 같은 한계가 없습니다. 숟가락과 같은 금속도 분자로 존재하지 않아요.

원자와 분자는 이렇게 쓴대!

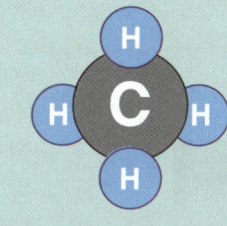

물 한 컵을 반으로 나누고 또 나누고 또 나누다 보면 물 분자가 됩니다. 물 분자는 물의 성질을 가진 가장 작은 단위의 입자예요. 물 분자 1개를 보면 수소 원자 2개와 산소 원자 1개로 이루어져 있습니다. 그렇다고 물 분자를 더 나누어 원자 3개로 나눈다면 더 이상은 물이라고 부를 수가 없답니다.

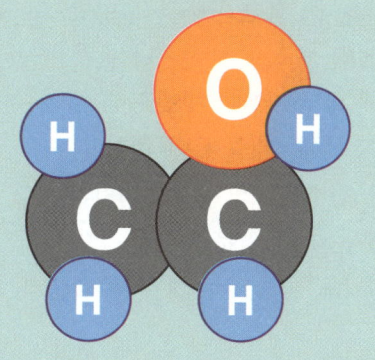

물질을 이루는 기본이 되는 입자가 원자입니다. 이 원자는 원자핵과 전자로 이루어져 다시 원자핵은 양성자와 중성자로, 양성자와 중성자는 쿼크로 이루어져 있어요. 1개 이상의 원자가 모여서 분자를 이루는데요, 헬륨He, 네온Ne, 아르곤Ar처럼 원자 1개가 분자를 이루기도 하고 산소O_2, 수소H_2, 일산화탄소CO처럼 원자 2개가 분자를 이루기도 해요. 또 포도당$C_6H_{12}O_6$이나 설탕$C_{12}H_{22}O_{11}$처럼 많은 수의 원자가 분자를 이루기도 한답니다.

- **원자** : 원자핵과 전자로 이루어진 물질의 기본 입자
- **분자** : 물질의 성질을 가진 가장 작은 입자
  : 모든 물질이 분자로 이루어지는 것은 아니다.

원자 VS 분자

13 철 VS 철분

중학교 1-3 물질의 구성 입자

철 VS 철분 속으로

어머니가 국을 만드시는데 조금 특이한 행동을 하시네요. 맛있게 끓인 국에 물고기를 넣으시는 게 아니겠어요? 그것도 먹는 물고기가 아니라 쇠 물고기를 넣으시다니! 사실 이 쇠 물고기는 큰일을 한답니다.

전 세계 인류 가운데 35억 정도는 빈혈로 고통받고 있어요. 빈혈은 피 속 헤모글로빈을 만드는 데 필요한 '철분'이 부족하여 생기는 질병이에요. 동남아 캄보디아에서는 사람들 절반 이상이 빈혈이라고 해요. 그 나라 사람들은 빈혈을 치료하는 데 비싼 철분제 대신 쇠 물고기를 쓴답니다. 쇠 물고기를 물에 넣고 시간이 지난 뒤 이 물을 마시거나 음식을 요리할 때 넣는 간단한 방법으로 말이지요. 이 덕분에 9개월 동안 빈혈 환자가 50%나 감소했다고 해요. 여기서 잠깐! 여러분은 철과 철분이 같은 것이라고 생각하나요?

선생님, 왜 헷갈릴까요?

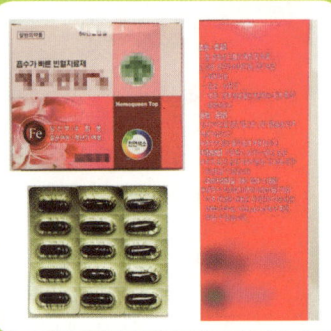

빈혈약 상자에 '철 결핍성 빈혈의 예방 및 치료'라고 쓰여 있는 문구를 볼 수 있지? 이처럼 우리는 일상에서 '철'과 '철분'이라는 말을 같이 쓰곤 해. 여기서 무조건 '철'이라는 같은 글자가 들어간다고 같게 생각하는 일은 주의해야 해. 물론 철은 철분과 같은 말이지만 그 개념이 가리키는 뜻이 약간 다르거든. 철과 철분이 각각 언제 쓰이는지를 염두에 두고 공부해 봐. 그럼 어떨 때 철이라고 하고, 어떨 때 철분이라고 하는지 살펴볼까?

PART 02 화학

🔍 철

우리 주변에는 다양한 물질이 있습니다. 지구에는 원소가 90여 종이 있고 이 90여 종은 원소로 존재하거나 다양한 물질을 만들기도 합니다. 그 가운데 철을 살펴볼까요?

철은 원자 번호는 26번, 원소 기호는 Fe입니다. 철은 우리말로 '쇠'라고도 하는데요, 철이라고 하면 쇠못·냄비·철사와 같은 금속이 떠오르지요?

▲ 쇠못　　　　　　　▲ 철사

철은 과학 시간에 자주 등장하는 용어로 '덩어리 상태'를 말하기도 해요. 산화철과 같이 다른 물질과 결합하여 화합물을 만들 때도 사용됩니다.

🔍 철분

일상에서 철분이라고 하면 쇠간·깻잎·굴과 같은 음식들이 먼저 생각나지요?

▲ 쇠간　　　　▲ 깻잎　　　　▲ 굴

철분은 주로 식품에서 사용하는데요, 빈혈은 이 철분이 부족하여 생기는 질병이랍니다. 피가 빨갛게 보이는 이유는 산소를 운반하는 헤모글로빈 때문이에요. 이 헤모글로빈을 만들 때 반드시 철분이 있어야 하지요. 빈혈은 철이 부족하면 일어난다고도 하는데요, 결국, 철과 철분은 같은 말이라고 볼 수 있지요.

일상에서 우리는 덩어리로 되어 있는 것은 철, 음식물 속의 철은 철분이라고 합니다. 우리 몸에도 보통 쇠못 3~4개 정도의 철이 있어요. 철은 철 원자

철 vs 철분 | **149**

만이 모인 원소 상태일 때는 딱딱하고 광택이 있는 금속이에요. 원자가 전자를 잃고 이온 상태로 되어 다른 원소와 결합하면 물에 녹거나 다른 형태가 된답니다. 결국, 모양이 달라지지만, 모두 철 원소라는 점은 같지요. 정리하면 일상에서는 원소 상태의 철 덩어리를 '철', 음식물 속에 포함되면 '철분'이라고 불러요.

앞에서 이야기한 쇠 물고기는 원소 상태의 '철'이지만, 물에 넣고 끓이면 일부가 물속에 녹고, 그 '철분'을 음식과 함께 섭취하는 것이에요.

쇠 물고기를 물에 넣고 끓이면 물에 철이 조금씩 녹아 나와 물과 함께 몸에 흡수됩니다. 같은 철 성분인 철 가루를 한 숟가락씩 먹으면 어떨까요? 철 가루를 물과 함께 약처럼 먹는다면 먹기도 힘들고, 먹는다고 해도 몸에 전혀 흡수되지 못한답니다. 우리가 구할 수 있는 철 가루는 다른 금속 가루가 많이 섞여 있어요. 몸에 해로운 성분도 많아서 절대 먹으면 안 된답니다.

철과 철분은 이렇게 쓴대!

철과 철분은 같은 말이라고 생각해도 좋습니다.

다만, 사용하는 경우에 차이가 있습니다. "깻잎이나 간에는 철이 많아." 라고 할 수도 있지만, 지금까지 사용해 오던 말을 보면 영양소의 성분을 이야기할 때 '철분'이라는 말을 더 많이 써 왔기 때문에 "깻잎이나 간에는 철분이 많아."라고 하는 것이 더 자연스럽습니다. 반면 우리가 철을 생각할 때는 원소로서의 철, 그러니까 못이나 단단한 도구를 만들 때 사용하는 쇳덩이를 생각하기 때문에 철과 철분을 다르게 느끼게 된 것입니다.

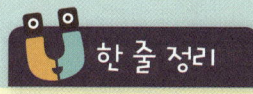

→ 철과 철분은 같은 말
→ 보통, 철은 원소 상태의 철, 철분은 철이 다른 원소와 결합한 철의 성분

14 밀도 VS 비중

초등학교 5-6 용액의 진하기
중학교 1-3 밀도

밀도 VS 비중 속으로

모양과 크기가 같은 두 물체 A, B가 있습니다. 두 물체를 수조의 물속에 넣어 보았습니다. A는 물에 가라앉았는데 B는 물 위에 떠 있네요. 왜 이렇게 다른 결과가 나올까요? 어떤 물체가 물에 뜨는 것과 물에 가라앉는 것에는 어떠한 차이가 있을까요? 이 현상을 설명할 때 밀도와 비중이라는 개념을 사용합니다. 여러분은 밀도와 비중이 어떻게 다른지 알고 있나요?

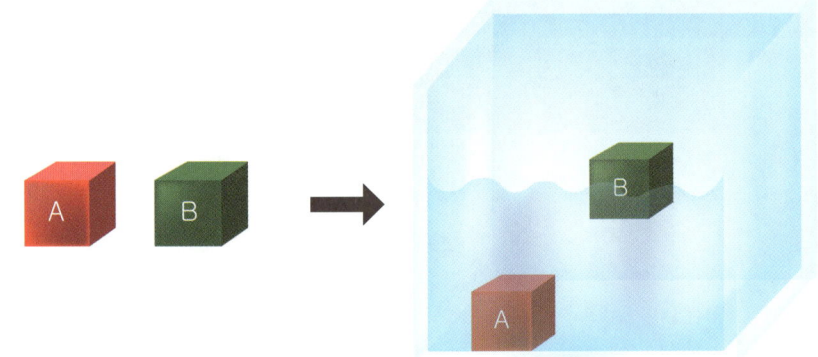

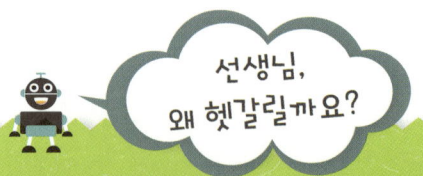

선생님, 왜 헷갈릴까요?

같은 모양과 크기의 물체 A와 B를 물에 넣었을 때 왜 다른 결과가 나올까? 이 현상을 설명하려면 밀도를 비교해야 할까? 아니면 비중을 비교해야 할까? 밀도와 비중은 같은 값을 나타낼까? 같은 부피지만 질량값을 비교하려고 가져온 개념이 밀도야. 그런데 물질의 밀도값을 비교하려고 또다시 가져온 개념이 비중이지. 결국, 두 개념 모두 물질의 질량을 비교하려는 개념이라고 볼 수 있어. 일상에서는 크게 나누지 않고 사용하고 있지. 두 개념을 같이 생각해서인지 친구들이 많이 오해하곤 해.

PART 02 화학

🔍 밀도

밀도는 물질의 질량g을 부피mL 또는 cm³로 나눈 값으로 물질마다 고유한 값을 나타냅니다.

$$밀도 = \frac{질량(g)}{부피(mL)}$$

밀도는 g/mL, g/cm³ 등을 단위로 주로 사용합니다. 크기부피가 같을 때 간단하게 질량을 측정하면 바로 물질의 밀도값을 비교할 수 있습니다.

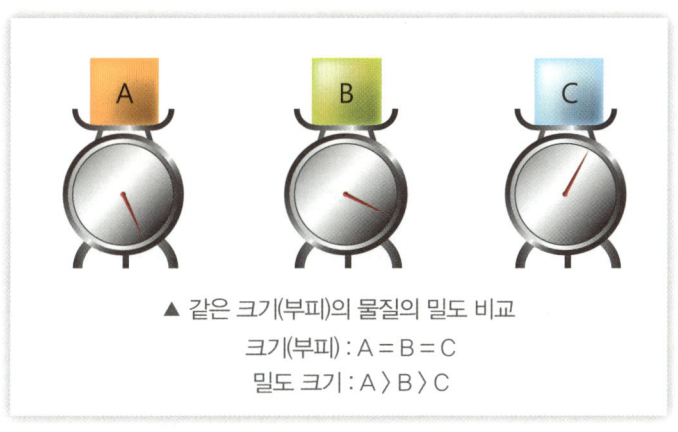

▲ 같은 크기(부피)의 물질의 밀도 비교
크기(부피) : A = B = C
밀도 크기 : A 〉 B 〉 C

이번에는 크기부피가 다를 때를 생각해 볼까요?

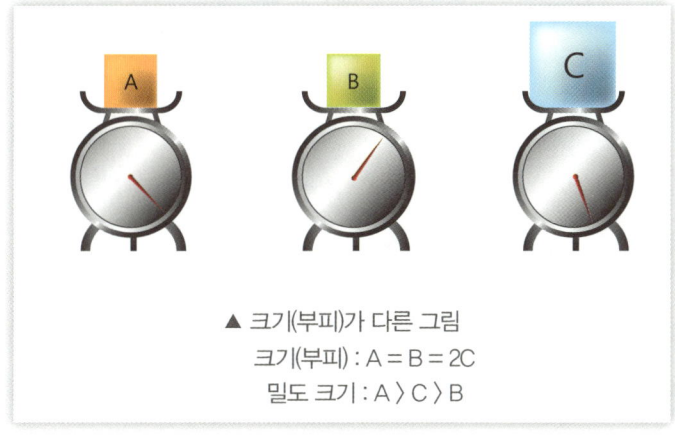

▲ 크기(부피)가 다른 그림
크기(부피) : A = B = 2C
밀도 크기 : A 〉 C 〉 B

질량이 크다고 밀도도 크다고는 할 수 없습니다. 크기부피가 다르기 때문인데요, 크기부피를 측정하여 질량을 나눠 주어야 합니다. 이 값이 바로 밀도랍니다. 즉, 밀도는 크기부피를 기준값으로 1로 일정하게 하여 단위 부피당 질량을 구하는 개념입니다.

밀도 vs 비중 | 153

🔍 비중

비중은 어떤 물질의 밀도를 *표준 물질의 밀도와 비교하여 얼마나 차이가 나는지 비율을 이야기합니다.

> ★표준 물질
> 분석에서 표준이 되는 물질. 흔히 성분과 함량이 정확히 알려진 물질로 다른 물질을 검출·확인·정량할 때 비교하기 위하여 씀

$$비중 = \frac{어떤\ 물질의\ 밀도(g/mL)}{표준\ 물질의\ 밀도(g/mL)}$$

우리가 표준 물질로 사용하는 물질은 주로 물이에요. 온도와 압력에 따라 부피가 변하고 부피가 변하면 밀도값이 변하는데요, 두 물질의 밀도값을 비교할 때는 온도·압력·부피가 일정한 상황에서 비교해야 한답니다. 비교 기준이 되는 물은 보통 1기압atm, 4℃에서의 물의 밀도를 1로 하고 이를 기준으로 하여 밀도값을 비교합니다.

> 몇 가지 물질의 비중값
> 철 = 7.8, 알루미늄 = 2.7, 코르크 = 0.24, 고무 = 0.93

온도 · 압력 · 부피가 일정한 상황에서 둘의 차이는?

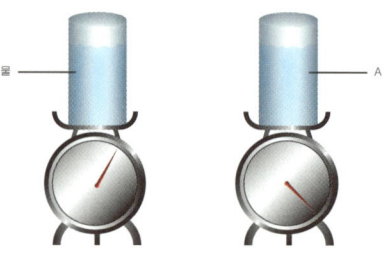

온도	T	=	T	= 4℃
압력	P	=	P	= 1기압(atm)
부피	V	=	V	
질량	m		2m	
질량비	1	:	2	
밀도	m/V		2m/V	→ A의 밀도 = 2m/V
밀도비	1	:	2	→ A의 비중 = 2

그림에서 보듯 온도와 압력, 부피가 같다면 질량을 비교하거나 밀도를 비교할 때 비례값에는 차이가 없습니다. 밀도나 비중은 큰 차이를 느끼지 못하고 그냥 혼용해서 사용합니다.

정확히 말하면 A의 밀도는 2m/V이고, A의 비중은 2입니다. m/V의 값이 정확하게 1이 아니면 두 개념이 같다고 할 수는 없습니다. 그러면 정확하게 밀도를 사용하면 되는데 왜 비중이라는 개념을 쓸까요? 우리는 주로 공기 중에서 그리고 물속에서 생활합니다. 떠오를지 또는 가라앉을지를 빠르게 판단하면 여러 가지로 편리했어요. 물과 공기의 표준 물질의 밀도값을 기준값 1로 정하고 다른 물질들의 값을 비교하면 1보다 큰 것은 가라앉고, 1보다 작은 것은 떠오른다는 사실을 빠르고 쉽게 알 수 있었지요. 같은 질량의 금속 구슬과 코르크 마개를 동시에 물 위로 던지면 어떻게 될까요? 같은 질량인데도 금속 구슬은 바로 가라앉지만, 코르크 마개는 쉽게 물 위에 뜹니다. 우리가 무겁게 느끼는 정도, 즉 무게는 같은데 왜 코르크 마개만 물 위에 뜰까요? 두 물질은 질량은 같지만 크기_{부피}가 다릅니다. 같은 질량이기 때문에 코르크 마개의 크기_{부피}가 더 크겠지요. 그래서 코르크 마개는 금속 구슬보다 밀도가 더 작습니다.

◀ 같은 질량의 코르크 마개와 금속 구슬

밀도는 물질의 질량을 부피로 나눈 값이에요. 같은 질량을 갖더라도 크기_{부피}가 클수록 밀도는 작아진답니다. 그런데 여기서 금속 구슬과 코르크 마개를 물 위에 던지지 않고도 무엇이 물에 가라앉을지를 쉽게 아는 방법이 있습니다. 바로 금속 구슬과 코르크 마개의 비중을 알면 됩니다. 금속_{알루미늄} 구슬의 비중이 2.7이고, 코르크 마개의 비중이 0.24라면 우리는 1보다 작은 코르크 마개가 물 위에 뜨고, 1보다 큰 금속 구슬은 물에 가라앉는다는 것을 물 위에 던지지 않고도 바로 알 수 있어요. 이처럼 물질의 비중을 미리 구해 놓으면 물속이나 공기 중에서 가라앉을지 떠오를지를 쉽게 판단할 수 있어서 비중을 사용하는 것이에요.

밀도와 비중은 이렇게 쓴대!

밀도란 어떤 물질이 얼마나 촘촘하고 빽빽하게 들어차 있는지를 나타내는 개념이에요. 임의로 주어진 온도와 압력에서 물질의 밀도는 질량을 부피로 나눠 주면 됩니다. 밀도는 단위 부피당 질량값으로 물질마다 고유한 값을 나타낸답니다.

먼 옛날, 조상들은 좋은 볍씨를 고르는 데 밀도를 이용하였습니다. 달걀이 떠오를 정도의 적당한 소금물에 볍씨를 넣었을 때 좋은 씨앗은 바닥으로 가라앉았어요. 쭉정이나 제대로 여물지 않은 것은 위로 떴답니다. 이처럼 좋은 씨앗은 밀도가 크고 쭉정이는 밀도가 작은 성질을 이용하여 농사를 지을 수 있었다고 해요. 조상들의 생활 속 지혜가 잘 엿보이지요?

비중은 물과 공기처럼 표준 물질과 같은 부피의 상대적인 질량비, 즉 밀도값의 차이로 두 물질의 밀도비를 이야기합니다. 물질의 질량과 밀도 차이를 비교할 때 비중을 사용하고 있어요. 밀도는 g/mL, g/cm³와 같은 단위를 사용하지만, 비중은 표준 물질의 밀도와 비교하여 얼마나 차이가 나는지를 비교한 비율로 단위가 없답니다. 단위 부피당 질량의 정확한 값을 비교할 때는 밀도를 구하지만, 물이나 공기 중에서 가라앉고 뜨는 것을 상대적으로 쉽게 비교하기 위해서 우리는 비중을 사용하고 있습니다.

> **철 = 7.8, 알루미늄 = 2.7, 코르크 = 0.24, 고무 = 0.93**

이를 보면 비중이 1보다 작은 코르크와 고무는 물에 뜨고, 비중이 1보다 큰 철이나 알루미늄은 물에 가라앉는다는 사실을 쉽게 알 수 있습니다.

밀도 : 물질의 질량을 부피로 나눈 값, 단위 부피당 질량
비중 : 표준 물질과의 밀도 차이

초등학교 5-6 연소, 소화
중학교 1-3 화학 반응

15. 질량 보존의 법칙 vs 기체 반응의 법칙

질량 보존의 법칙 VS 기체 반응의 법칙 속으로

여러분이 살을 빼고 싶다면 어떤 방법이 있을까요? 운동을 많이 하는 것도 중요하지만, 많이 먹지 않는 것도 중요합니다. 살이 찌는 이유는 먹은 만큼 소모하지 않기 때문이지요. 많이 먹어도 살이 찌지 않으면 좋겠지만, 많이 먹은 음식들은 먹은 만큼 살로 간답니다. 다이어트 역시 화학 반응과 같은 성질을 가지기 때문이에요. 그렇다면 여러분은 화학 반응을 공부할 때 꼭 알아야 할 질량 보존과 기체 반응의 법칙이 어떻게 다른지 알고 있나요?

▲ 날씬한 개구리   ▲ 뚱뚱한 개구리

선생님, 왜 헷갈릴까요?

질량이 늘어나거나 줄어들지 않고 그대로 유지되는 것이 질량 보존의 법칙이야. 이를테면 나무를 태우면 태우기 전과 후의 질량이 그대로 유지되는 것처럼 말이야. 그런데 이상하지 않니? 나무를 태우면 나무의 질량은 줄어들 듯한데 말이야. 또 다른 예를 볼까? 수소 기체 1L와 질소 기체 3L가 만나면 2L의 암모니아 기체가 만들어지지? 기체는 줄어든 듯한데, 질량은 어떻게 되는 걸까? 여기서 여러분은 질량 보존과 기체 반응의 법칙을 잘 구별해야 해. 질량이 언제 어떻게 보존이 되는지, 기체는 언제 어떻게 반응을 보이는지. 정확한 기준을 알아야 어떤 현상을 마주했을 때 질량 보존의 법칙인지, 기체 반응의 법칙인지를 정확하게 알 수 있어.

★화학 반응식에서 물질의 상태는?
화학식 옆 ()안에 적으며
g=기체, l=액체, s=고체
aq=수용액

화학 반응식

일어난 화학 반응을 식으로 간단하게 나타내는 것이 화학 반응식입니다. 화학 반응에서는 반응물과 생성물이 있어요. 반응물은 처음에 넣어주는 물질, 생성물은 반응 후에 만들어지는 물질이랍니다. 화학 반응에서는 원자의 종류원소와 개수원자는 바뀌지 않아요. 화학식에서는 반응물을 왼쪽에, 생성물을 오른쪽에 표시하지요. 그리고 반응물과 생성물 사이에는 화살표로 나타냅니다.

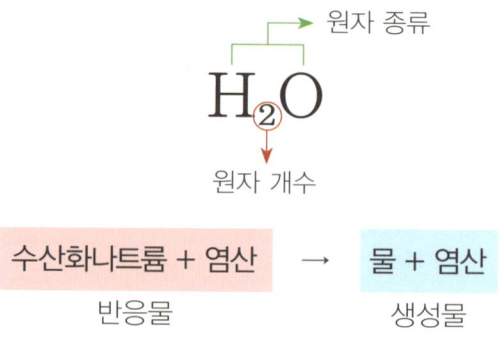

수산화나트륨 + 염산 → 물 + 염산
반응물   생성물

질량 보존의 법칙

화학 반응에서는 새로운 물질이 생성되는 듯하지만 정확하게는 새로 만들어지거나 사라지는 것이 아니랍니다. 원자들이 재배열해 다른 물질로 바뀌는 과정이라는 말이 더 정확합니다. 물질들이 재배열되므로 반응물과 생성물에 있는 원자 개수는 일정하고 반응 전이나 후에도 질량은 일정하게 유지되지요. 이 질량 보존의 법칙은 프랑스의 화학자 라부아지에가 발견했습니다. 어떤 물질을 태우면 물질의 질량이 감소한 듯 보이지만 물질이 연소하면서 기체로 변하며 대기로 날아가 질량을 느끼지 못할 뿐이에요. 기체를 모을 수 있다면 질량은 일정하게 유지됩니다. 이를 '질량 보존의 법칙'이라고 부른답니다.

▲ 라부아지에

기체 반응의 법칙

기체는 온도와 압력에 따라 변화하는 양이 매우 큽니다. 기체에서는 온도와 압력이 중요한데요, 온도와 압력 속에서 반응하는 기체와 생성되는 기체 사이에 간단한 정수비가 성립합니다. 반응물과 생성물이 모두 기체일 때만 성립하며 프랑스 화학자인 게이뤼삭이 발견하였답니다. 이 법칙으로 돌턴의 원자설을 설명하지 못하는 경우가 생겨 아보가드로가 분자설을 제안하고 *아보가드로 법칙이 나왔지요.

수소 기체와 산소 기체가 만나면 물이 생성되기도 하지만 이번에는 수증기로 생각해 볼게요. 기체 반응의 법칙은 반응물과 생성물이 모두 기체여야 하

★아보가드로 법칙
일정한 온도와 압력에서 일정한 부피에 있는 기체의 개수는 종류와 관계없이 같다.

158 | 화학

기 때문이에요. 물은 액체라, 물 생성 반응은 이 법칙을 적용할 수 없어요.

기체 반응의 법칙에서 기체의 부피비는 *계수에 따라 결정됩니다. 수소 기체가 2L가 있으면 산소 기체가 1L 필요하며 수증기는 2L가 만들어지는데요, 이와 같이 수소 기체 20L와 산소 기체 10L를 반응시키면 수증기는 20L 만들어지는 것입니다.

🔑 일정 성분비의 법칙

물질을 이루는 성분 원소들의 질량비는 항상 일정하다는 것이 일정 성분비의 법칙입니다. 일정 질량비라고 알아두면 더 이해가 쉬울 수도 있어요. 물이 18g이 있다면 물 안에 수소 원자가 2g, 산소 원자가 16g이 들어 있는 상태입니다. 그럼 물이 9g만 있다면 물 안에 수소 원자는 몇 g이 있을까요?

물 18g에 들어 있는 수소 원자의 질량과 산소 원자의 질량비는 1:8입니다. 어떤 물 분자에도 수소 원자와 산소 원자는 1:8의 질량비를 가진답니다. 물 9g에는 수소 원자가 1g, 산소 원자가 8g 있다는 사실을 알 수 있어요. 물이 180g 있다면 물 안에 수소 원자는 20g 정도 있다는 사실을 알 수 있지요. 이 법칙을 일정 성분비의 법칙이라고 합니다.

★계수
화학식에서 반응식 앞에 쓰는 숫자

질량 보존의 법칙과 기체 반응의 법칙은 이렇게 쓴대

수소 분자 H_2와 질소 분자 N_2가 만나면 암모니아 NH_3가 만들어집니다. 이를 화학 반응식으로 적어 보면 아래처럼 쓸 수 있어요.

$$3H_2(g) \quad + \quad N_2(g) \quad \rightarrow \quad 2NH_3(g)$$

수소 분자가 6g, 질소 분자가 28g 있으면 생성되는 암모니아의 질량은 34g이 만들어집니다. 그럼 부피비는 어떻게 될까요? 수소 기체 60L와 질소 기체 20L가 만나면 암모니아 기체는 몇 L가 만들어질까요? 기체끼리의 반응에서는 일정한 부피비가 성립해 3:1:2의 부피비에 따라 40L가 만들어집니다. 물론 질량 보존의 법칙으로 일정한 질량은 보존됩니다. 즉 부피비와 질량 보존의 법칙은 각각 생각해야 합니다.

$3H_2(g)$	+	$N_2(g)$	→	$2NH_3(g)$
6g		28g		34g
60L		20L		40L

화학식 : 화학 반응식을 기호로 간단하게 나타낸 것
질량 보존의 법칙 : 화학 반응에서 반응물 질량의 합 = 생성물 질량의 합
기체 반응의 법칙 : 기체 반응에서 반응물과 생성물의 부피는 일정 정수비가 성립한다.
일정 성분비의 법칙 : 물질을 구성하는 성분 원소들의 질량비는 항상 일정하다.

16 연소 VS 산화

초등학교 5-6 연소
중학교 1-3 물리 변화, 화학 변화

연소 VS 산화 속으로

'불씨 꺼뜨린 며느리' 이야기를 아시나요? 조상 대대로 100년 동안 한 번도 꺼뜨린 적 없는 불씨 화로를 시집온 며느리가 지키지 못하고 자꾸 꺼트리고 말았어요. 몰래 숨어서 살펴보니 밤마다 꼬마 아이가 와서 보는 소변 때문에 불씨가 꺼지는 거예요. 그 아이를 따라간 며느리는 산삼을 발견하는데요, 불씨를 소중하게 잘 보관해서 복을 받았다는 이야기랍니다. 불을 이용하면 요리도 하고 도구도 만들며 많은 일을 할 수 있었습니다. 없어서는 안 될 불은 어떻게 만들어졌을까요? 불도 화학 반응으로 만들어지는 것이랍니다. 그런데 불이 생기는 것과 철이 녹스는 것이 같은 화학 반응이라면 이해가 되나요?

양초 또는 나무가 타는 연소 반응과 철로 된 못이 녹스는 반응은 모두 물질이 산소와 결합하는 화학 반응인데요, 여러분은 연소와 산화가 어떻게 다른지 알고 있나요?

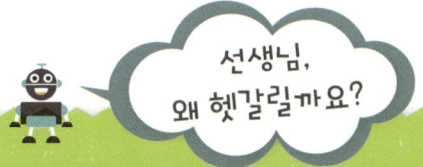

선생님, 왜 헷갈릴까요?

연소와 산화는 흔히 산소와 결합하는 현상으로 동일하게 설명하곤 해. 특히 무언가 불타 사라진다는 느낌, 또는 변화가 일어난다는 느낌 때문에 모두 같은 뜻이 아닐까 생각하는 거지. 이 두 개념을 헷갈리지 않으려면 이 현상들이 일어났을 때 '반응 속도'를 잘 살펴보아야 해. 그럼, 지금부터 두 개념을 살펴볼까?

연소

연소는 나무와 같은 탈 수 있는 물질이 공기 중의 산소와 빠르게 결합하면서 열이나 빛을 내며 타는 반응입니다.

연소 반응이 일어나려면 연소의 3요소인 연료(타는 물질), 산소, 발화점(불이 붙는 온도) 이상의 온도, 이 3가지 조건이 필요하답니다.

이 세 가지에서 하나라도 공급되지 않으면 연소 반응은 일어나지 않아요. 소방관들이 불을 끌 때도 이 세 가지 요소에서 하나를 없앤답니다. 연소로 만들어지는 새로운 연소 생성물을 통하여 연료 물질 속에 들어 있는 성분 원소를 추측하기도 합니다. 예를 들어볼까요? 나무C를 태우면 연소 생성물로 이산화탄소CO_2가 생성되는데요, 이를 통해서 나무는 탄소C라는 원소로 되어 있다는 것을 알 수 있습니다.

산화

원래 산소와 화합하는 반응 혹은 수소를 잃는 반응을 산화라고 했었답니다. 오늘날에는 이를 포함하여 원자나 이온 및 분자가 전자를 잃는 현상으로 말하고 있어요. 산화의 예로는 금속이 부식되는 반응인데요, 철이 녹스는 반응(철 + 산소 → 산화철)을 들 수 있습니다. 물질이 타는 연소 반응도 대표적인 산화 반응입니다.

1. 산소와 결합하는 반응의 산화

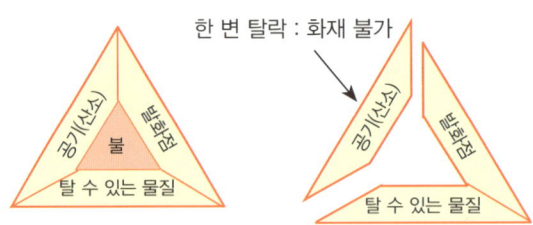

2. 수소를 잃는 반응의 산화

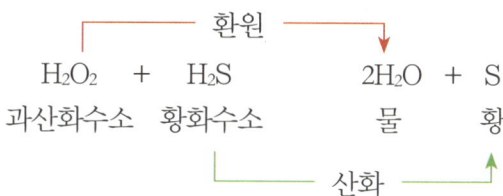

3. 전자를 잃는 반응의 산화

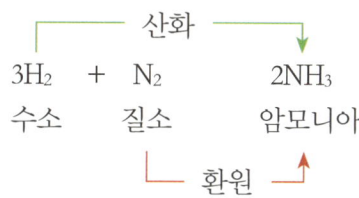

　앞에서 살펴봤듯 산화는 굉장히 넓게 사용됩니다. 자연 현상에는 다양한 화학 반응이 있고 산소가 없이도 일어날 수 있는 여러 화학 반응이 있어요. 이러한 화학 반응을 효율적으로 설명하려고 좀 더 넓은 정의가 필요했어요. 산화의 개념은 점점 넓어져 현재는 전자의 이동으로 설명하고 있습니다. 정리하면 연소보다 더 포괄적인 개념이 산화입니다. 연소는 산화라 할 수 있으나 거꾸로 산화를 연소라 할 수는 없어요. 철이 녹슬거나, 음식물이 몸속에서 소화되는 과정 또는 음식이 산화해서 부패하는 반응처럼 연소가 아니면서 산화인 반응도 있을 수 있기 때문이에요.

　연소와 산화를 좀 더 확실하게 이해하려면 *반응 속도를 알아야 해요. 반응 속도는 물질 변화의 빠르기를 이야기합니다. 양초나 나무가 타는 연소는 매우 빠르게 진행되는 반응이에요. 산화에는 연소처럼 빠르게 진행되는 반응도 있고, 철이 녹스는 반응처럼 느리게 진행되는 반응도 있습니다. 산화와 연소는 산소와 결합하는 반응이라는 공통점은 있지만, 산소 없이 진행되는 산화도 있습니다. 연소는 빠르게 진행되지만, 산화는 느리게 진행되기도 합니다. 이처럼 연소보다는 산화가 더 많은 반응을 설명하는 큰 개념이지요.

★반응 속도
물질 변화의 빠르기로 단위 시간당 물질의 농도 변화로 측정합니다.

연소와 산화는 이렇게 쓴대!

밤하늘의 아름다운 불꽃놀이, 로켓이 날아가는 추진력, 큰 피해를 주었던 산불과 화재, 생일 케이크의 촛불 등. 이 모두는 물질이 공기 중의 산소와 빠르게 결합하면서 열과 빛을 내며 타는 연소 반응으로 나타나는 현상이에요.

연소 반응으로 나타나는 불은 인류가 아주 오래전부터 생활에 이용하면서 멸종되지 않고 문명을 발전시킬 수 있었던 아주 중요한 화학 반응이에요. 이러한 연소 반응보다 더 포괄적인 화학 반응으로 산화 반응을 이야기한답니다.

산화는 전자를 잃는 반응으로, 산소와 결합하거나 수소를 잃는 반응을 말합니다. 모두를 총칭하여 산화 반응으로 정의하고 있어요. 산화 반응에서 빠르게 산소와 결합하는 일부의 반응을 연소 반응으로 말하지요. 철이 녹스는 반응, 음식물이 상하는 부패, 단풍이 물드는 것, 나이가 들면서 늙어가는 인간의 노화 반응, 식물의 광합성 반응 등이 산화 반응과 관련이 있답니다. 이처럼 산화 반응은 큰 범주의 화학 반응이라고 볼 수 있어요. 지구에서 일어나는 대부분의 반응이 산화 반응으로 설명되고 있답니다.

연소 : 물질이 빛이나 열을 내면서 빠르게 산소와 결합하는 반응

산화 : 전자를 잃는 반응

17 산화 VS 환원

초등학교 5-6 연소
중학교 1-3 물리 변화, 화학 변화

산화 VS 환원 속으로

어머니께는 세월이 오래돼서 까맣게 색이 바뀐 은반지가 있어요. 결국, 은반지를 버리시나 보다, 생각했는데 어느 날, 그 반지가 반짝반짝해져 있었어요. 어머니께서 간단하게 알루미늄 포일과 소금으로 문제를 해결하셨지 뭐예요? 그리고 그 방법을 쓴 메모가 남아 있었어요.

1. 포일을 그릇처럼 만들고 안에 소금을 적당히 넣기.
2. 소금에 변색 은반지를 넣고 끓는 물을 붓기.
3. 포일을 오므리고 30분 정도 기다리기!

이 세 가지 순서였는데 여기에 화학 반응의 원리가 숨어 있었어요. 색이 바뀐 은반지가 산소와 만나 산화한 거예요. 변색 은반지를 반짝반짝하게 하는 데는 이런 산화와 환원 반응 원리가 있었답니다. 여러분은 산화와 환원이 무엇인지 알고 있나요? 대체 이 개념들이 무엇이기에 이런 일이 일어나는지 살펴볼까요?

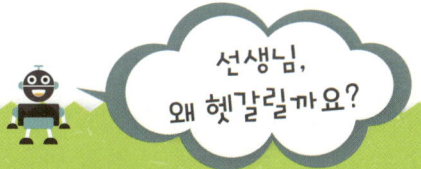

선생님, 왜 헷갈릴까요?

우리 주변에서 산화 현상은 쉽게 알 수 있지만, 환원 현상을 발견하기는 쉽지 않아. 무언가가 어떤 작용으로 변하기는 하는데 무엇을 바탕으로 어떻게 바뀌는지 정확히 모르는 거야. 무작정 "바뀐다."라는 데에만 신경 쓰고 있지는 않았니? 산화와 환원 모두 무언가 바뀐다는 생각 때문에 이 둘을 비슷하다고 생각하지. 산화와 환원을 헷갈리지 않으려면 산화할 때 또는 환원할 때 산소를 얻는지, 잃는지를 확실히 알아두면 쉬워.

🔍 산화

흔히 산소와 결합하는 것을 산화라고 말합니다. 산소와 관련되지 않은 반응에서는 수소를 잃은 것도, 전자를 잃는 것도 산화라고 해요. 쉽게 찾을 수 있는 산화 현상으로는 철이 녹슬거나, 사과나 감자가 갈색으로 변하거나, 연료가 타는 것 등이 있답니다.

실험으로 확인할 수 있는 산화는 산성 용액에 넣은 마그네슘이 녹아 생기는 마그네슘 이온입니다. 이처럼 마그네슘이 전자를 잃고 양이온이 되는 것도 산화라고 해요.

마그네슘이 산에 녹을 때 마그네슘 반응식
$$Mg \rightarrow Mg^{2+} + 2e^-$$

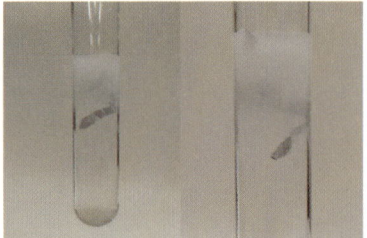

🔍 환원

환원은 흔히 되돌린다는 뜻으로 "모든 재산을 사회에 환원한다."처럼 쓰기도 합니다. 과학적인 표현으로는 산소와 결합했던 것을 원래로 되돌린다는 뜻이 있어 산소와 분리되는 것을 말해요. 산화 반응은 우리가 쉽게 볼 수 있는 반응이지만, 환원은 쉽게 확인할 수 없답니다. 실험에서는 수소와 결합하거나 전자를 얻을 때 환원되었다고 해요. 은 이온이 녹아 있는 질산은 용액에 구리선을 담그면 은 이온이 전자를 얻어 은으로 분리되어 나옵니다. 이때 은 이온이 환원되었다고 하지요.

$$Ag^+ + e^- \rightarrow Ag$$
$$Cu \rightarrow Cu^{2+} + 2e^-$$

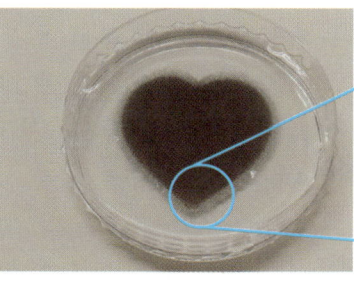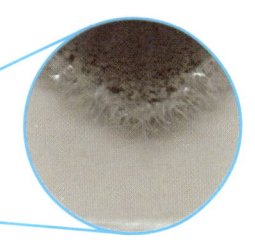

▲ 질산은 용액에 구리판을 담그면 은이 구리판 주위에 나온다.

🔍 산화 환원은 동시에 일어난다?

산화와 환원의 정의를 보면 산소를 얻는 것이 있으면 산소를 잃는 것이 있어야 합니다. 또 수소를 잃는 것이 있으면 수소를 얻는 것이 있어야 하고, 전자를 잃는 것이 있으면 전자를 얻는 것이 있어야 합니다. 따라서 산화 환원 반응은 항상 같이 일어납니다.

산 용액에서 마그네슘이 양이온으로 녹아들 때 산 용액 속의 수소 이온이 전자를 얻어 생기는 수소 기체를 확인할 수 있습니다. 질산은 용액에 구리를 넣어 은 이온이 환원될 때 구리는 산화되어 구리 이온이 됩니다. 용액은 구리 이온을 나타내는 파란색을 띱니다.

그러면 철이 녹슬고 사과가 갈색으로 변하는 현상에서 무엇이 환원될까요? 철이 녹슬고 사과가 갈변하는 과정에서는 산소가 환원됩니다. 철이 녹스는 것은 잘 관찰할 수 있지만, 산소가 철과 결합하며 환원되는 것은 관찰하기 힘들어요. 때문에 환원이 동시에 일어난다는 점을 눈치채기는 쉽지 않지요. 그러나 산화가 일어나면 반드시 환원도 동시에 일어나야만 한답니다.

$$2H^+ + 2e^- \rightarrow H_2$$

산화와 환원은 이렇게 쓴대!

수소 자동차의 광고를 보면 배기가스 통으로 물이 떨어지는 장면이 있어요. 이는 수소가 산화되어(산소와 만나) 물이 되는 과정을 표현한 것입니다. 수소뿐만 아니라 부탄이나 나무, 석유와 같은 연료가 타는 과정에 산소가 필요합니다. 연료가 타는 과정도 산화예요. 연료는 타면서 '빛'과 '열'을 내기 때문에 연소라고 표현합니다.

환원이라는 말은 과학에서뿐만 아니라 일상에서도 원래대로 되돌린다는 뜻으로 많이 사용하고 있어요. 앞에서도 본 것처럼 산화와 환원은 항상 같이 일어나지만, 산화 과정이 더 잘 보입니다. 그래서 환원 과정은 산화된 물질을 원래대로 되돌리는 것처럼 보입니다. 물론 환원 과정에서는 환원을 중심으로 보기 때문에 잘 알아챌 수 없지만, 산화도 같이 일어납니다.

한 줄 정리

산화 : 물질이 산소와 결합하거나, 수소나 전자를 잃는 현상
환원 : 산화와 반대 작용
       : 물질이 산소를 잃거나, 수소나 전자를 얻는 현상
산화, 환원 동시성 : 산화와 환원은 반드시 같이 일어난다.

중학교 1-3 화학 반응에서의 에너지 출입

18 발열 반응 VS 흡열 반응

발열 반응 VS 흡열 반응 속으로

추운 겨울이 다가오면 주머니 속에 손난로 한 개쯤은 꼭 있어야 합니다. 팩을 열고 흔들어 사용하는 손난로, 안에 들어 있는 금속을 꺾으면 하얀색 고체가 생기면서 열이 나는 손난로. 주머니 손난로는 참 다양한 종류가 있지요?

더운 여름에는 쿨 팩을 사용하기도 합니다. 쿨 팩은 충격을 주어 팩 속 액체 주머니를 터뜨리면 하얀 가루가 액체와 반응하면서 온도가 낮아지는 원리랍니다.

손난로가 따뜻해지고 쿨 팩이 차가워지는 데는 우리가 배우는 화학 반응이 있다는 사실, 알고 있나요? 손난로나 쿨 팩의 내용물이 화학 반응으로 에너지를 흡수하거나 내보내기 때문에 차가워지거나 뜨거워지는데요, 여러분은 어느 쪽이 발열이고 흡열인지 잘 알고 있나요?

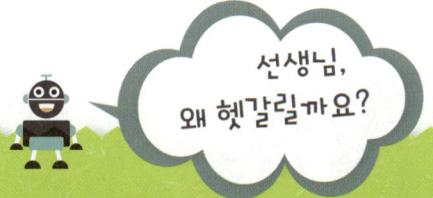

선생님, 왜 헷갈릴까요?

에너지를 흡수하면 온도가 높아지고, 에너지를 내보내면 온도가 낮아진다는 사실은 알고 있지? 화학 반응에서는 에너지를 흡수하거나 내보내는 것을 과학 개념으로 흡열과 발열이라고 해. 이 두 개념은 반응물이나 생성물의 에너지가 변해. 하지만 무엇이 에너지를 내보내고 받아들이는지 많은 친구들이 기준을 모르고 있어. 발열과 흡열은 구별하는 핵심은 온도와 에너지 변화란다. 시시각각 변하는 온도와 그에 맞춰 반응하는 에너지의 출입을 헷갈릴 수밖에 없어.

🔍 발열 반응

발열 반응은 열이 발생하는 반응입니다. 손난로에서 열이 발생하는 과정을 볼까요? 흔들어 사용하는 손난로는 주성분인 철 가루반응 물질가 공기 중의 산소와 결합하여 산화철생성 물질이 되는 과정에서 열이 생긴답니다. 철 가루 외에도 활성탄이나 소금이 들어 있는데, 철 가루가 산소와 잘 결합하게 해 주는 물질이랍니다. 이처럼 반응 물질이 생성 물질보다 더 많은 에너지를 갖습니다. 반응이 진행되면서 반응 물질 속 에너지가 줄고 줄어든 에너지를 밖으로 내보낸답니다. 이 과정에서 철 가루와 산소가 가지는 에너지와 산화철이 가지는 에너지를 비교해 보면 다음과 같습니다.

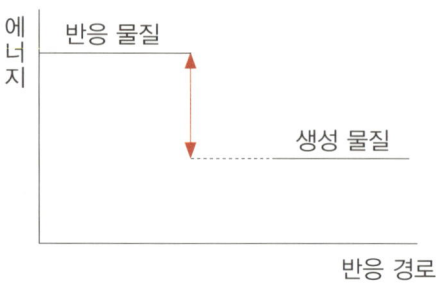

철 가루와 산소의 에너지는 반응해서 만들어진 산화철의 에너지보다 큽니다. 반응이 진행되면 생기는 에너지를 발열 반응이라고 해요. 발생한 에너지는 주위에 전해져 주위 온도가 높아지지요. 흔들이 손난로와 달리, *똑딱이 손난로는 금속을 꺾어 주면 액체 물질이 고체로 바뀌면서 열이 발생합니다.

장작이 타거나 우리 몸에서 호흡으로 체온을 유지하는 것도 모두 발열 반응이에요. 산과 염기가 만나는 중화 반응, 진한 산이나 염기를 묽게 할 때도 발열 반응이 일어나 온도가 높아집니다.

> ★똑딱이 손난로의 원리는?
> 똑딱이 손난로에는 아세트산 나트륨이 있어 열을 주면 녹아서 액체가 되고 냉각해도 과냉각 상태로 액체로 바뀌지 않아요. 금속을 꺾는 충격으로 고체로 바뀝니다.

흡열 반응

흡열 반응은 발열 반응과 반대입니다. 쿨 팩을 생각해 보면 속에 있는 질산 암모늄반응 물질과 물이 분리되어 있을 때 가지는 에너지보다 질산암모늄이 물에 녹아 질산 이온과 암모늄 이온생성 물질이 될 때 더 많은 에너지를 갖고 있습니다. 이렇게 반응 물질보다 생성 물질 에너지가 더 크면 열을 흡수해야 합니다.

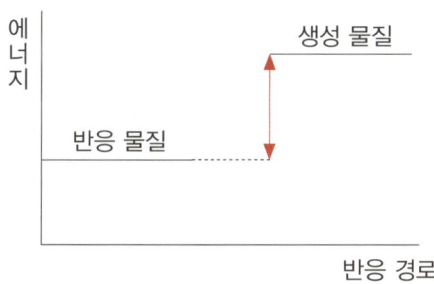

흡열 반응이 진행되면 주위의 에너지를 흡수하고 주위의 온도가 낮아지는데요, 이 반응은 흔하게 일어나지는 않는답니다. 냉장고나 에어컨에서는 *냉매가 액체에서 기체로 바뀔 때 주위에서 열을 흡수하는 현상을 이용하여 온도를 낮춥니다.

★냉매
어떤 장소에서 열을 없애는 데 쓰는 매체

 # 발열과 흡열은 이렇게 쓴대!

우주를 이루고 있는 모든 물질은 에너지를 갖고 있어요. 어떤 것은 많은 에너지를 갖고 있고, 어떤 것은 적은 에너지를 갖고 있지요. 물질이 다른 물질로 변하는 화학 반응을 하는 경우에는 물질이 가지는 에너지도 변해요. 큰 에너지를 가진 물질이 작은 에너지를 가진 물질로 변할 경우에는 차이나는 에너지만큼 방출하여 주위의 온도를 높이게 됩니다. 이것을 이용하면 난방도 할 수 있고, 따뜻한 손난로도 만들 수 있어요.

또 적은 에너지를 가진 물질이 큰 에너지를 가진 물질로 변하는 경우에는 에너지를 흡수하고 에너지를 빼앗긴 주위의 온도가 낮아집니다. 이것을 이용하여 쿨 팩을 만들기도 합니다.

 한 줄 정리

발열 반응 : 반응이 진행되는 동안 열을 내보내는 반응
: 반응물 에너지가 생성물 에너지보다 크다.
: 내보낸 에너지로 주위 온도가 높아진다.
흡열 반응 : 반응이 진행되는 동안 열을 흡수하는 반응
: 반응물 에너지가 생성물 에너지보다 작다.
: 에너지를 빼앗겨 주위 온도가 내려간다.

초등학교 5-6 산과 염기

19. 산성 VS 염기성

산성 VS 염기성 속으로

회를 시키면 접시에 같이 나오는 레몬. 얼마 전부터 회에 레몬을 뿌리면 레몬 향 때문에 회 맛이 사라진다며 뿌리지 말라는 방송이 있었습니다. 그럼 그동안 회에 레몬 즙을 뿌린 이유는 무엇일까요?

레몬 즙은 생선을 요리할 때 자주 사용하는데요, 생선 비린내를 없애는 데 딱 맞는 재료였기 때문이에요. 회에 뿌렸던 이유도 비린내 때문이라고 해요. 이 원리는 무엇일까요?

선생님, 왜 헷갈릴까요?

산성, 염기성은 여러 번 들어봤지? 산성과 염기성 관련 실험도 많이 해 봤을 거야. 친구들은 산성 물질, 하면 무엇이 떠오르니? 염산, 황산처럼 위험한 물질들이 떠오른다고? 그 탓에 산과 염기 모두 가리지 않고 '위험 물질'이라는 인식부터 머릿속에 박히지 않았니? 거기다가 산성과 염기성을 구별하는 기준을 잘 모르기도 하고 말이야. 산성과 염기성을 띤 물질들이 한둘이 아니잖아? 그래서 산성과 염기성을 마주했을 때, 무엇이 어떻게 다른지 그 차이를 알기는 어려울 수밖에 없어. 산성과 염기성을 공부할 때 물에 녹으면 내놓는 물질이 어떻게 다른지, 그 차이를 염두에 두면 좋겠어.

산성 vs 염기성 | **173**

★이온
전자를 얻거나 잃은 상태로 전하를 띠는 입자입니다. 전하에 따라 양(+)이온과 음(-)이온으로 나누어집니다.

★아세트산
묽게 하지 않은 것을 빙초산, 묽게 한 것을 식초라고 합니다.

산성

산성 물질, 하면 대표적으로 무엇이 있을까요? 아마 식초가 있을 것입니다. 물에 녹아 수소 *이온H⁺을 내놓는 물질을 산성이라고 합니다. 신맛이 나는 성질이 있지만, 염산, 황산처럼 매우 위험한 산들도 많아서 조심해야 합니다. 산성은 금속을 녹이기도 해요. 주로 이름 뒤에 '~산'이라고 많이 붙는답니다.

염산·황산·질산처럼 우리가 위험하다고 느끼는 강산은 물에 녹으면 수소 이온이 많이 나온답니다. 약산은 *아세트산, 구연산처럼 물에 녹으면 수소 이온이 적게 나오는 것이에요.

염기성

염기성 물질은 물에 녹아 수산화 이온OH⁻을 내놓는 물질입니다. 쓴맛이 나며 단백질을 녹이는 성질이 있어요. 우리 주변에서 쉽게 볼 수 있는 대표 물질로는 비누나 소변에 있는 암모니아 등이 있습니다.

수산화나트륨NaOH, 수산화칼륨KOH 같은 물질은 강한 염기성 물질로 단백질을 잘 녹인답니다. 만지면 손이 따갑거나 심하면 피가 나기도 해 위험하지요. 약한 염기성 물질로는 암모니아수나 제산제로 쓰이는 수산화마그네슘 같은 물질이 있습니다.

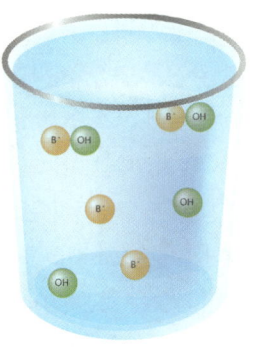

🔍 중화 반응

　산성 물질과 염기성 물질이 만나 물이 만들어지는 반응이 중화 반응입니다. 이 과정에서 수소 이온과 수산화 이온이 사라져 산성과 염기성의 성질은 사라지지요. 주변에서 볼 수 있는 대표적인 중화 반응은 레몬즙으로 생선 비린내를 제거하는 반응이에요. 레몬즙에 산성이, 비린내를 내는 물질에 염기성이 있어서 이 두 물질이 만나면 중화 반응이 일어나며 냄새가 사라진답니다. 그 외에도 위액(산성 물질)의 과다 분비로 속이 쓰릴 때 제산제(염기성 물질)를 먹는 경우, 비누(염기성 물질)로 머리를 감고 식초(산성 물질)를 뿌리는 경우, 김치의 신맛(산성 물질)을 줄이려고 달걀 껍데기(염기성 물질)를 넣는 경우 등이 중화 반응의 예예요.

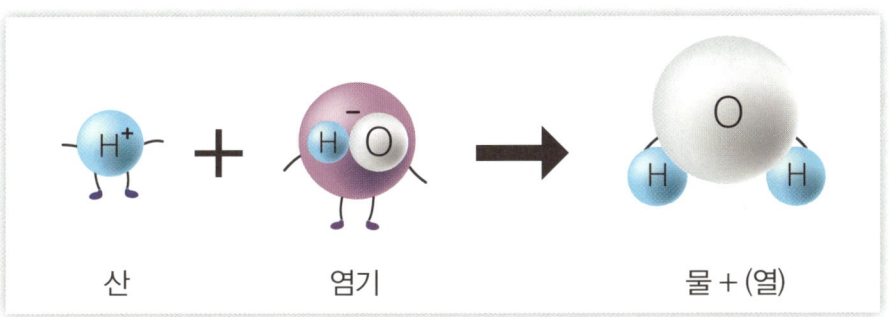

▲ 산성 물질과 염기성 물질이 만나면 수소 이온과 수산화 이온이 반응하여 물이 생성된다.

산성과 염기성은 이렇게 쓴대!

우리 주변에 있는 산성 물질과 염기성 물질은 어떻게 구별할 수 있을까요? 산성 물질은 신맛이 난다고 했고, 염기성 물질은 쓴맛이 난다고 했으니 맛을 보면 될까요? 하지만 산성과 염기성 물질은 물질이나 농도에 따라 대단히 위험할 수도 있습니다. 특히 염산, 황산 같은 강한 산이나 수산화나트륨 같은 강한 염기는 만지거나 맛볼 때 심할 경우 목숨을 잃을 수도 있는 위험한 물질이랍니다. 이를 구별하는 방법에는 여러 가지가 있어요.

산성은 금속 물질을 녹이고 염기성 물질은 금속 물질을 녹이지 않기 때문에 산성, 염기성 물질에 금속 조각을 넣어 확인할 수 있습니다. 혹은 리트머스 용지와 같은 *지시약을 이용하여 눈으로 확인하기도 해요.

산성, 염기성 물질은 그냥 버리면 매우 위험해서 따로 모아 처리하거나 혹은 중화 반응으로 산성, 염기성을 제거하여 처리해야 한답니다. 절대 그냥 버리면 안 됩니다!

★지시약
화학 반응에서 일정한 상태를 알아내기 위해 쓰는 물질을 말해요. 산-염기 지시약이 가장 많이 쓰이며 산성과 염기성을 구별해 주는 역할을 합니다. 가장 대표적이고 접하기 쉬운 것이 리트머스 종이인데, 이끼를 갈아서 만든 고체를 종이에 적셔서 말린 검사지예요. 파란색 리트머스 종이와 붉은색 리트머스 종이가 있어요. 산성 용액에서는 파란색 리트머스 종이는 붉은색으로 변하며 붉은색에서는 변화가 없습니다. 염기성 용액에서는 붉은색 리트머스 종이가 파란색으로 변하고, 푸른색 리트머스 종이는 변화가 없습니다. 이런 색깔 변화로 산성, 염기성을 구별할 수 있어요. 이외에도 BTB 용액, 페놀프탈레인, 만능 지시약 등이 있답니다.

산성 : 물에 녹아 수소 이온이 나오는 물질
염기성 : 물에 녹아 수산화 이온이 나오는 물질
중화 반응 : 산성과 염기성이 만나 물이 생성되는 반응

20. 정촉매 VS 부촉매

중학교 1-3 화학 반응에서의 에너지 출입

정촉매 VS 부촉매 속으로

*거품 뱀 실험을 해 보거나 구경한 적이 있나요? 이 실험은 우리가 소독할 때 쉽게 접하는 *과산화수소 H_2O_2를 이용하는 실험이에요. 이 실험에서도 과산화수소를 넣고 거기에 세제를 넣었을 때까지는 아무런 변화가 없어요. 하지만 어떤 가루를 넣으면 갑자기 거품이 만들어지면서 큰 변화가 생기는 재미난 실험이랍니다. 이 가루가 한두 번쯤은 들어봤을 촉매 역할을 한 것인데, 촉매에는 정촉매와 부촉매가 있어요. 여러분은 이 두 촉매가 어떻게 다른지 알고 있나요?

★ **거품 뱀 실험**
이와 비슷한 실험으로 코끼리 치약 실험이 있어요. 직접 실험할 때 열이 많이 나는 반응이니, 거품은 만지지 않도록 주의하세요!

★ **과산화수소**
상처 난 곳에 바르면 거품이 나며 소독이 되는데, 상처가 나지 않은 부위에 바르면 아무런 변화가 없습니다.

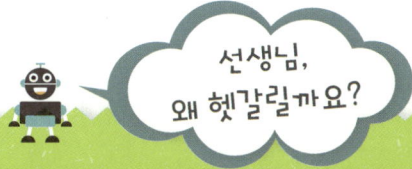

선생님, 왜 헷갈릴까요?

우리 주변에는 다양한 화학 반응이 있어. 화학 반응이 아닌 것을 더 찾기 힘들 정도야. 어떤 반응은 눈 깜짝할 사이에 일어나기도 하고 어떤 반응은 몇 시간에서 몇 년이 걸리기도 해. 이 화학 반응의 시간을 변화시키려고 '촉매'라는 물질을 쓰거든? 실험 경험이 있다면 촉매를 넣었을 때 갑자기 일어나는 반응을 볼 수 있을 거야. 촉매, 하면 보통 "화학 반응을 빠르게 한다."라고 많이 알고 있지? 사실 이는 반만 맞는 이야기야. 화학 반응을 느리게 하는 촉매도 있기 때문이지. 화학 반응을 일으키는 속도가 어떻게 다른지를 초점에 두고 정촉매와 부촉매를 공부해야 해. 그럼 자세히 알아볼까?

🔍 활성화 에너지

활성화 에너지는 화학 반응이 일어나기 위한 최소 에너지를 이야기합니다. 그림을 보면 이해가 쉽겠지요? 왼쪽이 화학 반응 전에 넣어주는 *반응물이고 오른쪽이 화학 반응 후에 만들어지는 *생성물입니다. 그래프에서 언덕처럼 보이는 것이 활성화 에너지인데요, 저 언덕을 넘어야 화학 반응이 일어나고, 언덕 높이에 따라 반응이 쉽게 일어나는지 여부가 결정됩니다.

★반응물
화학 반응 전 넣는 물질
★생성물
반응 후 만들어진 화학 물질

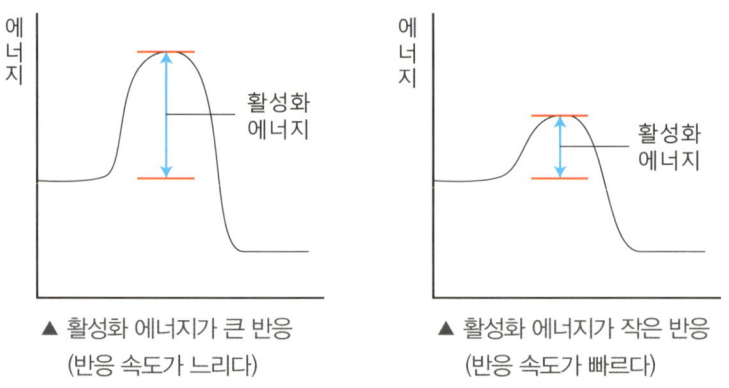

▲ 활성화 에너지가 큰 반응
(반응 속도가 느리다)

▲ 활성화 에너지가 작은 반응
(반응 속도가 빠르다)

반응 속도는 반응물이 시간당 얼마나 감소하는지를 나타냅니다. 생성물이 시간당 얼마나 증가하는지를 나타내기도 해요. 이를테면 반응물 100개가 10초 동안 반응하여 사라졌다 반응 속도는 아래처럼 식으로 나타낼 수 있어요.

$$\text{반응 속도} = \frac{\text{반응물이 줄어든 개수(개)}}{\text{시간(초)}} = \frac{\text{생성물이 만들어진 개수(개)}}{\text{시간(초)}} = 10\text{개/초}$$

반응물이 사라지는 시간이 오래 걸린다면 반응 속도가 느리다고 할 수 있겠지요.

PART 02 화학

정촉매

우리가 흔히 *촉매라고 알고 있는 정촉매는 앞에서 살펴본 활성화 에너지를 낮추는 역할을 합니다. 즉, 언덕의 높이를 낮추어 반응 속도를 빠르게 하는 물질이지요. 정촉매는 반응이 갑자기 빨라져 확인이 쉽기 때문에 촉매 실험에서 가장 많이 보여주기도 해요. 앞에서 보았던 거품 뱀 실험에서도 어떤 가루를 넣었을 때 갑자기 거품이 나는 반응은 가루가 정촉매 역할을 한 것이랍니다.

> ★촉매
> 반응물이나 생성물에 변화를 주지 않고 반응 속도만 변화시켜 줍니다. 화학 반응에서 속도만 변화시키기 때문에 넣은 상태 그대로 남아 있어야 합니다. 이 촉매는 정촉매와 부촉매로 나누어 볼 수 있습니다.

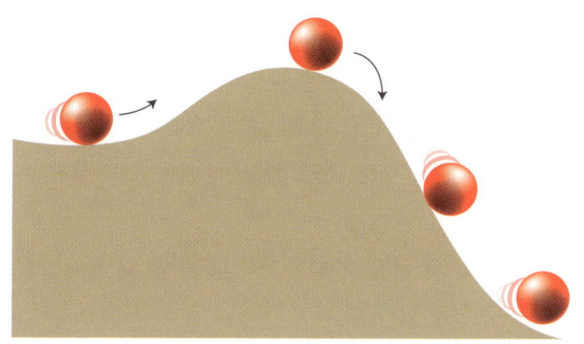

부촉매

부촉매는 정촉매와는 반대로 활성화 에너지를 크게 하여 반응 속도를 느리게 합니다. 언덕 높이를 높게 하여 반응이 천천히 일어나도록 하는 물질이지요. 부촉매의 예로는 음식물을 상하지 않게 보존하는 방부제 등이 있습니다. 반응을 느리게 하는지라 관찰이 어려워서 실험하기 어려울지도 몰라요.

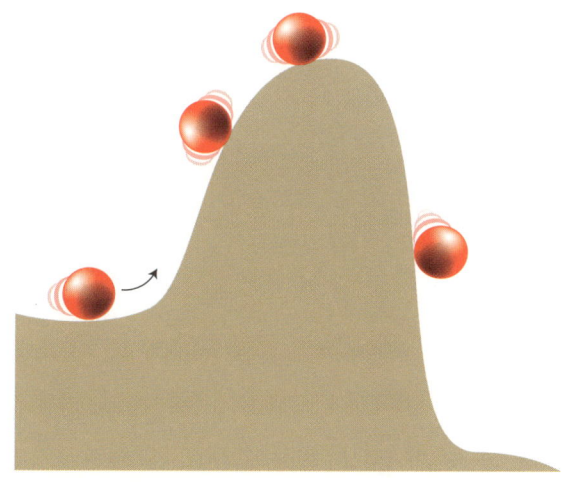

정촉매 vs 부촉매 | 179

정촉매와 부촉매는 이렇게 쓴대!

촉매는 화학 반응에서 활성화 에너지를 작게 하거나 크게 하여 반응 속도를 조절하는 것입니다.

정촉매는 활성화 에너지를 작게 하여 반응을 빠르게 해 준답니다. 앞서 말하였던 거품 뱀 실험에서 넣는 하얀 가루인 아이오딘화 칼륨$_{KI}$ 같은 물질이 촉매 역할을 해요. 아이오딘화 칼륨은 과산화수소가 산소로 분해되는 것을 빠르게 해 줘요. 상처에 과산화수소를 바르면 거품이 나는 원리도 이와 같은 원리랍니다. 이는 피에 있는 물질이 아이오딘화 칼륨과 같이 정촉매 역할을 해 주기 때문이에요.

거품 뱀 실험에서 색소를 넣지 않으면 약간 노란색을 나타내는 것을 볼 수 있는데요, 이는 과산화수소가 분해되지 않도록 인산을 넣어주어 나타나는 색깔이에요. 인산이 과산화수소가 분해되지 않도록 부촉매 역할을 해 주기 때문이지요.

활성화 에너지 : 화학 반응이 일어나는 데 필요한 최소 에너지
정촉매 : 활성화 에너지를 낮추어 반응 속도를 빠르게 하는 촉매
부촉매 : 활성화 에너지를 크게 하여 반응 속도를 느리게 하는 촉매

PART 03 생명과학, 뭐가 헷갈리니?

우리 주변에는 동물과 식물, 미생물 등 수많은 생명체가 있어.
이렇게 살아 있는 것을 탐구하는 학문이 생명과학이란다.
생명은 어떻게 생기는지, 무수히 많은 생물을 어떻게 분류하는지,
동물과 식물의 몸은 어떻게 이루어져 있는지와 같이 흥미롭고
다양한 주제가 가득한 생명과학에서도 친구들이 헷갈리는 개념들이 많을걸?
엽록소와 엽록체, 배설과 배출, 세균과 균류 등,
친구들이 자주 접하면서도 아리송한 생명과학 개념들을 소개해 볼게.

무얼 배울까?

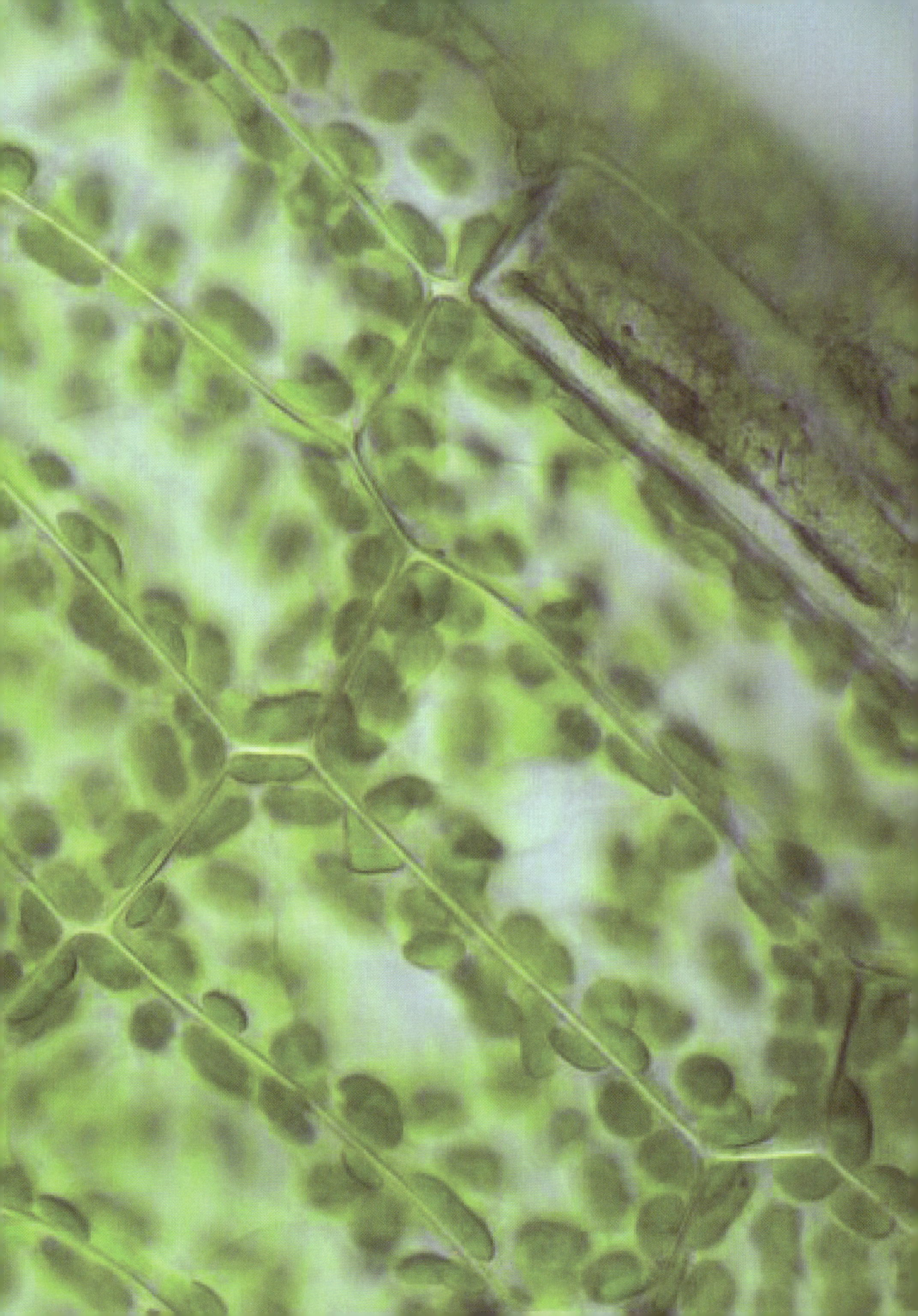

01 세포막 VS 세포벽

초등학교 5-6 식물의 구조와 기능
중학교 1-3 식물과 에너지

세포막 VS 세포벽 속으로

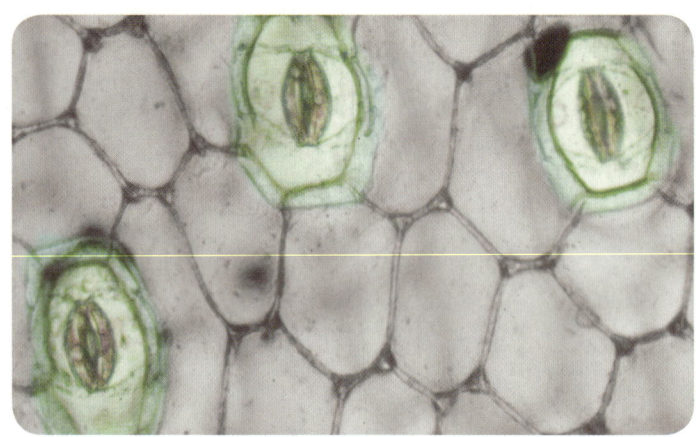

★세균
세포에 핵과 막으로 둘러 싸인 소기관이 없는 단세포 생물. 대장균·콜레라균·유산균 등이 이에 속해요. 일명 박테리아라고도 합니다.

*세균을 죽이는 항생제, '페니실린'을 발견한 과학자 '알렉산더 플레밍'을 아시나요? 이 페니실린이 바로 세포벽을 파괴해서 세균을 죽이는 물질이랍니다. 세포벽은 식물에만 있는 줄 알았는데, 세균이 세포벽을 가지고 있다니 조금 낯설지요? 그런데 곰팡이나 버섯 같은 생물도 세포벽이 있답니다. 이렇게 많은 생물에게 세포벽이 있다니 세포벽이 없는 동물 세포가 특이할 정도예요. 대신 동물 세포는 세포막이 있답니다. 그럼 식물·세균·곰팡이 등은 세포막이 있을까요? 그리고 세포막과 세포벽은 어떻게 다를까요?

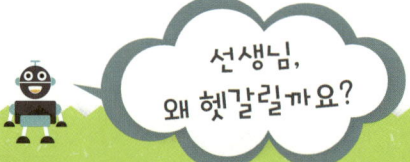

선생님, 왜 헷갈릴까요?

친구들은 세포막과 세포벽 모두 세포를 보호한다고 생각해. 식물은 세포벽이 있지만, 동물은 세포벽이 없으니까 세포막이 세포를 보호한다고 단정하지. 심지어 식물은 세포막이 없다고 생각하기도 해. 모든 세포는 세포막이 있단다. 세포막은 세포가 살아가려면 필요한 중요한 역할을 많이 맡고 있지. 하지만 세포 보호만이 세포막의 주요한 역할이 아니야. "보호한다."라는 생각에서 벗어나 세포막과 세포벽이 무슨 역할을 하는지, 동물 세포와 식물 세포는 각각 무엇이 있고 없는지 자세히 알면 헷갈리지 않을 거야.

세포벽이 있는 세포와 세포벽이 없는 세포를 한번 비교해 볼까요?

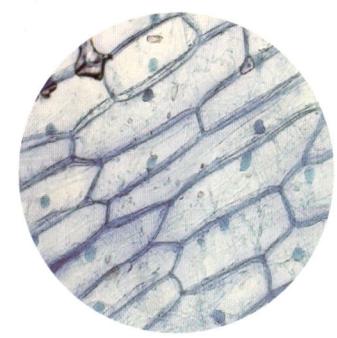 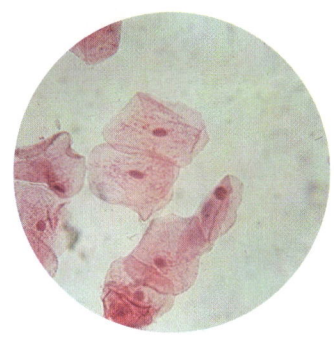

　세포벽이 있는 세포는 어느 쪽일까요? 왼쪽 사진은 세포벽이 있는 양파 세포를 관찰한 것입니다. 오른쪽은 세포벽이 없는 사람 입 속 세포를 관찰한 것입니다. 세포벽이 있다면 모양이 일정합니다. 세포벽이 없어도 일정한 모양은 있답니다. 다만 세포벽이 있는 세포보다 쉽게 모양이 바뀔 수 있지요.

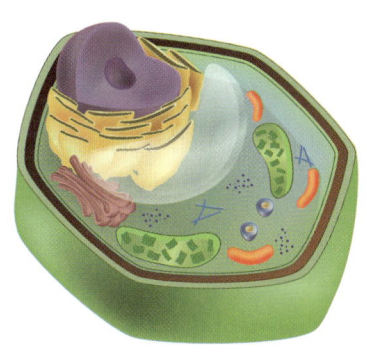 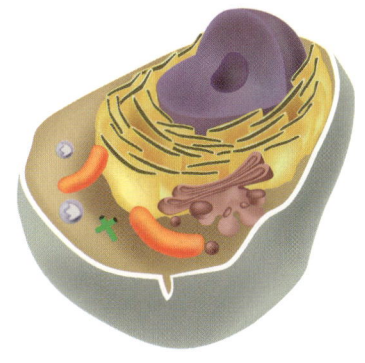

▲ 식물 세포　　　　　　▲ 동물 세포

🔍 세포막

　세포 안과 밖을 나누는 막을 '세포막'이라고 합니다. 그래서 세포 안은 바깥과 다른 세포만의 환경이 있습니다. 세포막으로 나누어진 세포 안에서는 많은 기능을 수행하기에 알맞은 환경이 유지된답니다. 세포막이 이를 유지해 주지 않는다면 순간순간 바뀌는 바깥 환경 때문에 세포는 제 기능을 못 할 거예요. 세포막은 *인지질로 이루어졌는데 여기에 많은 단백질이 섞여 있어요. 이 단백질들은 물질이 이동하는 통로가 되고, 그 세포의 신분증처럼 작용하기도 합니다. 또 세포 밖에 있던 물질과 합쳐져 세포 안쪽에서 여러 작용이 시작되도록 돕는 등 많은 일을 해요. 간혹 세포막이 바깥 물질을 감싸서 잡아먹는 것처럼

> ★인지질
> 지질의 하나. 한쪽은 물과 친한 성격(친수성)을 띠지만 한쪽은 물과 잘 섞이지 않는 성격(친유성)을 띠고 있어요. 세포막은 인지질이 두 층으로 되어 안쪽으로 친유성 부분이, 양 바깥쪽으로 친수성 부분이 배치됩니다.

PART 03 생명과학

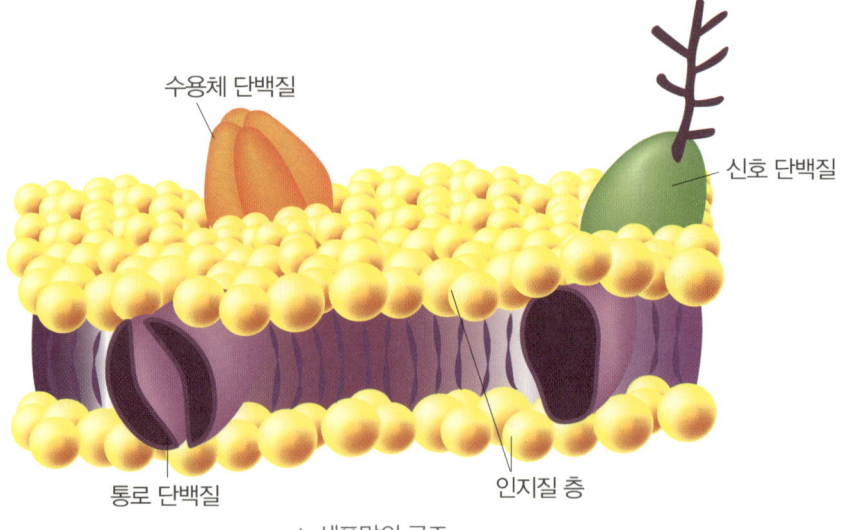

▲ 세포막의 구조

안쪽으로 집어넣기도 해요. 반대로 세포에서 만든 물질을 바깥으로 내보내기도 합니다. 이렇게 세포막은 여러 가지 역할을 담당합니다.

🔍 세포벽

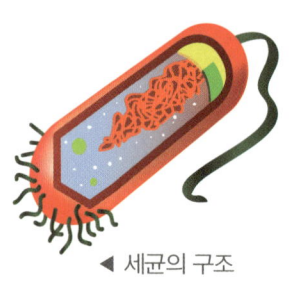

▲ 세균의 구조

세포벽은 세포막보다 단순한 일을 합니다. 단단해서 세포 모양을 유지하고, 보호하기도 합니다. 세포벽은 생물 종류에 따라서 성분이 달라요. 세균은 세포벽 바깥에 보호막 캡시드를 하나 더 가지고 있습니다. 자꾸만 바뀌는 환경에서 살아남으려는 방법이지요.

식물은 세포가 나이 들수록 세포벽이 두꺼워집니다. 어린 식물이나 어린잎은 씹으면 연하지만 많이 자란 식물은 질겨서 잘 씹히지 않아요. 그래서 나물로 먹는 고사리도 어린 고사리를 삶아서 먹는답니다.

▲ 식물의 어린잎

▲ 식물 세포의 세포벽

세포막과 세포벽은 이렇게 쓴대!

 모든 생물의 세포는 인지질과 단백질로 이루어진 세포막이 있습니다. 모든 세포의 기본 구성 성분이 같은 것이지요. 세포막의 구조는 쿠키에 초코 칩이 박혀 있는 것처럼 인지질이라는 성분에 다양한 단백질이 박혀 있는 모습을 하고 있답니다. 세포 안팎의 물질들은 인지질이나 단백질을 통해 드나들어요. 세포막에 있는 단백질 중에 어떤 단백질은 세포가 하는 일을 조절하기도 한답니다. 세포막은 쉴 틈 없이 세포가 생명 활동을 유지하기 위해 필요한 일을 열심히 수행하고 있지요.

 세포벽은 세포막의 바깥에 있으면서 단단하게 세포를 보호하는 역할을 하지만 뭔가를 조절하는 기능은 없어요. 그리고 세포막의 구조는 모든 생물에서 동일하지만, 세포벽은 생물의 종류에 따라 다른 구성 성분과 다른 구조를 가지고 있어요. 세포막은 모든 생물의 세포에 있지만, 세포벽은 식물, 곰팡이나 버섯 종류, 식물성 원생생물, 세균들의 세포에 있답니다.

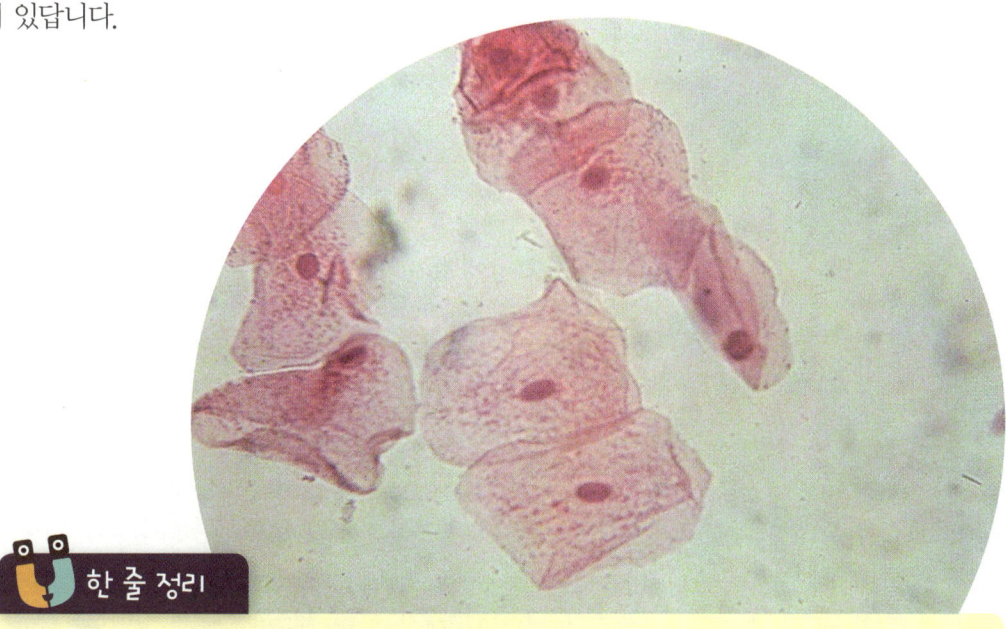

한 줄 정리

세포막 : 모든 세포에 있으며, 세포를 감싸는 막
   : 세포가 살아가는 데 필요한 여러 기능을 수행한다.
세포벽 : 세포막 바깥에 있는 단단한 벽. 주로 보호와 모양 유지를 담당한다.

초등학교 5-6 식물의 구조와 기능
중학교 1-3 식물과 에너지

02 엽록소 VS 엽록체

엽록소 VS 엽록체 속으로

자연, 하면 어떤 색깔이 떠오르나요? 파란 하늘이나 붉은 태양을 떠올릴 수도 있지만 대부분 녹음이 우거진 산과 들을 떠올릴 거예요. 신기하게도 우리는 산과 들의 녹색 빛을 보면 마음뿐만 아니라 눈의 피로도 한결 덜해진다고 하네요. 그런데 이렇게 마음과 눈을 편안하게 해 주는 산과 들은 무엇 때문에 녹색을 띨까요? 바로 식물 잎 때문이랍니다.

★**광합성**
빛 에너지를 받아서 식물이 물과 이산화탄소를 포도당으로 합성하는 작용

눈이 편안한 녹색을 띠는 식물 잎은 *광합성까지 해서 산소도 공급해 주니 정말 고마울 따름이지요. 이 식물 잎은 잎을 구성하는 세포에 들어 있는 무언가 때문에 녹색을 띤다고 해요. 무엇일까요? 엽록소? 엽록체? 여러분은 무엇이라고 생각하나요? 이 둘이 같은 말인지 다른 말인지 정확히 알고 있나요? 아니면 둘 다 맞다고 생각하나요?

엽록체는 무슨 색이고 엽록소는 무슨 색일까? 모두 녹색이지만 이 둘이 녹색으로 보이는 이유는 같지 않단다. 투명한 비닐봉지에 빨간색 구슬을 넣으면 비닐봉지가 빨간색으로 보이지? 실제 빨간색처럼 보이는 원인이 구슬인 것처럼 엽록체가 녹색으로 보이는 원인은 엽록체 안에 있는 색소, 엽록소 때문이야. 둘 다 녹색이면서 이름이 비슷하다 보니 헷갈릴 수 있지만 둘은 축구장과 축구공처럼 완전히 다르단다. 이 둘이 어떻게 다른지 지금부터 살펴볼게.

PART 03 생명과학

식물 잎이 우리 눈에 녹색으로 보이는 이유는 잎에 있는 색소들이 녹색 빛을 반사하기 때문이에요. 식물 잎을 좀 더 자세히 들여다볼까요?

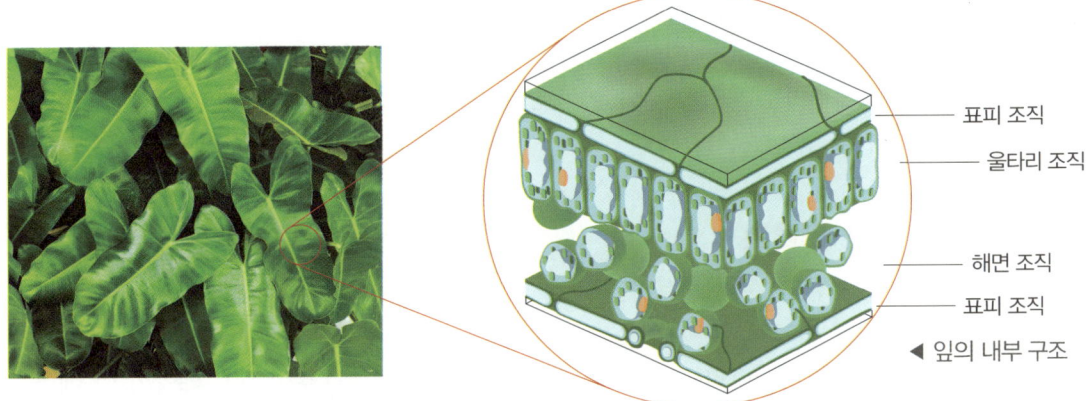

- 표피 조직
- 울타리 조직
- 해면 조직
- 표피 조직

◀ 잎의 내부 구조

잎에는 많은 세포가 있지만 모두 녹색이 아니랍니다. 녹색 알갱이가 있는 세포가 많지만 그렇지 않은 세포도 있지요. 잎의 바깥을 이루는 세포들은 대부분 녹색 알갱이가 없어서 투명하게 보이는 *표피 세포랍니다. 녹색 알갱이를 가지고 있는 세포는 태양 빛을 이용해서 광합성을 하는 중요한 일을 맡고 있습니다. 이 녹색 알갱이인 엽록체에서 광합성이 일어난답니다.

그럼, 좀 더 자세하게 엽록체와 엽록소의 차이를 알아볼까요?

★표피 세포
식물체 표면을 이루며 내부를 보호하는 세포. 표피 세포에는 대부분 엽록체가 없습니다. 잎 앞면에 있는 표피 세포는 렌즈처럼 빛을 모아 주는 역할도 담당하지요.

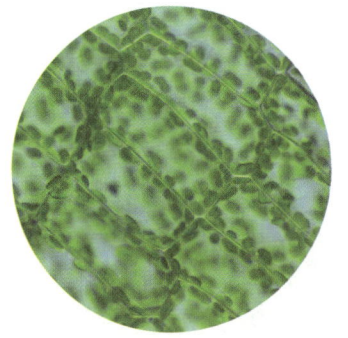

◀ 광합성 하는 식물 세포에 들어 있는 엽록체

🔍 엽록소

생물의 몸에는 다양한 색소 단백질이 있습니다. 피가 붉게 보이는 이유인 혈색소 *헤모글로빈, 햇빛에 그을은 피부를 갈색으로 보이게 해 주는 멜라닌도 모두 색소 단백질이지요. 엽록소는 식물을 녹색으로 보이게 해 주는 색소 단백질입니다. 생물의 몸에 있는 여러 색소 단백질은 각각 맡은 일들이 있습니다. 헤모글로빈은 산소와 결합해서 산소를 옮기고, 멜라닌은 자외선에서 피부를 보호해 준답니다. 엽록소도 식물 잎에서 태양 빛을 흡수하는 역할을 합니

★헤모글로빈
적혈구 막에 있는 혈색소. 산소를 옮기는 역할을 담당합니다.

엽록소 vs 엽록체 | **189**

> ★ 가시광선
> 태양광을 구성하는 빛에서 우리 눈으로 구별할 수 있는 영역의 빛. 파장이 400~700nm 사이에 있는 빛이 해당합니다.

다. 엽록소가 태양 빛을 흡수하지 않으면 광합성을 할 수 없어요. 엽록소는 태양 빛의 *가시광선에서 다른 빛은 흡수하고 녹색만 반사해 녹색으로 보인답니다. 엽록소가 반사한 녹색 빛이 우리 눈에 들어올 때 엽록소가 많이 모여 있으면 녹색으로 보이지요. 엽록소는 너무 작은 입자여서 학교에 있는 현미경을 사용하더라도 관찰할 수가 없어요. 이와 달리 엽록체는 현미경으로 그 모습을 확인할 수 있답니다.

엽록체

동물인 우리는 무얼 먹고 살까요? 맛있는 음식들이 떠오르지요? 그렇다면 물만 먹고도 살 수 있을까요? 아무래도 힘들겠지요. 그런데 식물은 물만 먹고도 살 수 있답니다. 스스로 유기 양분을 만들기 때문이에요. 태양의 빛 에너지와 물, 이산화탄소를 이용해서 유기 양분을 만드는 식물 세포의 소기관이 엽록체입니다. 엽록체에는 태양 빛을 흡수하는 엽록소를 비롯한 광합성 색소들이 많이 있답니다. 물론 엽록소 양이 가장 많아서 엽록체가 녹색으로 보이지요. 엽록체에서는 태양 빛이 흡수되고, 이 빛 에너지는 여러 과정을 거쳐서 포도당을 구성하는 데 이용된답니다. 엽록체는 일종의 포도당을 만드는 공장이라고 생각할 수 있어요. 어떤 식물 세포에 엽록체가 많다면? 그곳에서 많은 포도당이 합성되고 있다는 말이에요. 간혹 식물은 빛을 받으면 엽록체를 많이 만들어서 광합성을 하기도 한답니다. 햇빛에 노출해 놓았을 때 녹색으로 변하는 흰색 무를 관찰한 적이 있나요? 이는 녹색으로 바뀐 부위의 세포에 엽록체가 많아졌기 때문이에요. 물론 엽록체 내부의 엽록소 때문에 녹색으로 보이지요.

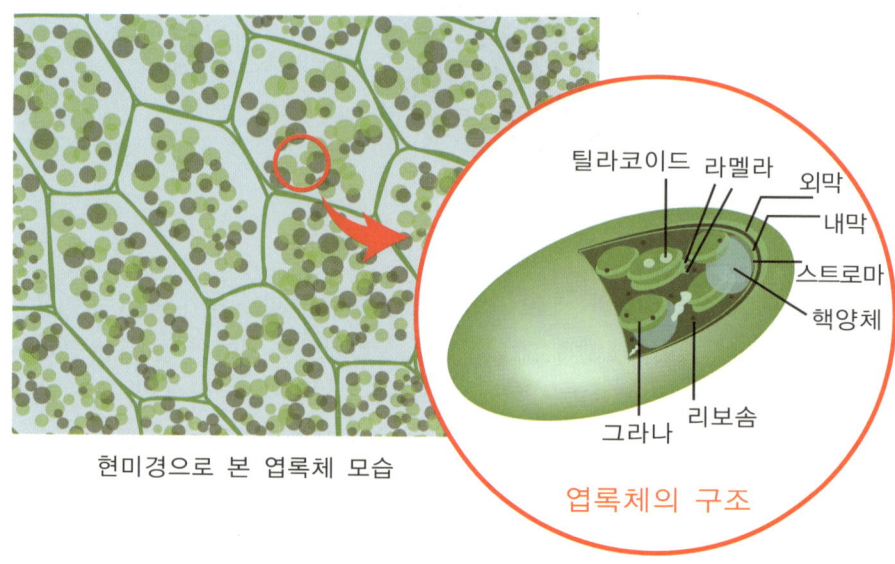

현미경으로 본 엽록체 모습

엽록체의 구조

엽록소와 엽록체는 이렇게 쓴대!

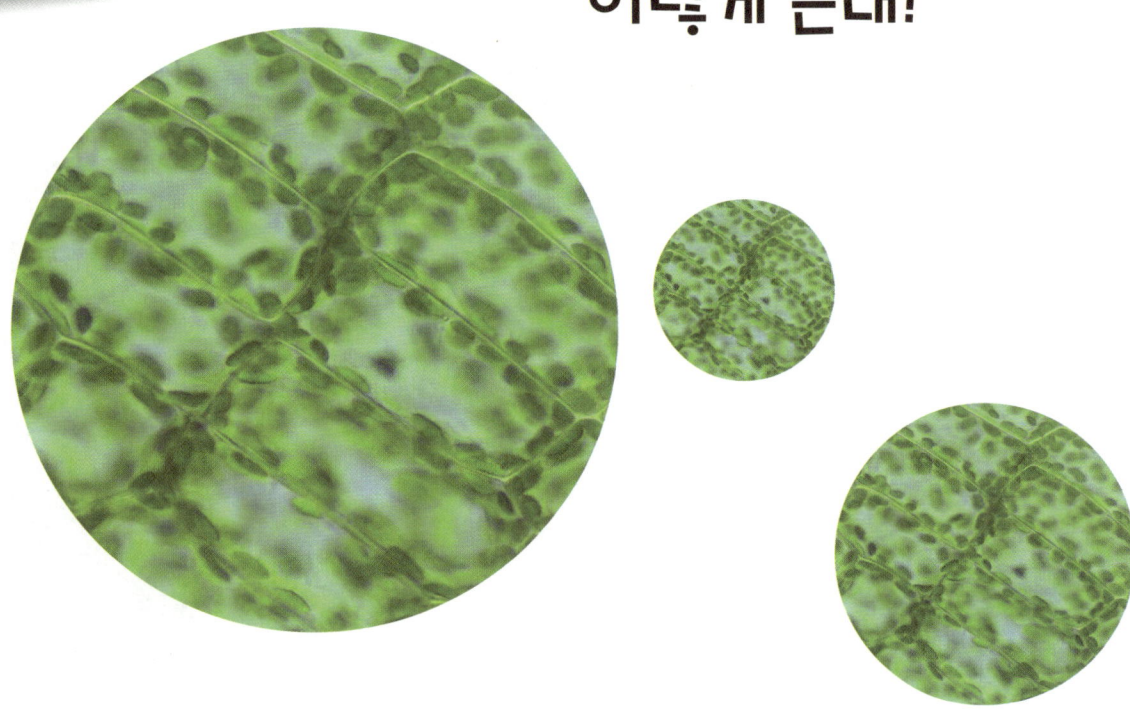

축구장과 축구공이 다른 건 너무 당연하지요? 축구공이 중요한 역할을 하지만 축구장과 똑같다고 할 수는 없듯, 엽록소와 엽록체도 마찬가지랍니다. 엽록소는 엽록체에 있는 색소예요. 엽록소는 태양 빛을 흡수하는 중요한 역할을 하지만 포도당을 만드는 복잡한 과정이 일어나는 엽록체와 확실히 다르지요. 포도당이 합성되는 장소는 엽록체이며, 엽록체에 있으면서 녹색을 띠고 있는 색소로 태양 빛을 흡수하여 에너지를 전달하는 것이 엽록소입니다. 엽록체는 사실 엽록소 때문에 녹색으로 보인답니다. 따라서 식물 잎이 녹색으로 보이는 이유는 엽록소 때문이고, 포도당을 만드는 광합성 장소는 엽록체라고 정리할 수 있어요.

한 줄 정리

엽록소 : 엽록체에 있는 녹색 색소 단백질
: 태양 빛을 흡수한다.
엽록체 : 식물 세포에 있는 광합성을 담당하는 소기관

중학교 1-3 식물과 에너지

03 유기 양분 VS 무기 양분

유기 양분 VS 무기 양분 속으로

학교에서 돌아온 수정이는 생일 선물로 받은 산세비에리아 화분에 꽂혀 있는 작은 노란색 병을 보고 깜짝 놀랐습니다. '누가 이상한 걸 꽂아 둔 거야?' 하면서 빼려는 순간, 그냥 두라는 어머니의 외침이 들렸습니다. 산세비에리아가 잘 자라지 못하는 것 같아 양분을 꽂아 뒀다고 하셔서 안심했지요. 그런데 곰곰이 생각해 보니 계속 궁금증만 커졌어요. 식물은 빛을 비춰 주고 물만 주어도 스스로 양분을 만들 수 있다고 배웠는데, 왜 양분을 줘야 하는지 의아했거든요.

산세비에리아가 빛을 받아도 양분을 만들지 못하는 것일까요? 식물이 만드는 양분과 화분에 꽂아서 제공하는 양분은 같은 것일까요, 다른 것일까요?

★**식물 영양제 성분**
종류에 따라 성분이 다르지만, 질소를 제공하는 요소, 수용성 망간, 수용성 아연 같은 무기 양분이 들어 있습니다.

▲ *식물 영양제가 꽂혀 있는 화분

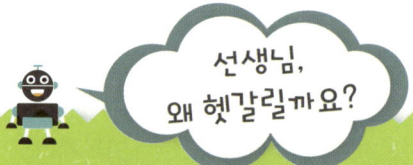

선생님, 왜 헷갈릴까요?

양분과 관련해서 흔히 쓰는 문장들을 살펴볼까?
"양분을 충분히 섭취했더니 힘이 난다." "이 땅에는 양분이 풍부해서 농사가 잘된다."
"양분을 골고루 섭취해야 키가 빨리 커진다."

이러한 표현들에는 유기 양분과 무기 양분이 구별되지 않고 생략되어 쓰이고 있어. 그래서 두 가지가 같은 뜻으로 쓰인다고 생각하는 거야. 유기 양분과 무기 양분을 공부할 때는 양분을 섭취했을 때 얻어지는 결과가 무슨 영향을 미치는지. 또 무엇을 포함하고 있는지를 각각 알아두면 편해.

생명과학

산세비에리아에 꽂은 양분은 유기 양분이었을까요? 무기 양분이었을까요? 식물에게 물을 주고 빛을 비췄을 때 만드는 양분은 유기 양분의 한 종류인 *포도당이에요. 유기 양분이 만들어질 때 태양이 준 빛 에너지는 유기 양분 내에 다른 형태의 에너지로 바뀌어 저장됩니다. 오로지 식물만이 이런 일을 할 수 있답니다. 동물이 에너지를 얻고 싶다면 식물을 먹어서 식물이 가진 유기 양분을 섭취하는 방법이 있어요. 아니면 다른 동물을 잡아먹어서 그 동물에 있는 유기 양분을 섭취해야만 하지요.

그럼 산세비에리아 화분에 꽂은 작은 병 속 양분은 무엇이었을까요? 바로 무기 양분입니다. 생물은 에너지를 얻기만 해서는 건강한 생활을 할 수가 없어요. 무기 양분이 많이 도와주어야만 하지요. 식물에게 필요한 대표 무기 양분은 칼륨, 인 등이 있답니다. 동물들도 마찬가지로 무기 양분이 필요하지요. 철분이 부족하면 산소를 많이 옮기지 못해서 빈혈에 시달린다는 말을 들어봤지요? 그럼 양분은 무엇이고, 유기 양분과 무기 양분은 어떻게 다른지 알아보기로 해요.

★포도당
생물의 몸에서 흡수되어 에너지원으로 사용하는 가장 기초적인 당류

유기 양분

양분은 *영양이 되는 성분입니다. 따라서 생물의 생명·건강·성장 등에 필요한 영양 성분이라고 할 수 있습니다.

유기 양분은 생물체에서 생기는 양분을 뜻합니다. 생물체가 만드는 유기 양분은 식물처럼 스스로 유기 양분을 만드는 '생산자'가 있어야 해요. 생산자가 만든 유기 양분은 다양하게 바뀌어 생산자에 의해 이용되거나 저장됩니다. 영양을 소비하는 동물들은 이런 생산자를 먹어서 유기 양분을 얻는답니다. 대표 유기 양분으로는 포도당·녹말·단백질·지방 등이 있어요. 단 음식에 많이 들어 있는 설탕도 바로 그런 종류이지요.

유기 양분과 비슷한 용어로 유기물이 있습니다. 유기 양분은 유기물의 일종이에요. 유기물은 좀 더 넓은 의미로 사용되며 탄소를 포함하는 화합물을 뜻합니다. 그래서 마취제로 사용했던 에테르, 많은 물건의 재료인 *플라스틱도 유기물에 들어간답니다. 하지만 이것들을 유기 양분이라고는 하지 않아요. 양분은 생물의 생명·건강·성장 등에 필요한 영양 성분임을 다시 생각해 보면 그 이유를 알 수 있어요.

★영양
생명, 건강 유지 또는 몸을 성장시키는 데 필요한 성분을 섭취하는 일

★플라스틱
탄소·수소·산소가 주성분인 고분자 화합물로 다양한 종류가 있습니다.

무기 양분

　무기 양분은 지구 암석에서 생기는 양분으로 성분에 탄소를 포함하지 않습니다. 무기물에서 양분으로 쓰이는 것을 무기 양분이라고 합니다. 우라늄이나 납은 무기물에 속하지만, 생물체의 몸에서는 사용되지 않아서 무기 양분이라고 하지 않아요. 대표 무기 양분으로는 철·마그네슘·칼슘·인·칼륨·망간·아연 등이 있습니다. 무기 양분은 물에 녹은 후 체내로 흡수되어 생물체에서 일어나는 다양한 일을 도와주거나 뼈와 같이 몸을 구성하기도 해요. 무기 양분이 부족하면 생물들은 여러 가지 결핍증에 시달린답니다.

　대표적으로 철 성분이 부족하면 빈혈에 걸리고, 식물은 칼슘이 부족하면 잎이 하얗게 변하며 죽기도 하지요. 무기물이 체내에 흡수되려면 물에 녹아 있어야 해요. 이렇게 무기 양분이 물에 녹은 상태를 이온이라고 합니다. 많은 종류의 무기 양분이 생물이 살아가는 데 있어야 하지만 필요한 성분과 양은 그때그때 다르답니다.

　옛날에는 밭에 가축이나 사람의 똥을 비료로 뿌리기도 했지요? 똥에는 무기 양분도 있지만, 유기 양분도 많답니다. 그럼 똥을 뿌리면 식물이 자라는 데 어떤 점에서 도움이 되었을까요? 똥에 있는 질소 성분이 녹아서 식물에게 흡수되는 거랍니다. 공기 성분에서 가장 많은 질소는 물에 잘 녹지 않아서 식물이 바로 흡수하지 못해요. 그런데 똥에 있는 질소 성분은 물에 잘 녹아서 뿌리로 쉽게 흡수되거든요. 그래서 식물은 이렇게 무기 양분을 흡수하지요.

유기 양분과 무기 양분은 이렇게 쓴대!

식물이 뿌리를 통해서 흡수하는 양분은 물과 물에 녹은 무기 양분이라고 해야 합니다. 에너지를 얻으려고 만들었거나 섭취한 양분은 유기 양분이라고 해야 합니다. 그래서 식물은 무기 양분을 흡수하고 유기 양분을 만들어 낸다고 말하지요. 양분과 관련해 우리가 흔히 쓰는 말에서 유기 양분과 무기 양분을 구분해서 사용해 보면 아래와 같습니다.

"유기 양분을 충분히 섭취했더니 힘이 난다."
"이 땅에는 무기 양분이 풍부해서 농사가 잘된다."
"유기 양분과 무기 양분을 골고루 섭취해야 키가 빨리 커진다."

잘 이해했는지 확인 한번 해 볼까요? 여러분이 에너지를 얻으려고 밥을 먹었다면 주로 어떤 양분을 많이 섭취했을까요? 바로 유기 양분입니다. 밥의 원료인 쌀은 식물이 광합성을 통해 만들고 저장한 녹말이 가득하니까요. 그렇다면 식물이 잘 자라도록 땅에 뿌려 주는 비료는 유기 양분일까요? 아니면 무기 양분일까요? 바로 무기 양분입니다. 땅속의 물에 녹아서 식물 뿌리로 흡수되어 생장을 도와주기 때문이지요.

유기 양분: 생물체에서 생기는 양분으로 탄소를 포함한다.
: 생물체에서 에너지를 내거나 다양한 기능을 담당한다.
무기 양분: 지구 암석에서 생기는 양분으로 탄소를 포함하지 않는다.
: 생물체에서 다양한 활동을 도와주는 역할을 한다.

04 곁뿌리 VS 뿌리털

초등학교 5-6 식물의 구조와 기능
중학교 1-3 식물과 에너지

곁뿌리 VS 뿌리털 속으로

오늘 하루 동안 먹은 반찬을 떠올려 볼까요? 우리가 먹은 채소에서 *뿌리에 해당하는 것은 무엇이 있을까요? 당근·무·고구마·감자·콩나물·연근·우엉으로 만든 반찬을 먹었다면, 앞서 나열한 것 중 뿌리는 당근·무·고구마·콩나물·우엉입니다. 주로 먹는 부위가 뿌리가 아닌 채소는 무엇일까요?

땅속에 있어서 뿌리로 생각하기 쉽지만 감자는 줄기랍니다. 줄기에서도 많은 양분을 저장하는 덩이줄기이지요. 연근도 연꽃 아래 땅속에 있다고 해도 뿌리가 아니라 땅속줄기입니다. 연근의 한자를 보면 앞에 연은 '연꽃 연(蓮)' 자이고, 근은 '뿌리 근(根)' 자를 사용해요. 이는 연근이 땅속에 있어 뿌리로 오해한 것이지요. 연근은 정확히 연꽃 줄기랍니다.

쉽게 뿌리와 줄기를 구분하는 방법은? 끝이 뾰족뾰족한 형태를 띠면 보통 뿌리라고 해요. 둥근 형태를 띠면 보통 줄기라고 보아요. 뿌리 끝은 세포가 분열하여 길게 자라게 하는 생장점이 있습니다. '생장점'에서의 세포 분열은 뿌리를 일정한 방향으로 자라게 합니다.

식물의 구조에서 우리가 잘못 알고 있는 부분이나 헷갈리는 부분에는 무엇이 있을까요? 뿌리에서만 보면 뿌리털과 곁뿌리가 있을 텐데요, 여러분은 둘을 구분할 수 있나요?

★ 뿌리의 다양한 종류

종류	예
저장뿌리	당근, 무
기생뿌리	겨우살이
부착뿌리	담쟁이덩굴
물뿌리	부레옥잠, 개구리밥
버팀뿌리	옥수수
호흡뿌리	맹그로브

▲ 우엉

▲ 연근

▲ 고구마

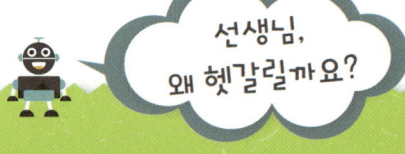
선생님, 왜 헷갈릴까요?

뿌리 일부분인 뿌리털과 곁뿌리는 단어가 주는 유사성 때문에 많이 헷갈리곤 해. 뿌리에 난 털? 곁에 난 뿌리? 이런 생각으로 이어지는 거지. 콩나물을 기르는 과정으로 이 둘을 구분해 볼까? 어두운 곳에서 물을 충분히 주며 콩을 기르면 우리가 먹는 콩나물이 된단다. 물을 깜박하고 주지 않으면 수염처럼 콩나물에 얇은 뿌리가 생기지? 이건 곁에 난 뿌리인 곁뿌리고, 곁뿌리 주변으로 뿌리에 난 털이 뿌리털이지. 지금부터는 '뿌리'라는 말에 집중해서 헷갈리지 말고 어디에, 어떻게 나 있는 것이 어떤 뿌리인지 살펴봐야 해.

PART 03 생명과학

🔍 곧은뿌리(주근계)

쌍떡잎식물과 겉씨식물이 가지는 뿌리입니다. 원뿌리와 곁뿌리를 모두 가지는데 이런 형태의 뿌리를 곧은뿌리라고 해요. 보통 중심에 굵은 뿌리인 원뿌리를 가진답니다.

예) 냉이, 배추, 당근

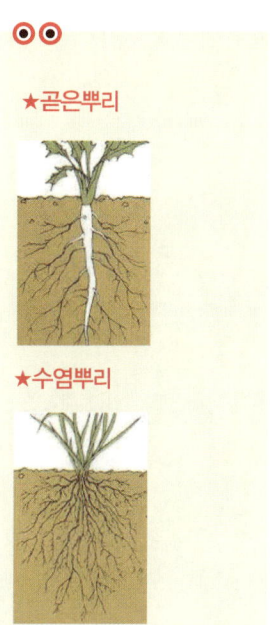

★곧은뿌리

★수염뿌리

🔍 수염뿌리(수근계)

외떡잎식물은 보통 원뿌리가 퇴화하고 이차적으로 뿌리가 생깁니다. 이 뿌리가 수염뿌리예요. 수염뿌리는 중심에 굵은 뿌리가 없답니다.

예) 마늘, 양파

🔍 원뿌리(주근=1차근)

식물의 종자에 있었던 뿌리가 자라난 첫 번째 뿌리를 말합니다. 굵기가 굵으며, 식물을 지지하고 양분을 흡수해 저장하는 역할을 하는 뿌리랍니다. 쌍떡잎식물과 겉씨식물이 가지고 있어요.

🔍 곁뿌리(측근=2차근=옆뿌리)

곁뿌리는 씨앗에서 처음 자란 원뿌리 주변에 생기는 뿌리입니다. 식물 내부에서 깊숙한 곳의 구조인 내초내피와 관다발 사이에서 만들어져요. 뿌리털과 비슷하게 물과 양분 흡수를 돕지만, 세포 한 개로 구성된 뿌리털과 달리 세포 여러 개로 구성되어 있어요. 식물체를 땅속에 지지하도록 하는 등 여러 기능을 담당한답니다.

곁뿌리 vs 뿌리털

🔍 뿌리털(근모)

뿌리털은 말 그대로 뿌리에 나는 털입니다. 뿌리의 표피 세포 한 개가 길게 자라서 땅과 만나는 면적을 넓혀 뿌리에서의 물과 양분의 흡수를 도와줘요. 물속에서 자라는 식물은 땅에서 자라는 식물보다 뿌리털이 잘 자라지 않아요. 이는 물이 풍부해서 에너지를 소비해 뿌리털을 만들 필요가 없기 때문이랍니다.

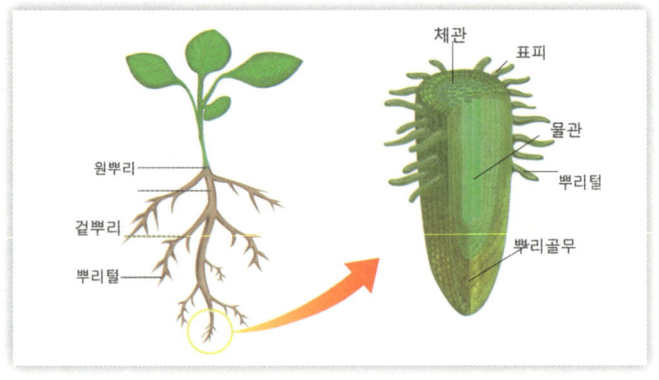

이렇게 정리해도 어려울 수 있어 채소로 설명해 보겠습니다.

당근을 보면 우리가 주로 먹는 부분이 원뿌리입니다. 그 주변에 실처럼 나온 부분이 곁뿌리예요. 표피를 자세히 보면 보이는 얇은 솜털 같은 것이 뿌리털입니다. 무도 우리가 주로 먹는 부분이 원뿌리, 요리하기 전에 손질하는 전선 굵기의 뿌리가 곁뿌리, 자세히 보아야 보이는 솜털이 뿌리털입니다.

당근과 무는 원뿌리와 곁뿌리를 가진 곧은뿌리가 있는 쌍떡잎식물입니다. 우리가 먹는 채소 중 파는 외떡잎식물로 원뿌리와 곁뿌리가 아닌 수염뿌리를 가집니다.

◀ 봉선화 씨앗에서 보이는 원뿌리·곁뿌리·뿌리털

곁뿌리와 뿌리털은 이렇게 쓴대!

곁뿌리는 굵은 실처럼 비교적 굵지만, 뿌리털은 매우 얇습니다. 콩나물을 기를 때 물을 잘 주지 않아 나는 얇은 뿌리를 뿌리털이라고 불러서는 안 됩니다. 정확하게는 곁뿌리라고 불러야 하지요. 그리고 곁뿌리나 원뿌리를 자세히 관찰했을 때 보이는 솜털 같은 부분을 뿌리털이라고 불러야 합니다.

한 줄 정리

곁뿌리 : 원뿌리 옆에 나는 비교적 두꺼운 뿌리
: 세포 여러 개로 이루어져 있다.

뿌리털 : 원뿌리나 곁뿌리에 나는 솜털처럼 얇은 뿌리의 털
: 세포 한 개로 이루어져 있다.

05 풀 VS 나무

초등학교 5-6 식물의 구조와 기능
중학교 1-3 식물과 에너지

풀 VS 나무 속으로

　〈삼국유사〉에는 일명 '임금님 귀는 당나귀 귀'라고 알려진 경문왕의 귀 이야기가 전해집니다. 왕이 되고 얼마 뒤부터 경문왕은 귀가 당나귀처럼 길어집니다. 이 사실은 왕의 모자인 *복두를 만들고 고치는 복두장이만 알고 있었습니다. 복두장이는 죽기 전까지 이 비밀을 간직하였지만, 답답함을 이기지 못했답니다. 참다못해 죽기 전 대나무 밭에 들어가 "임금님 귀는 당나귀 귀!"라고 외쳤지요. 그 이후부터 바람이 불 때면 대나무 밭에서 "임금님 귀는 당나귀 귀!"라는 소리가 들렸다고 해요. 그런데 이 설화 속에 나오는 대나무는 나무일까요, 풀일까요? 그리고 대나무 숲보다는 왜 대나무 밭이라는 표현을 더 많이 사용할까요?

★복두
신라 시대부터 조선 시대까지 쓴 관의 하나

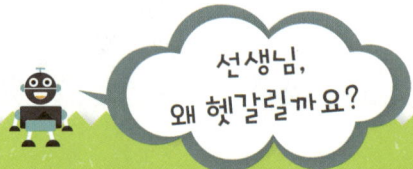

선생님, 왜 헷갈릴까요?

　보통 식물은 나무와 풀로 구분하지. 우리는 풀과 나무를 식물의 한 범위 안에 들어가는 무엇이라고 생각할 거야. 풀과 나무를 구분하는 기준은 보통 식물의 '크기'를 이용하곤 해. 하지만 크기가 큰 식물도 나무가 아니라 풀인 경우도 있어. 따라서 크기만을 가지고 풀과 나무를 구분하기는 어렵지. 또 많이 사용하는 구분 기준으로 식물의 '수명'을 따지기도 해. 보통 한두 해를 살면 풀, 여러 해를 살면 나무라고 생각하지 않니? 그런데 풀에서도 여러 해를 사는 경우가 많이 있단다. 이런 구분 기준을 모르다 보니 대나무가 풀인지 나무인지 헷갈릴 수밖에 없어. 우리가 나무와 풀을 혼동하여 사용하는 예를 알아보고 주변 식물을 풀과 나무로 나눠 보면 잘 구분할 수 있을 거야.

PART 03 생명과학

풀과 나무를 구분하는 가장 좋은 기준은 무엇일까요?

첫 번째는 '목질화'입니다. 여러 해를 산다고 해도 가지나 줄기의 목질화가 진행되지 않으면 풀이라고 보아야 합니다. 여기서 목질화는 식물 줄기가 시간이 지나며 단단해지는 과정에서 식물 세포 벽에 *리그닌이라는 물질이 쌓이는 것을 말해요.

두 번째는 '부피 생장'입니다. 부피 생장의 증거는 나이테입니다. 나이테는 봄, 여름과 가을, 겨울에 식물이 자라는 속도에 차이가 있어서 생긴답니다. 식물 줄기는 따뜻한 봄과 여름에 많은 부피 생장이 이루어져 색이 연하고 두꺼운 층을 만들지요. 추운 가을과 겨울엔 적게 부피 생장이 이루어져 색이 진하며 얇은 층이 생기는데, 이것이 반복되어 나이테가 생깁니다. 풀은 나이테가 나타나지 않습니다. 여러 해를 사는 풀이라도 첫해 이후로는 형성층 활동이 거의 일어나지 않아 부피 생장이 일어나지 않아요.

> ★리그닌
> 셀룰로오스와 헤미셀룰로오스와 함께 목질을 이루는 성분이에요. 세포가 자랄 때마다 세포 사이나 세포벽에 들러붙어 목질을 강하게 합니다.

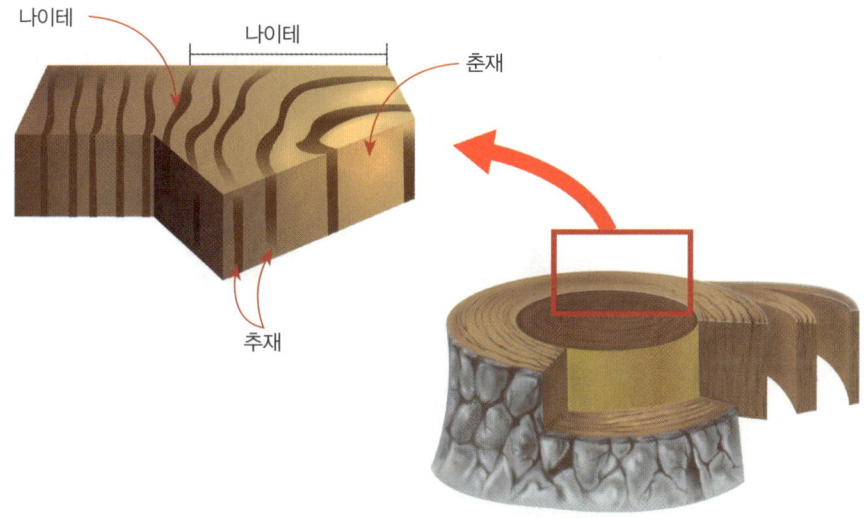

풀

풀은 한자로 초본이라고 부릅니다. 풀은 목질화가 일어나지 않고 형성층의 활동으로 부피 생장이 거의 없어 나이테가 나타나지 않아요.

풀은 보통 몇 년을 사느냐에 따라 한해살이풀과 한두해살이풀, 여러해살이 풀 등으로 나눕니다. 풀에 해당하는 대표 식물에는 벼과의 쌀·보리·옥수수·대나무·밀 등이 있어요. 대체로 모습이 얇고 길쭉한 잎을 가지지만 예외도 있으니 주의해야 합니다.

🔍 나무

나무는 한자로 목본 또는 수목이라고 부릅니다. 보통 풀보다 크기가 크고, 오랜 기간을 살지만, 크기나 사는 기간이 아니라 목질화와 부피 생장을 하면 나무라고 불러요. 나무는 여러 해를 살면서 첫해 이후로도 계속 형성층의 활동으로 부피 생장이 일어나는데요, 특히 가을, 겨울철의 부피 생장으로 나이테가 나타나는 식물입니다. 보통 크기와 잎의 모양, 잎의 생장 기간 등으로 구분할 수 있습니다. *크기를 기준으로는 교목, 관목으로 나누고 그 사이의 키를 가지는 나무를 아교목으로 표현합니다. 이 기준은 정확히 정해져 있지는 않지만, 보통 2m와 8m를 기준으로 나누어요. 교목은 키가 큰 나무로 보통은 8m가 넘는 나무를 말하며, 큰 줄기를 가진답니다. 관목은 키가 작은 나무로 보통 2m 이하의 나무를 말하며, 가는 줄기를 여러 갈래 가집니다. 그 사이의 키를 가지는 나무를 아교목이라고 부르지요.

잎 모양으로는 침엽수바늘잎나무와 활엽수넓은잎나무로 나누는데 중간 성격을 띠기도 합니다. 소나무 등이 침엽수이고, 도토리나무라고 불리는 참나무가 활엽수입니다.

잎의 생장 기간으로는 상록수늘푸른나무와 낙엽수갈잎나무로 나누는데요, 겨울에 잎이 떨어지지 않고 생존하면 상록수, 떨어지면 낙엽수라고 하며 나무가 자라는 여러 조건에 따라 달라지기도 합니다.

★식물 크기에 따른 분류

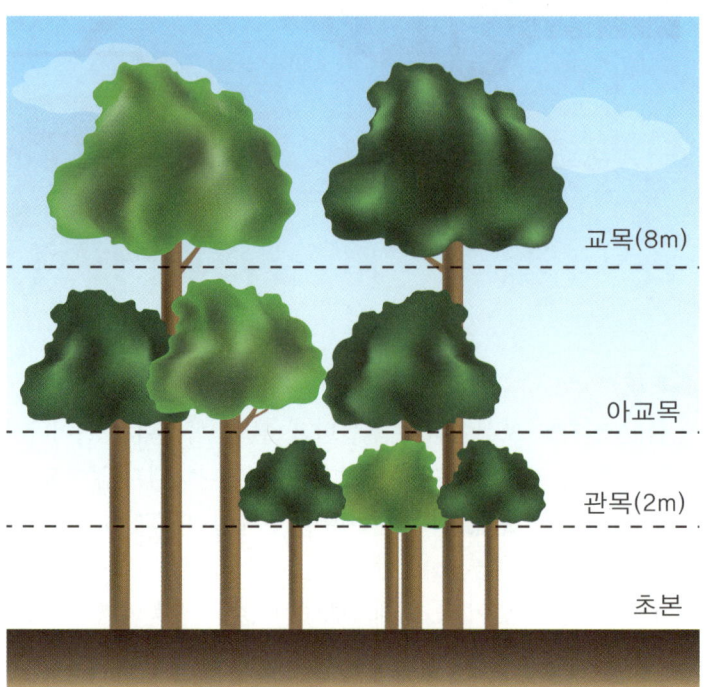

풀과 나무는 이렇게 쓴대!

풀과 나무를 구분하는 기준은 목질화와 부피 생장 여부입니다. 둘 다 하지 않으면 풀, 둘 다 하면 나무라고 합니다.

대나무 뿌리는 수염뿌리로 외떡잎식물이 가지는 특징이 있습니다. 대나무는 다른 외떡잎 식물들보다 수명이 길지만 분명 2년 차 이후 형성층 활동으로 부피 생장을 하지 않아 풀로 보는 게 맞습니다. 그리고 숲은 보통 나무들이 모여 있는 공간인데요. 밭은 물을 채우지 않고 작물을 기르는 땅이나 식물이 많이 난 곳을 말하기 때문에 대나무 숲보다는 대나무 밭이 더 알맞은 표현이에요.

선인장은 어떨까요? 선인장은 다육 식물의 일종입니다. 건조한 환경에 적응하려고 잎을 없애버리거나 가시로 변형시키는 식물이지요. 그 크기가 사람 키보다 크기도 하지만 선인장은 풀입니다.

야자 역시 대나무와 유사하게 여러 해를 살면서 나무로 불리지만 부피 생장이 없어서 풀에 속한다고 봐야 해요.

- 풀 : 초본이라 하며 목질화가 이뤄지지 않고, 부피 생장이 없어 나이테가 없다.
- 나무 : 목본이라 하며 목질화가 이뤄지고 부피 생장을 하여 나이테가 있다.

06 증산 VS 호흡

초등학교 5-6 식물의 구조와 기능
중학교 1-3 식물과 에너지

증산 VS 호흡 속으로

현미경으로 잎 뒷면을 관찰해 본 적이 있나요? 맨눈으로는 보지 못했던 작은 구멍들을 많이 볼 수 있을 것입니다. 이 구멍을 *기공이라고 한답니다. 기공이라는 말에서 공기가 이동하는 곳이라는 느낌이 들지요? 맞아요. 이 기공을 통해서 산소와 이산화탄소가 이동합니다. 그리고 잎에 있던 수분이 공기로 빠져나가기도 하지요. 기공이 활짝 열릴수록 수분은 더 잘 빠져나갈 수 있어요. 이렇게 기공을 통해 수분이 증발되어 빠져나가는 것을 '증산 작용'이라고 합니다. 그렇다면 기공을 통해 산소와 이산화탄소가 이동하는 것도 '호흡'이라고 할까요?

★ 기공
잎에 있는 작은 구멍. 기공 주변의 공변세포가 열리고 닫힘을 조절합니다.

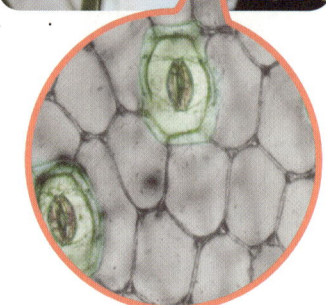

▲ 현미경으로 본 기공과 공변세포

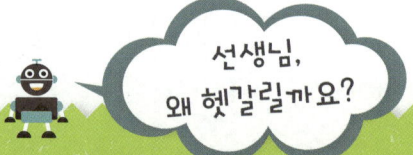

선생님, 왜 헷갈릴까요?

★ 기체 교환
산소나 이산화탄소가 확산에 의해 이동하는 과정

기공이 열리면 어떤 일들이 일어날까? 동물의 코로 공기가 드나들면서 호흡이 일어나듯, 식물에서도 기공을 통해 공기가 드나들면서 호흡이 일어난다며 자칫 동물과 식물을 동일하게 여길 수가 있어. 동물의 코와 식물의 기공을 아예 똑같은 코로 생각해 버리는 거지. 동물과 공기 사이에서 일어나는 *기체 교환은 항상 산소가 몸 안으로 들어오고, 이산화탄소가 몸 밖으로 나가는 호흡만 있단다. 식물은 두 가지 기체 교환이 일어나. 하나는 식물의 몸 안으로 산소가 들어오고 이산화탄소는 나가는 과정. 또 하나는 식물의 몸 밖으로 산소가 나가고 이산화탄소가 들어오는 과정. 엄연히 다른 차이가 있는 데도 증산과 호흡을 막연히 비슷한 현상이라고 오해하는 거야. 증산과 호흡을 공부할 때는 이 두 작용이 무엇이 들어오고 나가는지. 또 어디에서 일어나는 작용인지 나누어서 알아두어야 해.

204 | 생명과학

PART 03 생명과학

🔍 증산

　동물인 우리는 콧구멍을 통해서 공기가 드나들지요? 식물 잎의 기공을 통해서는 어떤 일들이 일어날까요?

　미국 레드우드 국립 공원에는 110m가 넘는 키를 자랑하는 메타세쿼이아가 있습니다. 그리고 세계 곳곳에는 20m가 훌쩍 넘는 높이를 가진 나무들이 많이 있어요. 우리 주변에 있는 나무들은 키가 얼마나 될까요? 건물 2~3층 높이에 이르는 나무들이 꽤 많답니다. 그런 나무들도 푸른 잎을 자랑하고 있어요. 이렇게 큰 나무들이 땅속뿌리로 빨아들인 물은 어떻게 꼭대기에 있는 잎까지 갈 수 있는 걸까요?

▲ 메타세쿼이아

　잎 뒷면에 많이 있는 기공은 햇빛이 강한 낮에 열리고, 저녁에 닫힙니다. 기공 주변에 있는 *공변세포 두 개가 커지거나 작아지면서 기공을 열리거나 닫히게 합니다. 햇빛이 강한 낮에 기공이 열리면 빠른 속도로 잎의 수분이 증발되면서 수증기 형태로 배출되는데, 이 작용이 증산입니다. 수분이 증발되는 과정에서 물을 끌어올리는 힘이 생기고, 그 힘으로 키 큰 나무에서도 뿌리에서 꼭대기까지 물이 이동하지요. 증산 작용으로 액체였던 수분이 기체로 바뀌면서 주변 열을 빼앗는답니다. 덕분에 태양 빛이 뜨거운 한낮에도 식물의 체온이 낮춰지고 주변이 서늘해진답니다. 기공의 중요한 역할은 증산 작용으로 물의 운반을 도와주고, 식물의 체온 유지를 도와주는 것입니다. 기공이 열리면 증산 작용뿐만 아니라 산소와 이산화탄소가 교환되기도 합니다. 하지만 기체가 교환된다는 것과 호흡을 똑같다고 생각해서는 안 돼요.

> ★공변세포
> 기공 주변에 있으며 기공의 열고 닫힘을 조절하는 세포. 다른 표피 세포와 달리 엽록체가 있으며 광합성을 할 수 있습니다.

🔍 호흡

호흡은 생물체에서 에너지를 만들려고 일어나는 과정을 통틀어서 말합니다. 많은 생물들이 산소를 이용해서 에너지를 만드는데, 이러한 생물들은 몸 밖에 있는 산소를 몸속으로 받아들여야 합니다.

사람처럼 허파로 호흡하는 동물은 콧구멍을 통해 산소가 포함된 공기가 허파의 가장 안쪽에 있는 작은 주머니인 허파꽈리까지 들어갑니다. 또 허파꽈리를 둘러싸고 있는 모세혈관 내로 산소가 확산에 의해 이동한답니다. 이때 모세혈관 안에 높은 농도로 있던 이산화탄소는 허파꽈리 쪽으로 이동해서 콧구멍을 통해 공기 중으로 나오지요. 물고기는 아가미에서 이런 과정이 일어납니다. 허파나 아가미가 없어도 몸의 표면에서 직접 산소와 이산화탄소가 확산으로 교환되기도 해요.

동물만큼 활발하게 호흡하지는 않지만, 식물도 호흡을 위해 산소를 몸 안쪽으로 받아들여야 해요. 식물의 호흡은 잎과 줄기, 뿌리가 각각 담당한답니다. 광합성이 활발하게 일어나는 잎이나 녹색 줄기에서는 광합성 결과 식물 세포 내에서 산소가 생겨 이를 이용해서 호흡할 수 있어요. 그래서 잎이 계속 어둠 속에만 있으면 광합성뿐만 아니라 호흡에도 문제가 생기지요. 밤이 되면 기공이 닫히지만 완전하게 다 닫히지는 않아서 기공을 통해 적은 양이지만 산소가 유입될 수도 있습니다. 나무줄기의 호흡은 *피목이라는 작은 구멍으로 공기가 드나들면서 일어납니다. 나무줄기 안쪽은 죽어 있는 세포들로 이루어져 있어 호흡하지 않고 표면 쪽에 있는 세포들만 호흡한답니다. 뿌리에서는 토양 입자 사이의 공기에서 뿌리털 쪽으로 산소가 확산되어 들어와서 주변 조직으로 이동하여 호흡할 수 있습니다. 뿌리 주변이 물에 잠기면 공기층이 형성되지 않아서 뿌리 부분의 호흡이 제대로 일어날 수가 없지요. 그래서 식물이 있는 토양은 물이 적절히 있으면서도 잘 빠지는 구조가 좋아요.

★피목
나무줄기 껍데기 바깥쪽에 있는 작은 구멍. 이곳을 통해 줄기 내부로 기체가 들어갈 수 있습니다.

▲ 나무줄기의 피목

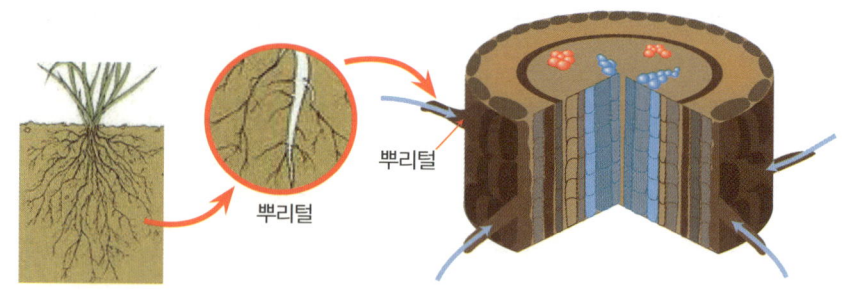

▲ 뿌리털을 통한 산소 이동

증산과 호흡은 이렇게 쓴대!

기공이 활짝 열려 있을 때 여기에서 무슨 일이 일어나고 있는지 설명하고 싶다면 증산 작용과 기체 교환이 일어난다고 말할 수 있어요. 하지만 기체 교환을 호흡이라고 해서는 안 됩니다. 기공이 활짝 열려 있다는 것은 광합성이 활발하게 일어나고 있다는 뜻이에요. 이때 기공을 통한 기체 교환은 산소가 몸 안으로 들어가는 것이 아니라 공기 중으로 내보내지고 있는 현상이에요. 그리고 기공을 통해 수분이 수증기로 증발되는 증산 작용이 있다는 중요한 사실을 잊지 않도록 해요. 증산 작용을 통해 식물은 뿌리에서 물을 끌어올리는 힘을 얻는답니다.

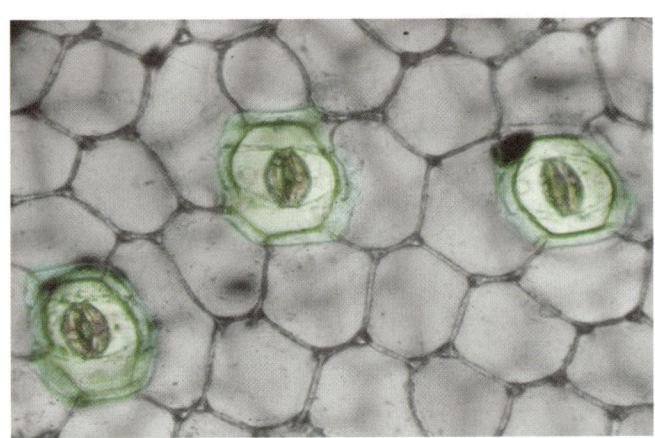

식물은 동물보다 호흡량이 적어서 많은 산소를 지속해서 받아들이지 않아도 돼요. 식물의 몸에는 호흡을 위한 특별한 기관이 없이 잎이나 줄기, 뿌리에서 각각 산소가 들어온답니다. 따라서 식물은 기공과 줄기, 뿌리 각각에서 산소가 안으로 들어온다는 사실을 기억하세요.

- **증산** : 기공을 통해 내부 수분이 수증기로 바뀌며 증발하는 과정
- **호흡** : 외부와 생물체 몸 사이에서 산소가 들어오고, 이산화탄소가 내보내지는 기체 교환

07 근시 VS 원시 VS 난시

초등학교 5-6 감각 기관의 종류와 역할, 자극 전달 과정
중학교 1-3 눈, 귀, 코, 혀의 구조와 기능

근시 VS 원시 VS 난시 속으로

우리 반을 가만히 둘러보면 안경 쓴 친구가 꽤 많지요? 이 친구들이 안경을 벗으면 가까운 것이 안 보일까요? 먼 것이 안 보일까요? 안경 쓴 친구들이 이야기하다 보면 "나는 근시야.", "나는 난시야."라는 말을 자주 합니다. 친구들 사이에서는 원시가 별로 없고 근시가 많지만, 할머니나 할아버지는 근시보다 원시가 많습니다. 왜 나이 많은 사람들은 원시가 많을까요? 그리고 근시와 원시, 난시의 차이점은 뭘까요?

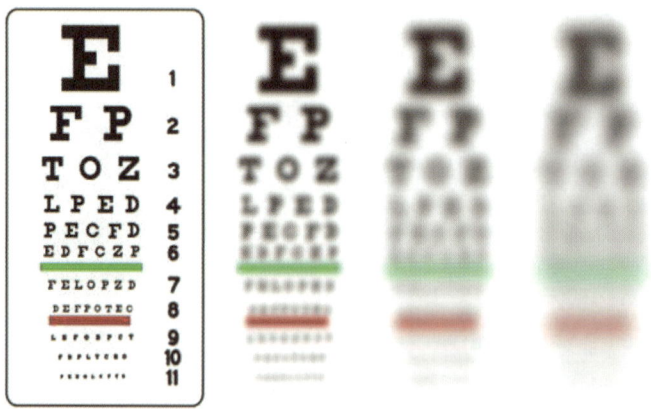

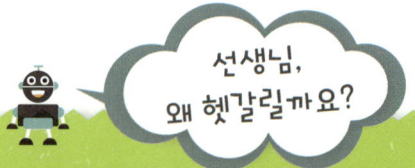

근시와 원시, 난시는 안구의 구조로 결정돼. 일단 친구들에게 근시와 원시, 난시는 자주 접하는 개념이 아닐 거야, 그렇지? 그런 데다가 안구의 구조와 맺히는 상의 관계는 참 복잡하단다. 사실 여기에 따라 근시냐, 원시냐, 난시냐가 더 정확하게 드러나는데 말이야. 근시와 원시, 난시를 공부할 때는 상이 어떤 거리에 흐릿하게 보이느냐, 선명하게 보이느냐를 정확하게 알아 둬. 그럼 이 개념들을 헷갈리는 일은 없을걸?

PART 03 생명과학

근시와 원시, 난시를 살펴보기 전, 우리 눈은 어떤 구조로 이루어져 있는지 살펴봅시다.

각막은 물체에 반사된 빛이 처음으로 들어오는 부분입니다. 각막을 통과하면서 *굴절된 빛은 수정체를 통과하며 한 번 더 굴절됩니다. 물체가 멀리 있는지 가까이 있는지에 따라 수정체는 더 볼록해지기도, 조금 편평해지기도 하면서 물체를 볼 수 있도록 조절해요. 수정체를 통과한 빛은 유리체를 지나는데요, 이 부분은 투명하고 젤리 같은 물질로 가득 차서 눈알이 구형을 유지할 수 있도록 해 준답니다.

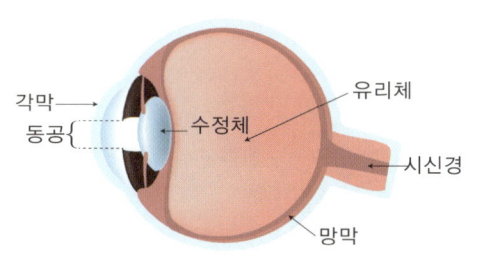

★굴절
빛이 직진하다가 다른 매질을 만나서 꺾이는 현상

각막과 수정체, 유리체를 통과한 빛은 상이 맺히는 망막에 도달하고 망막에 맺힌 정보는 시신경을 통해 뇌로 전달됩니다.

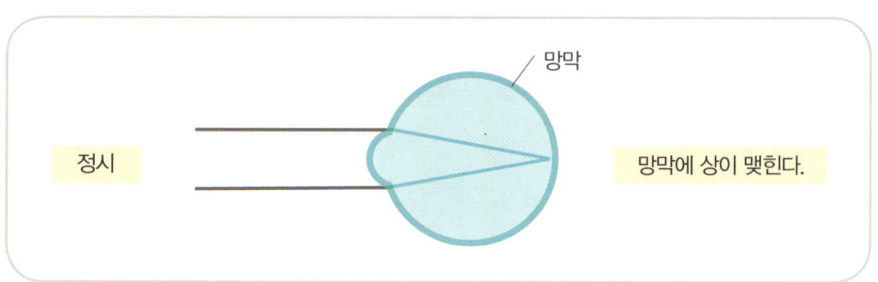

물체에서 반사된 빛은 수정체를 통해 망막에 상이 맺힙니다. 이를 정시라고 하며, 상이 바르게 잘 맺힌 상태입니다. 수정체의 볼록한 정도가 적당히 조절되고, 안구 길이가 잘 맞아서 망막에 상이 맺히면 안경 없이도 물체가 잘 보여요.

근시

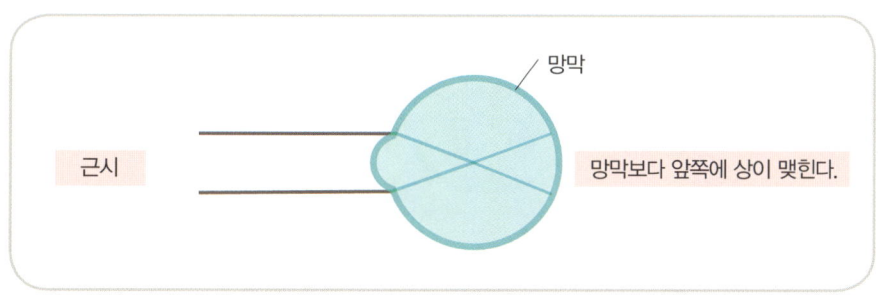

근시 vs 원시 vs 난시 | **209**

근시는 가까이 있는 물체는 선명하게 보이지만, 멀리 있는 물체는 흐리게 보이는 현상입니다. 망막에 맺혀야 할 상이 망막보다 앞에 맺히기 때문에 생기는데요, 상은 왜 망막 앞에 맺힐까요?

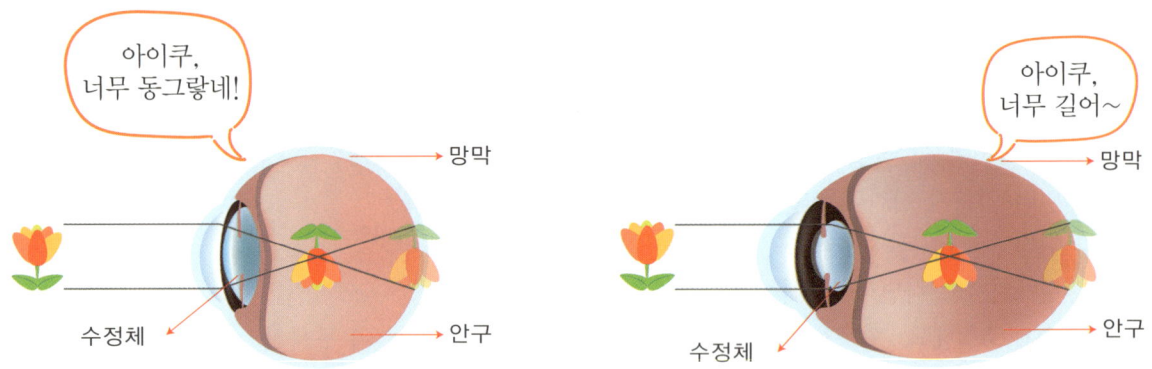

★오목 렌즈
가운데가 오목하여 빛이 주변부로 꺾입니다. 빛을 퍼트리는 역할을 하지요.

여러 원인이 있지만, 주로 안구 길이와 수정체 두께가 잘 조절되지 않아서예요. 수정체가 너무 볼록한 상태이거나, 수정체 두께는 정상이지만 안구가 너무 길면 상이 맺히는 곳이 망막보다 앞이 되고 말아요. 그렇다면 어떻게 조절해야 할까요? 빛을 좀 덜 굴절하게 하여 상이 조금 더 뒤에 맺히게 해 주어야 해요. 그래서 근시는 들어오는 빛이 퍼질 수 있도록 *오목 렌즈 안경을 쓴답니다.

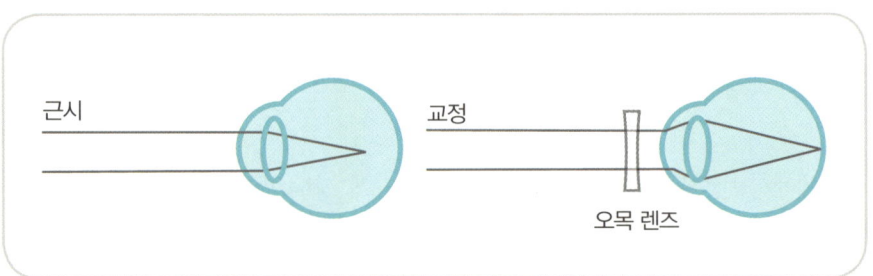

원시

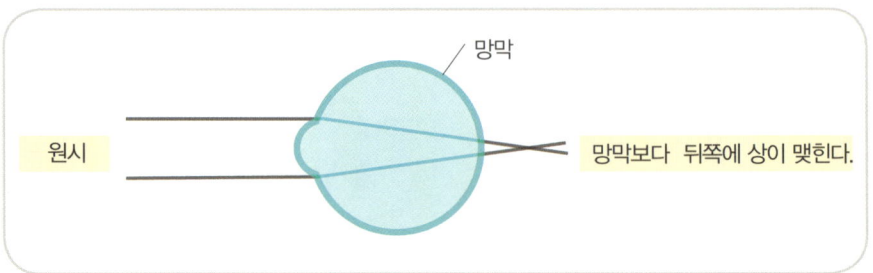

원시는 근시와는 달리, 멀리 있는 물체는 잘 보이지만, 가까이 있는 물체는 잘 보이지 않는 현상을 말합니다.

원시의 원인도 안구 길이와 수정체 굴절 정도로 설명할 수 있어요. 안구 길이가 정상이더라도 수정체가 너무 편평하거나, 수정체의 굴곡 조절이 제대로 되더라도 안구 지름이 너무 짧다면 상이 망막 뒤에 맺혀서 잘 보이지 않는답니다. 이 현상은 수정체를 조절하는 근육이 약해져서 수정체를 잘 조절하지 못할 때 많이 일어납니다. 할머니와 할아버지가 원시인 이유가 이 때문이지요.

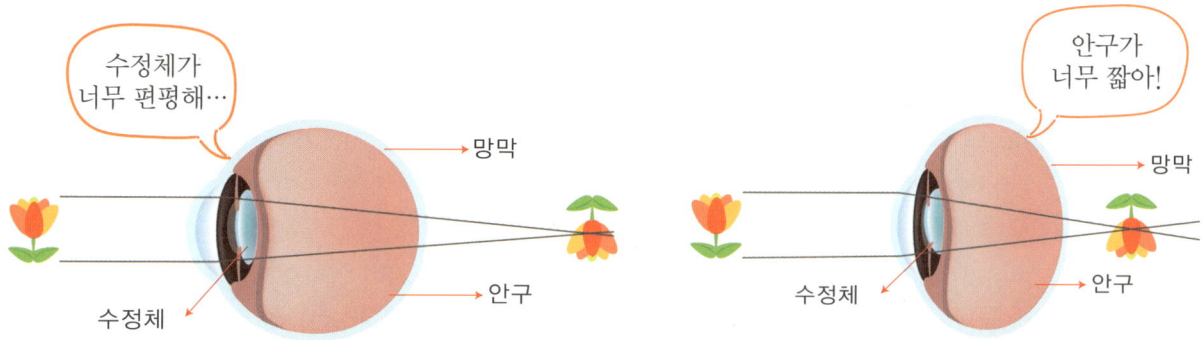

원시는 빛을 더 굴절시켜서 망막에 상을 맺히게 해야 하므로 *볼록 렌즈를 쓴답니다.

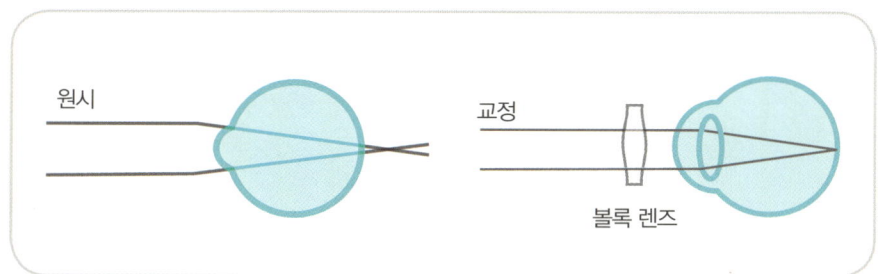

★볼록 렌즈
가운데가 볼록하여 빛이 가운데로 꺾입니다. 빛을 모으는 역할을 하지요.

🔍 난시

보는 것이 어렵다는 뜻인 난시는 사람들이 대부분 가지고 있는 증상이기도 합니다. 불빛을 볼 때 잔상이 보인다거나 도형 외곽선이 뿌옇게 보이는 현상인데요, 안구의 가장 앞에 있는 막, 각막 때문에 생긴답니다. 눈에 끼는 소프트 렌즈처럼 반구를 깎은 모양으로 생긴 각막은 빛을 굴절시켜 망막의 한 점으로 모읍니다. 각막의 표면이 일정하지 않거나 대칭성이 달라져서 빛이 들어오는 정도가 달라지면 난시가 됩니다. 어른들이 눈을 비비지 말라고 했던 이유도 눈을 비비다가 각막에 상처가 나면, 난시가 될 수 있기 때문이에요.

근시와 원시와 난시는 이렇게 쓴대!

우리가 무엇인가를 보려면 빛이 물체에 반사된 뒤에 그 빛이 눈으로 들어와 망막에 상이 맺혀야 볼 수 있습니다. 근시와 원시, 난시라는 이름만으로도 어떤 증상이 나타나는지 알 수 있어요.

근시는 가까울 근(近), 볼 시(視)를 사용해요. 무슨 뜻일까요? 가까운 건 잘 보이지만 멀리 있는 것은 잘 보이지 않는다는 뜻이에요. 원시는 멀 원(遠), 볼 시(視)를 써서 먼 것이 잘 보인다는 뜻이지요. 난시는 어지러울 난(亂), 볼 시(視)를 써서 시야가 뚜렷하지 않고 여러 개로 보여 어지럽다는 뜻이고요.

안경을 쓴 친구가 안경을 벗었을 때 얼굴이 달라 보인 적이 있지요? 바로 안경 때문에 그렇습니다. 근시인 친구의 안경은 오목 렌즈를 사용해, 얼굴에서 멀리 대면 얼굴의 윤곽선이 달라 보이지요. 반대로 원시인 사람의 안경은 볼록 렌즈를 쓰기 때문에 눈이 나와 보여요. 어떤 사람들은 안경을 오래 쓰면 눈이 튀어나온다고 걱정하는데, 그건 근거 없는 이야기랍니다.

근시 : 망막 앞쪽에 상이 맺히는 상태
　　 : 가까운 것은 잘 보이지만 먼 것이 잘 보이지 않는다.
원시 : 망막 뒤쪽에 상이 맺히는 상태
　　 : 먼 것은 잘 보이지만 가까운 것이 잘 보이지 않는다.
난시 : 각막 표면의 굴절이 일정하지 않아 상이 또렷하지 않게 보이는 상태

초등학교 5–6 소화·순환·호흡·배설 기관의 구조와 기능
중학교 1–3 순환계, 호흡계의 구조와 기능

08 동맥 VS 정맥

동맥 VS 정맥 속으로

앗! 운동장에서 넘어져서 무릎에서 피가 나네요. 피는 우리 몸의 여러 가지 물질을 운반해 주는 역할을 합니다. 여러 물질을 싣고 핏줄을 통해 이동하는데요, 이 핏줄은 동맥일까요? 정맥일까요? 여기에 흐르는 피는 동맥혈일까요? 정맥혈일까요? 여러분이 알고 있었던 핏줄 개념이 아리송하지요? 지금부터 혈액의 순환과 심장 그리고 핏줄과 함께 알쏭달쏭한 개념을 살펴볼까요?

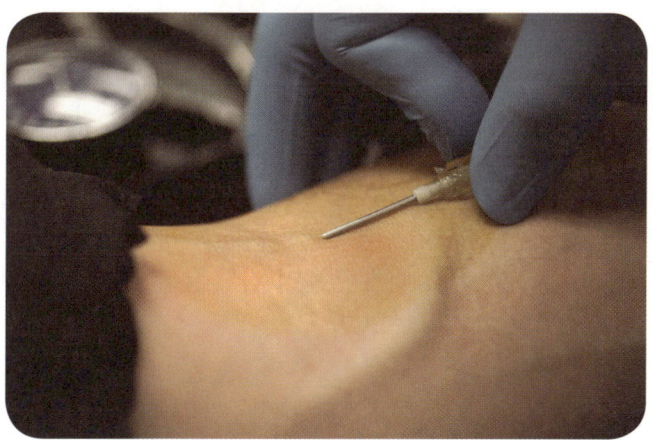

선생님, 왜 헷갈릴까요?

동맥과 정맥은 모두 혈관이야. 동맥혈과 정맥혈은 혈관에서 흐르는 혈액이지. 문제는 친구들이 동맥과 정맥이 똑같은 피가 흐르는 혈관이라고 생각한다는 사실이야! 어떤 혈관에서 어떤 피가 흘러 어떤 기능을 하게 하는지 공부할 때 꼭 염두에 둬야 해. 또 동맥이라는 혈관에 동맥혈이 흐르고, 정맥이라는 혈관에 정맥혈이 흐른다고 생각하는 고정 관념도 헷갈리게 하는 주원인이야. 혈액은 혈관에 따라 이름 붙여지지 않거든!

동맥

심장에서 나오는 혈액이 흐르는 혈관을 동맥이라고 합니다. 동맥은 *심실과 이어진 혈관이에요. 이 혈관에 흐르는 혈액은 심장에서 세게 밀어 주는 힘으로 이동하므로 혈관 벽이 튼튼하고 두꺼우며 여러 겹으로 이루어져 있습니다.

★심실
혈액을 내보내는 심장의 구역

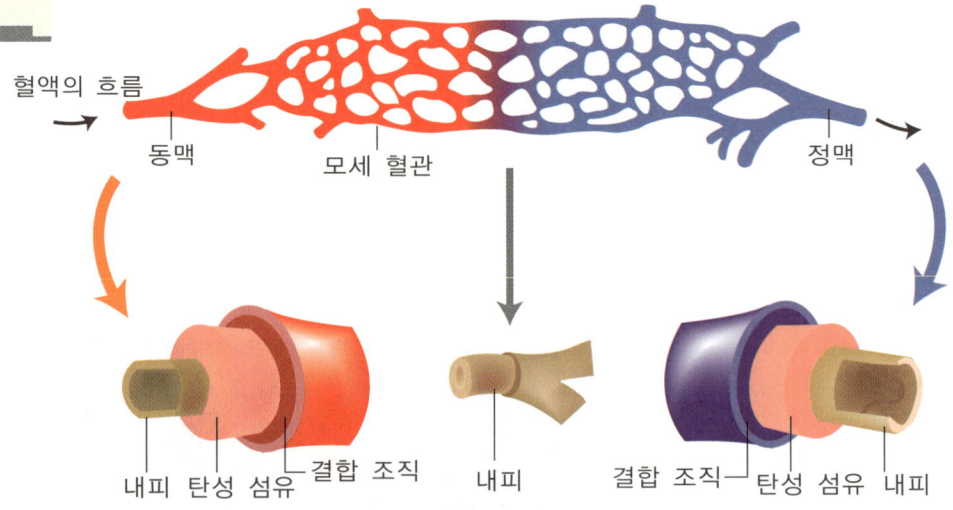

▲ 혈관의 종류와 구조

동맥은 혈관이 가장 넓고 두께도 두꺼워 빠른 속도로 혈액이 흐를 수 있습니다. 하지만 우리 몸에 동맥만 있다면 물질을 운반하는 기능을 잘할 수가 없어요. 몸의 이곳저곳을 돌아보며 필요한 물질을 가져다주려면 천천히 지나가야 하는데요, 동맥에 가지를 내고 통로를 만들어 천천히 지나갈 수 있게 한 혈관을 모세혈관이라고 합니다. 동맥을 고속 도로라고 한다면, 모세혈관은 동네에 있는 골목길이라고 할 수 있어요. 모세혈관을 통해 천천히 흐르는 혈액은 세포와 기체나 양분, 노폐물을 주고받는 일을 합니다.

정맥

동맥이 심장에서 나가는 피가 흐르는 혈관이고 정맥은 심장으로 들어오는 피가 흐르는 혈관입니다. 정맥은 동맥만큼 혈관 벽이 두껍지 않아요. 이 혈관을 흐르는 혈액은 심장이 밀어 주는 힘을 받지 못하며 주변 근육이 움직이면서 쥐어짜는 힘으로 밀려갑니다. 이때 혈액이 역류할 수 있어 이를 막기 위해 정맥은 중간에 '*판막'이라는 구조가 있습니다.

★판막
혈액이 한쪽으로만 흐르도록 혈관과 심장에 있는 막

214 | 생명과학

PART 03 생명과학

🔍 체순환 VS 폐순환

혈액이 흐르는 데 중심 역할을 하는 심장은 정맥과 동맥이 연결되어 있어요. 각 혈관은 *심방과 심실에 연결되어 있습니다. 동맥은 심실과 연결되어 심장에서 나가는 혈액이, 정맥은 심방과 연결되어 심장으로 들어오는 혈액이 흐르지요.

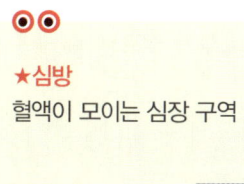

★심방
혈액이 모이는 심장 구역

▶ 심장은 어떻게 생겼을까?

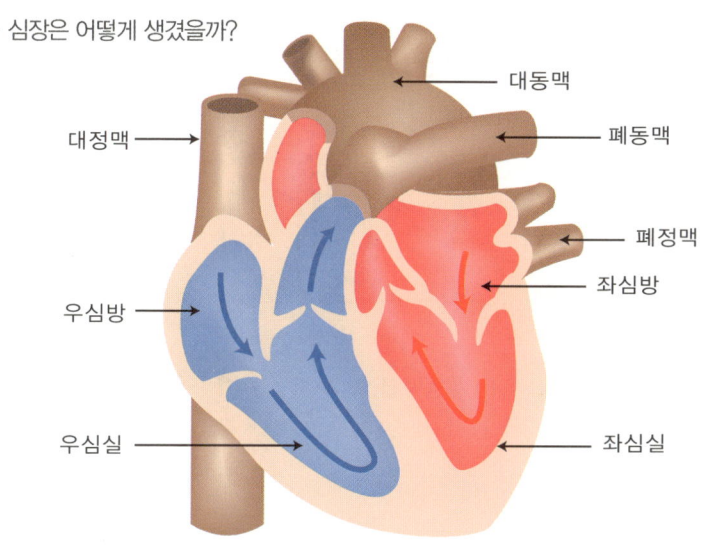

온몸을 흐르는 혈액을 좌심실에서부터 따라가 볼까요? 좌심실에 연결된 대동맥에는 방금 폐에서 산소를 가득 받아 온 혈액이 흐릅니다. 이 혈액이 온몸 구석구석을 돌며 모세혈관을 통해 세포에 산소와 영양분을 전달해 주고 세포가 열심히 일한 결과물인 이산화탄소와 노폐물을 받아 우심방으로 돌아오는데요, 혈액이 좌심실에서 대동맥을 거쳐 대정맥을 통해 우심방으로 모이기까지의 과정을 체순환대순환이라고 합니다. 심장으로 돌아온 혈액은 우심실과 연결된 폐동맥을 통해 심장에서 나가 폐로 가서 이산화탄소를 산소로 교체하고 심장의 좌심방으로 들어옵니다. 우심실에서 폐동맥을 타고 심장에서 나가 폐를 거쳐 폐정맥을 통해 심장의 좌심방으로 돌아오는 순환을 폐순환소순환이라고 합니다. 동맥과 정맥, 뭐가 너무 많지요? 앞에서 말했듯이 심장에서 나가는 혈액이 흐르면 '동맥', 들어오는 혈액이 흐르면 '정맥'이에요. 폐동맥은 폐에 붙어 있고 심장에서 나가는 혈액이 흐르는 혈관이라는 뜻이에요. 그럼 폐정맥은 뭘까요? 심장으로 들어오는 혈관인데 폐와 연결되어 있다는 뜻이지요. 같은 방법으로 이름을 붙이면 대동맥은 몸 전체로 나가는 혈액이 흐르는 혈관, 대정맥은 몸 전체를 돌아온 혈액이 흐르는 혈관이 됩니다.

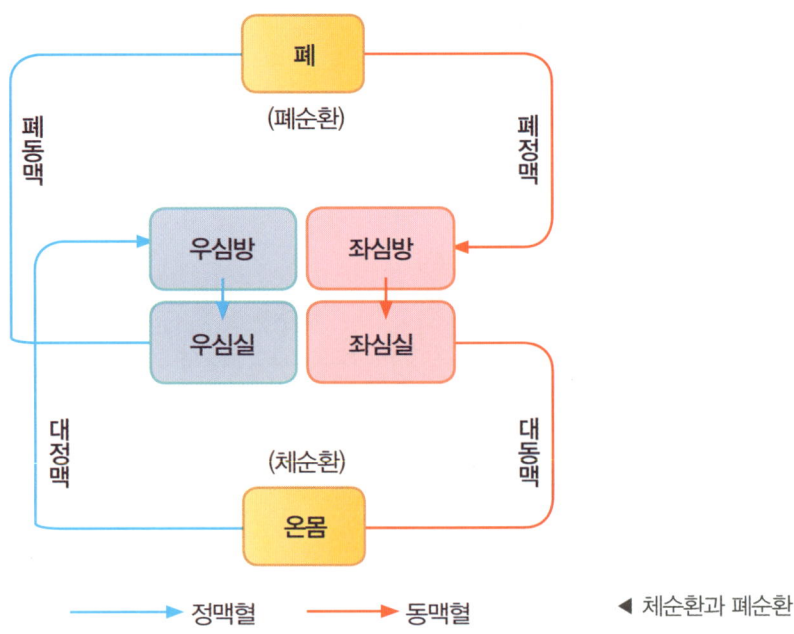

◀ 체순환과 폐순환

🔍 동맥혈과 정맥혈의 오해?

혈관이 방향에 관련되어 있다면, 혈액의 이름은 포함하고 있는 산소의 양에 관련되어 있어요. 동맥혈은 *산소 포화도가 높은 혈액입니다. 폐정맥과 대동맥을 흐르는 혈액을 동맥혈이라고 하는데요, 폐에서 산소를 받은 후 좌심방과 좌심실로 이동하여 대동맥, 모세혈관을 타고 온몸에 산소를 공급하는 혈액이지요.

정맥혈은 동맥혈과 반대로 산소 포화도가 낮은 혈액입니다. 대정맥과 폐동맥을 흐르는 혈액이 해당하지요. 모세혈관을 거치며 온몸의 조직 세포에 산소를 전달하고 이산화탄소를 받아 온 혈액은 산소 포화도가 낮아지고 정맥혈로 바뀝니다. 그림에서 나타난 대로 대동맥과 폐정맥에는 산소 포화도가 높은 동맥혈이, 대정맥과 폐동맥에는 산소 포화도가 낮은 정맥혈이 흐릅니다. 정맥이라고 반드시 정맥혈이 흐르거나 동맥이라고 반드시 동맥혈이 흐르는 건 아니랍니다.

★산소 포화도
혈액 안의 산소와 결합한 헤모글로빈의 양/전체 헤모글로빈의 양. 혈액에 산소가 얼마나 많은지를 나타내는 수치

동맥과 정맥은 이렇게 쓴대!

　동맥과 정맥, 동맥혈과 정맥혈의 관계를 먹는 '밥'으로 설명하자면, 동맥과 정맥은 '밥그릇', 동맥혈과 정맥혈은 '밥'입니다. 다시 말해, 동맥과 정맥은 혈관 이름으로, 심장에서 나가는 혈액이 흐르면 동맥, 심장으로 들어오는 혈액이 흐르면 정맥이지요. 동맥혈과 정맥혈은 혈액 이름이에요. 혈관 속에서 이동하고 있는 혈액이지만 혈액에 포함된 기체의 비율에 따라서 이름이 달라진답니다. 동맥혈이 대순환을 통해 몸의 세포에 산소를 전달하고 정맥혈이 폐순환을 통해 다시 동맥혈이 되는 것이지요.

　아래 그림은 런던의 웰컴 도서관에 있는 서적에 실린 그림이에요. 1675년에 그려졌다고 하는데요, 당시에는 병자의 몸에 있는 피를 빼면 병이 낫는다고 믿었다고 해요. 그림의 남자도 피를 벌써 세 사발째 뽑고 있지요? 남자에게서 나오는 피는 체순환 하는 혈액일까요? 폐순환 하는 혈액일까요? 벌써 답을 알고 있겠지만, 체순환 하고 있는 혈액일 것입니다.

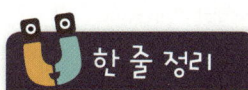

- **동맥** : 심장에서 나가는 혈액이 흐르는 혈관
- **정맥** : 심장으로 들어오는 혈액이 흐르는 혈관
- **동맥혈** : 산소 포화도가 높은 혈액으로 대동맥과 폐정맥을 흐른다.
- **정맥혈** : 산소 포화도가 낮은 혈액으로 대정맥과 폐동맥을 흐른다.

09 배설 VS 배출

초등학교 5-6 우리 몸의 구조와 기능
중학교 1-3 동물과 에너지

배설 VS 배출 속으로

인도네시아 사람들은 사향고양이 루왁의 똥에 섞인 커피 생두를 볶아 마십니다. 사향고양이는 디저트로 잘 익은 커피 열매를 골라서 먹는데 이 열매가 소화 기관을 거치면서 겉껍질과 내용물이 소화되고 딱딱한 씨가 똥으로 나옵니다. 똥 속의 열매로 커피를 만들어 보았더니

그 맛과 향이 다른 커피와 다르게 그윽하지 않겠어요? 이 커피를 '코피루왁Kopi luwak'이라고 부르는데 세상에서 가장 비싼 커피랍니다. 이 커피는 고양이 배설물로 만든 커피라고 광고하지요. 여러분은 똥을 배설한다고 하나요? 배출한다고 하나요? 배설과 배출이 어떻게 다른지 알고 있나요?

국어사전에서 배설물을 찾아보면 다음처럼 뜻이 나와 있어.
'생물체의 물질대사에 의하여 생물체 밖으로 배설되는 물질. 똥, 오줌, 땀 따위를 이른다.'
배설되는 물질이라 설명하고 그 예를 똥으로 들고 있지? 과학적으로 접근해 보면 배설과 배출은 다른 개념이란다. 친구들이 배설과 배출을 헷갈리는 이유도 사전의 영향이 클 수 있어. 사전에서 제시한 뜻을 머릿속에 담았다가 생활에서 배설물과 배출물을 구별 없이 사용하고 있지. 이 두 개념을 구분하는 데 무엇을 염두에 둬야 할까?
첫째, 배설과 배출의 사전적 의미를 학습하자!
둘째, 배설과 소화의 과정을 따로따로 보자!
셋째, 몸속을 거쳐서 나온 노폐물인지, 몸속으로 들어가지 않고 남아 있던 찌꺼기인지 보자!

PART 03 생명과학

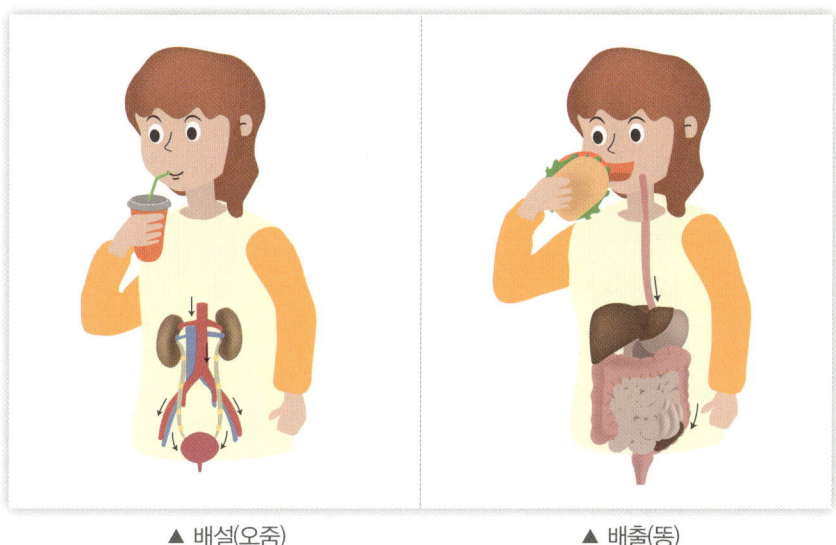

▲ 배설(오줌)   ▲ 배출(똥)

🔍 배설

배설은 과학적으로 다음과 같은 뜻입니다.
"혈액에 있는 노폐물을 몸 밖으로 내보내는 과정."
따라서 오줌은 과학적으로 배설물이라는 설명이 정확합니다.

우리 몸은 혈액이 옮겨 주는 영양소와 산소로 몸에 필요한 에너지를 만듭니다. 에너지를 만들고 사용하는 과정에서 노폐물이 생기지요. 노폐물이 우리 몸속에 남아 있으면 해롭겠지요? 콩팥은 혈액을 통하여 옮겨진 노폐물을 걸러 오줌을 만드는데요, 깨끗해진 혈액은 다시 몸속으로 보내지고, 오줌은 방광을 통하여 몸 밖으로 내보낸답니다. 이처럼 혈액에 있는 노폐물을 몸 밖으로 내보내는 과정을 배설, 배설에 관여하는 콩팥과 방광 등을 배설 기관이라고 합니다.

🔍 배출

배설과 다르게 동물이 섭취한 음식물을 소화하여 밖으로 내보내는 일이 배출입니다. 배출은 항문을 통해서 이루어지는데요. 과학적으로 똥은 배출물이라고 해야 바른 설명이랍니다.

몸속으로 들어간 음식물은 입과 식도, 위를 지나 작은창자를 거쳐 큰창자로 이동합니다. 이 과정에서 음식물은 점차 분해되어 몸속으로 흡수되고, 소화되지 않은 음식 찌꺼기는 항문으로 내보내집니다. 이처럼 우리 몸에 필요한 영양소가 들어 있는 음식물을 잘게 쪼개어 몸에 흡수되도록 분해하는 과정을 소화라고 합니다. 소화에 관여하는 입·식도·위·작은창자·큰창자·항문 등을 소화 기관이라고 해요. 간·쓸개·이자 등은 소화를 도와주는 기관이지요.

오줌과 똥 모두 우리 몸 밖으로 내보내는, 필요 없는 것들이에요. 따지고 보면 몸에 좋지 않으니 내보낼 텐데 과학에서는 왜 이렇게 용어에 차이를 둘까요? 오줌과 똥이 만들어지는 장소와 과정, 의미가 다르기 때문이에요.

앞서 살펴본 배설과 배출을 표로 정리하고 비교해 볼까요?

용어	배설	배출
과정		
장소	배설 기관 콩팥, 방광	소화 기관 입, 식도, 위, 작은창자, 큰창자, 항문, 간, 쓸개, 이자
물질	오줌(배설물)	똥(배출물)

배설과 배출은 이렇게 쓴대!

개를 목줄에 묶어 마당에서 키웠던 옛날과 달리 요즘은 반려견이라는 이름으로 사람과 정서적 교감을 나눕니다. 그런데 많은 사람이 반려견을 키우다 보니 집 앞, 공원 등에서 반려견의 똥이 방치된 모습을 볼 수 있습니다. 이 때문에 경고문이 곳곳에 붙어 있기도 해요.

이제 오른쪽 사진처럼 '배설물'이라는 표현은 틀렸다는 사실을 알 수 있지요?

오늘 먹은 밥이 소화 기관을 거쳐 소화되고 남은 찌꺼기는 똥으로 배출됩니다. 소화를 통해 흡수한 영양소는 혈액을 타고 돌며 세포에 에너지를 공급하고 여기에서 만들어진 노폐물이 혈액을 타고 돌다가 콩팥에서 배설되어 오줌이 됩니다. 오줌은 방광에 모였다가 배설되지요.

같은 의미에서 땀도 배설물입니다. 땀은 피부에 있는 땀샘에서 만드는데, 땀샘은 혈액을 걸러 오줌을 만드는 신장처럼 우리 몸의 노폐물들을 걸러서 잠시 저장한답니다. 그리고 몸속에 있는 염류, 수분과 노폐물을 섞어서 액체 상태로 몸 밖으로 내보내지요.

앞에서 말한 사향고양이 배설물로 만든 커피라는 광고는 사향고양이의 '배출물'로 만든 커피라고 바꾸어야 해요. 경고문도 반려견의 '배출물'로 고쳐야겠지요?

배설 : 몸에서 생긴 노폐물을 땀과 오줌의 형태로 내보내는 것
배출 : 소화되지 않은 음식 찌꺼기를 몸 밖으로 내보내는 것
→ 오줌은 '배설물', 똥은 '배출물'입니다.

중학교 1-3 자극과 반응

10 중추 신경 VS 말초 신경

중추 신경 VS 말초 신경 속으로

　초능력으로 지구를 지키는 히어로의 원조는 망토를 두르고 하늘을 나는 슈퍼맨입니다. 그런데 이 멋진 슈퍼맨을 연기했던 유명 배우가 달리는 말에서 떨어져 크게 다치는 사고가 있었습니다. 그 이후로 그는 목 아래는 전혀 움직일 수 없는 전신 마비 환자가 되고 말았답니다.

　수정이는 이번 명절에 오랜만에 삼촌을 만났습니다. 하지만 마냥 반가운 마음이 들지만은 않았어요. 늘 유쾌하던 삼촌이 교통사고 이후 오른쪽 팔을 사용하지 못하면서 많이 힘들어하고 있다는 소식을 들었기 때문이었지요. 슈퍼맨을 연기했던 배우와 수정이의 삼촌은 모두 신경을 다쳤습니다. 누군가는 중추 신경이, 누군가는 말초 신경이 손상되었답니다. 여기에서 누가 중추 신경을 다쳤고, 누가 말초 신경을 다쳤을까요?

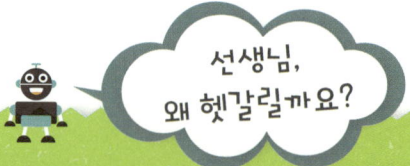

선생님, 왜 헷갈릴까요?

　말초라는 말을 들으면 손끝, 발끝처럼 몸의 끝부분에만 있는 무엇이란 생각이 들지? 또 중추 신경을 다쳤을 때만 감각이 없어지거나 몸을 움직이지 못할 것 같은 생각이 들기도 할 거야. 말초는 '끝'이라는 뜻, 중추는 "중요하다."라는 뜻을 포함하다 보니 이런 선입견이 생긴 거야. 이 두 개념을 공부할 때는 몸의 어디어디가 중추 신경과 말초 신경인지, 이들이 무슨 역할을 하는지를 알면 차이를 분명하게 알 수 있을 거야.

PART 03 생명과학

중추 신경과 말초 신경을 이루는 것은 *신경 세포랍니다. 신경 세포는 우리 몸을 이루는 엄청나게 많은 세포 중 하나예요. 하나의 세포에서 시작한 우리는 성인이 되면 70조 개 이상의 세포를 가진다고 합니다. 세포에 따라 모양과 하는 일이 많이 달라집니다. 어떤 세포들은 길쭉하고 어떤 세포는 납작하고, 섬모 같은 작은 털이 달린 세포도 있어요. 그 가운데 특이한 모양으로 바뀐 대표적인 세포가 신경 세포입니다. 기다랗거나, 짧지만 나뭇가지처럼 여러 갈래로 나뉜 돌기가 마구 뻗어 나와서 기괴한 모습을 하고 있지요. 이 신경 세포가 중추 신경과 말초 신경을 구성하는 기본 단위가 되어 주지요.

★**신경 세포**
일명 뉴런. 신경을 이루는 기본 단위로 핵과 주요한 세포 소기관이 있는 신경 세포체와 돌기로 이루어져 있습니다.

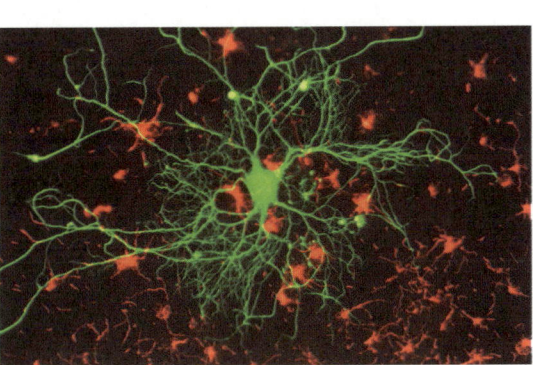

▶ 뇌의 신경 세포

신경 세포가 네트워크를 이루는 신경계는 크게 중추 신경계와 말초 신경계로 나눕니다. 뇌와 척수는 중추 신경, 뇌와 척수에 연결되어 몸의 각 부분에 분포하는 신경은 말초 신경입니다. 중추는 자극에 따른 반응을 결정하고 조절하는 능력이 있어요. 말초는 자극을 전달하거나 중추의 명령을 전달하는 역할을 담당하지요. 각각의 특징을 좀 더 자세히 알아보기로 해요.

🔑 중추 신경

받아들인 정보를 해석해서 반응을 결정하는 세포들이 모여 있는 곳이 중추 신경입니다. 뇌와 척수가 바로 여기에 들어가는데요, 각각 조절할 수 있는 기능은 서로 다르답니다.

뇌는 대뇌·소뇌·사이뇌·뇌줄기(중간뇌·다리뇌·숨뇌)로 나뉘고, 척수는 숨뇌의 아래쪽에 길게 뻗어 있습니다. 대뇌에는 많은 주름이 있는 대뇌피질이 있는데, 깊은 고랑을 경계로 이마엽·마루엽·관자엽·뒤통수엽으로 나누지요. 대뇌는 감각을 모아서 의식적인 행동을 결정하고 기억·학습·언어 등 여러 가지 기능을 조절합니다.

대뇌 다음으로 큰 소뇌는 운동 근육을 조설하고 평형 감각의 중추로 삭

중추 신경 vs 말초 신경 | **223**

용합니다. 소뇌에 이상이 생기면 제대로 앉아 있을 수도 없지요. 대뇌의 관자엽 오른쪽과 왼쪽 사이에 끼어 있는 사이뇌는 체온이나 체액의 농도가 일정하게 유지되도록 조절한답니다. 뇌줄기에는 동공 크기를 자동 조절하며 안구 운동을 조절하는 중간뇌, 심장 박동·호흡 운동·소화 운동 등을 조절하는 숨뇌가 있습니다. 척수는 배뇨와 배변을 조절하거나, 빠르게 피하는 행동, 무릎 반사 등을 조절하는 중추 신경입니다. 뇌보다 역할이 크지 않은 편이며 온몸에서 온 감각 정보를 뇌로 보내 주고 뇌에서 온 운동 명령을 온몸으로 보내 주는 역할이 큽니다. 그래서 척수가 손상을 입으면 손상된 부위 아래쪽은 뇌와 연결이 끊어져 대뇌가 감각을 느낄 수도 없고 운동 명령을 내릴 수도 없습니다.

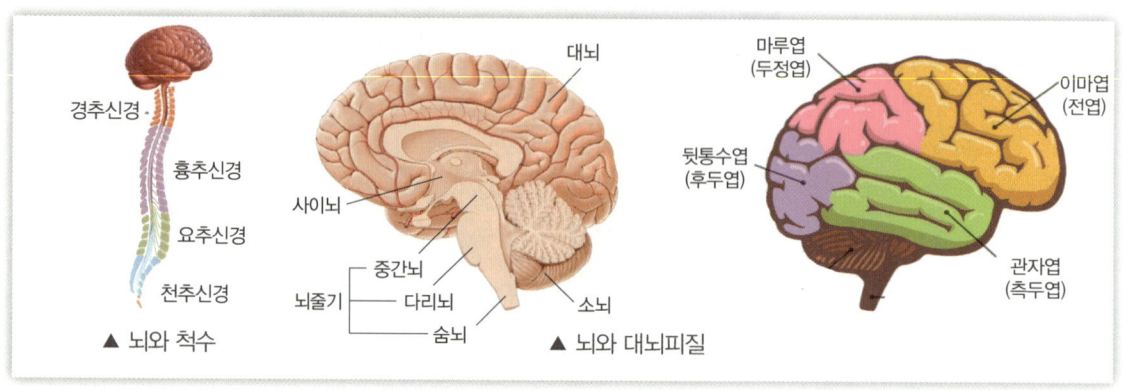

▲ 뇌와 척수　　▲ 뇌와 대뇌피질

★**감각 신경**
몸의 각 부분에 분포하며 뇌나 척수로 이어진 신경. 시신경, 후신경 등이 있습니다.

★**운동 신경**
뇌나 척수에서 몸의 근육·혈관·분비샘과 이어진 신경. 운동 신경은 대뇌가 관여하는 신경과 대뇌가 아닌 다른 곳이 조절을 담당하며 내장 기관이나 혈관 등과 이어진 신경이 있습니다.

🔍 말초 신경

중추가 조절 기능을 행하려면 몸 여기저기서 정보를 보내 결정된 사항을 근육이나 혈관, 내장 기관 같은 부위로 전달해 주는 신경들이 있어야 해요. 정보를 중추로 전달해 주는 신경을 *감각 신경, 중추의 결정을 반응 장소로 전달해 주는 신경을 *운동 신경이라고 한답니다. 감각 신경들과 운동 신경들을 모두 합쳐서 말초 신경계라고 해요. 이 말초 신경 가운데 어떤 것들은 뇌와 이어져 있고, 어떤 것들은 척수와 이어져 있답니다. 주로 목 위쪽 말초 신경들이 뇌와, 목 아래쪽 말초 신경들이 척수와 이어져 있어요. 그래서 하는 역할에 따라 말초 신경들을 감각 신경, 운동 신경으로 나누어 부르기도 합니다. 연결된 위치가 뇌인지 척수인지에 따라서 뇌 신경, 척수 신경이라고도 부르지요.

치과에서 치료를 받을 때 마취 주사를 맞아 본 기억이 있나요? 잇몸에 놓는 마취 주사는 뇌 신경의 일종인 삼차 신경의 일부분을 마비시킨답니다. 마취가 잘 되면 아무리 건드려도 느끼지 못하지요? 삼차 신경을 다쳤다면 어떨까요? 마취했을 때와 마찬가지로 아무것도 느끼지 못하고 잘 움직이지 못합니다. 이처럼 말초 신경도 손상되면 손상 부위부터 기능을 수행하지 못한답니다.

중추 신경과 말초 신경은 이렇게 쓴대!

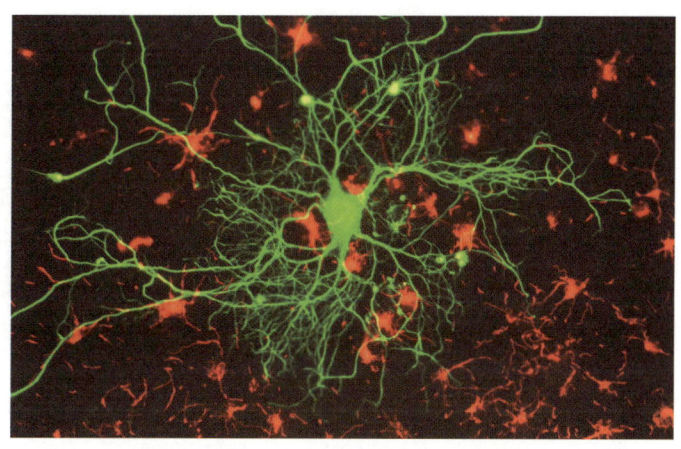

　중추 신경은 뇌와 척수만을 가리킵니다. 말초 신경은 몸의 끝부분뿐만 아니라 뇌와 척수를 뺀 몸의 모든 부분과 이어져 있지요. 뇌가 손상되면 그 부분이 담당하던 기능을 잃어서 손상 부위에 따라 목숨이 위험할 수도 있습니다. 척수는 조절 기능도 있지만 전달 기능도 중요하기 때문에 손상 부위의 아래쪽과의 통신이 끊겨 감각과 운동이 모두 손상될 수 있습니다.

　말초 신경을 다치면 운동이나 감각에 이상이 옵니다. 그리고 말초 신경은 몸의 말단뿐만 아니라 내장 기관에도 분포되어 있으면서 중추에 감각을 전달하고 중추의 조절 명령을 전달하지요.

중추 신경 : 몸의 안과 밖에서 들어온 정보를 처리하여 적절한 명령을 내리는 신경계
　　　　　 : 뇌와 척수가 중추 신경에 속한다.
말초 신경 : 뇌 또는 척수에서 몸의 각 부분과 이어진 신경
　　　　　 : 감각 신경과 운동 신경으로 이루어진다.

초등학교 5-6 뼈와 근육의 구조와 기능

11 건 VS 인대

건 VS 인대 속으로

치킨을 먹다 보면 잘 씹히지 않고 쫄깃쫄깃한 부분이 가끔 이에 끼기도 합니다. 바로 건(힘줄)이라는 부분이에요.

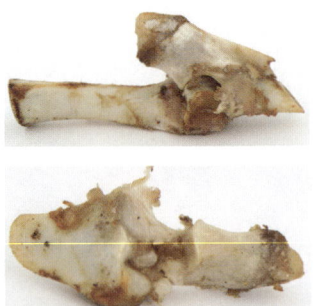

건과 비슷하면서 우리가 더 자주 접하는 인대가 있습니다. 다리나 팔을 다쳐 깁스한 친구들에게 어디를 다쳤냐고 물어보면 이렇게 이야기하지요?

"인대가 늘어났어!"

"건에 염증이 생겼대!"

무심코 들었을 때는 잘 몰랐지만, 건과 인대, 뭐가 다를까요?

선생님, 왜 헷갈릴까요?

교과서에서는 뼈와 근육 이야기를 아주 자세하게 다루고 있어. 그런데 아쉽게도 뼈와 뼈, 혹은 뼈와 근육을 잇는 건과 인대 이야기는 잘 다루고 있지 않단다. 학교 수업 시간에 얼마나 자주 많이 이야기하느냐, 배운 개념을 생활에서 얼마나 많이 쓰고 접하느냐는 여러분이 아는지 모르는지와 이어질 수 있어. 그러니 앞서 말했듯 건과 인대 이야기를 교과서에서 잘 다루지 않기 때문에 둘을 잘 구별하지 못해. 게다가 둘 다 무언가를 잇는다는 공통점이 있어서 무슨 차이가 있는지 알기가 어렵지. 건과 인대를 알아둘 때는 뼈와 뼈를 잇는 것이 무엇이고, 뼈와 근육을 잇는 것이 무엇인지를 잘 아는 게 핵심이야. 이제부터 건과 인대를 자세히 살펴볼까?

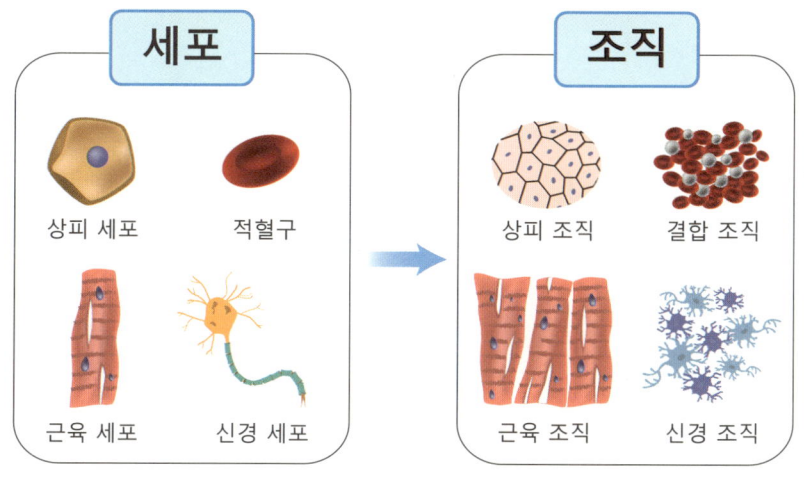

★상피 조직
몸의 겉을 덮습니다.
★신경 조직
자극을 전달하고 반응을 일으키게 합니다.
★근육 조직
근육 세포들의 모임입니다.

우리 몸은 세포로 이루어져 있습니다. 모양과 기능이 같은 세포의 모임을 '조직'이라고 해요. 그 가운데 뼈와 인대는 몸의 형태를 만들고 세포나 장기를 이어서 몸을 지지하고 유지하는 결합 조직에 속한답니다.

건

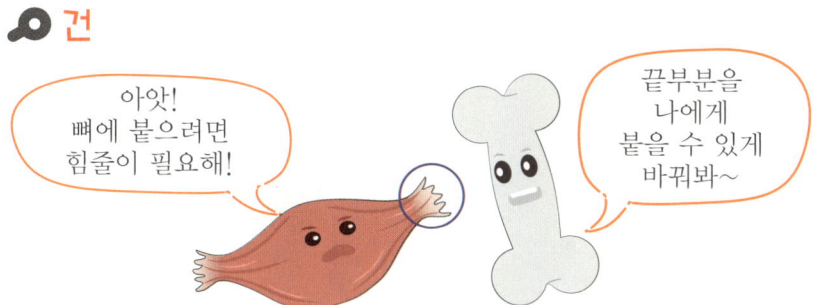

건은 근육이 뼈에 붙는 부분입니다. 근육이 뼈에 붙을 부분에 가서 건이라는 스티커로 모양이 바뀌었다고 생각하면 쉽겠지요? 치킨을 먹을 때, 치킨 살이 뼈와 이어지는 부분, 하얗고 잘 씹히지 않는 그 부분이 바로 건입니다. 건은 좁고 얇은 모양부터 넓고 판판한 모양까지 그 형태가 매우 다양합니다. 그래서 이어진 근육이 짧아지거나 길어질 때 뼈가 받는 힘을 크게 할 수 있습니다.

손가락을 움직여 보세요. 움직이는 손등 뼈와 건을 볼 수 있지요? 손가락을 움직이는 근육은 건을 통해 손가락에 붙어 있는데 일부 건은 더 먼 곳의 뼈에 근육을 붙여 놓았습니다. 이런 구조에서 얻을 수 있는 이점이 무엇일까요? 좀 더 세밀한 움직임을 할 수 있습니다. 글씨를 쓰거나 피아노를 치는 등의 미세한 동작은 이런 구조가 있어서 할 수 있답니다.

🔍 인대

건(힘줄)이 뼈와 근육을 잇는 세포들의 모임이라면 인대는 뼈와 뼈를 잇는 결합 조직입니다. 뼈를 나란히 모아 주어 뼈가 한 방향으로 힘을 가하거나 효과적으로 일할 수 있도록 합니다. 손가락뼈 마디마디에 인대가 있어서 우리가 손을 굽혔다, 펴도 손가락뼈가 제멋대로 돌아다니지 않고 원래 상태로 올 수 있어요.

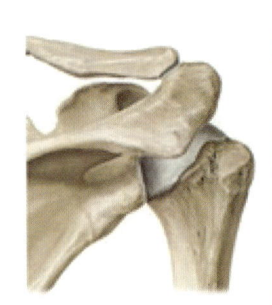 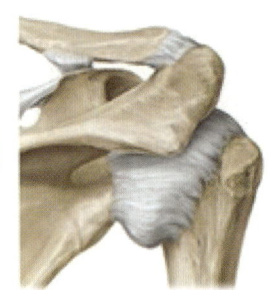 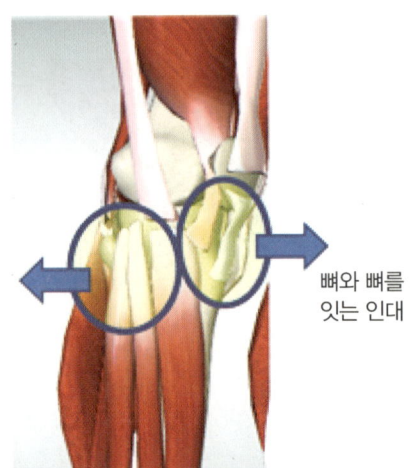

근육과 뼈를 연결하는 건(힘줄)

뼈와 뼈를 잇는 인대

PART 03 생명과학

복도에서 엄청난 속도로 뛰어가다가 갑자기 삐끗해 너무 아팠던 기억이 있나요? 혹은 발목을 삐어 본 적 있나요?

발목도 뼈와 뼈, 뼈와 근육이 있어 인대와 건이 모여 있답니다. 삐었다는 증상은 인대가 잘못된 걸까요, 건이 잘못된 걸까요?

국어사전에서 "삐다."라는 말은 아래처럼 정의하고 있어요.

"몸의 어느 부분이 접질리거나 비틀려서 뼈마디가 어긋나다."

삐는 증상은 염좌라고도 하는데, 과한 외부 충격 탓에 인대가 늘어나거나 찢어지는 것을 뜻합니다.

발목이 삐거나, 손가락 염좌, 십자인대 파열은 너무 과하게 뛰어서 관절이 삐는 것이고, 무릎에서 뼈와 뼈를 연결하는 십자인대는 농구나 핸드볼, 축구처럼 *고부하 운동을 할 때 다치기 쉽습니다.

이와 달리 건은 *과사용 운동 때문에 많이 다친답니다. 이를테면 팔을 많이 쓰는 사람들이 팔꿈치나 팔목이 아프곤 해요. 이를 *상과염이라고 합니다. 테니스 엘보, 골프 엘보라고도 불리지요. 건에 과도한 부하가 가해지거나 반복해서 무리하게 사용하면 생긴답니다.

★고부하 운동
근육 자체에 큰 자극이 가는 운동입니다.

★과사용 운동
그 부분을 특히 많이 사용하여 무리가 갈 때를 말해요.

★상과염
테니스 엘보는 팔꿈치 바깥쪽 상과염, 골프 엘보는 팔꿈치 안쪽 상과염입니다.

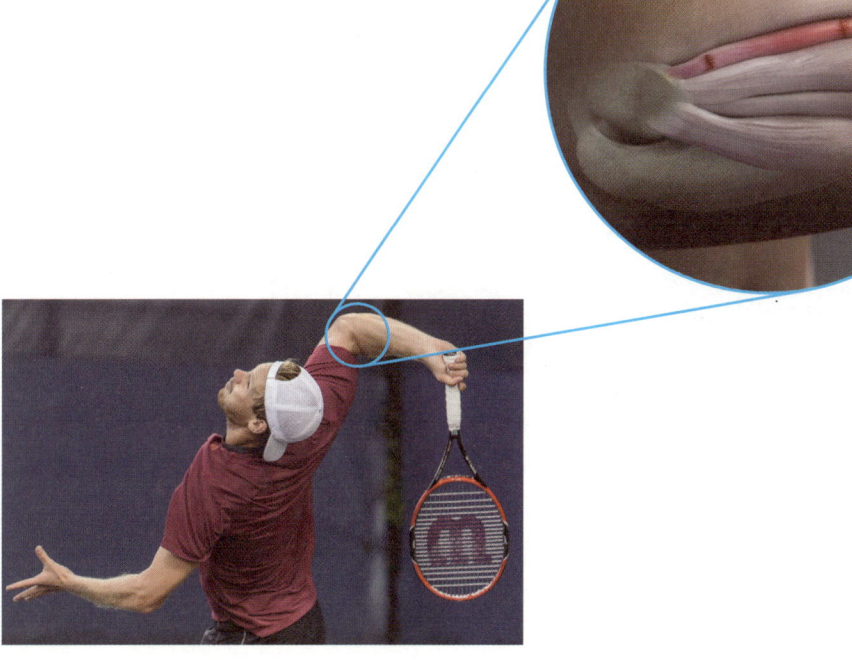

건 vs 인대 | 229

건과 인대는 이렇게 쓴대!

건(힘줄)과 인대는 매우 단단한 결합 조직입니다. 건은 뼈와 근육을 잇고 인대는 뼈와 뼈를 잇는 결합 조직이에요. 근육은 늘어났다 줄어들었다 하는 고무줄 같고, 건과 인대는 밧줄처럼 튼튼하게 매달리는 역할을 한다고 하면 이해하기 쉽겠지요?

그리스 로마 신화에 나오는 아킬레우스를 아나요? 아킬레우스의 어머니인 테티스는 아킬레우스를 저승에 가는 강인 스틱스 강에 담가 죽지 않는 몸으로 만들었다고 해요. 그러나 테티스가 잡았던 부분은 강물에 닿지 않아 아킬레우스의 단 하나의 약점으로 남았다고 하지요. 그 후 아킬레우스는 트로이 전쟁에서 이곳에 활을 맞아 죽고 말아요.

테티스가 잡았던 아킬레우스의 약점은 어디였을까요? 바로 발뒤꿈치였어요. 이 부분은 여러분이 매우 잘 아는 이름일 거예요. 아킬레스건이라고 들어봤지요? 발뒤꿈치의 뼈와 종아리 근육을 연결하는 건을 아킬레스건이라고 하는 이유가 바로 여기 있답니다.

건(힘줄) : 뼈와 근육을 잇는다.
인대 : 뼈와 뼈를 잇는다.

중학교 1-3 동물의 발생 과정

12 일란성 쌍생아 VS 이란성 쌍생아

일란성 쌍생아 VS 이란성 쌍생아 속으로

조선 역사를 기록한 〈조선왕조실록〉은 그 많은 양에 놀라고 그 자세함에 또 한 번 놀라고 맙니다. 왕가의 일뿐 아니라, 당시 우리나라 각지에서 일어났던 일이 다양하게 적혀 있기 때문이지요.

당시 과학으로 설명하지 못했던 일도 기이한 일로 적혀 있는데, 한 가지 이야기를 아래에 소개합니다.

> 현종 8년(1667년) 3월 10일 자
> "통진현(通津縣)의 사비(私婢) 사옥(四玉)이 한배에 세쌍둥이 딸을 낳았다. 두 딸은 각각 얼굴과 팔다리가 있었지만 두 배가 합쳐져서 하나였는데 곧바로 다 죽었다."

사옥이라는 종이 세쌍둥이를 낳았고, 한 쌍은 몸이 일부 붙어 있었던 모양이에요. 그럼 사옥이 낳은 아이는 일란성 쌍둥이일까요? 이란성 쌍둥이일까요? 여러분은 일란성과 이란성이 어떻게 다른지 알고 있나요?

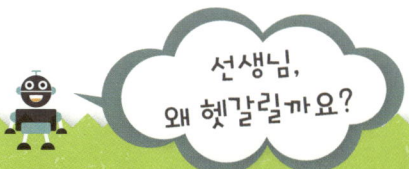

임신은 어떻게 될까? 난자 하나와 정자 하나가 만나 수정란이 되고 사람이 된다는 사실은 알고 있지? 사람은 임신하면, 한 번에 한 명을 낳는 경우가 대부분이야. 여러분 머릿속에도 이런 사실이 굳어져 있다 보니 쌍둥이라는 개념이 무척 새롭게 다가올 거야.

그럼 쌍둥이는 어떻게 나올까? 난자 하나에 정자 두 개가 합쳐진다고 알고 있지는 않니? 난자 한 개와 정자 한 개가 사람 한 명을 만드니, 사람 두 명이 되려면 정자 두 개가 있으면 되겠다는 생각이 자리 잡히고 만 거지. 또 일란성은 숫자 1 때문에 무조건 아이가 한 명, 이란성은 숫자 2 때문에 두 명이 태어날 거라는 고정 관념도 개념을 헷갈리게 하는 이유야.

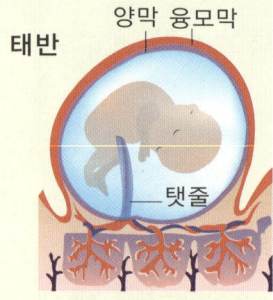

★발생
수정란이 세포 분열을 하여 개체를 만드는 과정이에요.

★착상
수정란이 두꺼워진 자궁벽에 파고들어 자리를 잡는 현상. 이때부터 임신이 되었다고 합니다.

★융모막
수정란이 자궁에 착상하여 알 표면을 싸는 막. 태아와 모체를 연결해 줍니다.

★양막
양수를 담는 막. 배를 둘러싸고 있으며 태아를 보호한답니다.

본격적으로 일란성과 이란성을 이야기하기 전 여러분이 꼭 알아야 하는 이야기가 있습니다. 바로 "생명체는 어떻게 탄생하는가?"이지요.

여자에게는 난자를 만드는 난소가 두 개 있습니다. 양쪽 허리에 있는 난소에서는 사춘기 이후부터 번갈아 가며 약 한 달에 난자 한 개씩을 배출하는데, 이를 배란이라고 합니다. 남자에게 있는 정소에서 나온 정자 1개는 위험천만한 모험을 거쳐 여자의 난소에서 나오는 난자 한 개와 만난답니다. 정자가 가진 유전 정보는 난자가 가진 유전 정보와 합쳐져 수정란이 됩니다. 이 수정란이 세포 분열을 해 2개, 4개, 8개, 여러 개로 점점 나뉘며 한 명의 사람을 만드는 *발생을 시작합니다. 이 세포 덩어리가 자궁벽에 깊이 파고드는 *착상을 하면, 가장 밖을 싸고 있는 *융모막이 자궁과 태아를 잇지요. 그 안에 있는 *양막은 양수를 가득 담아 태아를 보호한답니다. 쌍생아가 아닌 아이 한명은 하나의 융모막과 하나의 양막에 둘러싸여 있어요.

🔍 일란성 쌍생아

일란성 쌍생아는 '난자 하나로 만들어진 쌍둥이'라는 뜻입니다.

일란성 쌍생아는 난자 한 개와 정자 한 개가 합쳐진 수정란이 발생 초기에 나뉘어 생김새를 비롯하여 유전자 조성이 똑같습니다. 어머니가 만들어 준 복제품이라고 할 수 있지요. 일란성 쌍생아는 분리되는 시기에 따라, 융모막과 양막을 공유하기도 하고 단독으로 갖기도 합니다. 수정 후 3일 안에 분리되었다면 각자의 융모막과 양막을 갖습니다. 그 후에 분리된다면 그림처럼 하나의 융모막에 양막을 두 개 갖는답니다.

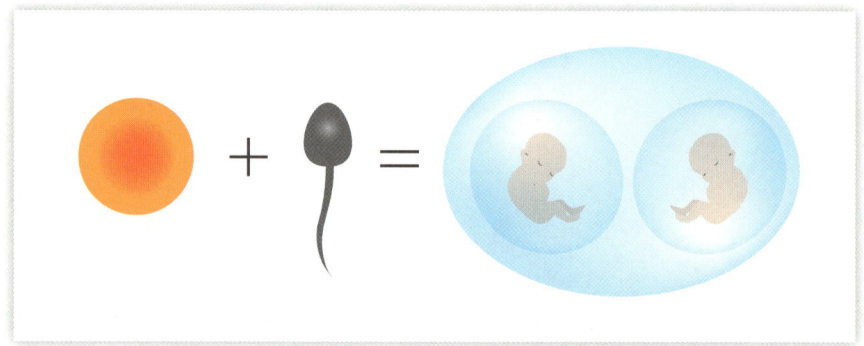

▲ 일란성 쌍생아: 난자 하나 + 정자 하나 = 1개 융모막, 2개 양막

그런데 이보다 더 늦어진다면 어떻게 될까요? 융모막 하나에 양막 하나, 그리고 그 안에 두 태아가 있을 거예요. 이 경우 몸이 붙은 채로 발생할 수 있어요. 이 쌍생아를 샴쌍둥이라고 하지요.

이란성 쌍생아

일란성 쌍생아가 자연적으로 만들어진 복제품이라고 한다면, 이란성 쌍생아는 태어난 시간만 비슷한 형제입니다.

어떤 이유인지 난소 양쪽에서 한꺼번에 난자를 배출할 때가 있습니다. 배출된 난자 두 개는 정자를 만나 발생하며 자궁에 착상합니다. 따라서 각각의 태아는 각자의 양막과 융모막을 가지고 발생하지요. 두 태아는 어머니의 자궁만 공유할 뿐, 다른 아이입니다. 유전적 조성도 다르고, 부모님이 전해 주는 각각의 정보를 가져 남녀 쌍생아도 생길 수 있지요.

▲ 이란성 쌍생아: 난자 두 개 + 정자 두 개 = 각각의 양막과 융모막을 가진 독립된 태아

다시 〈조선왕조실록〉이 전하는 사옥의 아이 이야기로 돌아가 볼까요? 사옥은 세쌍둥이를 낳았습니다. 동시에 난자 세 개를 배출하기는 쉽지 않을 테니, 난자 두 개에서 쌍생아 세 명이 나오려면 한 명은 이란성이고, 두 명은 일란성 쌍생아일 수 있는 조합이겠지요. 그러나 2억분의 1의 확률로 일란성 세쌍둥이가 있을 수도 있다고 해요.

게다가 사옥의 아이는 배가 붙어 있었다는 말이 기억나나요? 이 경우, 융모막과 양막이 하나씩 있고 그 안에 태아가 둘이 있어야 가능한 형태이지요. 앞에서 말했던 샴쌍둥이였을 것이라 추측할 수 있어요.

일란성과 이란성은 이렇게 쓴대!

일란성 쌍생아는 난자 한 개와 정자 한 개가 결합하여 수정란 한 개를 만들고, 발생 과정에서 두 개로 나뉘어 생장하는, 유전적 조성이 같은 개체입니다. 이와 달리 이란성 쌍생아는 난자 두 개와 정자 두 개가 각각 결합하여 수정란 두 개를 만들고 각자 발생하며, 단순히 자궁만 공유하는 다른 개체입니다. 일란성 쌍생아에서는 남녀 쌍생아가 나타날 수 없습니다. 두 세포 덩어리로 분리되는 과정이 비교적 늦게 일어났다면 몸 일부가 붙는 샴쌍둥이가 나타날 수 있습니다. 그러나 이란성 쌍생아는 각각 다른 정자와 난자가 결합해 유전적 조성이 다르고, 남녀 쌍생아가 나타날 수 있습니다. 그러나 샴쌍둥이는 나타날 수가 없지요.

요즘에는 환경 등 다양한 요인으로 임신이 어려워지면서 어머니 몸 밖에서 수정란을 어머니에게 착상하게 하는 시술이 이루어지고 있습니다. 수정란을 여러 개 넣으면 착상 가능성도 커지는데, 자궁에서 수정란 여러 개가 착상에 성공하기도 하여, 쌍생아 비율도 높아지고 있어요. 이러한 과정으로 착상에 성공한 수정란이 여러 개 발생하여 출생하면, 이들은 일란성 쌍생아일까요? 이란성 쌍생아일까요? 이 경우, 이란성 쌍생아가 될 것입니다.

 한 줄 정리

일란성 쌍생아 : 정자 한 개와 난자 한 개가 만나 발생한 개체
: 발생 초기에 분리되어 유전적 조성이 같은 두 개체
이란성 쌍생아 : 동시에 배란된 두 난자가 각각 정자를 만나 발생한 개체
: 유전적 조성도 다르고 단지 태어난 시기가 같다.

13. DNA vs 유전자

중학교 1-3 생식과 유전

DNA VS 유전자 속으로

영화 〈엑스맨〉에는 유전자 변형으로 초능력을 가진 새로운 돌연변이 인간이 생겨나, 위협을 느낀 인간들은 그들을 없애려고 합니다. 입에서 강력한 음파를 만들어내거나, 어떤 사람으로든 변신할 수 있는 인간 등이 나오지요. 애니메이션 〈겨울왕국〉 엘사가 가진, 모든 것을 얼려 버리는 신비로운 힘도 유전자 변형으로 생긴 능력이 아닐까요? 유전자가 도대체 무엇이기에 이런 일이 생길 수도 있다고 예측할까요? 그리고 흔히 말하는 DNA와는 정확히 어떻게 다를까요?

지금도 유전에 대한 연구는 진행되고 있어. 그 결과들 또한 끊임없이 TV나 신문 기사에서 보도되고 있지. 덕분에 친구들에게 유전자나 DNA, 염색체나 게놈과 같은 단어는 낯설지 않을 거야. 하지만 DNA와 유전자가 어떻게 다른지 명확히 구별하지 못하겠지? 이는 익숙하긴 하지만 DNA와 유전자라는 개념을 정확히 배운 적이 없기 때문이야. 이 두 개념을 공부할 때는 세포 속 핵과 염색체, DNA 구조물을 먼저 이해해야 해.
또 DNA와 유전자는 실제로 존재하는지 아닌지 여부로 헷갈리는 부분을 정확하게 이해할 수 있지!

DNA

모든 생물체는 세포라는 작은 단위로 이루어져 있습니다. 이 세포 중앙에는 세포의 핵이 있고 그 핵에는 염색체가 들어 있습니다. 이 염색체가 바로 유전의 비밀을 담고 있는 열쇠랍니다. 모든 생명체는 염색체 여러 개가 있는데 사람은 23쌍의 염색체로 이루어져 있어요. 막대처럼 생긴 염색체를 풀면 가는 실처럼 되는데요, 이 실 모양을 염색사라 부른답니다. 이 염색사는 단백질과 DNA로 이루어져 있습니다.

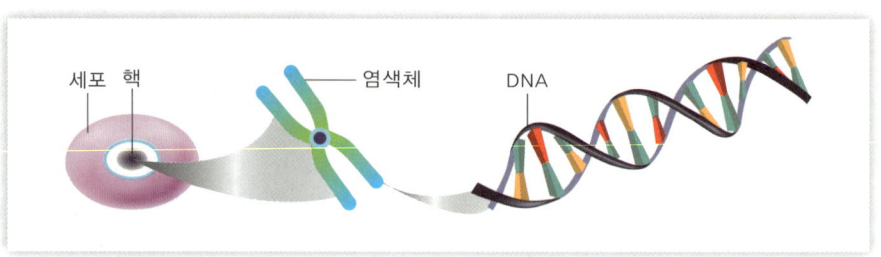

전자 현미경으로 크게 보면 빙글빙글 돌아가는 꼬인 사다리 모양을 하고 있어서 이중 나선 모양이라 부릅니다. 지금까지 말한 핵과 염색체, DNA는 모두 우리가 눈으로 관찰할 수 있는 실제로 존재하는 것들입니다.

사람의 세포 한 개에는 총 2m 정도의 DNA가 들어 있습니다.

유전자

유전자는 부모가 자식에게 물려주는 특징, 즉 형질을 만드는 단위로, 눈으로 볼 수 있는 구조물이 아닙니다. 이를테면 눈 색깔을 결정하는 유전자, 머리 색깔을 결정하는 유전자, 키를 결정하는 유전자, 혈액형을 결정하는 유전자와 같이 사용하지요. 유전자를 이루는 물질 자체는 DNA가 됩니다.

우리가 즐겨 사용하는 스마트폰을 예로 들어 볼까요? 스마트폰에서 사용하는 다양한 어플은 유전자에 해당한다고 볼 수 있습니다. 스마트폰 하나에 여러 어플이 있듯이 DNA 하나에도 다양한 유전자가 있습니다. 즉 DNA가 가진 최소 단위의 정보 하나하나가 바로 유전자인 셈이지요.

DNA는 당인산 골격에 A아데닌, G구아닌, T티민, C사이토신이라는 염기 4개가 붙어 있어요. 이것들이 이어진 순서에 따라 다른 유전자가 된답니다. 이를테면 4개의 A아데닌과 3개의 G구아닌으로 이루어진 DNA가 있는데 [AAAAGGG] 순서이냐 아니면 [AGAGAGA] 순서이냐에 따라 다른 유전 형질을 결정하지요. 이렇게 단순한 구조물이 다양한 유전자를 만들 수 있다니, 놀랍지 않나요?

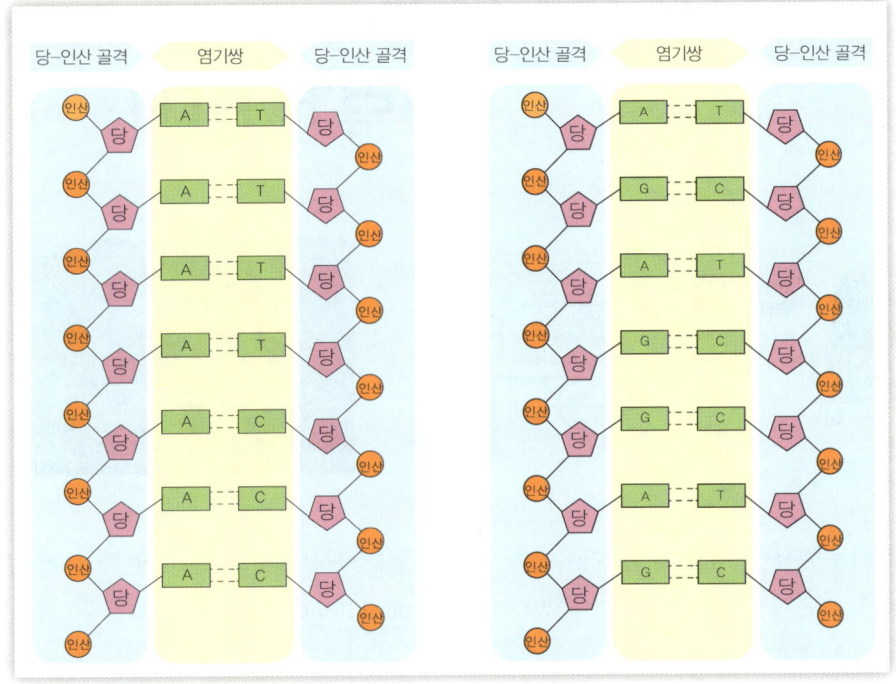

　게놈genome이라는 말도 자주 들어봤을 텐데요, 유전자 전체를 합한 것을 게놈이라고 합니다. 이 단어는 유전자를 뜻하는 단어 gene에 '모든 것'이라는 뜻이 있는 '-ome' 어미가 더해진 단어입니다.

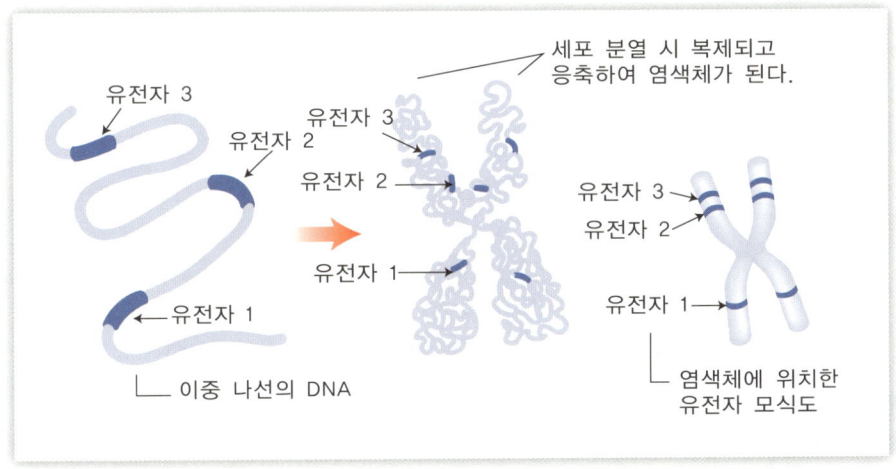

DNA와 유전자는 이렇게 쓴대!

계속 논란이 되는 '유전자 변형 식품' 이야기를 들어봤나요? 시장에서 물건을 살 때 포장지에 적힌 내용을 꼼꼼하게 살펴보세요. GMOGenetically Modified Organism라는 글자를 찾을 수 있습니다. GMO는 유전자 변형 식물을 일컫습니다. 여기서 유전자라는 용어를 사용했듯이 어떤 생물의 유전자에서 유용한 것을 골라 만든 신품종을 말합니다. 이를테면 일반 식물에 추위에 강한 유전자를 넣어 추위에서도 잘 자라는 식물을 만드는 것입니다. 여기서 유전자를 변형했다는 것은 실제로는 "추위에 강하다."라는 특징의 유전자가 있는 DNA 부분을 잘라서 넣었다는 뜻이랍니다. 이처럼 DNA는 실재하는 물질이지요.

DNA : 염색체 속에 있는 유전 물질
유전자 : 부모에게서 자식이 물려받는 특징으로 유전 정보의 단위

14. 세균 VS 균류

초등학교 5-6 다양한 생물과 우리 생활
중학교 1-3 생물의 다양성

세균 VS 균류 속으로

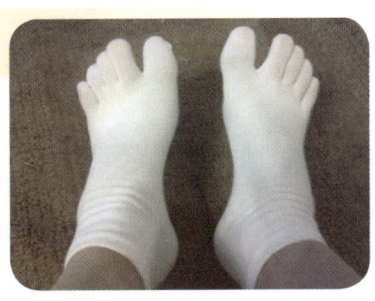

발 냄새는 아빠의 상징물이기도 하지요? 혹시 여러분은 발가락 양말을 신어 본 적 있나요? 아빠가 신고 다니는 모습을 많이 볼 수 있었을 거예요. 이 양말은 발 냄새가 나지 않도록 하는 효과도 있지만 *무좀이라는 질병을 완화하는 데에도 도움을 줍니다. 발의 적인 발 냄새와 무좀! 발 냄새는 세균이 만들고 무좀은 균류에서 곰팡이가 만든다는 사실을 알고 있나요? 그렇다면 세균과 균류는 어떻게 다를까요? 여러분은 그 차이를 알고 있나요?

★무좀
곰팡이 균에 의해 발에 생기는 피부병. 심한 가려움과 피부가 하얗게 되는 증상이 있습니다.

선생님, 왜 헷갈릴까요?

우리 주변에는 다양한 균이 있어. 콜레라균·대장균·살모넬라균·포도상구균·무좀균·효모균 등! 모두 마지막에 '균'이라는 단어가 붙지? 그런데 콜레라균·대장균·살모넬라균·포도상구균은 세균이고 무좀균, 효모균은 균류라는 사실, 알고 있었니? 세균과 균류에 공통으로 균이라는 말이 들어가고 다른 종류에도 균이라는 접미사가 들어가 있어서 세균과 균류를 헷갈리는 거란다. 또 균류라고 말하면 흔히 '균들의 모임'이란 뜻으로 다가와서 세균이 균류에 속한다고 생각해 버리지. 예부터 눈에 보이지는 않지만, 음식을 발효시키거나 부패시키고, 병을 일으키는 작은 생물을 균이라고 불렀단다. 균이라는 단어가 국어사전에서 '동식물에 기생하여 발효나 부패, 병 따위를 일으키는 단세포의 미생물'이라고 나오는 까닭도 예전부터 쓰는 용어이기 때문이야. 과학이 발전하고 우리 주변의 다양한 생물을 *유연관계에 따라 나누다 보니 세균과 균류는 명백히 다른 생물이라는 사실이 밝혀졌어.
따라서 세균과 균류를 공부할 때 다음 사항을 꼭 기억해 둬!

★유연 관계
생물을 분류할 때 어떤 생물의 무리가 태초부터 현재까지 진화한 과정을 살펴보며 얼마나 가까운지를 나타내는 관계입니다.

- 균류를 곰팡이로 생각해 보면 어떨까?
- 세균과 균류가 실생활에 어떻게 사용되는지 익숙해지자!

세균 vs 균류 | 239

세균과 균류는 어떻게 다른지 살펴보기 전, 생물들이 어떻게 나뉘는지 꼭 알고 가야 해요.

우리는 생물을 크게 5개로 분류할 때 단어 끝에 '계'를 붙인답니다. 크게 동물계·식물계·균계·원생생물계·*원핵생물계로 나누지요. 이 가운데 균계가 균류이고 세균은 원핵생물계에 속한답니다.

> ★ 원핵생물
> 핵막이 없어서 뚜렷한 핵을 볼 수 없는 원핵 세포로 이루어진 생물입니다. 지구 최초의 생명체로 추정되고 있습니다.

세균

세균을 눈으로 직접 본 적이 있나요? 특별한 용기에서 세균을 키우지 않는 이상 김치나 요구르트 속 유산균, 질병의 병균 등은 눈에 잘 보이지 않습니다. 다만 질병에 걸리거나 상한 음식 등을 통하여 세균이 있다고 짐작할 수 있어요. 세균은 세포 하나로 이루어진 원핵생물로 눈에 보이지 않을 만큼 크기가 작답니다. 박테리아bacteria라고도 부르며 동물의 위나 장, 사람의 피부, 흙, 물속 등 어느 곳에나 있습니다. 세균은 동물이나 식물보다 단순한 구조의 생물입니다. 종류가 매우 많고 원통 모양이나 공 모양 등 다양한 형태가 있습니다.

PART 03 생명과학

🔍 균류

균류는 흔히 곰팡이를 말합니다. 곰팡이는 *진핵생물로 세균과는 세포의 구조가 확연히 다릅니다. 따뜻하고 축축한 곳에서 잘 자라며 동물이나 식물, 썩는 물질에서 양분을 얻습니다.

★진핵생물
핵막이 있어서 뚜렷한 핵을 볼 수 있는 진핵 세포로 이루어진 생물입니다. 원핵생물에서 진핵생물로 진화했다고 보고 있습니다.

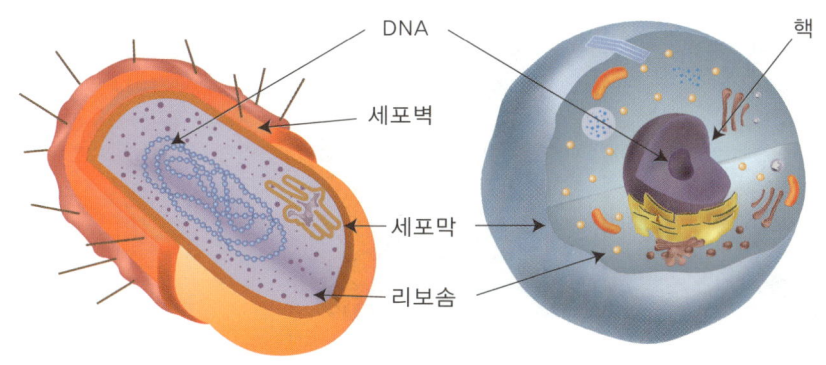

▲ 원핵 세포와 진핵 세포

균류의 대표적인 곰팡이 말고도 버섯과 효모도 여기에 속합니다. 버섯이 곰팡이랑 비슷하다니 놀랍지 않은가요? 나무껍질이나 나무 밑동에서 자라다 보니 버섯을 식물이라고 생각하는 사람들이 많이 있어요. 식물보다는 곰팡이와 비슷한 점이 많아 균류에 속한답니다.

버섯은 식물과 생김새도 다르고 꽃이 피지 않으며 열매를 맺지 않습니다. 식물은 스스로 양분을 만들어 살아갈 수 있는 생물이지만 버섯은 스스로 양분을 만들지 못하고 곰팡이와 같이 죽은 생물에게서 영양분을 얻습니다. 또 곰팡이와 버섯은 식물이 가지고 있는 씨앗으로 번식하지 않고 '포자'로 번식합니다. 버섯은 명확히 우리 눈에 보이고, 곰팡이도 된장이나 빵 등에서 눈으로 확인할 수 있답니다.

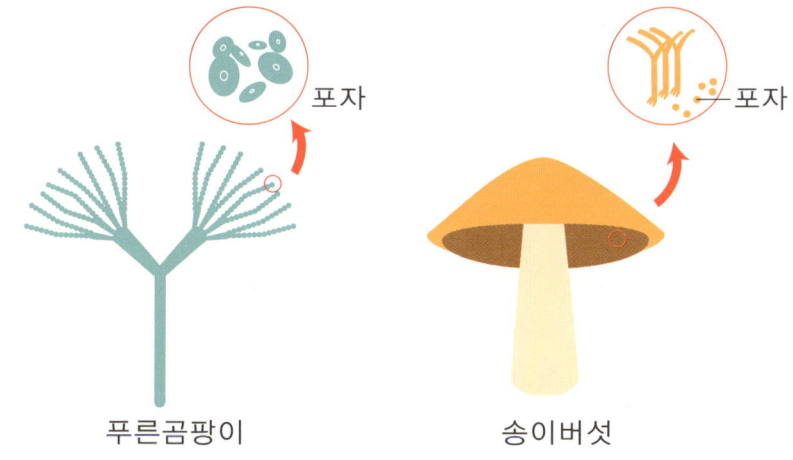

푸른곰팡이 　　　　송이버섯

세균 vs 균류 | **241**

세균과 균류는 이렇게 쓴대!

김치를 익게 하거나 우리가 먹는 요구르트에 들어 있는 것은 유산균이라고 하는 세균입니다. 유산균은 매우 작아서 우리 눈에 보이지 않지만 김치, 요구르트 등과 같은 발효 음식을 만드는 데 도움을 주는 세균입니다.

된장을 만드는 곰팡이와 나뭇잎을 썩게 하여 자연으로 되돌리는 버섯은 균류에 속합니다. 균류는 우리가 눈으로 볼 수 있을 만큼 자랍니다.

한 줄 정리

세균 : 동물이나 식물보다 단순한 구조의 생물
 : 세포 하나로 이루어져 있다.
균류 : 스스로 양분을 만들지 못해 동물이나 식물, 썩는 물질에서 양분을 얻어 자라는 식물
 : 버섯과 곰팡이, 효모가 대표적 균류

15 감기 VS 독감

초등학교 5-6 우리 몸의 구조와 기능
중학교 1-3 동물과 에너지

감기 VS 독감 속으로

2009년, '신종 플루'라는 독감이 유행했습니다. 신종 플루의 두려움 탓에 사람들은 모두 마스크를 쓰고 다니고 인파가 몰리는 곳에 가지 않았습니다. 이때 유행한 신종 플루는 사망자만 세계적으로 약 150명을 기록했지요. 150명이라면 다른 독감과 비교했을 때 적은 수치일 수 있어요. 2003년 아시아 조류 독감은 사망자 약 257명, 1968년 홍콩 독감은 약 70만 명, 1957년 아시아 독감은 약 100만 명, 1918년 스페인 독감은 약 2천만 명을 냈는데요, 중세 유럽의 흑사병과 함께 인류 역사에서 가장 많은 희생자를 낸 병은 스페인 독감이었답니다. 이렇듯 독감은 인간에게 치명적인 병입니다. 심한 감기에 걸리면 우리는 독감이라고 하잖아요? 그런데 감기와 독감은 엄연히 다른 개념이랍니다. 여러분은 감기와 독감이 어떻게 다른지 알고 있나요?

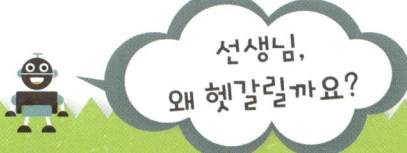
선생님, 왜 헷갈릴까요?

사람들은 감기가 심해지면 독감이라고 생각해. 하지만 이는 틀린 생각이란다. 흔히 "독하다."라는 말은 "상태가 나빠지다."에 많이 쓰곤 해. 이 탓에 감기가 심해지면 독감이 되겠구나, 생각하고 마는 거지. 감기와 독감이 사전에는 어떻게 나와 있는지 살펴볼까?

감기(感 : 느낄 감 氣 : 기운 기, cold) 주로 *바이러스로 말미암아 걸리는 호흡 계통의 병. 보통 코가 막히고 열이 나며 머리가 아프다.

독감(毒 : 독 독 感 : 느낄 감, influenza) 지독한 감기. 유행성 감기.

국어사전처럼 독감을 지독한 감기라고 나타내서 헷갈릴 수 있어. 감기는 언제든 생길 수 있지만, 독감은 유행 시기가 따로 있단다. 우리나라는 주로 10월부터 이듬해 4월 사이에, 가을에서 겨울, 겨울에서 봄으로 넘어가는 환절기에 유행해. 독감을 일으키는 바이러스 이름이 '인플루엔자 바이러스'인데 이를 그대로 사용하기 때문에 독감과 감기를 한글 그대로의 뜻으로 받아들이기보다는 영어 단어로 받아들이면 쉽게 구별할 수 있지.

- 원인이 되는 바이러스 종류를 구별하자!
- 예방 접종의 가능 여부를 확인하자!
- 감염 경로 및 치료법을 구별하자!

★**바이러스**
동물·식물·세균 따위의 살아 있는 세포에 기생하고, 세포 안에서만 수를 늘릴 수 있는 비세포성 생물. 핵산과 단백질을 주성분으로 하고, 세균보다 작아서 세균 여과기에 걸리지 않으며, 병을 일으키는 원인이기도 합니다.

🔍 감기

독감과 감기는 모두 바이러스가 일으킵니다. 하지만 감기는 200가지 이상의 서로 다른 바이러스가 관여해요. 대부분 리노바이러스와 코로나바이러스이지요. 감기는 코부터 목, 기도의 상피 세포를 감염시킵니다.

감기를 일으키는 바이러스가 워낙 많아서 다양한 백신을 만들어 놓는 데 큰 비용이 들어가기도 합니다. 환자가 어떤 바이러스에 걸렸는지 확인하고 어떤 백신을 사용하여 접종할지 어려움도 있어요. 그래서 보통 감기는 예방접종을 하지 않는답니다. 대신 대중 요법으로 치료하지요. 대중 요법으로 치료하여도 감기 때문에 사망하지는 않아요.

🔍 독감

독감은 인플루엔자 바이러스로 생기는 질환입니다. 감기와는 바이러스 종류가 달라서 예방법 또한 다르답니다. 독감은 바이러스가 한 종류라서 예방주사로 막을 수 있습니다. 독감은 코나 목, 기도뿐만 아니라 폐까지 침범하여 감염시키는데요, 치료할 때 바이러스를 제거하는 항바이러스제를 투여해야 합니다. 신종 플루를 치료하는 데 사용된 항바이러스제는 타미 플루예요. 치료하지 않으면 사망할 수도 있는 치명적인 질병이 독감이지요.

	감기	독감
원인	리노바이러스, 코로나바이러스 등 200여 가지	인플루엔자 바이러스
감염 기관	코, 목	코, 목, 폐
예방	없음	인플루엔자 백신
치료 약	대중 요법	항바이러스제 (타미 플루)

감기와 독감은 이렇게 쓴대!

우리나라에서 독감이 유행하는 10월쯤이면 병원이나 보건소 앞에 '독감 예방 접종'이라는 문구를 쉽게 볼 수 있습니다. 실제로 독감 예방 접종을 해 본 사람들도 있을 텐데, 감기 예방 접종이라는 말은 들어봤나요? 감기는 다양한 바이러스가 병을 일으켜서 예방 접종이 없습니다. 즉, 감기에는 예방 접종을 하지 않아요. 독감은 바이러스 하나가 병을 일으켜서 백신을 만들어 예방 접종을 할 수 있어요.

혹시 독감 예방 접종을 하고 감기에 걸린 적이 있거나 걸렸다며 투덜거리는 사람을 본 적이 있나요? 앞에 설명했듯이 독감과 감기는 다른 질병이기 때문에 독감 예방 접종을 맞아도 충분히 감기에 걸릴 수 있습니다.

감기 : 200여 종 이상의 바이러스로 생기는 호흡기계 감염 증상
독감 : 인플루엔자 바이러스로 생기는 급성 호흡기 질환

16 먹이 사슬 VS 먹이 그물

초등학교 5-6 생물과 환경

먹이 사슬 VS 먹이 그물 속으로

지카 바이러스라고 들어봤나요? 지카 바이러스는 모기가 전파하는 바이러스로 임산부가 모기에 물려 감염되면 뇌가 자라지 못해 뇌가 작은 아이가 태어날 수 있다고 합니다. 지카 바이러스를 옮기는 모기는 이집트숲모기인데요, 우리나라에서는 지카 바이러스를 옮기는 이집트숲모기는 없지만, 지카 전파 능력이 있는 흰줄숲모기가 살고 있습니다. 머리가 작은 아이가 태어난다니, 끔찍하지요?

모기는 지카 바이러스뿐만 아니라 말라리아나 일본 뇌염, 뎅기열 등의 질병을 옮깁니다. 여름이면 기승을 부리는 모기 때문에 잠을 이룰 수 없는데 질병까지 옮긴다니! 모기가 세상에서 없어졌으면 좋겠지만, 생태계에서는 꼭 필요하답니다. 모기가 사라지면 먹이 사슬이 끊어져 먹이 그물이 단순해지고 우리가 살기 힘들어지기 때문이지요. 여러분은 여기서 먹이 사슬과 먹이 그물이 무슨 차이가 있는지 알고 있나요?

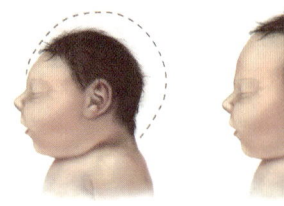

선생님, 왜 헷갈릴까요?

먹이 사슬과 먹이 그물을 설명하라고 하면 친구들은 잘 못 해. 두 단어에는 모두 먹이라는 말이 공통으로 들어가 있는 데다 사슬과 그물의 차이를 명확하게 알지 못해서 이 둘을 헷갈리기 때문이지. 먹이 사슬과 먹이 그물을 공부할 때는 다음을 염두에 두면 헷갈리지 않을 거야.

- 사슬과 그물의 개념을 정확히!
- 사슬은 처음과 끝이 있지만, 그물은 처음과 끝이 없다.
- 사슬은 위/아래라는 표현, 그물은 복잡/단순하다는 표현을 사용한다.

🔍 먹이 사슬

생물이 살아가는 세계를 '생태계'라고 합니다. 이 안에서 생물들은 서로 영향을 주고받으며 살아가는데요, 주위 환경과도 영향을 주고받으며 살아간답니다. 이 생태계에서 사는 생물들은 서로 먹고 먹히는 관계를 맺고 있습니다. 이를테면 꽃의 꿀을 빨아 먹으며 사는 모기는 잠자리의 먹이가, 잠자리는 박쥐의 먹이가, 박쥐는 매의 먹이가 됩니다. 이 관계를 쭉 이어 보면 마치 사슬과 같은 모양이 나오지요? 이를 먹이 사슬이라고 합니다. 먹이 사슬은 다른 말로 '먹이 연쇄'라고도 합니다. 즉 먹이 사슬과 먹이 연쇄는 같은 뜻입니다. 정리하면 먹이 사슬은 생태계에서 먹이를 중심으로 이어진 생물 사이 관계라고 볼 수 있어요.

먹이 사슬에 있는 말, '사슬'에 집중해서 살펴볼까요? 사슬은 계속 이어진 끈과 같습니다. 그래서 처음과 끝을 알 수가 있어요. 사슬은 길고 짧음으로 표현할 수 있지만 단순하거나 복잡하다고 말하지는 않는답니다.

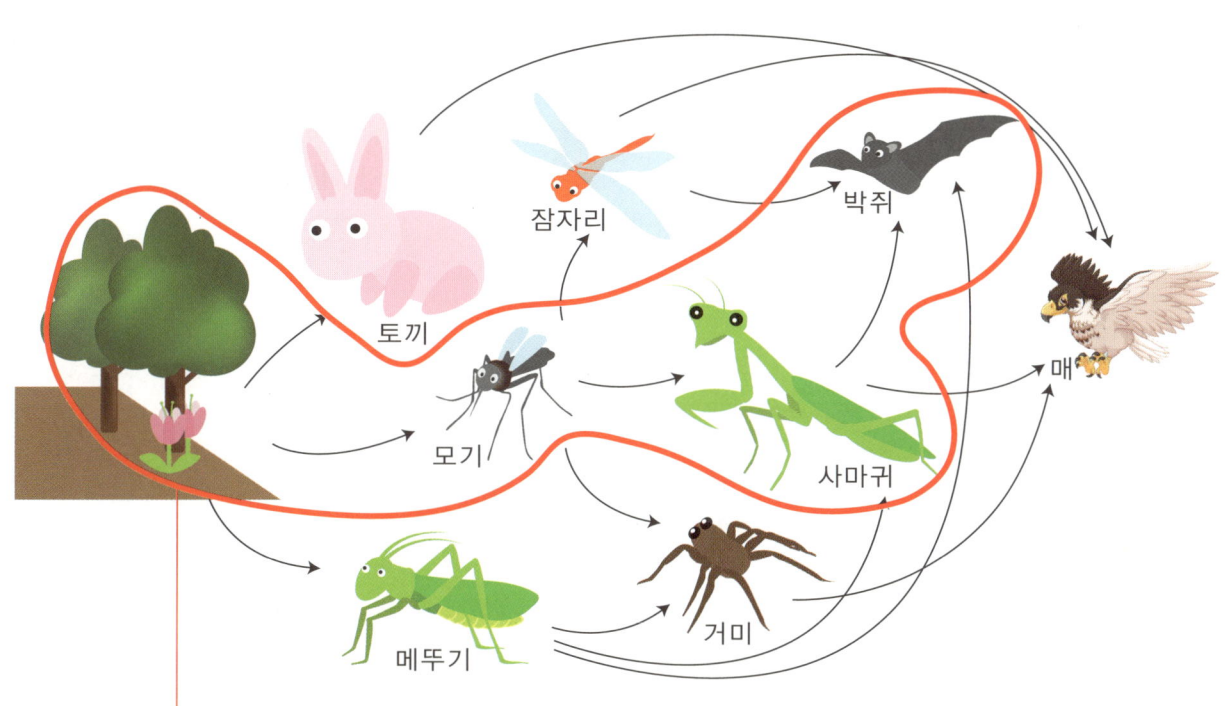

▲ 먹이사슬 (사슬처럼 먹고 먹히는 관계가 일직선)

먹이 그물

앞서 살펴본 대로 우리에게 좋지 않은 모기를 다 죽여 없애 버리면 어떻게 될까요? 잠자리는 먹이를 잃고 굶어 죽고 말 거예요. 그러면 잠자리를 먹고 사는 박쥐도 죽겠지요? 이어서 박쥐를 먹고 사는 매도 죽을지 모릅니다. 하지만 생태계에서는 실제로 이런 일이 일어나지 않습니다. 잠자리는 모기만 잡아먹지 않고 파리나 올챙이, 나방도 잡아먹고, 박쥐는 다른 곤충뿐만 아니라 과일 등도 먹기 때문이에요. 이처럼 생태계에 사는 생물들 사이에는 먹고 먹히는 관계가 그물처럼 복잡하게 얽혀 있는데요, 이를 먹이 그물이라고 합니다. 생태계에서 여러 생물의 먹이 사슬이 가로세로로 얽혀서, 그물처럼 복잡하게 이루어져 있는 먹이 관계라고 볼 수 있지요. 먹이 그물이 복잡할수록 더 안정된 생태계라고 할 수 있습니다.

먹이 그물에 있는 '그물'이란 말을 함께 보겠습니다. 그물은 망 구조물로, 처음과 끝을 알 수가 없습니다. 그물은 단순하거나 복잡하다는 말로 표현할 수 있어 먹이 그물이 단순하거나 복잡하다고 이야기할 수 있습니다.

먹이 그물의 단순함과 복잡함은 생태계에서 중요합니다. 생물이 다양해 먹이 그물이 복잡할수록 그 속의 생물이 하나 사라져도 생태계는 유지될 수 있습니다. 하지만 먹이 그물이 단순하면 생물이 하나만 사라져도 그 생태계는 파괴되고 만답니다. 이 탓에 생물이 그 다양성을 유지할 수 있도록 환경을 보호하는 데 힘써야 하지요.

먹이 사슬과 먹이 그물은 이렇게 쓴대!

2016년 2월 미니어처 푸들이 반복적인 구토 때문에 동물 병원을 찾았습니다. 푸들은 속이 불편해 보였고 헛구역질과 소화되지 않은 음식을 계속 토했어요. 주인은 평소에 분리 불안이 심한 것 외에는 다른 병 없이 건강하고 예방 접종도 꾸준히 했다고 해요. 한 가지 특이점이라면 6개월 전부터 인터넷에서 산 '수제 상어 연골' 간식을 매일 먹었다는 점이었어요. 동물 병원 측은 중금속 중독 가능성을 보고 전문 기관에 푸들의 털 속 중금속 함유량을 의뢰했습니다. 검사 결과, 푸들은 털의 수은 농도가 정상보다 5.3배 증가해 있었어요. 그뿐 아니라 안티몬과 알루미늄, 비소 등도 정상 범위보다 높게 쌓여 있었습니다. 수제 상어 연골을 먹고 *수은 중독 증상을 보인 거예요. 공장 폐수로 발생한 수은이 하천과 바다로 버려져 유입되고, 먹이 사슬을 통해 소형 어류와 대형 어류에게 수은이 쌓였습니다. 그리고 그 어류들이 잡혀 가공되어 푸들에게 먹힌 것이지요.

> ★수은
> 미나마타병으로 잘 알려진 독성 미네랄입니다.

먹이 사슬 : 생물 사이의 먹고 먹히는 관계
먹이 그물 : 먹이 사슬이 여러 개 얽혀, 그물처럼 복잡하게 이루어진 먹이 관계

초등학교 5-6 균류, 원생생물, 세균의 특징과 사는 곳
중학교 1-3 생물 다양성의 중요성

17 원핵생물 VS 원생생물

원핵생물 VS 원생생물 속으로

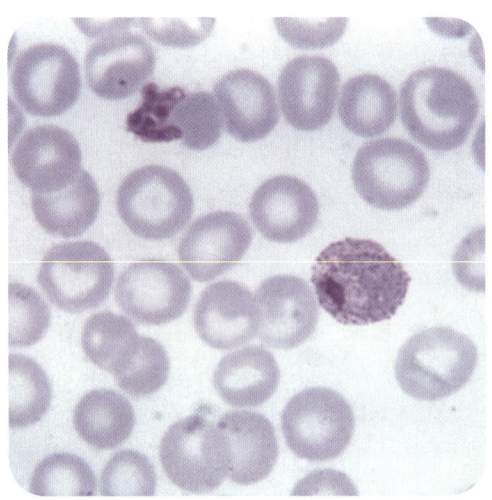

말라리아라는 질병을 들어봤나요? 체온이 40℃까지 오르다가, 열이 낮아지면 몸이 쑤시고 설사, 구토가 이어지다 또다시 열이 오르고 낮아지는 열 발작이 반복되는 병입니다. 매년 2억에서 3억 명이 감염되고 수백만 명이 사망에 이르는 무시무시한 질병이지요. 모기에 물려서 감염되는 말라리아는 모기의 침샘에 있는 말라리아 원충 때문이에요. 손가락보다 작은 모기 안에 또 생명체가 있다니. 이렇게 작은 말라리아 원충은 어떤 생물일까요? 원핵생물일까요? 원생생물일까요?

선생님, 왜 헷갈릴까요?

원핵생물과 원생생물은 아예 다른 분류로 나뉘어. 이 둘은 모두 엄청나게 다양하고 우리 눈에 보이지 않은 작은 생물이라 무슨 차이가 있는지 곰곰이 생각하지 않으면 헷갈리기 쉬워. 게다가 원핵생물? 원생생물? 여기에서 한 글자만 빼면 나머지 글자가 모두 같아서 이름만으로도 헷갈리고 말지. 무엇보다 친구들에게 원핵생물과 원생생물은 자주 접하는 개념이 아닐 거야. 이 둘을 헷갈리지 않기 위해 생명체의 기준부터 알아볼까?

1단계 핵이 있느냐 없느냐, 그것이 문제로다!

원핵생물과 진핵생물

생명체는 매우 다양합니다. 이 생명체는 몇 가지 기준에 따라 분류되는데, 기본 기준 하나가 "핵이 있느냐, 없느냐."입니다.

세포는 세포막으로 둘러싸인 주머니에 유전 물질과 여러 가지 일을 하는 단백질이 있습니다. 이러한 물질들이 나뉜 공간 없이 한 주머니에 다 담겨 있으면 '핵이 나타나기 이전의 세포'라는 뜻인 "*원핵 세포*'라고 합니다. 이러한 세포로 이루어진 생물이 원핵생물이지요.

우리 배 속에 사는 대장균, 황색포도상구균 등이 원핵생물에 속합니다. 눈치챘나요? *세균*이 원핵생물입니다.

★ **원핵 세포(Prokariotic cell)**
이전의(pro) 핵(karyotic)이라는 뜻으로 핵이 있기 전의 세포

★ **세균**
세포에 핵과 막으로 둘러싸인 소기관을 가지지 않는 단세포 생물. 대장균·콜레라균·유산균 등이 이에 속하며 박테리아라고도 합니다.

★ **진핵 세포(Eeukaryotic cell)**
진짜(eu) 핵(karyotic)이라 하여 막으로 둘러싸인 핵을 가지는 세포

| 원핵 세포 : 세포 속에 유전 물질과 다른 것들이 같이 들어 있다. | *진핵 세포 : 세포 속에 공간이 나뉘어 유전 물질은 핵에 들어 있다. |

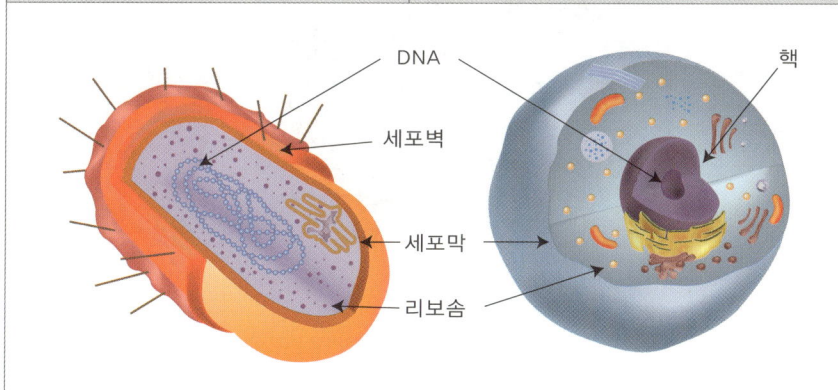

세포가 하나? 아니면 여러 개?

단세포 생물과 다세포 생물

원핵생물은 '핵'이 없는 세포로 이루어진 생명체이고, 진핵생물은 '핵'을 비롯한 여러 세포 소기관이 있는 세포로 이루어진 생명체입니다. 핵의 유무에 상관없이, 하나의 세포가 하나의 생명체가 될 때 '단세포 생물'이라고 합니다. 세포가 여러 개 있어야만 하나의 생명체가 된다면 '다세포 생물'이라고 하지요.

원핵생물은 단세포 생물이지만, 진핵생물은 단세포 생물과 다세포 생물이 모두 있습니다. 이를테면, 원핵세포이면서 단세포 생물은 대장균이 있고, 진핵세포이면서 단세포 생물은 아메바가 있어요. 인간은 무엇일까요? 진핵세포로 이루어진 다세포 생물이지요.

🔍 애매하네, 동물도 아니고 식물도 아닌? 〔원생생물〕

 이제 생물을 분류해 볼까요? 핵이 있느냐 없느냐에 따라 원핵생물과 진핵생물을 나누고, 진핵생물에서 단세포와 다세포 생물을 나눠야겠지요. 우리가 알고 있는 생명체에서 두드러지게 많은 다세포 생물을 더 자세히 나눠 볼게요. 사람이 속해 있는 '동물'이 있고, 광합성을 하는 '식물'이 있습니다. 버섯과 곰팡이가 속하는 '균류'도 있지요. 그럼 단세포 진핵생물인 아메바는 어디 속해야 할까요? 짚신을 닮은 짚신벌레는요? 움직이기도 하고, 광합성도 하는 유글레나는 동물인가요, 식물인가요?

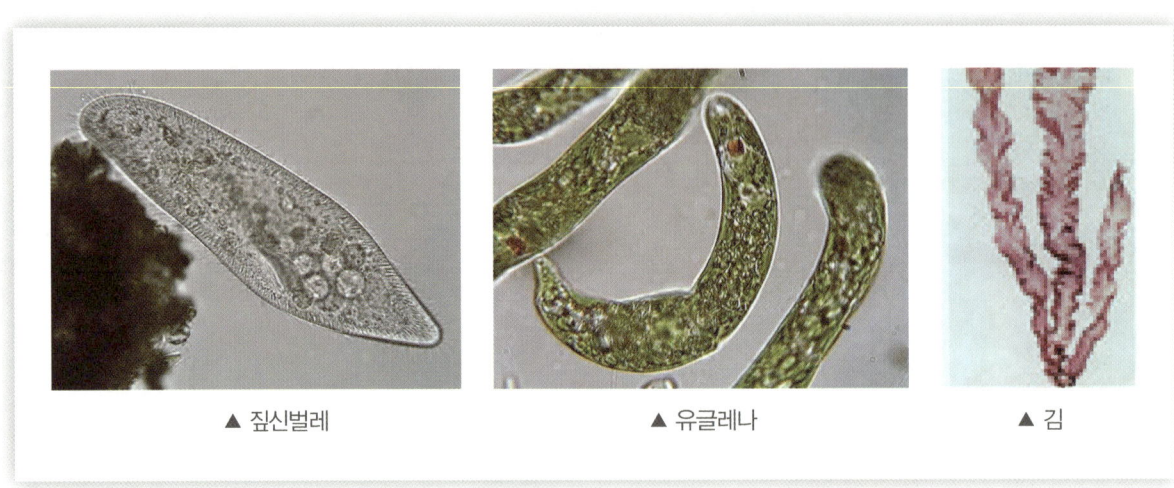

▲ 짚신벌레　　　　　▲ 유글레나　　　　　▲ 김

 동물도, 식물도 아니고 균류라고 하기에도 애매한 생물들은 모두 원생생물이라는 기준을 하나 더 만들어 모았습니다. 그러다 보니, 원생생물계는 진핵생물이면서 단세포 생물, 다세포 생물도 모두 포함되고, 사는 곳도 매우 다양하고, 식물처럼 광합성을 하기도 하고, 동물처럼 다른 생물을 잡아먹기도 합니다. 또 식물처럼 움직이지 않기도 하고, 동물처럼 움직이도록 편모가 있는 등 도무지 이렇다 할 공통 특성을 찾기가 매우 어렵답니다.

🔍 3역 6계

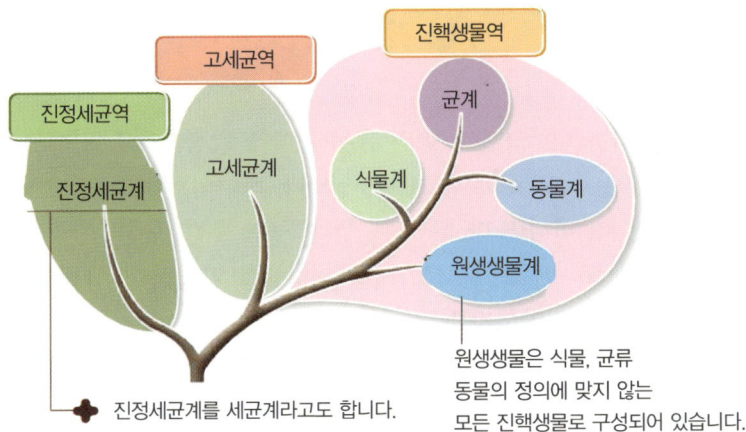

▲ 3역 6계 분류

지금 우리는 '*3역 6계'라는 분류 체계로 생명체를 분류했습니다. 3역 6계는 가장 큰 범주가 '역', 그 아래 범주가 '계'입니다. 원핵생물에서 대장균, 포도상 구균처럼 진짜 세균들을 '진정세균역', 생긴 건 세균인데, 오히려 진핵생물과 DNA가 비슷한 '고세균역', 진핵생물은 '진핵생물역'으로 구분합니다. 진핵생물은 '식물계·동물계·균계'로 구분하고, 애매한 것은 '원생생물계'에 넣었지요.

> ★3역 6계
> 생물을 분자 생물학적 근거에 따라 진정세균역, 고세균역 · 진핵생물역(원생생물계 · 식물계 · 동물계 · 균계)으로 분류합니다.

원핵생물과 원생생물은 이렇게 쓴대!

원핵생물은 진핵생물과 반대되는 개념입니다. 핵의 유무에 따라 결정되지요. 단세포 생물과 다세포 생물은 생명체를 이루는 세포 수에 따른 구분입니다. 하나의 세포로 생명체가 된다면 단세포 생물, 여러 개가 있어야 한다면 다세포 생물입니다.

원생생물은 진핵생물에서 동물도 식물도 균류도 아닌 생명체를 말합니다. 단세포이기도 하고 다세포이기도 한 애매한 생명체 집단이지요.

앞에서 이야기한 말라리아 원충은 어디에 속할까요? 이 생명체는 핵이 있는 단세포 생물로 원생생물에 속하지요.

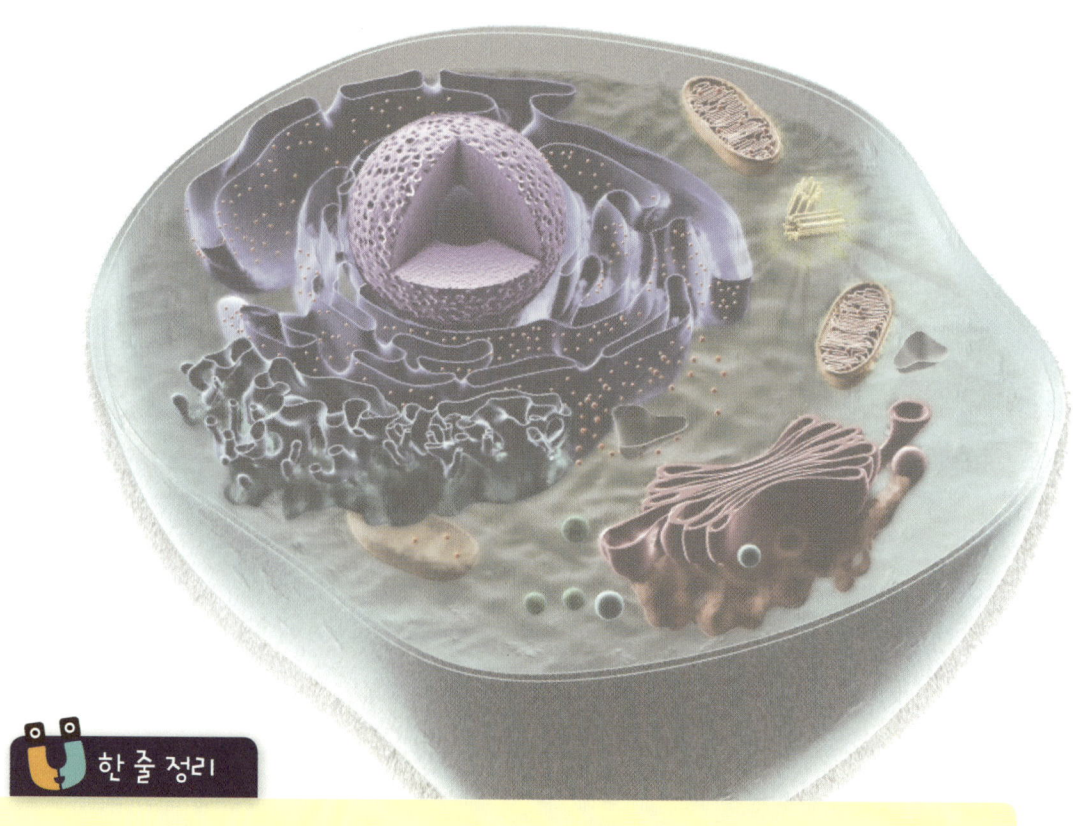

한 줄 정리

원핵생물 : 핵이 없는 세포로 이루어진 생물로 대개 단세포 생물

원생생물 : 진핵생물에서 분류가 애매해 임시로 구분한 분류 체계에 속하는 생물

18 난생 VS 태생

초등학교 3-4 동물의 한살이
중학교 1-3 생물의 다양성, 생식과 유전

난생 VS 태생 속으로

우리는 가끔 믿기 힘든 일을 뉴스에서 접하곤 합니다. 광주광역시에 있는 한 횟집 수족관에서 참상어가 새끼를 40마리나 낳았다는 내용이 뉴스로 전해졌는데요, 참상어 새끼들은 배에 달걀노른자를 닮은 난황을 달고 태어났다고 합니다. 여기에서 상어는 물속에 살고 있는데도 새끼를 낳았다는 점, 배에 난황을 달고 나왔다는 점이 놀랍지 않나요? 상어는 알을 낳았을까, 새끼를 낳았을까?

출처: 연합뉴스

선생님, 왜 헷갈릴까요?

★ **포유류의 특징**
포유류는 몸에 털이 있고 온혈동물이며 새끼에게 젖을 먹이는 특징이 있습니다.

고래는 어류가 아니라 *포유류라서 새끼를 낳는다는 사실, 알고 있니? 그럼 상어가 새끼를 낳았다면 상어도 포유류가 아닐까, 생각할 수 있겠지? 하지만 이건 틀린 생각이야. 앞으로 살펴볼 난생과 태생은 동물의 분류와 생식을 연관 지어 생각하기 때문에 종종 헷갈린단다.

난생은 알, 태생은 새끼로 낳는다는 사실은 대부분 알아. 친구들이 헷갈리는 건 어떤 동물이 난생이고 어떤 동물이 태생인지란다. 지금부터 난생과 태생이 정확히 무엇인지 살펴보고 어떤 동물의 특징인지 알아보도록 할게.

난생과 태생을 살펴보기 전, 생물이 자손을 남기는 두 가지 방법을 알아야 해요. 동물들이 자손을 남기는 방법에는 여러 가지가 있습니다. 암수가 필요 없이 자손을 남기는 방법무성 생식도 있고, 암수가 있어서 자손을 남기는 방법유성 생식도 있습니다. 간단히 알아보면 다음과 같습니다.

	무성 생식	유성 생식
암수 세포의 결합	없음	있음
어미와 자손의 유전적 차이	없음	있음
자손을 남기는 속도	빠름	느림
남기는 자손의 수	많음	적음
환경 변화에 적응하는 능력	약함	강함
예	효모, 곰팡이, 버섯 등	동물, 식물

성이 없이 자손을 남긴다면 어떨까요? 어미와 자손이 유전적으로 같아서 환경 변화만 없다면 적응이 빨라 잘 자랄 수 있고 많은 자손을 남길 수 있습니다. 하지만 환경이 변화하면 한꺼번에 모두 멸종할 수 있습니다. 이와 달리 서로 다른 성의 생식 세포 결합으로 자손이 생기면 자손을 남기는 속도도 늦고 적은 수만 남길 수 있지만, 유전적으로 다양해 환경 변화에 유리합니다. 이를 바탕으로 지금부터 동물의 생식 방법을 좀 더 자세히 알아보겠습니다.

난생

암수가 있는 유성 생식에서 알을 낳아 자손을 남기는 방법이 난생입니다. 난생은 체내 수정과 체외 수정이 조금 달라요. 새끼가 수정 후 알 밖으로 나갈 때까지 어미에게 영양분을 얻지 않고 알 속의 양분인 난황을 이용한다는 점이 공통점이지요.

▲ 체내 수정 하는 새

▲ 체외 수정 하는 물고기

PART 03 생명과학

난생하는 새나 곤충, 파충류 등은 짝짓기를 통해 어미의 몸에서 수정되어 나오는데 이를 체내 수정이라고 합니다. 난생하는 물고기나 양서류는 암컷이 수정되기 전의 알을 낳고, 수컷이 이를 물속에서 수정시킨답니다. 이를 체외 수정이라고 합니다. 그런데 특이하게 *단공류라고 불리는 포유류는 알을 낳아 번식해요. 오리너구리나 바늘두더지 등이 대표적 예랍니다.

★단공류
난생하며 다른 포유류와 달리 배변(똥), 배설(오줌), 생식하는 관이 하나로 합쳐져 있습니다.

 태생

암수가 있는 유성 생식에서 새끼를 낳아서 번식하는 방법이 태생입니다. 난생과 달리 체내에서 수정이 일어나지요. 태생은 보통 척추동물 중 포유류에서 나타납니다. 포유류에서도 새끼를 낳고 기르는 방법이 크게 3가지로 나눌 수 있는데요. 크게 *태반 포유류, 유대류, 단공류로 나누어 볼 수 있습니다. 단공류는 난생이며, 태반 포유류는 태반을 가져서 수정 후 새끼가 어미에게서 영양분을 받아 자랍니다. 유대류는 태반이 없이 작은 새끼를 낳아 주머니에서 젖을 먹여 키웁니다. 유대류에는 캥거루와 코알라, 주머니쥐 등이 있습니다.

★태반
어미와 새끼 사이에 이어진 구조물로, 새끼가 자라는 데 필요한 물질이 교환됩니다.

난태생

어미의 몸 안에서 수정란이 알 상태로 부화한 후 어미의 몸 밖으로 나오면 난태생입니다. 태생과 다른 점은 새끼와 어미와의 태반이 형성되지 않아 초기 발생에 필요한 영양분을 난생처럼 난황에서 얻는다는 점입니다. 일부 종은 후에 모체에게서 영양분을 받기도 합니다. 뱀은 대부분 난생을 하지만 살무사는 난태생을 하며, 상어와 가오리도 일부 종은 난태생을 합니다.

▲ 난생과 난태생

우리가 어항에서 손쉽게 기르는 구피나 플레티 등의 물고기도 난태생을 합니다.

◀ 난태생 하는 구피

난생과 태생은 이렇게 쓴대!

　난생과 태생, 난태생을 동물의 분류 기준과 이어 생각하지 않고, 동물 집단에 따른 다양한 생식 방법을 알아두면 둘 사이를 혼동하지 않는답니다.
　고래는 포유류인데도 물에서 살고 있습니다. 물에 살면 모두 어류라고 생각할 수 있지만 고래는 크고 무거운 폐가 있습니다. 열 달에서 열두 달 동안 새끼를 배 속에서 키우며, 출산 후 젖을 먹입니다. 고래가 새끼를 낳은 후 제일 먼저 하는 일이 새끼를 물 밖으로 밀어 올려 숨을 쉬게 하는 일인데요, 자는 동안에도 아가미가 없어 숨을 쉬어야 하기 때문에 뇌가 좌우 반씩 잠을 잔다고 해요.
　상어는 고래와 유사한 모습이 있지만, 어류로서 아가미를 가지고 있습니다. 상어는 종류에 따라 알을 낳는 난생을 하거나, 얇은 껍데기를 가지는 알을 몸 안에서 부화시켜 낳는 난태생을 합니다. 일부는 태생을 하기도 합니다. 청상아리라고 부르는 청새리상어는 태생으로 임신 기간이 9~12개월입니다.

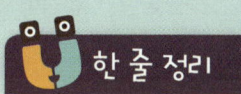

- **난생** : 어미 몸 밖으로 알을 낳아 번식
- **태생** : 어미 몸 밖으로 새끼를 낳아 번식
- **난태생** : 어미 몸 안에서 알을 부화시킨 뒤 낳아서 번식

19 나비 VS 나방

초등학교 3-4 동물의 한살이, 동물의 생활
중학교 1-3 생물의 다양성, 생식과 유전

나비 VS 나방 속으로

도나리와 버터플
2018년 0월 0일

오늘은 신기한 사실을 알았다. 콘팡이 진화하면 버터플이 되는 줄 알았는데, 그게 아니였다! 콘팡은 진화하면 도나리가 되고, 캐터피는 단데기를 거쳐 버터플로 진화하는 과정이 맞는 진화였다. 하지만 콘팡과 버터플, 캐터피와 단데기와 도나리는 서로 닮았는데… 나뿐만 아니라 같은 반 친구들도 진화 과정이 바뀐 게 아니냐고 말했다.

수정이는 애니메이션 〈포켓몬스터〉를 보다가 신기한 점을 발견하고 일기로 썼어요. 다음 일기를 살펴볼까요?

'버터플'과 '도나리'의 진화는 단순한 오류였을까요? 또 '도나리'는 독나방 포켓몬과 나비 포켓몬 중에서 어디에 더 가까울까요? 나비와 나방을 어떻게 구분할 수 있는지 알아봅시다.

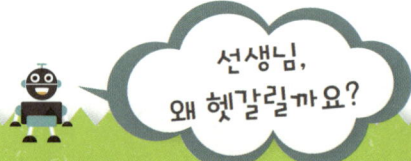
선생님, 왜 헷갈릴까요?

★**생태**
생물이 살아가는 상태
★**완전 탈바꿈**
알-애벌레-번데기의 과정을 거쳐 성충이 되는 것
예) 나비, 파리, 벌
★**불완전 탈바꿈**
번데기 과정 없이 탈피를 거쳐 성충이 되는 것
예) 잠자리, 메뚜기

꽃 주변에는 벌과 나비가 모이지? 그런데 꽃 주변에 모이면 모두 나비일까? 나방은 꿀을 먹지 않을까? 나비와 나방은 생김새가 비슷하고, 실제 살아가는 환경이 겹치는 경우가 많아서 종종 헷갈려하지. 가상 캐릭터인 도나리는 사실 나비와 나방의 특징을 다 가지고 있어. 실제로 나방과 나비는 구별하기가 매우 힘들거든? 프랑스어로 빠삐용papillon은 나비와 나방을 모두 가리키는 단어이고 북한에서는 나비와 나방을 구분하지 않아. 분류학에서도 나비와 나방은 모두 동물계-절지동물문-곤충강-나비목에 속하고 있지. 나비와 나방은 계통적으로 구분하기보다 *생태적 차이로 구분해야 해. 물론 예외도 많이 있지. 생태적 차이를 바탕으로 일반적인 특징을 설명해 볼게.

나비와 나방의 공통점	
*완전 탈바꿈	비늘로 덮여 있는 날개와 몸

260 | 생명과학

🔍 나비

나비목을 나비아목과 나방아목으로 분류하기도 합니다. 나비아목은 전체 나비목의 $\frac{1}{10}$ 정도를 차지합니다. 나비의 학명은 '끝이 뭉툭한 뿔'이라는 뜻으로 더듬이 끝이 두껍습니다팔랑나비는 예외랍니다. 보통 낮에 활동하며, 땅에 앉을 때 날개를 포개서 세워 앉습니다여기서도 팔랑나비는 예외. 보통은 날개가 화려하며, 뒷날개에 날개 가시가 없고, 몸통이 가늡니다. 나비는 보통 여름형과 가을형이 있으며, 계절적으로 외형이 다르게 나타나지요. 계절적 차이는 해가 떠 있는 시간의 길이에 따라 결정된다고 알려져 있어요. 나비는 꽃가루를 옮겨 식물의 수정을 도와서 우리에게 이로운 *곤충처럼 보여요. 하지만 애벌레는 식물을 갉아 먹어 해로운 곤충으로 생각하기도 합니다.

🔍 나방

나방아목은 나비목의 대부분을 차지합니다. 나방의 학명은 '갈라진 뿔'이라는 뜻으로 더듬이가 깃털처럼 갈라져 있거나 끝이 뾰족한 형태입니다. 보통 밤에 활동하며애기나방류·유리나방류·명나방류·뿔나비나방은 예외 땅에 앉을 때 날개를 배 위에 올려 겹치거나 위에서 보았을 때 A자 형태를 띱니다뿔나비나방과 자나방은 예외. 자신을 보호하기 위해 주변 환경과 비슷하게 변하기도 해요. 어둡고 은백색이 많으며 뒷날개에 날개 가시가 있고 몸통은 두툼합니다. 보통 날개는 몸보다 작습니다.

나방은 해로운 곤충으로 생각하곤 해요. 하지만 누에나방의 번데기는 식용과 한약제 등이 되고, 고치는 비단을 만드는 데 사용됩니다. 심지어 누에똥은 가축의 사료나, 녹색 염료로 사용되어 나방도 이로운 곤충이 될 수 있답니다.

> 👀
> ★곤충
> 몸을 머리와 가슴, 배로 나누고 다리가 3쌍, 날개가 2쌍인 동물로 동물에서 그 수가 가장 많습니다.
> 거미는 다리가 8개, 지네는 다리가 많아 곤충이 아닙니다.

PART 03 생명과학

나비는 발을 통해서도 맛을 느낄 수 있습니다.

◀ 비 온 후 축축한 흙에서 수분 속 미네랄을 빨아먹는 나비

다리가 4개만 보인다고 해서 곤충이 아니라고 생각하면 안 돼요!

◀ 나비 중 네발나비는 특이하게도 앉았을 때 다리가 4개입니다. 이는 앞의 두 다리가 작아졌기 때문이에요.

나비와 나방은 이렇게 쓴대!

나비와 나방은 모습도 비슷하고, 생활도 유사한 경우가 많습니다. 몇몇 예외를 제외한다면 더듬이 형태나 앉는 모습, 활동하는 시간으로 구별할 수 있어요. 그렇지만 언제나 예외는 있어서 꿀을 먹는 곤충에게 멋진 날개가 있다고 해도 모두 나비가 아니라는 사실을 명심해야 합니다. 검정황나꼬리박각시는 나는 모습이 흡사 벌새 같아서 사람들이 벌새라고 착각하는데요, 나방의 한 종류로 꽃의 꿀을 먹고 산답니다. 벌새나 나비처럼 주둥이의 긴 관으로 꿀을 빨아 먹지요.

▲ 검정황나꼬리박각시

나비 : 낮에 주로 활동하고 더듬이 끝이 두꺼우며 앉을 때 날개를 오므린다.
나방 : 밤에 주로 활동하고 더듬이 끝이 갈라져 있다.
      : 앉을 때 날개를 펴지만, 예외가 있다.

20 헤모글로빈 VS 헤모시아닌

초등학교 5-6 우리 몸의 구조와 기능
중학교 1-3 동물과 에너지

헤모글로빈 VS 헤모시아닌 속으로

온몸이 딱딱한 껍데기로 뒤덮여 있고, 다리 10개로 기어 다니며, 투구를 뒤집어쓴 듯한 투구게. 투구게는 앵무조개처럼 살아 있는 화석으로 불리며 수억 년 전 모습을 간직한 채 살아가고 있습니다. 일부 지역에서 식용이나 애완용으로 길러지는 투구게는 인류에게 매우 중요한 역할을 해요. 투구게의 혈액이 특별하기 때문이랍니다. 투구게의 혈액은 산소를 만나면 파란색으로 바뀌는 점 외에도 세균과 만나면 굳어 버려서 인류에게 도움을 주고 있어요. 이를 이용하여 제약 회사에서 만드는 의약품이 세균성 독소에 오염됐는지를 확인하여 안전성을 검사하지요. 안타깝게도 이 검사를 위해 1년에 투구게 50만 마리 이상이 혈액을 빼앗기고, 자연으로 돌려보내지는데요, 10% 이상이 채혈 과정에서 죽어 버린답니다. 투구게처럼 파란색 혈액을 가지는 동물이 또 있을까요? 그리고 파란색 혈액을 가지는 이유는 무엇일까요?

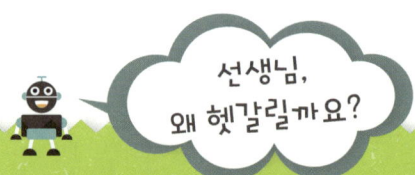

선생님, 왜 헷갈릴까요?

친구들은 헤모글로빈과 헤모시아닌을 들어본 적 있니? 사람 피를 구성하는 헤모글로빈은 그렇다 하더라도 헤모시아닌은 전혀 새로운 개념일 거야. 무엇보다 이 두 개념을 처음 접했을 때 이름의 유사성 때문에 많이들 헷갈리지 않았니? 두 개념 모두 피와 관련 있다는 생각으로 이어져 정확하게 무슨 뜻인지를 모르는 거지. 헤모글로빈과 헤모시아닌을 공부할 때는 이 점을 꼭 기억해 둬.

- 각각 무엇을 포함하고 있는지 알아 두자.
- 산소와 결합했을 때 색깔이 어떻게 달라지는지 알아 두자.

헤모글로빈과 헤모시아닌을 이야기하기 전, 여러분이 꼭 알아야 할 혈액을 이야기할게요. 지구에 사는 생물은 매우 다양합니다. 오징어·바퀴벌레·앵무새 등의 동물은 혈액을 갖고 있지요. 그렇다면 모든 동물은 혈액이 있을까요? 혈액이 있다면 어떤 색일까요?

결론부터 말하면 혈액은 모든 동물이 가지고 있지는 않습니다. 혈액은 동물의 몸에서 산소와 영양분을 공급하고 이산화탄소와 노폐물을 제거한답니다. 보통 몸이 작고 물속에 사는 생물들은 혈액이 필요하지 않아요. 몸이 작아서 세포들끼리 필요한 영양분과 산소를 노폐물과 이산화탄소 등과 교환하거나, 물에서 직접 영양분과 노폐물 등을 교환합니다. 이런 동물에는 해파리, 산호 등이 있습니다.

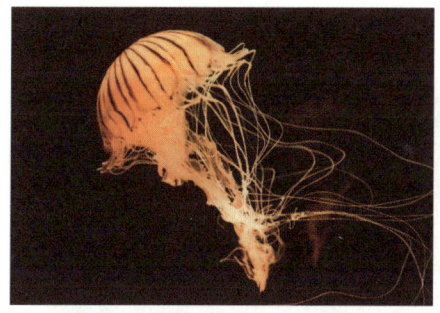 

혈액을 이루는 물질에는 보통 액체 성분인 혈장과 세포 요소가 있습니다. 개와 고양이와 같은 척추동물의 세포 요소는 적혈구·백혈구·혈소판으로 나뉩니다. 적혈구는 동물이 사는 환경과 밀접한 관계가 있어요. 산소를 더 많이 필요로 하거나 고산 지대처럼 산소가 적은 환경에 적응하거나 추위에 적응한 동물은 대체로 적혈구 양이 많답니다.

여기서 알아야 할 사실은 적혈구를 통해서만 산소 수송을 하지 않는다는 점이에요. 혈장을 통해서도 산소 수송이 이뤄지며 여기에 공통으로 필요한 단백질이 바로 호흡 색소랍니다. 이 호흡 색소에는 헤모글로빈과 헤모시아닌, *미오글로빈 등이 있습니다. 곤충은 혈액 없이 폐와 비슷한 호흡 기관으로 산소를 직접 운반할 수 있어서 호흡 색소를 갖지 않아요. 이제 가장 대표적인 호흡 색소 헤모글로빈과 헤모시아닌의 차이를 알아볼까요?

★미오글로빈
헤모글로빈과 유사하게 철을 포함한 붉은색 호흡 색소로 근육에 포함되어 있습니다. 근육이 연붉은색을 띠는 것은 이 미오글로빈 때문인데요, 근육 속에 산소를 저장합니다.

헤모글로빈

헤모글로빈은 철 원자를 포함하여, 산소와 결합하면 붉은색을 띠는 호흡 색소입니다. 동물이 붉은색 피를 가진다면 호흡 색소가 철 원자를 가진다는 뜻이

★**환형동물**
몸이 여러 개의 고리를 연결한 것처럼 보이는 무척추동물로 지렁이와 거머리 등이 포함되어 있습니다.

★**연체동물**
부드러운 몸을 가지는 무척추동물

★**갑각류**
딱딱한 껍데기를 가지고 있으며, 몸과 다리에 마디가 있는 무척추동물인 절지동물의 일부로 새우 등이 포함되어 있습니다.

에요. 녹슨 철을 보면 붉은색을 띠는데 이와 연관 지어 기억할 수 있습니다. 헤모글로빈도 산소를 잃으면 검붉은색을 가지거든요. 가장 흔한 호흡 색소로, 척추동물은 적혈구 속 헤모글로빈이 산소 대부분을 운반합니다. 지렁이와 같은 많은 *환형동물과 일부 조개·달팽이·문어 등의 *연체동물 및 *갑각류는 헤모글로빈을 가집니다.

　헤모글로빈은 헤모시아닌보다 산소 결합 능력은 높아요. 하지만 온도가 낮아지면 혈액 농도가 높아져서 혈관을 막는 등의 문제가 발생하여 극지방의 생물들은 다른 방법으로 산소를 운반한답니다. 척추동물이면서 적혈구와 헤모글로빈이 없는 남극 빙어는 반투명하게 속이 들여다보입니다. 낮은 온도로 혈액 점도가 높아져서 혈액 순환에 생기는 문제 때문에 적혈구와 헤모글로빈이 없어졌어요. 대신 낮은 온도의 물에 높은 농도로 녹은 산소를 피부와 아가미로 받고 심장에서 한 번에 나가는 혈액의 양을 늘려 살아남았답니다.

🔍 헤모시아닌

▶ 남극 빙어

★**두족류**
머리에 다리가 달린 것 같은 형태를 띠는 연체동물. 오징어·문어·앵무조개 등이 있습니다.

　헤모시아닌은 구리 원자를 포함하여, 산소와 결합하면 푸른색을 띠는 호흡 색소입니다. 연체동물과 거미류의 일부, 절지류 등이 산소 운반에 헤모시아닌을 사용합니다. 헤모시아닌은 헤모글로빈보다 산소 결합 능력은 낮아요. 하지만 낮은 온도에서도 산소를 효과적으로 운반할 수 있습니다. *두족류인 남극 바다 문어는 다른 문어보다 헤모시아닌 혈중 농도가 높아요.

헤모글로빈과 헤모시아닌은 이렇게 쓴대!

　사람의 혈액은 헤모글로빈을 포함한 적혈구가 산소와 결합하여 붉은색을 띱니다. 투구게와 문어는 헤모시아닌을 가져 산소와 결합하여 푸른색을 띱니다. 순환액을 가지고 있지 않은 동물도 있으며, 순환액이 있어도 산소의 운반에 호흡 색소를 가지지 않는 생물도 있답니다. 헤모글로빈은 붉은색, 헤모시아닌은 푸른색으로 색과 연관해 기억하면 혼동하지 않을 수 있어요.

　우리가 기억하는 호흡 색소의 색은 산소와 결합한 색이라는 사실을 잊지 마세요.
　"모기는 곤충인데 왜 잡으면 붉은 피를 가지나요?"
　여기서 이런 의문을 가지는 학생들이 있을 텐데요, 이때는 모기의 피가 붉은색이 아니라 동물의 피가 소화되기 전에 저장되어 있기 때문이라고 생각하면 될 것 같아요.

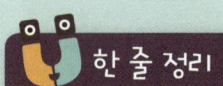

헤모글로빈 : 철을 포함하여 산소와 결합하면 붉은색
헤모시아닌 : 구리를 포함하여 산소와 결합하면 푸른색

PART 04 지구과학, 뭐가 헷갈리니?

지구과학은 우리가 사는 지구를 탐구하는 학문이란다. 땅과 바다, 하늘과 하늘 너머에 있는 우주에 이르기까지 지구를 이루거나 주변 요소들을 다뤄. 지구에서 일어나는 여러 자연 현상도 과학적으로 설명해 주지. 지구과학은 고대 4대 문명에서부터 점차 학문으로 발전했어. 나일강 범람을 천체 관측으로 예측했고 역법이나 점술에 응용하는 방식이었지. 그 뒤로 아리스토텔레스나 코페르니쿠스·케플러·갈릴레이·허블 등 유명 지구과학자들이 엄청난 연구 결과를 발표하면서 오랜 기간 눈부시게 발전했단다. 오늘날 우리는 이를 바탕으로 한 우주 탐사와 개발 등으로 먼 미래를 내다볼 수 있지.

항성과 행성? 일식과 월식? 기후와 날씨? 지금부터 친구들이 알쏭달쏭한 지구과학 개념들을 하나하나 살펴볼게.

무얼 배울까?

01 항성 VS 행성

초등학교 5-6 태양계 행성
중학교 1-3 태양계의 구성과 운동

항성 VS 행성 속으로

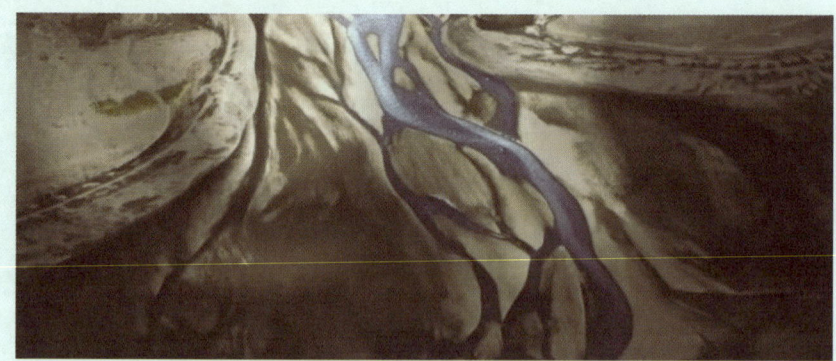

"우주의 모든 별 중에 가장 아름다운 별, 지구
하지만 지구는 70억 인류 모두에게 똑같이 아름답지만은 않습니다."

– ○○중공업 광고에서

이 광고에서 잘못된 곳이 어디인지 찾았나요? 바로 '별'입니다. 더 정확히 말하면 '아름다운 별, 지구'라는 부분이지요. 우리는 흔히 밤하늘에 반짝이는 점을 '별'이라고 부릅니다. 별이라고 불리는 것들 가운데 실제로 별이 아닌 것들도 있다는 사실을 알고 있나요? 별인데 별이 아닌 것들이 있다? 그리고 지구가 별이 아니라니? 그럼, 어떤 점에서 어떻게 다른지 살펴볼까요?

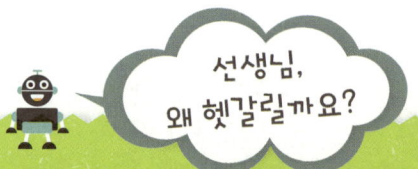

선생님, 왜 헷갈릴까요?

TV에 나오는 광고나 애니메이션 등에서 별과 행성이 함께 쓰이고 있지? 반짝거리면서 하늘에 떠 있는 무엇을 우리는 생활에서 무조건 '별'이라고 부르지 않니? 그렇게 구별 없이 습관처럼 입에 담곤 하는 별 때문에 항성과 행성이 어떻게 다른지 모르는 건 아닐까? 별이냐, 아니냐를 정확히 알면 친구들이 헷갈리는 항성과 행성의 차이도 알 수 있단다.

항성

　항성, 즉 별은 스스로 빛을 내는 천체들입니다. 빛을 낸다는 것은 항성의 표면이 뜨겁다는 뜻인데요, 스스로 표면이 뜨거워지려면 안에서는 에너지를 만들어 내야 해요. 이렇게 항성 안에서 에너지를 만들어 내는 과정을 '*핵융합 반응'이라고 합니다.

　우리가 사는 지구에서 가장 가까이 있는 별은 무엇일까요? 바로 태양입니다. 태양계 중심에서 우리에게 많은 에너지를 주는 태양 또한 항성이지요. 태양은 앞에서 이야기했던 핵융합 반응으로 에너지를 만듭니다. 태양 중심부의 높은 온도에서 수소 4개가 합쳐져 헬륨 1개를 만들 때 많은 에너지가 생긴답니다.

★핵융합 반응

가벼운 원자핵이 합쳐져 무거운 원자핵이 되면서 질량 차이에 의해 에너지가 만들어지는 과정입니다. 태양의 중심에서는 이 중에서 수소 원자핵 4개가 조금 더 무거운 헬륨 원자핵 1개를 만드는 '수소 핵융합' 반응을 통해 에너지를 만들어 내고 있지요.

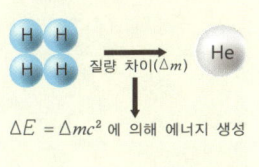

$\Delta E = \Delta mc^2$ 에 의해 에너지 생성

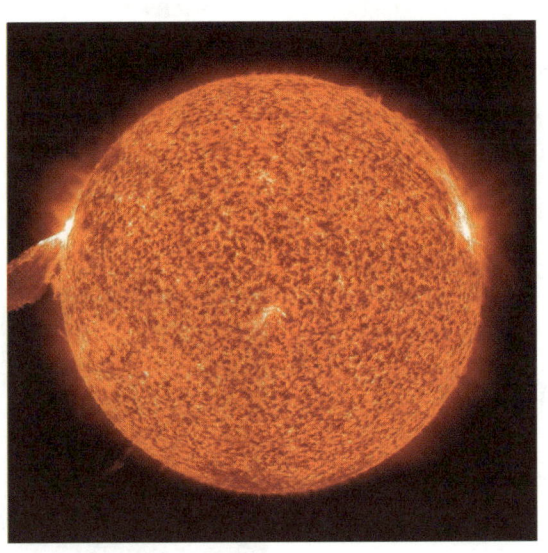

◀ 태양

　밤하늘에서 반짝이는 밝은 점들은 대부분 항성입니다. 우리는 이 천체들이 핵융합 반응으로 빛을 낸다는 사실을 알았어요. 자세히 들여다보면 이들은 제각각 밝기와 색이 다르게 보입니다.

　항성은 반지름, 떨어진 거리 등에 따라서 밝기가 달라집니다. 항성의 반지름이 클수록, 지구에서 떨어진 거리가 가까울수록 밝게 보이지요. 실제로 봄철 별자리인 목동자리의 아르크투루스Arcturus는 태양보다 약 26배 크고, 약 100배 정도 밝습니다. 그런데도 태양이 아르크투루스보다 약 2백만 배 가까이 있어서 보이는 밝기는 5억 배나 더 밝게 보인답니다.

　색은 항성 표면의 온도에 따라 다르게 보입니다. 항성의 표면 온도가 높아지면 푸른색에, 온도가 낮아지면 붉은색에 가깝게 보이는데요, 표면 온도에 따른 항성의 색은 이렇답니다.

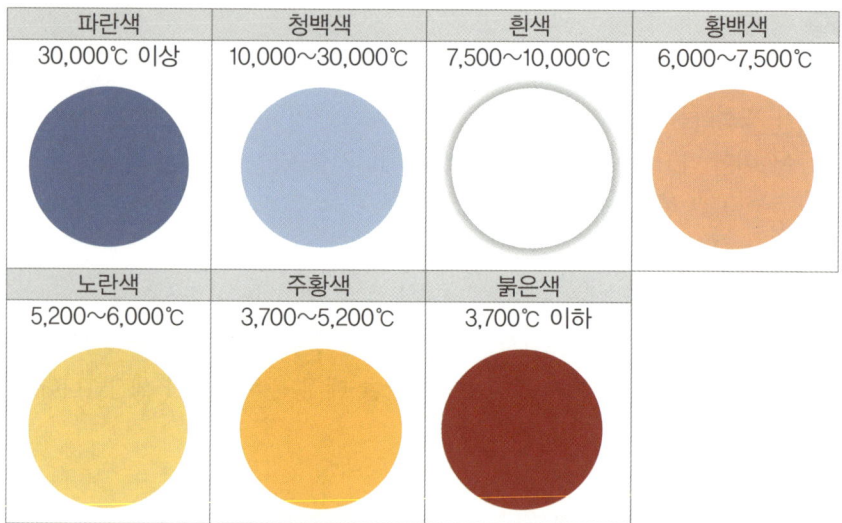

여름철 밤하늘에서 표면 온도가 약 3,000℃인 전갈자리의 안타레스Antares는 붉은색으로, 약 10,000℃인 거문고자리의 베가는 청백색으로 보입니다. 이제 밖으로 나가서 밤하늘의 항성들을 관찰해 볼까요?

행성

행성은 항성과 다르게 스스로 빛을 낼 수 없고 항성 주위를 도는 천체들입니다. 우리가 사는 지구를 비롯하여 수성·금성·화성·목성·토성·천왕성·해왕성 등은 모두 행성에 속하지요.

▶ 지구

행성을 이루는 물질과 크기, 평균 밀도 등의 물리량에 따라서 지구형 행성과 목성형 행성으로 나눌 수 있어요.

지구형 행성은 질량과 반지름이 작고 평균 밀도가 큽니다. 태양계에서 수성·금성·지구·화성이 여기에 속하지요. 이 행성들은 주로 *규산염 물질로 이루어져 있어서 단단한 지각이 있습니다.

목성형 행성은 목성·토성·천왕성·해왕성처럼 질량과 반지름은 크지만, 평균 밀도가 작습니다. 주로 수소와 헬륨으로 이루어져 있어서 단단한 지각이 없어요. 지구형 행성과 목성형 행성의 차이를 더 알아볼까요?

구분	반지름	질량	평균 밀도	자전 주기	고리
지구형	작다	작다	크다	길다	없다
목성형	크다	크다	작다	짧다	있다

표에서도 알 수 있듯이 목성형 행성에는 지구형 행성에 없는 아름다운 고리가 있는데요, 이 중 특히 토성에서 뚜렷하게 잘 보이는 고리를 볼 수 있습니다.

★ **규산염 물질**
산소 4개와 규소 1개가 결합해 이루어진 사면체를 기본 단위로 하는 물질. 규산염 광물이라고 하며, 석영·장석·운모·각섬석·휘석·감람석 정도가 있습니다. 이들은 지구형 행성을 이루는 많은 암석을 구성하고 있답니다.

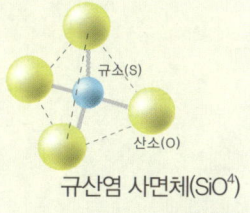

규산염 사면체(SiO_4)

▲ 토성

그런데 스스로 빛을 내지 못하는 행성들을 지구에서 어떻게 관측할 수 있었을까요? 바로 태양 덕분입니다. 태양 빛이 행성 표면에서 반사되어 우리 눈에 보이는 것이지요. 지구에서 제법 멀리 떨어진 천왕성과 해왕성은 맨눈으로 보기 어렵답니다. 하지만 토성까지는 태양 빛에 반사되어 보이는 빛을 관찰할 수 있어요.

항성과 행성은 이렇게 쓴대!

앞서 보았던 광고 문구의 '우주의 모든 별 중에 가장 아름다운 별, 지구'는 지구를 별, 즉 항성으로 표현하고 있습니다. 우리가 앞에서 살펴본 내용에 따르면 지구는 행성이지요? 광고 문구를 바꿔 보면 이렇게 쓸 수 있겠네요.

우주의 모든 행성 중에 가장 아름다운 행성, 지구

이처럼 구별해서 잘 사용할 수 있습니다.

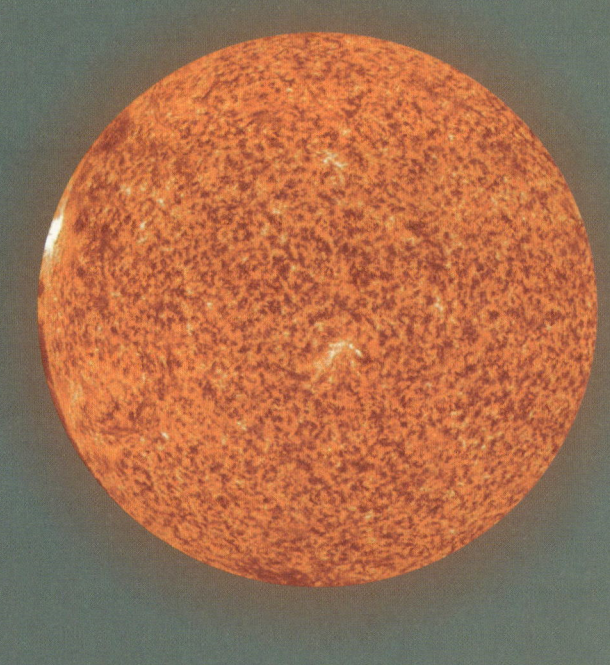

 한 줄 정리

항성 : 태양처럼 스스로 빛을 낼 수 있는 천체
행성 : 지구처럼 스스로 빛을 낼 수 없는 천체로 항성 주변을 돈다.

초등학교 3-4 지구와 달의 모양, 5-6 달의 위상
중학교 1-3 달의 위상 변화

02 슈퍼문 VS 미니문

슈퍼문 VS 미니문 속으로

하늘에서 밝고 크게 보이면서도 매일 그 모양이 바뀌는 천체가 있답니다. 바로 '달'인데요, 달은 우리에게 보이는 모양에 따라서 초승달·반달·보름달·그믐달 등의 이름을 가지고 있습니다. 그 가운데 매월 음력 15일이면 아름답게 떠 있는 크고 둥근 보름달을 볼 수 있어요.

여러분이 알고 있는 보름달도 지구와 달의 거리에 따라 하늘에서 보이는 크기가 조금씩 다르다는 사실을 알고 있나요? 가장 크게 보일 때를 슈퍼문Super moon, 가장 작게 보일 때를 미니문Mini moon이라고 한답니다. 그렇다면 보름달이 보이는 크기는 왜 다를까요? 달 스스로 "커졌다, 줄었다."를 반복할 리도 없을 텐데 말이에요. 지금부터 우리에게 보이는 보름달의 크기가 달라지는 이유를 살펴볼까요?

★ **정월 대보름**
음력 1월 15일
★ **추석**
음력 8월 15일

*정월 대보름이나 *추석이면 사람들은 크고 둥근 보름달을 보며 소원을 빌곤 하지? 이때 뜨는 보름달은 흔히 항상 크게 보인다고 생각하는데 사실은 그렇지 않아. 물론 앞에서 이야기했던 슈퍼문이 뜰 수도 있겠지만, 아주 작은 미니문으로 보이기도 하거든. 대체로 둥근 달을 마주하다 보니 '보름달' 하나만 머릿속에 박혀서 슈퍼문과 미니문이 각각 어떤 달인지 오해하는 친구들이 많아. 게다가 사람들이 소원을 비는 특별한 날인 정월 대보름이나 추석에 뜨는 보름달은 왠지 매우 클 것 같은 느낌이 들기도 하거든. 슈퍼문과 미니문은 달이 어떤 위치에서 크기가 어떻게 보이는지 그 차이를 알면 쉽게 이해할 수 있어.

★케플러 1571.12~1630.11
독일의 천문학자로 당대 천문학의 대표이자 과학 혁명의 선구자였습니다. 물리학의 역학 원리를 천문학에 응용하여 태양계 내의 행성·위성·달·혜성 등의 운동을 연구하는 천체 역학을 창시하기도 했어요. 업적으로는 행성 운동을 표현하는 '케플러의 법칙'이 있답니다.

달의 공전 궤도

17세기 초, 천문학자 *케플러는 스승인 티코 브라헤의 방대한 관측 자료를 연구했습니다. 이를 이용해 행성의 공전 궤도를 연구하여 타원 궤도의 법칙을 발표했지요. 태양 주변을 공전하는 행성들의 궤도는 타원 모양이고 태양은 타원의 두 초점 중 하나에 위치한다는 법칙이었어요. 이는 지구 주위를 공전하는 달에도 적용된답니다.

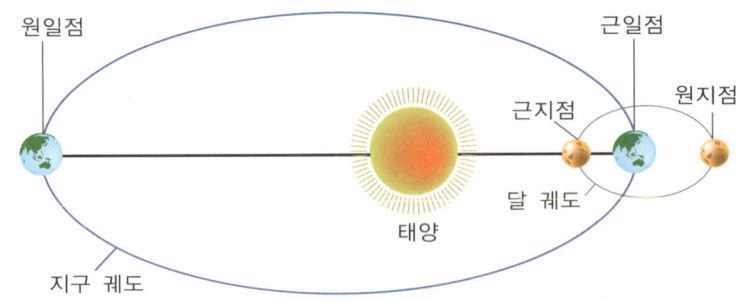

▲ 지구와 달의 공전 궤도

* 실제 지구, 달의 공전 궤도가 타원이긴 하지만, 위 그림처럼 심하지는 않아요. 이해를 돕기 위해 과장해서 그렸답니다.

그림에서 다소 과장해서 그리긴 했지만 지구 주위를 공전하는 달은 그 궤도 모양이 타원입니다. 그래서 지구에서의 거리가 가까울 때도 있고, 멀 때도 있지요. 달이 지구에서 가까이 있을 때를 근지점, 멀리 있을 때를 원지점이라고 합니다. 실제로 지구와 달 사이의 평균 거리는 약 384,000km 정도인데, 근지점일 때 거리는 약 360,000km, 원지점일 때의 거리는 약 410,000km가 된답니다.

★달의 위상이란?
달의 위상은 다른 말로 월상(月像)이라고도 하며 한 달 동안 변화하는 달의 모양을 이야기합니다.

달의 위상은 왜 변할까?

초승달·상현달·보름달·하현달·그믐달. 달은 모양에 따라서 다른 이름으로 불리는데요, 여기에서의 달 모양을 '위상'이라고 합니다. 그렇다면 날짜에 따라서 위상은 왜 변할까요? 바로 태양과 달, 지구의 위치 관계가 달라지기 때문이에요. 지구의 위성인 달도 스스로 빛을 내지 못하기 때문에 태양에서 오는 빛을 반사해 우리 눈에 들어옵니다. 그런데 지구에서 달을 관측하는 우리와 상대적인 위치가 어떻게 되어 있는가에 따라서 달의 위상이 달라진답니다. 슈퍼문과 미니문은 모두 달의 위상이 보름달일 때를 이야기해요. 태양–지구–달의 순서로 있을 때 우리는 지구에서 보름달을 볼 수 있지요.

PART 04 지구과학

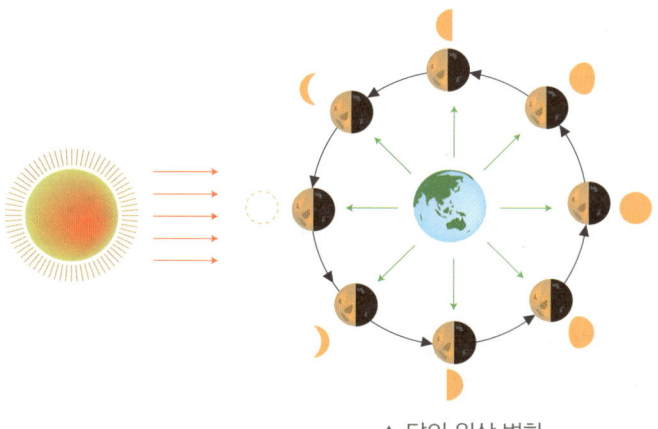

▲ 달의 위상 변화

슈퍼문

앞에서 이야기한 내용에서 눈치챘겠지만 *슈퍼문은 달이 지구에서 가까운 근지점에 있을 때 보름달이 된 경우입니다. 우리 상식으로 생각해 보면 같은 크기의 물체라도 가까이 있는 것이 더 커 보이고, 멀리 있는 것이 더 작게 보이는데요. 한마디로 슈퍼문은 달이 가까이 있어서 크게 보이는 것입니다.

★슈퍼문
슈퍼문은 천문학에서 쓰이는 용어가 아닙니다. 1979년 서양의 점성술사 리처드 놀리(Richard Nolle)가 처음 사용한 단어이지요.

◀ 슈퍼문

미니문

달이 원지점에 있을 때 보름달이 되는 위치에 있다면 평소보다 작아 보이는데 이때의 달이 미니문입니다. 미니문은 슈퍼문보다 보이는 크기가 약 14% 작게 보이는데요, 크기가 더 작아서 밝기 또한 슈퍼문보다 30% 정도 어둡습니다.

슈퍼문 vs 미니문 | **277**

▲ 슈퍼문과 미니문 비교

사진을 찍어서 살펴보면 이처럼 확실히 느낄 수 있지요. 크기와 밝기 차이가 느껴지나요?

🔍 달의 착시

음력 15일쯤, 보름달이 지평선 근처에 뜨고 있을 때 우리는 종종 "오늘 달은 슈퍼문인가? 뉴스에서 아무 말 없었는데?"라는 의문이 들 때가 있습니다. 지평선 근처의 보름달이 커 보이기 때문이지요. 조금 시간이 지나 달의 고도가 높아지면 정상 크기로 보입니다. 왜 그럴까요? 이는 달 주변의 건물이나 가로수 등과 보름달의 크기를 비교해서 생기는 착시 현상입니다. 주변 배경을 가리고 관찰하면 일반적인 크기로 보인답니다. 이러한 현상을 달의 착시Moon illusion라고 합니다.

슈퍼문과 미니문은 이렇게 쓴대!

정식 천문학 용어는 아니지만 슈퍼문과 미니문은 보름달의 크기가 평소보다 크거나 작을 때 붙이는 이름입니다. 특히 슈퍼문이라는 말은 뉴스에서 심심치 않게 들어볼 수 있지요. 달이 지구 주위를 공전하는 궤도가 타원 모양을 하고 있어서 지구와 달 사이의 거리는 항상 달라지는데요. 이러한 이유로 하늘에서 보이는 달의 크기와 함께 밝기도 달라지는 것이랍니다. 간단히 말해서 같은 크기의 물체들을 각각 다른 거리에 두었을 때 가까이 있는 것은 더 크고, 멀리 있는 것은 더 작게 보이기 때문이에요.

우리나라 명절의 하나인 정월 대보름(음력 1월 15일)에는 왠지 커다란 보름달이 뜰 것만 같은데요. 실제로 보름달이 되었을 때 지구와 달 사이의 거리에 따라 슈퍼문일 수도, 또는 미니문일 수도 있다는 사실을 이제는 알았지요? 또, 지평선 근처에서 떠오르는 보름달이 주변 사물과의 크기 비교 때문에 커 보이는 착시 현상이 생길 수도 있다는 사실도 기억해 두세요.

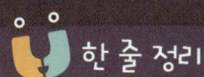

슈퍼문 : 달이 근지점에 있을 때 보름달이 되는 경우로 평상시 달보다 크고 밝게 보인다.
미니문 : 달이 원지점에 있을 때 보름달이 되는 경우로 슈퍼문보다 크기는 약 14%, 밝기는 약 30% 정도 작다.

초등학교 5-6 태양계 행성
중학교 1-3 태양계의 구성과 운동

03 유성 VS 혜성

유성 VS 혜성 속으로

"별똥별을 보고 소원을 빌면 이루어진대!"

누구나 한 번쯤은 들어봤을 말입니다. 그렇다면 별똥별이란 무엇일까요? 맑은 날 밤하늘에서 여러분은 별똥별을 본 적이 있나요?

별똥별은 천문학 용어로 유성이라고 하는데요, 우주를 떠돌고 있던 먼지, 티끌 등의 아주 작은 천체들이 지구의 중력에 이끌려 *대기권으로 들어오면서 대기와의 마찰로 불타는 현상을 말해요. 즉, 유성은 지구 대기권에 의해 만들어지는 것이지요. 한편, 혜성은 유성과 다르게 우주에서 태양 주변을 공전하고 있는 천체입니다.

그렇다면 유성과 혜성은 어떤 차이를 가지는지 자세히 알아볼까요?

★ **대기권**
지구를 둘러싼 공기층을 말합니다. 이 공기층의 두께는 지표면부터 약 1,000km에 이르는데요, 전체 공기의 99%는 약 32km 이내에 존재하고 있습니다.

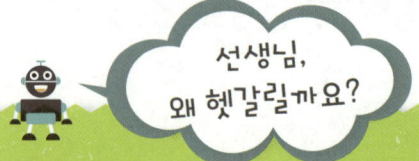
선생님, 왜 헷갈릴까요?

유성과 혜성은 모두 기다란 꼬리가 있다는 공통점이 있어. 다른 무엇보다 이 점이 친구들 머릿속에서 유성과 혜성을 비슷하다고 생각하게 하는 원인이야. 게다가 이름까지 비슷하니 이 둘이 어떻게 다른지 모르는 건 당연해. 공부할 때 유성과 혜성이 어떻게 만들어졌는지를 꼭 염두에 두면 좋아. 이 둘의 차이는 거기에 있거든.

280 | 지구과학

유성

별똥별이라는 예쁜 이름으로 불리는 유성은 아주 작은 천체들과 지구 대기 사이에서 만들어지는 아름다운 현상입니다. 지구 밖 우주 공간에 있는 먼지나 티끌 같은 아주 작은 천체들이 지구의 중력에 이끌려 지구 쪽으로 날아온다고 생각해 보세요. 이 작은 천체들을 '유성체'라고 하는데, 이들은 지구를 둘러싸고 있는 대기를 지표면보다 더 먼저 만납니다. 보통 유성체는 1초당 12km에서 72km를 갈 수 있는 속도로 대기권에 진입한답니다. 이 과정에서 대기와의 마찰이 일어나지요. 이때 매우 높은 마찰열이 생기고 아주 밝은 빛으로 우리 눈에 보이는 것입니다.

실제로 유성은 1초 이내의 아주 짧은 시간 동안 일어나는 현상입니다. 유성체는 대기에 진입하면서 모두 타 버리는데요, 유성체가 대기를 통과하여 지표면에 다다를 때까지의 시간 동안 모두 탈 수 없는 크기라면 타고 남은 덩어리는 땅에 떨어집니다. 이것이 바로 운석이에요. 그렇다면 유성체는 어디에서 왔을까요? 또 하늘에서는 어떤 과정을 거쳐 만들어졌을까요? 해답은 '혜성'에 있습니다. 혜성은 태양 주변을 지나면서 자신이 지나간 궤도에 아주 작은 파편들을 남겨 놓습니다. 이것이 바로 유성체가 되지요.

지구가 공전하며 혜성에서 떨어져 나온 유성체가 밀집된 공간을 지나면 밤하늘의 유성은 평상시보다 더 많이 보입니다. 이것을 바로 유성우라고 해요. 비가 내리듯 많은 유성이 관측된다는 뜻이지요. 유성우는 하늘의 한 지점에서 시작되는데 그 점을 복사점이라고 합니다. 복사점 위치에

따라 8월의 페르세우스자리 유성우, 11월의 사자자리 유성우 등으로 불리는 것이랍니다. 오늘 밤, 하늘의 유성을 기다려 관찰해 보고 소원을 빌어 보면 어떨까요?

◀ 페르세우스자리 유성우

혜성

태양계에는 지구나 금성, 토성 등의 행성들뿐만 아니라 소행성, 왜소행성 등의 작은 천체들도 태양 주위를 공전하고 있습니다. 또 태양계의 구성원에는 아름답고 긴 꼬리를 가진 혜성도 들어가 있어요.

◀ 아이손 혜성

★**태양풍(Solar Wind)**
태양으로부터 불어 나가는 양성자와 전자 등이 포함된 미립자의 흐름

혜성은 물·이산화탄소·메테인·암모니아 등으로 된 얼음과 암석으로 이루어져 있습니다. 태양 주위를 공전하는 혜성의 공전 궤도는 아주 납작한 타원 또는 포물선의 모양을 하고 있답니다. 그래서 혜성은 태양에서 가장 멀리 떨어져 있을 때의 거리와 가장 가까이 있을 때의 거리 사이에 큰 차이가 있습니다. 실제로 유명한 혜성인 핼리 혜성Halley's comet의 원일점은 약 35.1AU, 52억 6천 5백만 km나 되지만 근일점은 약 0.6AU, 9천만 km밖에 되지 않아요.

혜성은 태양 근처로 접근하면 *태양풍의 영향으로 꼬리가 생긴답니다. 꼬리는 혜성을 이루고 있던 얼음, 티끌 등이 태양풍에 밀려나면서 생기지요. 꼬리는 태양의 반대 방향으로 뻗어 있고 태양과 거리가 가까워질수록 더욱 길고 선명해집니다.

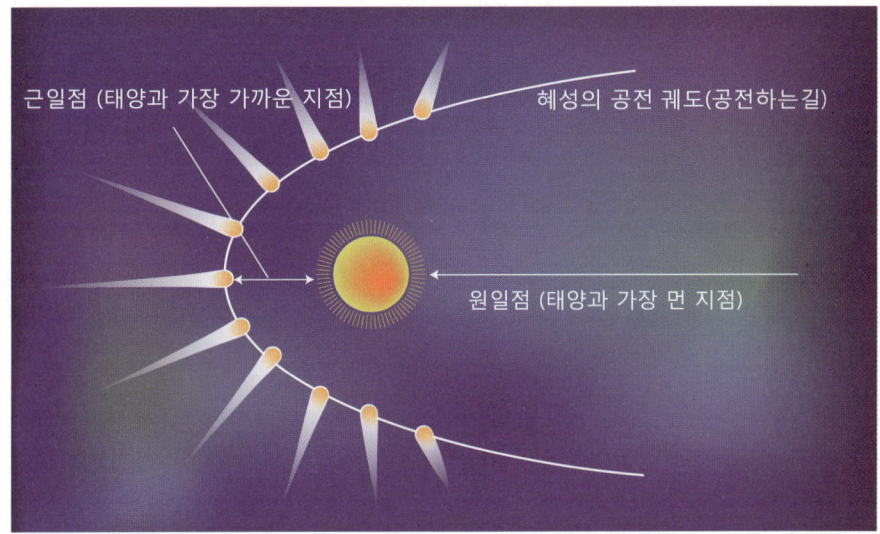

▲ 태양과 혜성

　꼬리가 생겨나 태양 근처로 접근한 혜성은 그 질량의 일부를 잃거나 소멸하고 맙니다. 실제로 2013년 말 태양에 근접했던 아이손ISON 혜성은 태양풍에 의한 질량 손실과 태양의 중력 등으로 소멸했답니다.

　혜성은 최초로 발견한 사람의 이름을 따서 짓고 있는데요, 유명한 핼리 혜성이나 헤일-밥 혜성이 그 예입니다. 공전 주기가 길어서 관측하고 발견하기가 매우 어렵지만, 혜성에 발견자의 이름을 붙일 수 있다니 놀랍지요? 여러분 중에서 천문학자를 꿈꾸는 사람이 있다면 훗날 하늘을 보며 혜성을 찾아보는 목표를 세우면 어떨까요?

유성과 혜성은 이렇게 쓴대!

그림으로 볼 때 유성과 혜성은 모두 멋진 꼬리를 가지고 있습니다. 하지만 이 두 천체는 확실히 다른 천체였지요.

유성은 지구가 공전하는 궤도 주변의 먼지나 혜성이 남기고 간 티끌 등이 지구로 진입할 때, 지구 대기와의 마찰로 타면서 만들어지는 현상입니다. 그러니까 유성은 아주 작은 천체가 지구로 떨어지며 만드는 궤적이라고 볼 수 있겠지요. 또 대기권에서 모두 타 없어지지 못하고 지구 표면에 도달한 천체는 운석이라고 부른답니다.

혜성은 행성이나 소행성, 왜소 행성 같은 태양계 구성원들처럼 태양 주변을 공전하는 천체입니다. 혜성은 아주 납작한 타원 궤도를 공전해서 태양으로부터의 거리가 가까운 근일점과 태양으로부터의 거리가 먼 원일점 사이의 차이가 매우 크지요. 이러한 혜성이 태양에 근접하면 혜성을 이루고 있던 얼음이나 티끌 등이 태양풍에 의해 밀려나면서 태양의 반대편으로 꼬리를 만든답니다.

꼬리를 가진 유성과 혜성, 그 차이점을 이제는 확실히 알았지요?

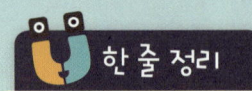 한 줄 정리

유성 : 지구 주변의 먼지나 혜성에서 떨어진 티끌 등이 지구 대기권에서 타며 만들어지는 흔적
운석 : 유성이 대기권에서 모두 타지 못하고 지상에 도달한 것
혜성 : 태양계 구성원 가운데 하나로 태양 주위를 공전한다.
    : 태양에 근접하면 태양풍에 의해 긴 꼬리를 가진다.

중학교 1-3 우리 은하의 모양과 구성 천체

04 은하 VS 우주

은하 VS 우주 속으로

우리가 사는 우주는 어떤 모양을 하고 있을까요? 또, 우주의 끝은 어디일까요? 옛날 사람들도 이 궁금증을 똑같이 해결하고 싶어 했습니다. 우주가 어떤 모양이고, 어떤 크기인지 사람들은 오랜 세월 다양한 의견을 내고 이를 입증하려고 노력했어요. 그 과정에서 우주의 모습은 점차 완성되어 갔습니다.

1920년, 두 천문학자가 논쟁을 벌였습니다. "우리 은하가 우주의 전부일 것이다."라는 섀플리Harlow Shapley의 주장과 "우리 은하는 우주의 수많은 은하 중 하나일 뿐이다."라는 커티스Heber D. Curtis의 주장이 대립한 이 사건을 '천문학의 대논쟁Great Debate'이라고 불러요. 은하와 우주. 우리가 올려다보는 하늘의 저 끝은 정말 우리 은하의 가장자리에 있을까요? 은하와 우주는 어떻게 다를까요? 이제 우주의 저 끝으로 여행을 떠나 볼까요?

> ★40조
> 40조를 실제로 써 보면,
> 40,000,000,000,000
> 이렇게 쓸 수 있답니다.

서울에서 부산까지의 거리는 약 420km야. 조금 더 멀리 있는 도쿄까지는 약 1,150km, 뉴욕까지는 약 11,000km이고. 이 거리의 개념이 우주로 나가면 상상할 수 없을 정도로 커져. 지구에서 태양까지의 거리는 약 150,000,000km이고, 태양에서 가장 가까운 프록시마 켄타우리Proxima Centauri 별까지는 무려 약 40조 km나 돼. *40조면 4 뒤에 0이 13개나 붙는, 상상조차 어려운 거리이지. 하지만 셀 수도 없을 만큼 많은 별이 퍼진 우주의 크기는 훨씬 더 클 거야. 우리는 우주의 크기는 물론, 모양도 정확히 알기 어려워. 크기나 모양을 보려고 우주 밖으로 나갈 수도 없으니까. 그래서 사람들은 여러 간접적인 방법으로 우주의 모양과 크기를 예측해야 했어. 이 때문에 우주의 모양과 크기에 대한 여러 의견이 나왔지. 우리가 즐겨 보는 영화나 만화에서는 우주와 은하를 섞어서 표현하기도 해. 이런 매체를 자주 접하는 친구들이라면 은하가 우주인지, 우주가 은하인지 모를 수밖에 없지 않을까? 은하와 우주를 공부할 때는 두 개념을 이루는 요소와 개념의 크기 등을 염두에 둔다면 쉽게 기억할 수 있어.

은하

은하를 간단하게 설명하면 별·티끌·가스 등이 모여 있는 아주 거대한 덩어리라고 할 수 있습니다. 별들의 집단 같은 것이지요. 하나의 은하는 평균적으로 별 약 1천억 개 이상을 거느리고 있는데요, 우리 우주에는 이러한 은하가 약 1천억 개 이상 분포되어 있습니다. 그러면 1천억 개의 은하 하나당 별이 1천억 개 정도 있으니까 우리가 사는 이 우주에는 1천억 곱하기 1천억 개의 별이 있는 셈이지요?

은하는 제각기 다른 모양을 하고 있습니다. 위대한 천문학자인 에드윈 허블 Edwin P. Hubble은 하늘의 은하들을 모양에 따라 분류했어요. 그렇게 나눈 은하는 타원 은하와 나선 은하, 불규칙 은하로 나누어졌답니다. 타원 은하는 말 그대로 *타원 모양을 한 은하입니다. 별들이 타원 모양으로 뭉쳐져 있으면서 젊고 새로운 별은 거의 탄생하지 않고 늙은 별들로 이루어져 있습니다. 별을 탄생시키는 가스나 티끌이 거의 없는 은하이지요.

나선 은하는 중심부에 구 모양 *팽대부가 있고 그곳에서 나선 팔이 뻗어 나온 형태를 하고 있습니다. 이 나선 팔에서 새로운 별들이 탄생하는데요, 나선 팔이 중앙 팽대부에서 바로 뻗어 나오면 정상 나선 은하, 팽대부를 가로지르는 막대 끝에서 나선 팔이 뻗어 나오면 막대 나선 은하라고 부릅니다. 마지막으로 불규칙 은하는 그 모양이 불규칙적이어서 타원 혹은 나선 은하의 범주에 들지 못하는 것들입니다.

★**타원**
가로로 잰 지름과 세로로 잰 지름이 다른 원을 말합니다.

★**팽대부**
은하 중심 부분의 구 형태를 이루는 부분을 말합니다.

▲ 타원 은하   ▲ 정상 나선 은하

▲ 막대 나선 은하   ▲ 불규칙 은하

그렇다면 태양이 속한 우리 은하는 어떤 모양을 하고 있을까요? 태양은 우리 은하의 중심에 있을까요? 다른 은하의 모양은 망원경을 통해 눈으로 확인할 수 있지만, 매우 커다란 우리 은하는 그 모양을 알기가 매우 어렵습니다. 그렇다고 우리 은하의 모양을 알 수 있는 길이 아예 없지는 않아요. 다른 은하를 분석한 결과를 토대로 별과 티끌, 가스 등이 모여 있는 곳이 바로 단서랍니다. 그곳은 바로 우리가 잘 아는 은하수Milky Way예요.

은하수를 통해 우리 은하의 모습을 보는 과정은 조금 어려울 수도 있어요. 천문학자들이 오랫동안 연구한 결과 우리 은하는 중앙 팽대부를 가로지르는 막대와 그 끝에서 나선 팔이 뻗어 나온 형태인 막대 나선 은하이며 태양은 은하의 중심이 아닌 중심에서 약 8kpc약 20경km 떨어진 거리에 있다는 사실을 알아냈답니다.

태양

▲ 우리 은하

▲ 은하수

이제 우리는 은하와 은하의 분류 그리고 우리 은하의 모양까지 알아보았습니다. 그렇다면 우주의 크기는 어디까지일까요?

우주

새플리와 커티스가 벌인 대논쟁의 해답을 찾으려고 많은 천문학자가 노력했어요. 그 가운데 가장 큰 역할을 한 사람은 앞에서도 소개한 허블입니다. 미국 윌슨 산 천문대에서 허블은 안드로메다은하의 거리를 계산하였는데 우리 은하 크기보다 더 먼 곳에 있다는 사실을 알았어요. 그 관측 결과가 '우리 은하는 우주에 퍼져 있는 수많은 은하 중 하나에 불과하다'는 결론에 이르는 근거가 되었지요.

맞습니다. 우리가 사는 우주의 끝은 우리 은하의 경계보다 훨씬 더 먼 곳에 있습니다. 1천억 개 이상의 은하를 거느릴 만큼 큰 우주의 저 끝을 보려고 천문학자들은 계속해서 연구하고 있습니다.

▲ 우주에 흩어져 있는 은하들
(출처 : NASA)

은하와 우주는 이렇게 쓴대!

예부터 인간은 하늘을 동경하고 궁금해했으며 하늘에 닿기를 바랐습니다. 하늘이 끝나는 곳에 무엇이 있을지 호기심을 가지고 끊임없이 탐구했어요. 20세기 초부터 천문학은 급격하게 발전한 결과, 아직 한참 멀긴 했지만 우주를 향한 인간의 호기심이 조금씩 풀리고 있어요.

우주의 전부라고 믿었던 은하는 사실 별과 별의 재료가 되는 가스나 티끌 등이 모여 있는 거대한 덩어리입니다. 나선 은하·타원 은하·불규칙 은하처럼 그 모양도 제각각이지요. 한편 우주는 은하 약 1천억 개를 담고 있는 더욱더 넓은 공간이에요.

우주의 크기를 가늠하기는 어쩌면 불가능할지도 몰라요. 우주의 극히 일부분인 우리 은하의 직경만 해도 약 30kpc 정도니까요. 30kpc은 9 뒤에 0이 16개나 붙은 약 90경 km 정도랍니다! 우리가 알고 있는 숫자의 범위 내에서 우주의 크기를 짐작하기 얼마나 어려운지 알 수 있겠지요? 은하와 우주가 상상하기 힘들 정도로 커다란 개념이긴 하지만 이 둘이 어떻게 다른지는 확실히 생각해 두는 것이 좋겠습니다.

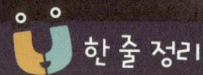

한 줄 정리

은하 : 별과 티끌, 가스 등이 모여 있는 거대한 덩어리
우주 : 은하 등을 포함하는 아주 넓은 공간

05 성운 VS 성단

중학교 1-3 우리은하의 모양과 구성 천체

성운 VS 성단 속으로

밝은 별들이 수놓아진 밤하늘. 여러분은 이 밤하늘이 별과 은하뿐만 아니라 성운과 성단이라는 천체로도 꾸며져 있다는 사실을 알고 있나요?

성운과 성단은 밤하늘에서 눈으로는 잘 보이지 않는 천체들입니다. 주변의 별들이 너무 밝아서 상대적으로 어두운 이 천체들은 잘 구별되지 않기 때문이지요. 오랜 노출 시간으로 촬영한 사진으로 보면 매우 아름다운 모습에 반할 거예요. 이름은 비슷하지만 서로 다른 천체인 성운과 성단. 여러분은 성운과 성단이 각각 무엇인지 알고 있나요?

선생님, 왜 헷갈릴까요?

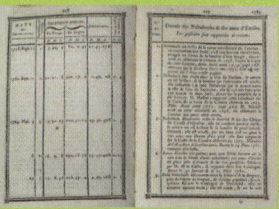

▲ 메시에 천체 목록

18세기 중반, 천문학자 샤를 메시에Charles Messier는 밤하늘에서 뿌옇게 보이는 천체를 발견했어. 그리고 그 천체들을 정리해 만든 목록이 메시에 천체 목록Messier Catalogue이지.

메시에의 약자인 대문자 M에 숫자를 붙여 정리한 뿌연 천체 목록 109개에는 눈으로 잘 구분되지 않는 성운과 성단, 그리고 은하들이 있어. 우리가 잘 아는 안드로메다은하는 M31로 이름이 붙어 있지. 이처럼 성운과 성단, 은하 등은 밤하늘에서 미세한 구름이 뭉쳐 있는 것처럼 보여. 오랫동안 노출한 사진을 찍어 관찰하기 전에는 대부분 구별하기 어려운 것들이야. 이 때문에 성운과 성단은 우리에게 비슷한 이미지로 다가오는 거야.

성운과 성단을 공부할 때 각각 무엇으로 이루어졌는지 그 차이를 잘 알아두도록 해.

성운 VS 성단 | **289**

🔍 성운

성운은 다른 말로는 성간운이라고도 합니다. 말뜻을 그대로 풀이하면 우주 공간의 별과 별 사이에 있는 구름을 뜻합니다. 하지만 우리가 생각하는 지구의 구름과는 약간 다른데요, 대기 중의 수증기가 물방울로 뭉쳐져 만들어진 지구의 구름과는 달리 우주의 구름, 즉 성운은 우주 공간에 퍼져 있는 가스와 먼지로 이루어져 있답니다. 각각 성간 기체와 성간 티끌이라고 불리는 녀석들이지요. 이들이 한 공간에 빽빽이 모여 구름처럼 보이는 것을 성운이라고 한답니다.

밤하늘의 은하수를 보면 여기저기 많이 보이는 어두운 부분은 암흑 성운이라고 합니다. 암흑 성운은 성간 티끌이 뒤에서 오는 별빛을 차단하기 때문에 우리 눈에 검게 보여요. 밝은 부분을 가리는 것이지요.

모든 성운이 암흑 성운처럼 어둡게 보이지는 않아요. 빛은 직진하지만 진행하는 경로의 방해물 때문에 방향이 바뀔 수 있는데 이 현상을 빛의 산란이라고 합니다. 성간 티끌이 바로 빛의 진행 방해물이 될 수 있어요. 성운 속의 티끌들이 별에서 오는 빛을 산란시키면 그 빛이 우리 눈에 들어오는데요, 이때의 성운이 바로 반사 성운입니다.

▲ 암흑 성운 : 말머리 성운

▲ 반사 성운 : 메로페 성운

성운은 스스로 빛을 내기도 합니다. 성운 내부의 수소 기체가 주변의 별빛에서 에너지를 받고 조금 복잡한 과정을 거치면 빛을 낼 수 있어요. 빛을 만들어 자신을 드러낼 수 있는 성운은 발광 성운이라고 불러요.

성간 기체와 티끌이 빽빽이 모인 성운은 천문학적으로 매우 중요한 의미가 있어요. 별이 탄생하는 곳이기 때문이지요. 오랜 시간 별의 재료가

▲ 발광 성운 : 독수리 성운

되는 성운 내부의 기체와 티끌이 모여 어린 별을 태어나게 하는 것입니다. 태양과 같은 별이 성운 안에서 탄생하다니, 놀랍지 않나요?

성단

우주 공간의 가스와 먼지 등이 한곳에 모여 있는 성운처럼 별들도 모여 있는 모양을 하고 있는데요, 이를 성단이라고 합니다. 쉽게 말해서 별들의 무리인 셈이지요. 성단은 별들이 모여 있는 모양에 따라 산개 성단과 구상 성단으로 구분할 수 있어요. 산개 성단은 수십, 수백 개의 별이 불규칙하게 모여 있는 성단입니다.

▲ 나비 성단(M6)   ▲ 플레이아데스 성단(M45)

산개 성단은 주로 은하의 나선 팔에 있으면서 비슷한 시기에 태어난 젊은 별들로 이루어져 있습니다.

구상 성단은 수십만, 수백만 개의 별이 구 모양으로 뭉쳐 있는 성단입니다. 산개 성단을 구성하는 별의 개수보다 훨씬 많지요?

▲ 사냥개자리 구상 성단(M3)   ▲ 페가수스자리 구상 성단(M15)

구상 성단은 주로 은하의 중심부 또는 나선 팔에서 떨어진 은하 무리 근처에 있는데요, 주로 늙은 별들로 이루어져 있습니다.

성운과 성단은 이렇게 쓴대!

메시에가 하늘에서 뿌옇게 보이는 천체에 목록을 붙였던 18세기부터 현재까지, 300년 가까운 시간이 지났습니다. 이 시간 동안 인류는 천체를 관측하는 장비에서 많은 발전을 이루어 냈지요. 망원경이 더욱 정밀해지고 사진 촬영은 물론 관측 장비를 우주에까지 보낼 수 있으니까요. 이제 우리는 성운과 성단의 시각적 차이는 물론이고 각각 무엇으로 이루어져 있는지도 알았습니다. 성운은 성간 기체와 성간 티끌이 빽빽히 모여 구름처럼 보이는 덩어리, 성단은 별들이 모여 있는 무리라는 것을 더 이상 헷갈리지 않겠지요?

한 줄 정리

성운 : 우주 공간의 가스와 먼지, 즉 성간 기체와 티끌로 구성된 덩어리
: 암흑 성운, 반사 성운, 발광 성운 등이 있다.

성단 : 별들의 무리
: 주로 젊은 별들로 이루어져 모양이 불규칙한 산개 성단, 주로 늙은 별들이 구의 형태로 뭉쳐진 구상 성단이 있다.

초등학교 3-4 지구와 달의 모양, 5-6 달의 위상
중학교 1-3 달의 위상 변화

06 상현 VS 하현

상현 VS 하현 속으로

★음력
달의 모양으로 정한 달력

내년 추석은 몇 월 며칠일까요? 바로 떠오르지 않지만, 크리스마스는 매년 같은 날이라 기억하기 쉽지요? 추석이 매년 다른 날짜인 이유는 *음력을 기준으로 삼았기 때문이에요. 추석 때는 항상 보름달이 뜨는데, 추석은 음력으로 8월 15일입니다. 즉, 음력 15일에는 항상 보름달이 뜨지요. 그러나 설날에 하늘을 보면 보름달이 보이지 않습니다. 설날은 음력 1월 1일이기 때문에 추석과 달 모양이 다르기 때문이에요.

달은 약 한 달을 주기로 모양이 달라집니다. 이때 반쪽만 빛나는 달을 반달이라고 하는데요, 반달에도 두 종류가 있답니다. 하나는 상현, 또 하나는 하현이라고 해요. 둘 다 반달인데 왜 다른 이름으로 부를까요? 두 반달을 어떻게 구별해서 불러야 할까요?

선생님, 왜 헷갈릴까요?

상현달, 하현달 모두 한 번쯤은 들어봤지? 우리는 일상에서 이 말보다 '반달'이라고 많이 부르곤 했을 거야. 오히려 '상현달'이라는 말이 더 낯설게 느껴질지도 몰라. 그냥 달도 워낙 종류가 많은 데다 이름까지 복잡하니 가장 기억에 남는 달은 보름달 하나 아니니? 정확한 달 모양과 이름까지 아는 친구들은 드물어. 보름달이나 초승달을 제외하고는 약간씩 다른 모양에 이름까지 복잡하니까. 상현이 뭐고 하현이 뭔지 헷갈린다는 느낌보다는 보름달과 초승달을 제외한 달 모양과 주기 자체가 복잡할 거야. 지금부터 달이 어떻게 바뀌고 그 달의 이름이 뭔지 하나하나 살펴볼까?

달의 모양은 어떻게 결정될까요? 달은 스스로 빛을 낼 수 없습니다. 우리가 보는 달은 태양 빛을 달이 반사하여 나타나는 모양입니다. 달이 지구 주위를 공전하면서 태양과 달, 지구의 위치에 따라 우리가 보는 달 모양이 매일 달라진답니다. 옛날부터 매일 모양이 바뀌는 달은 사람들의 상상력과 호기심을 자극하였답니다. 또 달 모양이 삭에서 상현, 보름, 하현, 다시 삭으로 바뀔 때까지 약 29.5일이라는 시간이 일정하게 반복되었어요. 이 덕분에 달 모양이 시간이나 날짜를 측정하는 도구로 쓰였지요.

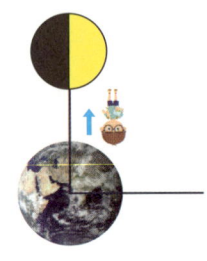
오른쪽이 밝게 보이는 반달

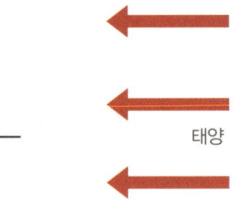
태양

🔍 상현

삭에서 초승달을 거쳐 오른쪽 반이 빛나는 반달이 상현달입니다. 오른쪽이 둥근 반달이지요. '태양-지구-달'이 90° 각도로 위치해 있어 태양은 달의 오른쪽 면을 비추어 오른쪽 반쪽만 밝게 빛나지요.

🔍 하현

보름달에서 삭으로 가는 중간 단계로 왼쪽 반이 빛나는 반달이 하현달이지요. 왼쪽이 둥근 반달입니다. '태양-지구-달'이 이루는 각도가 90°로 이때는 태양이 달의 왼쪽 면만을 밝게 비추어 지구에서 보았을 때 왼쪽 반달로 보인답니다.

하현달은 밤 12시에 동쪽 하늘에서 떠서 낮 12시에 서쪽 하늘로 지기 때문에 아마도 하현달을 자주 본 적은 없을 것입니다.

왼쪽이 밝게 보이는 반달

🔍 월령

월령은 흔히 음력이라고 부르는 날짜로, 달 모양에 따라 날짜를 계산하는 것을 뜻합니다. 월령 1일이 삭이며, 월령이 늘어날수록 달은 초승달에서 상현달, 보름달, 하현달, 그믐달로 순서가 바뀝니다.

상현달은 월령 7일, 보름달은 월령 15일, 하현달은 월령 22일, 다시 삭은 월령 1일로 계산되지요. 우리가 사용하는 양력은 한 달이 30일이나 31일인데, 월령은 한 달을 약 29.5일로 계산해서 양력과 음력 날짜에 차이가 생긴답니다. 이를 계산하여 3년에 1번씩 음력 한 달을 더 넣어주는 윤달을 사용하지요. 윤달이 있는 해에는 1년이 13달인 셈입니다.

상현과 하현은 이렇게 쓴대!

달은 스스로 빛나지 않고 태양 빛을 반사하여 밝게 보입니다. 따라서 태양과 지구, 달의 위치에 따라 밝게 보이는 부분이 다르기 때문에 달의 모양이 바뀌게 됩니다.

태양-지구-달이 이루는 각도가 90°일 때, 태양이 달의 오른쪽을 밝게 비추어 오른쪽이 둥근 반달로 보이면 상현달이라고 합니다. 이와 달리 태양이 달의 왼쪽을 밝게 비추어 왼쪽이 둥근 반달로 보이면 하현달이라고 합니다.

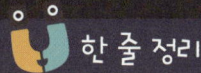 한 줄 정리

상현: 오른쪽이 둥근 반달로 음력 7일에 해당.
하현: 왼쪽이 둥근 반달로 음력 22일에 해당.

07 위도 VS 경도

중학교 1-3 지구계

위도 VS 경도 속으로

오로라를 본 적 있나요? 오로라는 태양에서 오는 입자에 의해 지구의 대기가 찬란한 빛을 내는 아름다운 현상입니다. 위도 60° 이상인 지역에서만 관측됩니다. 지도 위에 표시된 곳은 오로라를 볼 수 있는 캐나다의 옐로나이프랍니다.

62° 26′ 32″ N
114° 23′ 49″ W

★**옐로나이프의 위치**
옐로나이프의 위치를 위도 62° 26′ 32″ N로 나타내었습니다.
1도(°)는 60분(′), 1분은 60초(″)를 나타냅니다. 알파벳 N은 북쪽(North)의 약자, 알파벳 S는 남쪽(Sorth)의 약자입니다. 27° S로 나타낸다면 적도에서 남쪽으로 27° 떨어진 곳이라는 개념입니다.

이렇게 나타나는 알 수 없는 숫자와 알파벳으로 전 세계 어디에서든, 오로라를 볼 수 있는 옐로나이프를 찾아갈 수 있답니다. 위쪽이 위도이고, 아래쪽이 경도입니다. 위도와 경도로 지구에서의 위치를 알려 준 셈이지요. 그런데, 대체 위도가 무엇이고 경도가 무엇인지 여러분은 정확히 알고 있나요?

선생님, 왜 헷갈릴까요?

지구본은 공 모양 지구가 약간 기울어진 채로 매달려 있어, 한 바퀴 돌리면 모든 나라를 여행할 수 있는 신기한 장난감이야. 지구본을 자세히 보면 가로와 세로로 수많은 선이 그어져 있지? 이게 바로 위도와 경도란다.

친구들이 위도와 경도를 헷갈리는 이유는 흔하게 쓰는 개념이 아니기 때문이야. 머릿속에 쉽게 기억하려면 일상에서 자주 쓰는 개념이어야 하거든. 생활에서 잘 쓰지 않는 개념인 데다 지도가 함께 있어야 학습이 쉬워서 무슨 개념인지 아예 정보가 없는 거지. 위도와 경도를 공부할 때는 가로줄과 세로줄이 무엇을 나타내는지 정확히 파악해야 해.

지구본을 펼친 세계지도를 볼까요? 지구본처럼 지도에도 가로줄과 세로줄이 있습니다. 이때 가로줄을 위도, 세로줄을 경도라고 해요. 두 개의 줄을 이용하면 지구에서의 위치를 표현할 수 있답니다.

위도

위도는 지구에서 적도를 기준으로 북쪽 또는 남쪽으로 얼마나 떨어져 있는지를 나타냅니다. 일상에서 거리를 잴 때는 m나 cm와 같은 단위를 사용하지만 지구는 둥글고 매우 크기 때문에 *적도에서 얼마만큼 떨어져 있는지 각도로 측정하여 나타내는 것이 편리합니다. 적도의 위도는 0°로 다른 곳의 위도를 재는 기준선이 되는 곳이지요. 지구의 위도는 북위 90°(90° N)부터 남위 90°(90° S)까지의 범위를 가지고 있답니다.

★ **적도**
북극점과 남극점에서 같은 거리에 있는 곳을 이은 선. 위도를 나타낼 때 적도에서 북쪽은 N(North), 남쪽은 S(South)로 나타냅니다.
★ **대한민국의 위도 38° N**
한국은 땅이 남북으로 넓지만, 38° N을 표준 위도로 사용합니다.

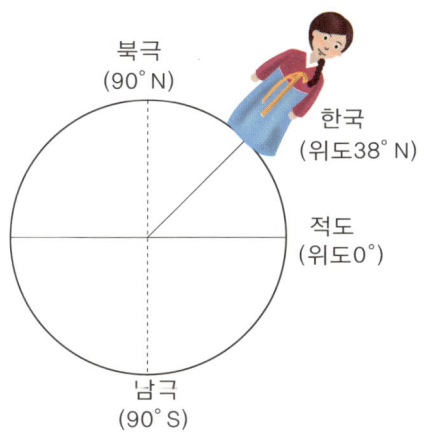

*우리나라의 위도는 38° N로 적도에서 북쪽으로 38° 떨어져 있다는 것을 알려 줍니다. 이렇게 숫자와 기호로 위도를 나타내면 전 세계 어느 나라 사람이든지 위도를 읽을 수 있다는 장점이 있겠지요.

북극은 위도 90° N로 빙하와 눈으로 덮여 있는 추운 곳이에요. 위도가 0°에 가까울수록 무더운 열대 기후를 나타냅니다. 즉, 일반적으로 위도가 커질수록 지표면이 받는 태양 복사 에너지 양이 적어져서

평균 기온이 낮아지고 위도가 작아질수록 지표면이 받는 태양 복사 에너지 양이 커져 평균 기온이 높아집니다.

🔍 경도

지구에서 그리니치 천문대를 기준으로 *동쪽 또는 서쪽으로 얼마나 떨어져 있는지를 나타냅니다. 경도의 단위도 도°이며, 동경 180°180° E부터 서경 180°180° W까지의 범위를 가지고 있습니다.

그리니치 천문대는 영국에 있는 천문대로 경도가 0°입니다. 1884년에 국제 자오선 회의에서 과학자들이 그리니치 천문대를 경도의 기준으로 삼기로 약속했어요. 경도는 시간을 정하는 기준이기도 해요. 영국과 우리나라의 시차를 경도로 계산해 볼까요? *우리나라의 경도는 동경 135° E로 그리니치 천문대에서 135° 동쪽으로 떨어져 있습니다. 지구는 24시간 동안 한 바퀴 360°를 자전하기 때문에 한 시간에 15°씩 서에서 동으로 자전해요. 영국보다 동쪽에 있는 우리나라에 해가 뜨고 나서 영국에 해가 뜨려면 *9시간이 지나야 합니다. 따라서 우리나라와 영국은 시차가 9시간이 되지요. 또 그리니치 천문대의 시간은 그리니치 표준시라고 하며, 시차 계산의 기준입니다.

> ★ **경도에서의 동쪽과 서쪽**
> 경도를 나타낼 때 경도 0°에서 서쪽은 W(West), 동쪽을 E(East)로 나타냅니다.
> ★ **대한민국의 표준시 135° E**
> 서울의 경도는 127° E이지만, 시간 계산을 쉽게 하려고 135° E를 표준시로 사용합니다. 일본도 135° E 표준시를 사용하고 있어 일본과 우리나라는 시차가 없습니다.
> ★ **9시간**
> 135 ÷ 15 = 9

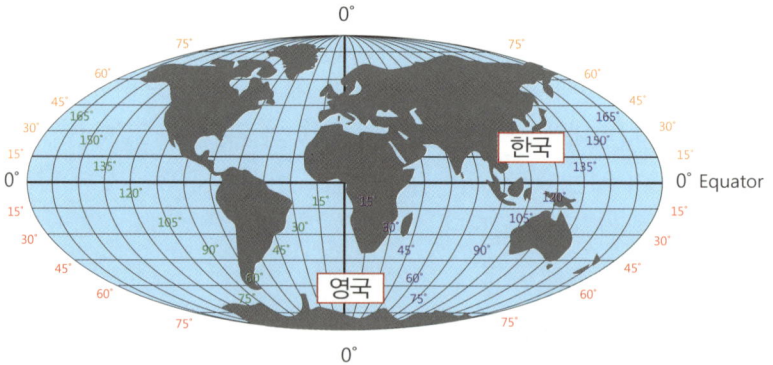

북쪽과 남쪽의 위치를 알려 주는 '위도'와 동쪽과 서쪽의 위치를 알려 주는 '경도'를 사용한다면 지구에서 어떤 지점의 정확한 위치를 알 수 있답니다.

위도와 경도는 이렇게 쓴대!

위도와 경도는 지구에서의 위치를 나타내는 개념이랍니다.

위도는 적도를 기준으로 북쪽과 남쪽으로 얼마나 떨어져 있는지를 나타냅니다. 위도에 따라 태양 복사 에너지를 받는 정도가 달라지고 이는 기후에도 영향을 줍니다.

경도는 그리니치 천문대를 기준으로 동쪽과 서쪽으로 얼마나 떨어져 있는지를 나타냅니다. 경도는 시간을 정하는 기준으로 각 나라의 표준시에 따라 시간이 결정됩니다.

위도와 경도를 사용하면 지구에서 어떤 지점의 위치를 정확히 알 수 있지요. 숫자와 알파벳으로 나타내기 때문에 바다 한가운데나 깊은 숲속의 한 점도 위도와 경도를 사용하면 누구나 찾을 수 있어요.

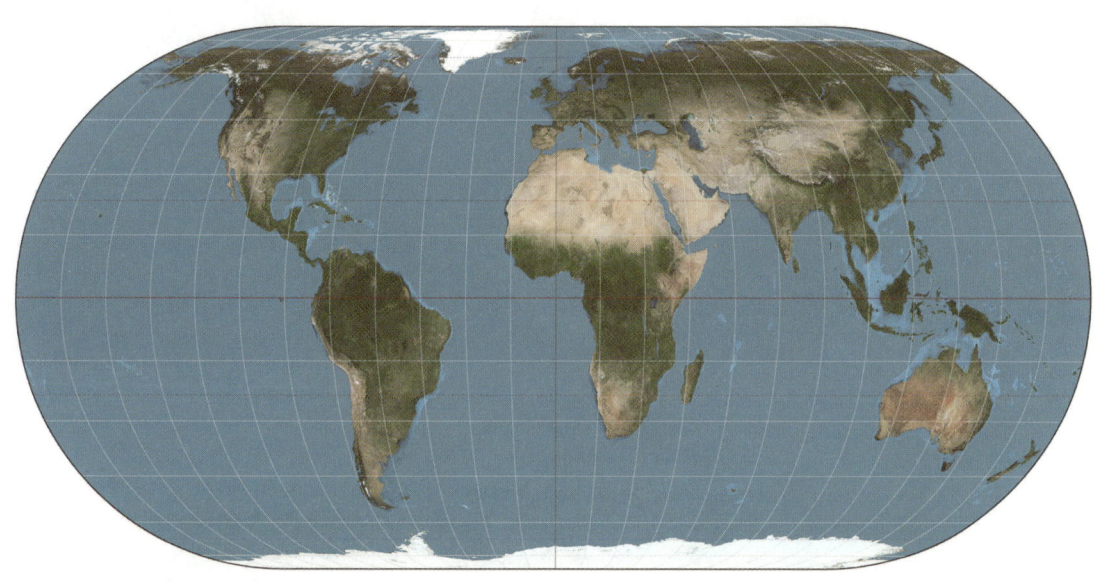

위도 : 적도에서 북쪽과 남쪽으로 떨어진 위치를 각도로 나타낸 것
경도 : 그리니치 천문대에서 동쪽과 서쪽으로 떨어진 위치를 각도로 나타낸 것

08 일식 VS 월식

중학교 1-3 일식과 월식

일식 VS 월식 속으로

하늘에 떠 있는 천체, 달과 태양, 지구 가운데 무엇이 가장 크고 작을까요? 태양계에서 가장 큰 천체는 태양이라고 알았는데, 하늘 위에 떠 있는 태양과 달을 보면 비슷한 크기로 보입니다. 그래서 어떤 날에는 낮에 태양과 달이 동시에 떠서 달이 태양을 가리는 현상도 관측되곤 하지요. 반대로 달이 가려지는 현상도 관측되곤 합니다. 이 둘은 어떻게 다를까요?

낮에 하늘을 보니 주위가 갑자기 어두워지면서 하늘에 떠 있던 태양이 서서히 가려지는 현상을 본 적이 있니? 한낮에 달이 뜨는 것도 재미있지만, 태양이 완전히 가려지는 현상은 신기하기까지 하지. 이 현상은 일식일까, 월식일까? 여러분이 일식과 월식을 헷갈리는 데는 이런 이유가 있어. 일식과 월식 모두 가려진다는 공통점이 있기 때문이야. 중요한 점은 무엇이 무엇과 무엇 사이에 위치해, 무엇에게 가려지는지를 알아야 헷갈리지 않을 수 있어.

🔍 일식

일식은 태양과 지구 사이에 달이 위치해 달이 태양을 가려 태양이 보이지 않게 되는 현상을 말합니다. 태양에 의한 달의 그림자가 지구에 생기는데, 그림자에 해당한 곳에서는 태양이 보이지 않는 것이지요. 하지만 달 그림자의 면적이 작아서 일식을 관측할 수 있는 지역은 매우 좁습니다.

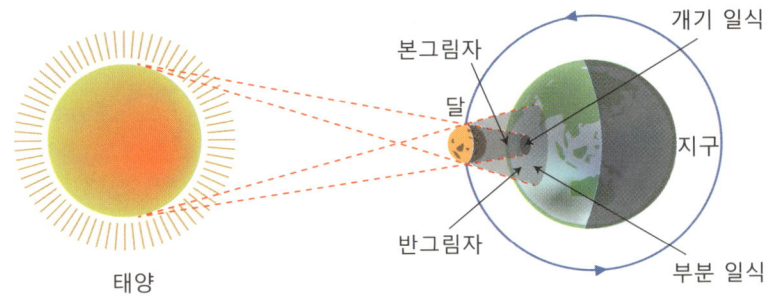

일식에는 개기 일식과 부분 일식이 있습니다. 개기 일식은 달에게 태양이 완전히 가려지는 현상입니다. 부분일식은 달에게 태양 일부가 가려지는 현상입니다.

어떻게 작은 달이 더 큰 태양을 가릴 수 있을까요? 멀리 있는 태양은 우리 눈에 작게 보이기 때문이에요. 태양의 지름은 지구 지름의 109배이고, 달의 지름은 지구 지름의 $\frac{1}{4}$에 해당합니다. *태양의 크기는 달 크기의 약 400배에 해당합니다. 또 지구와 태양의 거리는 *지구와 달의 거리의 약 400배에 해당합니다. 놀랍게도 달보다 400배 큰 태양이 달보다 400배 멀리 있어 지구에서 봤을 때 달과 태양의 크기가 같아 보일 뿐이지요! 따라서 달은 태양을 완전히 가릴 수 있답니다.

★ **태양과 지구, 달의 크기**

태양	1,410,394km
지구	12,742km
달	3,188km

★ **지구에서 태양과 달까지의 거리**

태양	150,000,000km
달	384,400km

🔍 월식

월식은 태양과 달 사이에 지구가 위치하여 지구의 그림자에 의해 달이 가려지는 현상입니다. 일식과는 달리 월식은 밤인 지역에서 모두 관측됩니다.

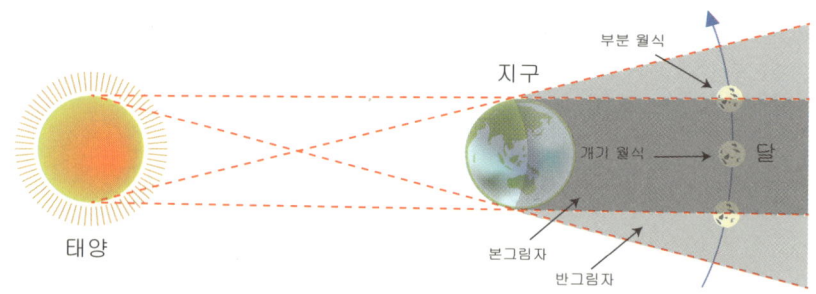

지구의 그림자에 달 모두가 가려지면 개기 월식, 달 일부가 가려지면 부분 월식이라고 합니다. 개기 월식 때 달은 완전히 보이지 않는 것이 아니고 붉게 보인답니다. 지구의 공기를 통과한 햇빛이 굴절되어 달에 도달하는 빛이 있기 때문이지요. 그런데 이 빛은 노을이 질 때처럼 붉은색을 띠고 있어 달을 붉게 보이게 한답니다.

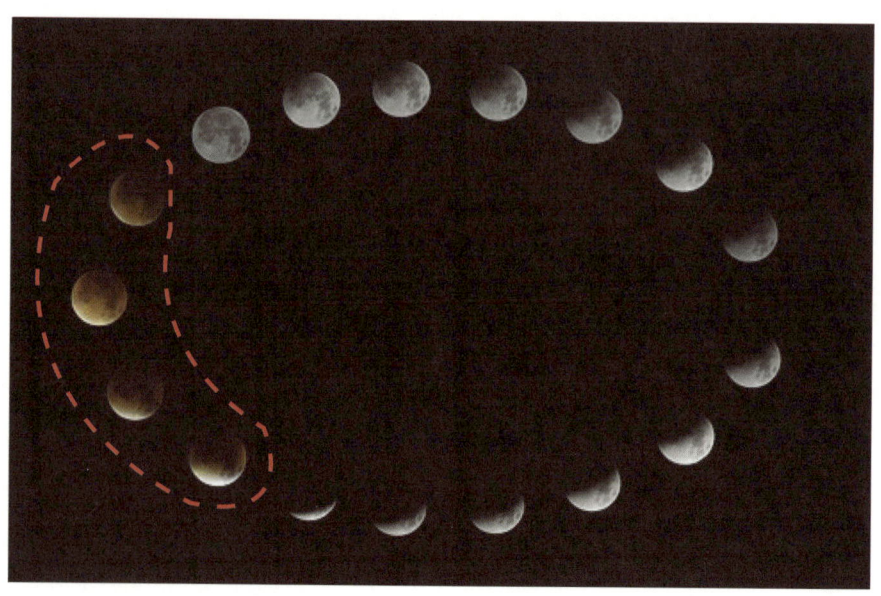

일식과 월식은 이렇게 쓴대!

태양과 지구 사이에 위치한 달이 태양을 가려 태양의 전체나 일부분이 보이지 않는 현상은 일식입니다. 이와 달리 태양과 달 사이에 위치한 지구의 그림자에 달이 가려져 달의 전체나 일부분이 보이지 않는 현상은 월식입니다.

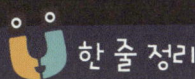 한 줄 정리

일식 : 태양-달-지구 순서로 위치해 태양이 달에게 가려지는 현상
월식 : 태양-지구-달 순서로 위치해 달이 지구의 그림자에 의해 가려지는 현상

중학교 1-3 연주 시차

09 광년(LY) vs 파섹(pc)

광년(LY) VS 파섹(pc) 속으로

2015년 7월 23일 미국 항공 우주국NASA은 지금까지 외계 행성들 가운데 지구와 가장 닮은 행성 케플러-452b를 발견했다고 발표했습니다. 케플러-452b는 지구가 태양을 공전하듯이 항성케플러-452을 따라 공전하고 있습니다. 케플러-452b와 케플러-452까지 거리가 약 1억 5천7백만 km로 지구와 태양 사이 거리인 약 1억 500만 km와 유사합니다. 이뿐만 아니라 케플러-452b의 지름은 지구의 1.6배, 공전 주기는 386일, 암석으로 되어 있다는 점도 지구와 유사합니다. 한마디로 케플러-452b는 지구보다 나이가 많고 몸집이 큰 사촌이라고 할 수 있어요.

생명체가 살 수도 있는 케플러-452b에 탐사선을 보내면 얼마나 걸릴까요? 지구에서 케플러-452b까지 거리는 1,400광년입니다. 얼마나 먼 거리인지 감이 오나요? 요즘의 우주 탐사선이 가려면 2천 6백만 년이 걸립니다. 탐사선으로 그 별까지 가기는 불가능하지요.

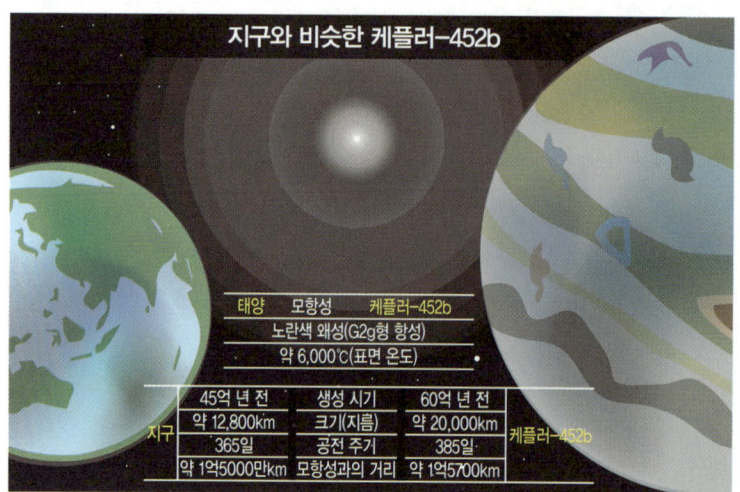

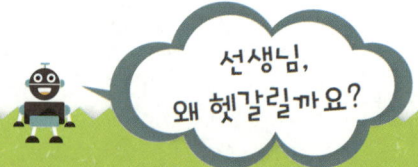

선생님, 왜 헷갈릴까요?

처음 광년과 파섹이라는 단위를 보면 배경 지식이 없어서 헷갈릴 수 있어. 아주 광활한 우주에서 별까지 거리를 나타내려면 엄청나게 큰 숫자가 있어야 해. 지구에서 비교적 가까운 태양까지의 거리도 1억 5천만 km로 큰 수지? 천문학자들은 별까지 거리가 아주 멀어서 큰 수를 나타내는 다른 단위를 써서 나타내. 먼 별까지의 거리를 나타낼 때 사용하는 단위는 AU천문단위, LY광년, pc파섹이 있어. 이 단위들은 우리가 평소에 잘 쓰지 않아서 가끔 무엇이 더 멀리 있는지 헷갈릴 수 있어.

AU

지구와 태양까지의 거리를 1AU Astronomical Unit, 천문단위이라고 합니다. 1AU는 1억 5천만 km입니다. 2012년 8월 제28회 IAU국제천문연맹 총회에서 결의한 천문단위의 값은 149,597,870,700km이지만 간단하게 1.5×10^8으로 나타냅니다.

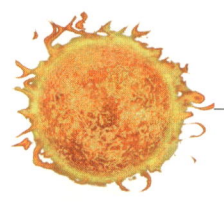

1AU
1억 5천만 km

태양　　　　　　　　　　지구

* 그림에서 태양 지구 거리 비율은 실제와 다릅니다.

LY

빛이 1년 동안 갈 수 있는 거리를 1LY Light Year, 광년이라고 합니다. 1초에 약 30만 km를 이동하는 빛은 1년이면 얼마나 갈 수 있을까요?

$$300{,}000\text{km} \times 365\text{일} \times 24\text{시} \times 60\text{분} \times 60\text{초}$$
$$= \text{약 } 9{,}500{,}000{,}000{,}000 \text{km}$$
$$(9.5 \times 10^{12} \text{km})$$

즉 1LY은 약 9조 5천억 km이며 약 *63만 AU입니다.

★거리 비교
1년을 365.25일, 빛의 속도를 299,792,458m/s로 하면 1광년은 9,460,730,472,580.8km이며 약 63,241.1AU입니다.

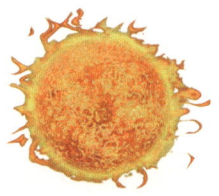

1광년

▲ 태양

pc

연주 시차가 1초인 별까지의 거리를 1pc 파섹이라고 합니다. 1pc은 3.26LY으로 약 30,970,000,000,000 3.10×10^{13} km이고 약 206,000AU이지요. 각 1초는 $\frac{1}{3600}$°로 눈으로 별의 이동을 알아챌 수 없을 정도로 아주 작은 값이랍니다.

★거리 비교
1pc 〉 1LY 〉 1AU
1pc
=3.26LY
=206,000AU
=30,970,000,000,000km

연주 시차는 6개월 간격으로 달리 보이는 별의 위치 사이의 각을 $\frac{1}{2}$한 값이에요. 이 값이 작으면 별까지의 거리가 멀고 이 값이 크면 별까지의 거리가 가까운 점을 이용해 별까지의 거리를 정한 것이 pc입니다.

태양을 제외하고 지구에서 가장 가까운 별인 켄타우루스자리의 프록시마의 거리는 연주 시차가 약 0.76초이므로 $\frac{1}{0.76초}$ = 1.32pc이고 약 300,000AU 또는 약 4.3LY입니다.

★몇몇 별의 거리

별	거리(LY)	거리(pc)
시리우스	8.6	2.6
알타이르 (견우성)	16.7	5.1
베가 (직녀성)	25	7.7
북극성	433	133

▲ 연주 시차가 다른 두 별

이렇게 거리 단위를 정리하면 얼마나 먼 거리인지 잘 모르겠지요? 그래서 우리 주변에서 흔히 볼 수 있는 모래알에 비유해 보겠습니다. 고운 모래는 보통 반지름이 0.1mm입니다. 지구를 모래 한 알로 줄인다면 지구에서 달까지의 거리는 4.5~5mm 정도밖에 되지 않습니다.

지구와 태양까지의 거리는 실제 약 1억 5천만 km이지만 지구를 모래 한 알이라고 생각하면 약 2.3m가 됩니다. 지구에서 달까지의 거리는 아주 작은데 지구에서 태양까지의 거리는 갑자기 사람의 키보다 더 커집니다. 이렇게 되니 새로운 거리 단위인 AU를 씁니다.

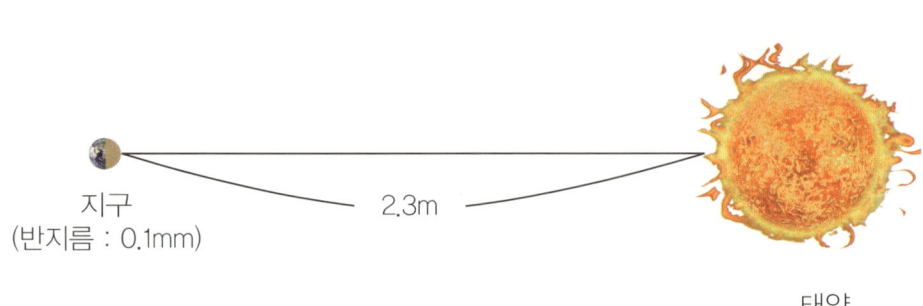

태양계를 벗어나 더 멀리 있는 별의 거리는 광년이나 pc을 사용합니다. 지구를 모래 한 알이라고 비교해 보면 1광년은 148km, 서울에서 대전까지의 거리 정도이지요. 1pc은 대략 480km로 서울에서 제주도까지의 거리에 해당합니다. 우리 은하와 가장 가까운 안드로메다은하까지의 거리는 어떨까요? 지구를 모래 한 알로 생각하고 지구에서 달까지의 실제 거리를 봤을 때 정도로 느끼는 거리 정도입니다. 우주가 얼마가 광활한지 상상할 수 있나요?

아래는 지구가 모래 한 알 크기라고 가정했을 때 광년과 pc의 거리를 비교한 그림이랍니다.

 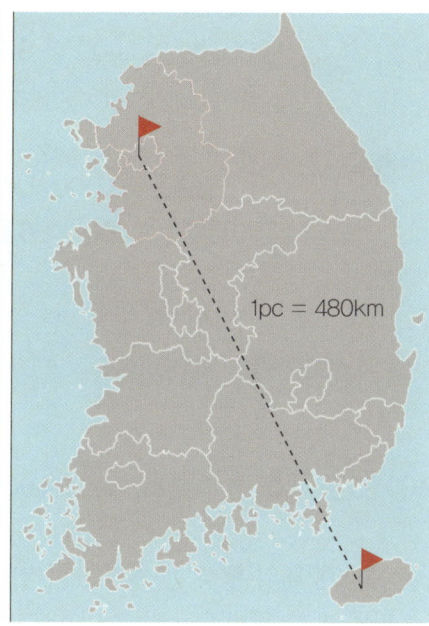

▲ 1 광년 = 서울에서 대전까지 ▲ 1 pc = 서울에서 제주도까지

광년(LY)과 파섹(pc)은 이렇게 쓴대!

지구에서 케플러-452b까지 거리는 1,400광년입니다. 1,400km 또는 1,400pc으로 표시하면 안 됩니다.

> 1광년은 9.5×10^{12}km이므로
> 1,400광년 = $1,400 \times 9.5 \times 10^{12}$km
> = $13,300 \times 10^{12}$km = 1.33×10^{16}km
>
> 1광년은 63,000AU이므로
> 1,400광년 = $1,400 \times 88,200,000$AU
>
> 1pc은 3.26광년이므로
> 1,400광년 = 14,00/3.26 = 4,29.447…… ≒ 429pc

정리하면 1,400광년은 1.33×10^{16}km, 88,200,000AU, 429pc으로 서로 다른 거리 단위입니다.

비교적 가까운 태양계 내의 행성 간 거리를 나타낼 때는 AU 단위를 사용합니다. 먼 곳의 별까지 거리를 나타낼 때는 광년과 pc을 사용한답니다. pc은 광년보다 더 먼 곳에 있는 별을 나타낼 때 사용하지요. 이를테면 태양에서 지구까지는 1AU, 시리우스 별까지 거리는 8.6광년, 북극성까지는 133pc이라고 표현할 수 있겠네요.

천문 단위(AU) : 지구와 태양까지 거리
광년(LY) : 빛이 1년 동안 갈 수 있는 거리
파섹(pc) : 연주 시차 1초인 별까지의 거리
　　　　　지구와 태양, 별의 거리를 각각 잴 때 쓴다.

초등학교 5-6 낮과 밤, 계절별 별자리
중학교 1-3 지구의 자전과 공전

10 자전 VS 공전

자전 VS 공전 속으로

달은 매일 모양이 바뀝니다. 점점 동그란 보름달이 되다가 보름달이 된 이후에는 달의 오른쪽 면이 어두워져 보이지 않게 됩니다. 달의 모양은 매일 바뀌지만, 표면에 보이는 얼룩덜룩한 무늬는 변하지 않고 항상 똑같이 보여요. 항상 달의 같은 면만 본다는 말이지요. 보이지 않는 뒷면을 보고 싶다면 우주선을 타고 지구를 벗어나 달의 뒤쪽으로 가야 한답니다. 달이 왜 이렇게 한쪽 면만 보이는지 알고 있나요? 달의 공전과 자전 속도가 같아서라고 설명하는데요, 여러분은 달의 공전과 자전이 어떻게 다른지 알고 있나요?

선생님, 왜 헷갈릴까요?

지구는 자전하면서 공전하고 달도 자전하면서 공전해. 태양계의 나머지 행성들도 자전하면서 공전한단다. 해가 동쪽에서 떠서 서쪽으로 지고, 인공위성 궤도가 서쪽으로 이동하고, 계절이 바뀌고, 멀리 있는 별의 위치도 달라지는 이유가 자전 때문이라 생각하니, 공전 때문이라 생각하니? 지구는 자전과 공전이 동시에 일어나서 자전과 공전으로 생기는 현상들도 동시에 일어나. 따라서 이렇게 일어나는 현상들이 자전 때문인지, 공전 때문인지 구별하기는 쉽지 않지.

🔍 자전과 공전

자전은 천체가 자기 자신을 중심으로 도는 운동입니다. 태양과 지구, 달을 비롯한 천체는 대부분 자전하고 있습니다. 지구는 남극과 북극을 지나는 선을 축으로 하루 24시간에 한 바퀴씩 자전합니다.

공전은 어떤 천체가 다른 천체 주위를 원이나 타원 궤도로 도는 운동입니다. 지구도 태양을 중심으로 1년 365일에 한 바퀴씩 공전합니다.

지구의 공전 궤도면과 지구의 자전축은 66.5° 차이가 있습니다. 공전 궤도면의 수직인 선과 지구의 자전축이 23.5° 기울어져 있다는 말이에요. 그래서 지구에는 계절의 변화가 생긴답니다.

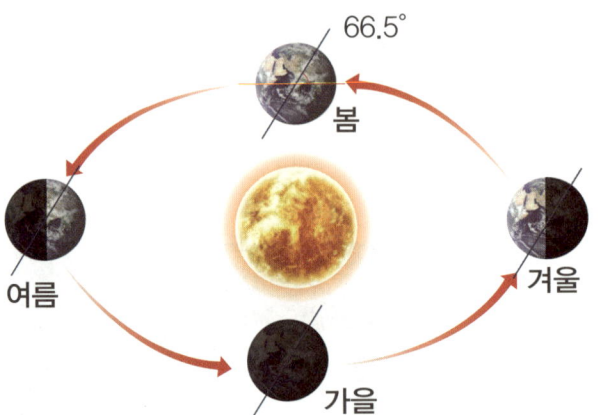

지구가 자전하고 공전하는 방향을 서에서 동 또는 반시계 방향이라고 합니다. 태양이 일주 운동을 하는 방향은 동에서 서 또는 시계 방향이라고 하는데요, 동에서 서로 움직이는 것을 시계 방향이라고 하는 이유는 *해시계에 있습니다. 북반구에서 사용한 해시계는 해가 동쪽에서 떠서 남쪽을 지나 서쪽으로 지는 것을 따라 만들어졌고 그림처럼 동에서 서로 이동하는 방향을 '시계 방향'이라고 합니다.

★해시계
시간 개념은 해가 뜨고 지고 낮과 밤이 생기는 데에서 생겨났습니다. 인류가 최초로 사용한 시계가 해시계예요.

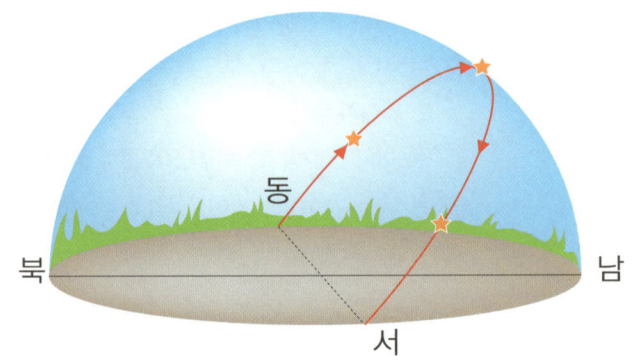

지구의 자전 주기는 23시 56분입니다. 약 12시간은 태양 쪽을 향하는 낮이고 약 12시간은 태양의 반대쪽을 향하는 밤이에요. 물론 자전축이 공전 궤도면과 66.5° 기울어져 있어져 있어 낮과 밤의 길이가 정확히 반반이 아니라 길어졌다, 짧아졌다 합니다. 우리나라는 여름에는 낮의 길이가 14시간이지만 겨울에는 10시간 정도로 달라지지요.

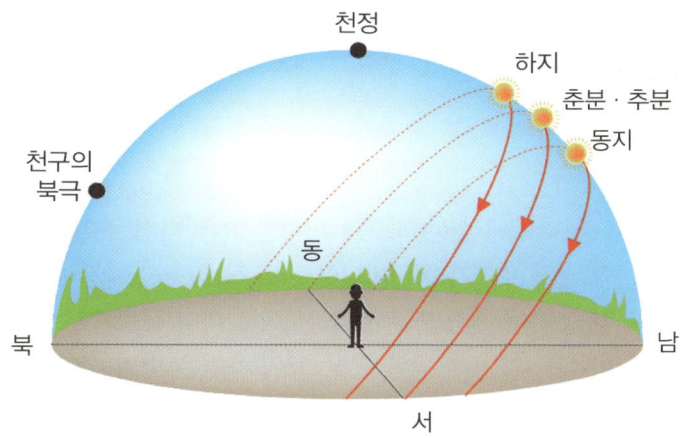

다른 행성들의 하루도 지구와 같을까요? 아닙니다. 자전 주기가 달라지면 하루의 길이도, 낮과 밤의 길이도 달라진답니다.

수성은 자전 주기가 58.6일입니다. 지구보다 매우 느리지요. 거의 두 달에 한 번 자전하며 한 번 자전하는 동안 태양 궤도의 $\frac{2}{3}$만큼 공전합니다. 수성의 하루는 지구 시간으로 176일이에요. 여러분이 수성 표면에 서서 동쪽 하늘에 해가 뜨는 것을 본다면 176일 지나야 다시 동쪽에서 뜨는 해를 보게 된답니다.

금성은 자전 주기가 243일입니다. 태양계 행성에서 가장 느리게 자전해요. 공전 주기는 224.7일로 거의 금성의 1년이 금성의 하루와 맞먹습니다. 지구의 시간으로 금성의 하루는 116일 18시간으로 해가 떠서 지는 시간까지 긴 시간이 필요합니다. 금성에서는 해가 서쪽에서 떠서 동쪽으로 지는 것을 볼 수 있습니다. 금성의 자전 방향이 지구와 반대로 시계 방향, 동쪽에서 서쪽이기 때문이에요. 과학자들은 예전에 금성의 자전 속도가 지금보다 빨랐을 거라고 생각합니다. 금성이 생기고 시간이 흐르면서 두꺼운 대기와 위성의 힘, 조력이 영향을 주는 *조석 현상이 자전 속도를 늦추게 했을 거라 추측한답니다. 금성의 자전 속도가 느려진 것처럼 지구의 자전 속도도 기조력의 영향을 받아 점점 느려집니다. 지구의 자전 속도가 느려지면서 지구의 하루 길이는 10만 년에 1초씩 늘어나고 있습니다. 3억6천만 년 후에는 하루가 25시간이 될 것이고 75억 년 후에는 지구의 자전이 완전히 멈출 것이라 예상합니다.

지구와 가장 비슷한 하루는 화성에서 볼 수 있습니다. 화성은 자전 주기가 24시간 37분으로 화성의 하루는 약 1일입니다. 화성은 자전축이 지구와 비슷하게 기울어져 있어 계절 변화도 생긴답니다. 이런 이유로 화성을 제2의 지구로 생명체가 살 가능성이 큰 곳으로 생각하고 있어요.

★조석 현상
달과 태양의 지구에 주는 힘(기조력)의 영향을 받아 바닷물 높이가 달라지는 현상. 밀물과 썰물이 번갈아 나타납니다. 다른 행성에서도, 바다가 아닌 대기에서 나타날 수 있어요.

수성	176일
금성	116일 18시간
지구	1일
화성	1일
달	15일

▲ 여러 천체에서의 하루 (지구 시간 기준)

자전과 공전은 이렇게 쓴대!

하나밖에 없는 지구의 위성인 달은 자전 주기가 27.3일, 공전 주기가 27.3일로 자전 주기와 공전 주기가 동일합니다. 비교적 천천히 자전하는 동안 지구를 한 바퀴 공전하므로 달에서 동쪽에 해가 뜨는 것을 본 이후 다시 동쪽으로 해가 뜨기까지 달에서의 하루는 약 29.5일이에요. 약 15일 동안은 낮, 15일 동안은 밤이 이어집니다. 달의 하루인 29.5일은 지구에서 본 달의 모양이 같아지는 주기로 음력의 한 달이랍니다. 보름달에서 보름달까지 걸리는 시간이 약 29.5일이고 예부터 이를 기준으로 한 달을 정한 것을 '음력'이라고 해요.

자전 주기와 공전 주기가 동일해서 달은 언제나 한쪽 방향만 지구로 향하고 있고, 반대쪽은 늘 가려져 있습니다. 이러한 현상을 '동주기 자전'이라고 합니다. 그림처럼 깃발을 꽂은 달의 한 면이 지구 쪽을 바라보는 이유는 무엇일까요? 달이 공전하여 이동하는 각도만큼 자전하기 때문이에요. 90° 공전하면 90° 자전하며 자전과 공전 방향도 같기 때문에 지구에서 바라본 달은 항상 같은 면을 보여 준답니다. 우리가 매일 바라본 달의 모양이 초승달, 보름달, 그믐달처럼 매일 바뀌었지만, 표면의 모습은 바뀌지 않았던 이유가 바로 동주기 자전 때문이지요.

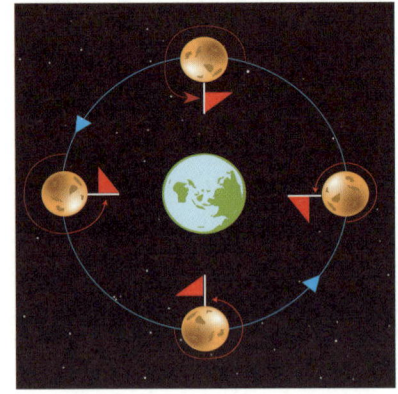

자전 : 천체가 자기 자신을 중심으로 도는 운동
공전 : 어떤 천체가 다른 천체 주위를 원이나 타원 궤도로 도는 운동

11. 지각 VS 판

중학교 1-3 지권의 층상 구조

지각 VS 판 속으로

애니메이션 〈아이스 에이지 4-대륙이동설〉에서 스크랫이 도토리를 쫓아 지구 중심으로 추락합니다. 그 탓에 쪼개진 지구의 모든 대륙이 이동하지요. 세상이 바뀌면서 주인공들은 땅덩어리가 떨어져 나가, 빙하를 타고 바다 위를 떠도는 신세가 됩니다. 작은 도토리 하나로 대륙과 바다가 쪼개진다는 점은 우습지만, 실제로 땅이 쪼개져 움직이면 지구에 큰 변화를 가져옵니다. 이때 움직인 것은 정확히 지각일까요, 판일까요? 아니면 대륙일까요? 지금부터 여러분이 헷갈리는 판과 대륙, 지각을 살펴볼까요?

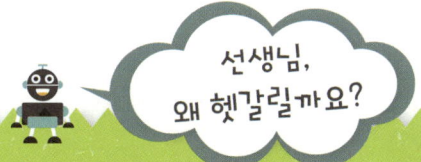
선생님, 왜 헷갈릴까요?

2016년 4월 16일 에콰도르 중부 지방에 규모 7.8 지진이 발생해 수백 명의 사망자와 수천 명의 사상자가 발생했다. (중략) 과학자들은 환태평양 조산대에서 평균을 웃도는 지진이 발생하고 있고 이는 거대 지진의 전조일 수 있다고 우려하고 있다. **환태평양 조산대는 태평양 지각 판과 주변 지각 판들이 만나는 곳으로 그 둘레가 고리 모양으로 생긴 데다 판의 이동으로** 인해 전 세계 지진의 90%가 일어나고 화산 활동도 빈번해 '불의 고리'로 불린다.

기사에서는 지각 판이 만나는 곳에서 지진이 일어났다고 해. 지진이 일어날 때 "땅이 흔들린다, 판이 이동한다, 지각이 이동한다, 대륙이 이동한다"라는 말로 설명하는데 모두 같은 말일까? 지구의 딱딱한 겉 부분인 땅을 지각, 대륙 또는 판이라고 섞어 쓰지. '땅 = 딱딱하다 = 지각 = 대륙 = 판'이라는 잘못된 관념을 바로 잡기 위해 그 차이점을 알아보자.

🔍 지각

지구 내부 구조는 크게 4개의 층으로 이루어져 있습니다. 직접 들여다볼 수는 없지만, 지하를 관통하는 지진파의 속도가 급격히 바뀌는 세 군데를 경계로 4개의 층으로 구분했지요. 층마다 물질이 조금씩 다릅니다.

4개의 층은 겉껍질부터 순서대로 '지각·맨틀·외핵·내핵'이라 부릅니다. 지각은 지하 5~35km까지로, 가장 얇고 단단한 암석으로 이루어져 있습니다. 맨틀은 지하 약 2,900km까지로, 가장 많은 부피를 차지하고 움직일 수 있는 고체로 이루어져 있습니다. 외핵은 지하 5,100km로, 액체로 이루어졌으리라 추정합니다. 내핵은 5,100km부터 중심까지이며 고체로 추정됩니다. 지각은 대륙을 이루는 대륙 지각과 대양의 밑바닥을 이루는 해양 지각으로 나눌 수 있어요. 흔히 대륙 지각이 해양 지각보다 두껍게 나타납니다.

▲ 지구 내부 구조와 대륙 지각과 해양 지각

🔍 판(암석권)

지각 아래 맨틀은 움직일 수 있는 고체지만 모두 그런 것은 아닙니다. 상부 맨틀은 단단한 암석으로 이루어져 있어 움직이지 않아요. 단단한 암석으로 이루어진 지각과 상부 맨틀을 합쳐 '암석권 또는 판'이라고 합니다. 판의 두께는 가장 얇은 해양이 70km 정도까지, 두꺼운 대륙은 150km를 넘는 지역도 있어요. 그러니까 지각보다 더 깊은 곳까지를 판이라고 부르지요.

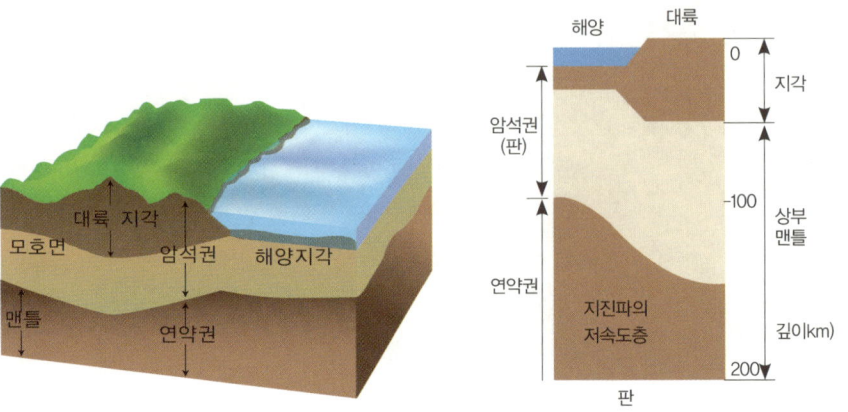

🔍 판 구조론

단단한 판이 이동하여 판과 판이 부딪치거나 벌어지는 경계에서 지진이나 화산 활동이 일어납니다. 그런데 판이 이동한다는 말 대신 지각이 이동한다거나 대륙이 이동한다는 말도 가끔 쓰이는데 모두 맞는 말일까요?

먼저 판 구조론부터 살펴보겠습니다. 지구의 겉은 여러 판으로 이루어져 있어요. 이들이 서로 다른 방향과 속도로 움직이고 있다는 것이 판 구조론이에요.

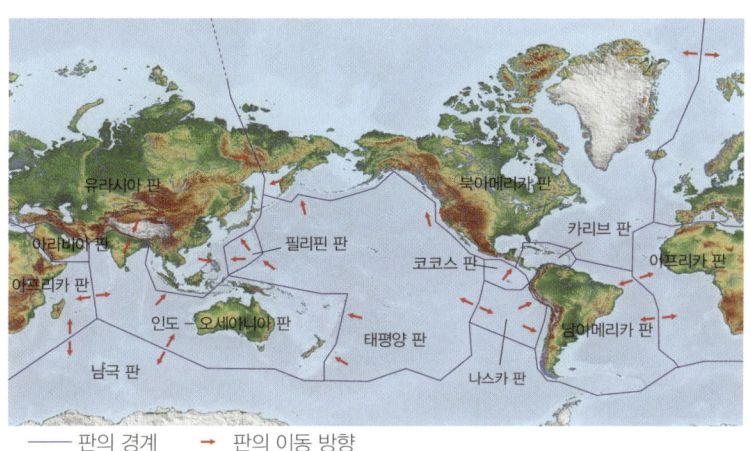
── 판의 경계   → 판의 이동 방향

판의 경계에서 지진과 화산 활동이 집중됩니다. 판의 이동 방향과 성질에 따라 판과 판 사이 경계가 크게 세 종류나 생긴답니다. 판과 판이 만나는 곳을 수렴형 경계, 판과 판이 벌어지는 곳은 발산형 경계, 판과 판이 어긋나는 경계는 보존형 경계라고 불러요.

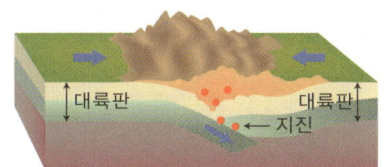
수렴형 경계 (대륙판과 대륙판의 충돌)

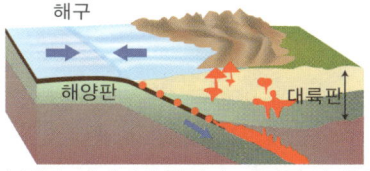
수렴형 경계 (해양판과 대륙판의 충돌)

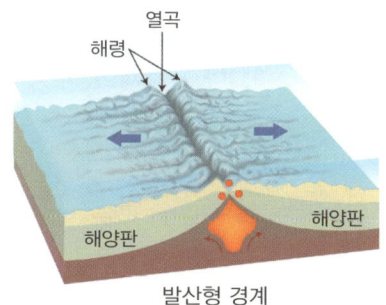
발산형 경계

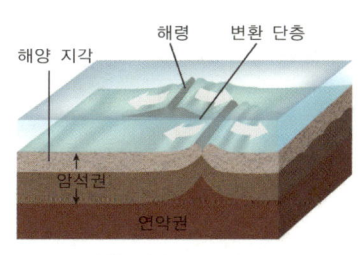
변환 단층(보존형 경계)

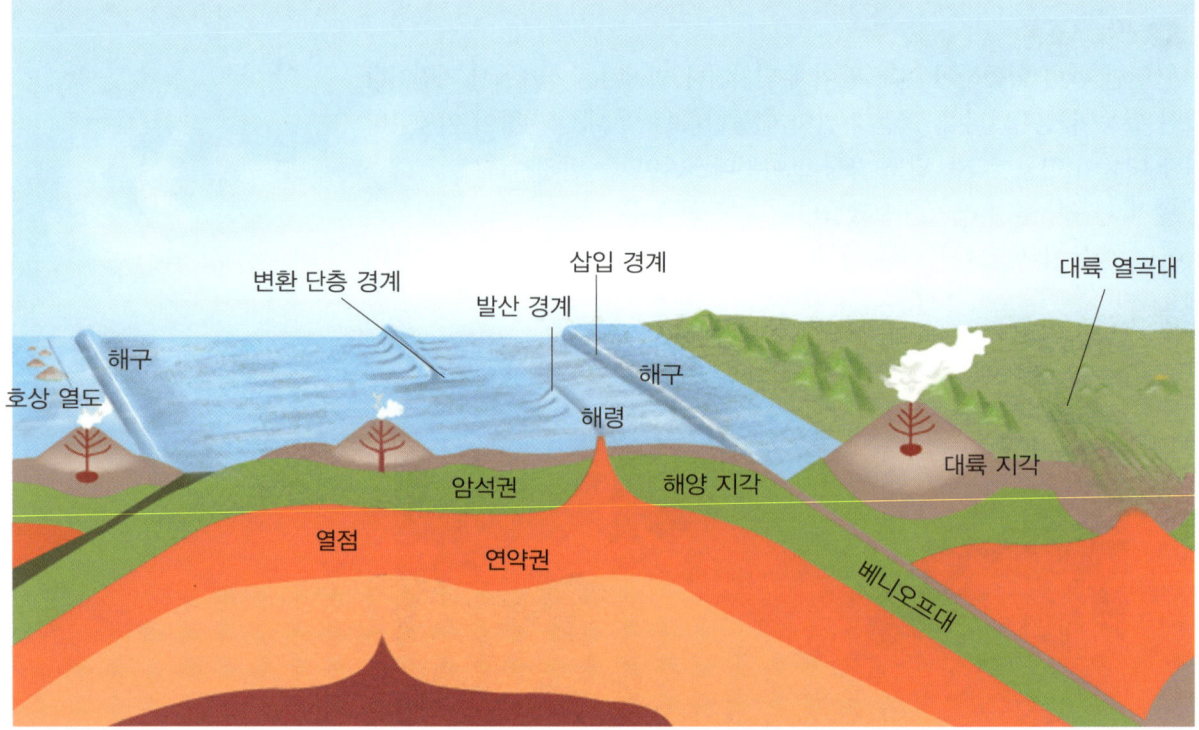

> ★해구
> 바다가 뭍의 후미진 곳으로 들어간 어귀
> ★해령
> 4,000~6,000m 깊이의 바다 밑에 산맥 모양으로 솟은 지형
> ★대륙 이동설
> 거대한 하나의 대륙이었다가 여러 개의 대륙으로 나뉘어 이동해 지금의 대륙을 이루었다는 설

해양판과 대륙판 밑을 파고드는 수렴형 경계에는 깊은 *해구가 있고 지진과 화산 활동이 활발합니다. 해양판이 벌어지는 발산형 경계에는 마그마가 올라와 새로운 판이 만들어지는 *해령이 있고 여기에서도 지진과 화산 활동이 활발합니다.

판 구조론은 화산과 지진이 일어나는 이유와 거대한 산맥이 만들어지는 과정을 잘 설명해 준답니다. 앞으로 지구 겉이 어떻게 바뀔지 알 수 있게 해줘요.

판 구조론에 따르면 판이 이동한다는 말은 맞습니다. 예전에는 지각이나 대륙이 움직인다고 말했지만, 사실 대륙만 이동할 수는 없으므로 이는 틀린 이야기입니다. 1912년 베게너는 *대륙 이동설을 발표했지만, 대륙이 움직이는 힘을 설명하지 못해 당시 과학자들에게 외면당했어요. 그 이후 맨틀이 대류하고 해령에서 해저가 확장되고 있다는 사실이 증명되면서 현재의 판 구조론으로 발전했답니다.

지각과 판은 이렇게 쓴대!

지진이 일어날 때 판이 이동한다? 지각이 이동한다? 대륙이 이동한다? 모두 맞는 표현일까요? 경우에 따라 맞기도 하지만 틀린 표현이기도 합니다.

지진은 2017년 11월 포항 지역에서 발생한 지진처럼 판의 경계가 아닌 곳에서 일어나기도 하고 2011년 3월 동일본 지진처럼 판의 경계에서 발생하기도 합니다. 판의 경계에서 일어난 지진은 판의 이동으로 발생한다고 설명합니다. 하지만 판의 경계에서 벗어난 곳에서는 지진이 판의 이동으로 발생했다고 하기보다는 땅속의 단층을 따라 땅이 이동하여 발생한다고 설명합니다. 이는 서로 다른 판의 경계에서 발생하기보다는 같은 하나의 판 안에서 단층이 생겨 지진이 발생하기 때문이에요.

판의 경계에서 일어나는 지진도 판이 이동하여 지진이 발생한다고 설명합니다. 하지만 판은 지각과 상부 맨틀을 포함한 넓은 개념이므로 "지각이 이동했다." 또는 "대륙이 이동했다."라는 표현도 완전히 틀린 표현은 아니에요. 판이 이동하면 판 속에 포함된 지각과 대륙도 같이 이동하기 때문이에요.

지각 : 지구의 가장 겉 부분으로 지하 5~35km까지이다.
　　　 : 두꺼운 대륙 지각과 얇은 해양 지각으로 나뉜다.
판 : 단단한 암석으로 이루어진 지각과 상부 맨틀 부분으로, 암석권이라고도 한다.
　　 : 판의 두께는 70~150km 정도까지이다.

12 마그마 VS 용암

초등학교 3-4 화산 활동
중학교 1-3 화산대

마그마 VS 용암 속으로

판타지 영화 〈반지의 제왕-왕의 귀환〉에서 절대 반지는 마지막에 운명의 산에 있는 시뻘건 불길 속으로 떨어져서 녹아 파괴됩니다. 절대 악 사우론은 사라지고 전쟁이 끝나지요. 그런데 절대 반지가 떨어진 운명의 산에 있는 시뻘건 불길은 마그마일까요? 용암일까요? 여러분은 마그마와 용암이 어떻게 다른지 알고 있나요?

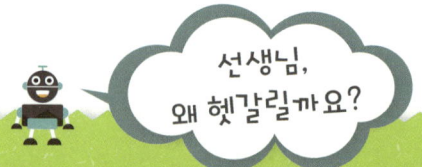

선생님, 왜 헷갈릴까요?

화산과 관련한 뉴스를 들으면 마그마가 분출하여 용암이 흘러간다는 표현을 자주 듣지? 용암과 마그마라는 용어를 구별해 사용하는 이유는 분명한 차이가 있기 때문이야. 문제는 친구들이 용암과 마그마가 어떤 차이가 있는지 모른다는 데 있어. 둘 다 시뻘겋고 화산과 관련 있는 어떤 분출물처럼 보이거든. 마그마와 용암을 공부할 때는 이 물질이 무엇으로 이루어졌고 어떻게 분출되는지를 주의 깊게 봐야 해.

🔍 마그마

지구 내부 깊은 곳의 마그마는 높은 열과 압력 감소로 암석이 녹아 있습니다. 마그마는 액체와 고체 그리고 기체로 되어 있지요. 마그마는 지하 깊은 곳, 수십 킬로미터 깊이에 마그마 방을 만들고 있답니다. 시간이 지나면서 점차 식고 휘발 성분이 증가하여 마그마 내의 압력이 증가해요. 그리고 지각의 약한 틈을 따라 마그마가 지상으로 터져 나오지요.

지상으로 흘러나온 *용융 물질을 용암이라고 하며 기체는 대부분 날아가 버립니다. 지하 깊은 곳에 있는 마그마가 지각 내의 약한 부분을 뚫고 올라와 지표 위로 흘러가는 용암과 지표와 대기 중으로 화산 쇄설물, 화산 가스 등을 분출하는 현상을 '화산 활동'이라고 불러요.

★용융
녹아서 섞이는 일

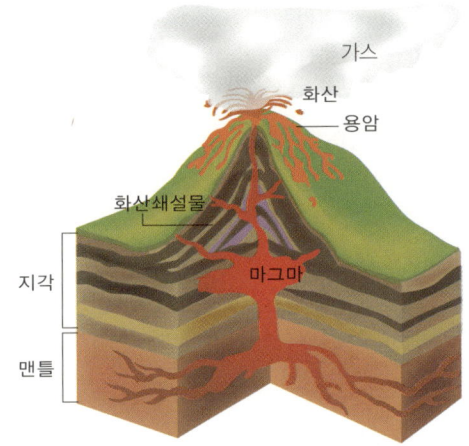

🔍 용암

마그마가 지표로 흘러나온 용암은 온도가 800~1,200℃로 높아, 흘러가면서 주변에 있는 모든 것을 불태워 버립니다. 용암은 보통 시속 10~300m 정도 이동하지만 빠르면 시속 30~150km 정도까지 이동하기도 해요. 용암이 분출하면 제주도 한라산 같은 화산이나 철원 평야 같은 넓은 용암 대지가 만들어진답니다.

▲ 제주도 한라산

▲ 철원 평야

화산에서는 어떤 물질이 분출될까?

1. 화산 쇄설물

화산 활동에서 고체 상태로 분출되는 물질이 화산 쇄설물입니다. 크기에 따라 화산진·화산재·화산력·화산탄으로 나뉩니다. 화산 쇄설물이 대기 중에 머물러 태양 빛을 가리면 기온이 내려가 기후에 변화가 생길 수도 있어요. 또 비행기 운항에 문제를 일으킬 수도 있답니다.

화산 쇄설물	특징 및 입자 크기
스코리아(Scoria)	검고 기공이 많지만, 물에 뜨지 않는다.
부석	희고 기공이 많아 물에 뜬다.
화산탄	64mm 이상
화산력	지름 2~64mm
화산재	지름 0.006~2mm
화산진	지름 0.06mm

2. 화산 가스

기체 상태로 분출되는 화산 가스는 수증기를 가장 많이 분출합니다. 이산화황과 염소는 유독한 기체로 생명체에 치명적이어서 흡입하면 위험합니다. 다량으로 배출되는 이산화탄소는 주변 식물들을 말라 죽게 하기도 하지요.

화산 가스 피해는 *폼페이 유적에서 잘 찾아볼 수 있어요. 폼페이의 인간 화석은 뜨거운 화산 가스와 화산 쇄설물이 덮친 모습을 그대로 보여 줍니다.

★**폼페이 유적**
79년 8월 24일 베수비오 화산이 폭발했습니다. 도시는 뜨거운 화산 가스로 숨쉬기조차 힘들었습니다. 폼페이의 사람들은 대부분 질식사로 죽었고 빠르게 내려온 화산 쇄설물로 완전히 묻혀 버렸습니다.

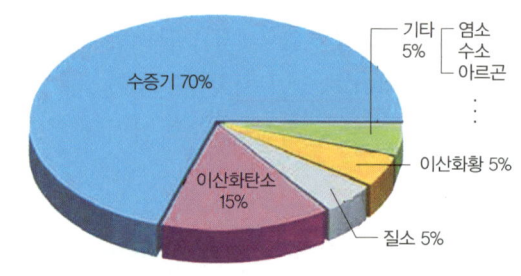

▲ 화산 가스의 성분

용암과 화산의 형태

용암은 이산화규소 SiO_2 함량에 따라 유문암질·현무암질·안산암질 용암으로 나뉩니다. 이산화규소가 많이 들어 있어 점성이 높고 잘 흘러가지 못하는 유문

PART 04 지구과학

암질 용암은 폭발하면서 경사가 급한 돔형 화산을 만들지요. 반대로 이산화규소가 적게 들어 있어 점성이 낮고 잘 흘러가는 현무암질 용암은 분출하면서 경사가 완만한 순상 화산을 만든답니다.

용암의 종류	유문암질 용암	안산암질 용암	현무암질 용암
SiO₂ 함량	70% ←	60% ←	50%
온도	700~900℃ →	900~1000℃ →	1100~1200℃
점성	높음 ←		낮음
기체 함량	5.0% ←	2.0% ←	0.5%
폭발 정도	강함 ←		약함

화산 형태: 순상 화산 / 분석구 / 성층 화산 / 돔형 화산

▲ 폭발형 화산

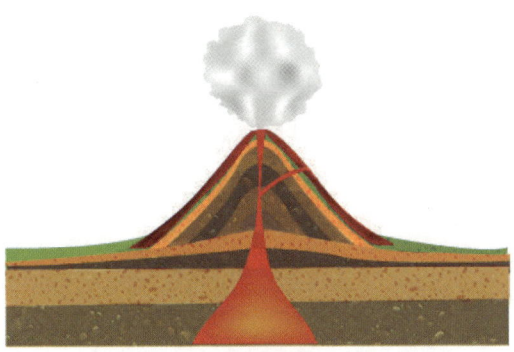

▲ 분출형 화산

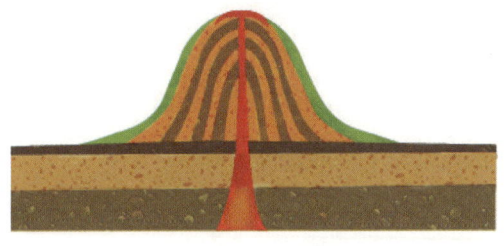

▲ 돔형 화산(종상 화산)

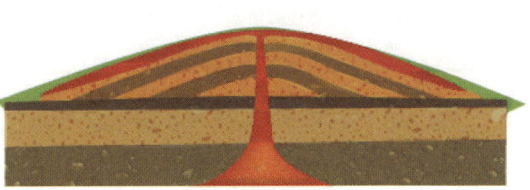

▲ 순상 화산

마그마와 용암은 이렇게 쓴대!

마그마는 분출하고 용암은 흘러갑니다. 마그마는 지하에 용융되어 있는 상태이고 용암은 마그마가 분출하여 기체가 날아가고 지표를 흘러가는 상태를 일컫는 말이에요. 지하에서 암석이 녹아 있는 마그마는 마그마 방에 있다가 분출되어 지표의 약한 틈으로 나와 용암이 된답니다.

용암은 지표를 흘러가며 용암 동굴, 주상 절리 같은 지형을 만들기도 해요. 제주도에는 유명한 용암 동굴이 많습니다. 특히 거문오름 용암 동굴계는 세계 자연 유산으로 지정되어 있어요. 거문 오름 용암 동굴계에는 벵뒤굴·만장굴·김녕굴·용천 동굴·당처물 동굴 등이 속합니다.

만장굴은 용암이 흘러간 모습을 그대로 간직한 가장 규모가 큰 용암 동굴이에요. 해안으로 갈수록 용암 동굴에서 흔히 볼 수 없고, 석회질 동굴에서 볼 수 있는 종유석·석순·석주 등이 있는 용천 동굴과 당처물 동굴이 있습니다. 이는 석회질 물질이 지표에서 쌓여 지하수에 의해 동굴 내부로 녹아 들어와 쌓여서 만들어졌어요. 매우 희귀한 형태라 세계적으로 그 가치를 인정받고 있답니다.

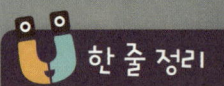

마그마 : 지구 내부 깊은 곳에서 높은 열과 압력 감소로 암석이 녹아 있는 것
용암 : 마그마가 지표로 흘러나온 것

13 광물 VS 광석

초등학교 3-4 화강암과 현무암
중학교 1-3 광물과 암석

광물 VS 광석 속으로

▲ 다이아몬드와 오펜하이머 블루

　세계에서 가장 비싼 보석은 다이아몬드입니다. 다이아몬드는 보통 g당 55,000달러에 거래되고 있어요. 지금까지 팔린 보석 가운데 가장 값비싼 다이아몬드는 '오펜하이머 블루'랍니다. 2015년 경매에서 14.62캐럿이었던 이 다이아몬드는 약 685억 원에 낙찰되었습니다. 블루 다이아몬드는 결정에 붕소가 들어 있어 푸른 빛을 내요. 오펜하이머 블루는 흠집 없는 표면에 완벽한 푸른 빛을 내고 세계에서 드문 희소성 때문에 최고로 비싼 보석이 되었답니다. 이런 다이아몬드는 광물일까요, 광석일까요?

▲ 철광석

▲ 다이아몬드 광석

　다이아몬드 광물과 다이아몬드 광석은 같은 것을 말할까?
　광물과 광석은 그 의미가 좀 달라서 달리 써야 하는 말이지만 사람들은 이를 혼동해서 쓰곤 해. 땅에서 나온 돌을 '-암, 광물, 광석'이라고 하는 데 무슨 차이가 있을까? 친구들이 광물과 광석을 헷갈리는 이유는 하나야. 똑같은 돌이라는 생각이 머릿속에 자리 잡고 있어서 어떤 차이가 있는지 모르는 거지.

🔍 광물

광물mineral은 암석을 이루는 작은 알갱이로 자연에서 만들어진 일정한 고체를 말합니다.

▲ 암석 속 광물

광물은 한 가지 이상의 원소들로 이루어져 있고 원자들의 배열에 따라 다양한 모습이 있습니다. 흑연과 다이아몬드는 같은 탄소 원소로 이루어져 있지만, 원자 배열이 달라서 다른 광물이랍니다.

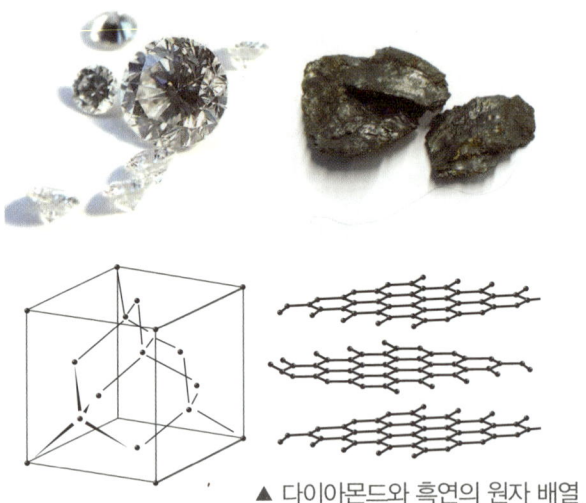

▲ 다이아몬드와 흑연의 원자 배열

암석을 이루는 주요 광물을 조암 광물이라고 하며 장석·석영·흑운모·휘석·각섬석·감람석이 대표적이에요.

▲ 조암 광물

그렇다면 땅속에서 얻을 수 있는 석유는 광물일까요? 죽은 생물에서 석유가 만들어지기 때문에 광물보다는 탄화수소로 분류해요. 인조 다이아몬드는 어떨까요? 자연에서 만들어지지 않고 실험실이나 공장에서 인위적으로 만들어진 보석들은 광물이라고 하지 않아요. 루비, 에메랄드 같은 광물도 실험실에서 똑같이 만들어 낼 수 있어요. 이런 것들은 인조 루비, 인조 에메랄드이지 광물은 아니랍니다.

광석

광물 자원이 땅속에 집중적으로 있는 곳은 광상ore deposit입니다. 광상에서 캐내어 얻은 경제성 있는 물질을 광석ore이라고 해요. 다시 말하면 광석은 광물 가운데 '경제성 있는' 자원이랍니다.

▲ 금 광상

▲ 금

광상은 만들어진 과정에 따라 화성 광상·퇴적 광상·변성 광상으로 나누어집니다. 화성 광상은 마그마에서 나온 것으로 백금·크롬·니켈·금강석·철·금·은·구리·납 등이 이곳에서 채광됩니다.

▲ 백금　　▲ 철　　▲ 구리 광석

퇴적 광상은 암석이 풍화·침식·운반·퇴적되는 과정에서 유용한 광물이 모여 만들어집니다. 사금과 도자기 재료인 고령토, 시멘트의 원료인 석회석 등이 있습니다. 변성 광상은 지각 내 광물이 *변성 작용을 받아 새로운 광물로 조성이 달라진 것이며 흑연이나 활석 등이 있어요.

★변성 작용
지각 안에서 암석 조직과 광물 조성이 그 장소의 물리나 화학 조건에 맞도록 재구성되는 일

▲ 사금　　▲ 고령토　　▲ 석회석　　▲ 활석

광물과 광석은 이렇게 쓴대!

다이아몬드는 광물이기도 하고 광석이기도 합니다. 하지만 다이아몬드가 경제적으로 가치가 없다면 광석이 되지 못했을 거예요. 광물은 자연적으로 만들어진 암석을 이루는 결정들을 모두 일컫지만, 채광했을 때 경제적 가치가 있어야지만 광석이라고 합니다.

광물 중에는 고릴라의 멸종과 관계되어 있는 것도 있습니다. '콜탄coltan'이라는 광물은 휴대폰 제조에 사용되는 '탄탈럼tantaium'물질이 포함되어 있어요. 탄탈럼은 전기 제품에 일정하게 전기가 흐르도록 도와주는 물질이에요. 스마트폰뿐만 아니라 다양한 전자 제품에 필수적으로 사용된답니다. 이 콜탄 광물은 현재 80% 이상이 콩고에 매장되어 있다고 합니다.

콩고의 고릴라가 사는 동부 지역은 콜탄을 채굴하는 곳이에요. 콜탄을 채굴하면서 고릴라의 서식지가 무분별하게 파괴되어 2017년, 고릴라는 겨우 3,000마리 정도만 생존해 있다고 해요. 그 수마저도 계속 줄고 있지요. 고릴라도 살리고 지구 환경을 파괴하지 않으며 광물 자원 개발을 하는 인류의 지혜가 필요합니다.

한 줄 정리

광물 : 암석을 이루는 단위
　　　: 자연적으로 만들어진 규칙적인 결정 구조를 갖는 고체
광석 : 광물 중 경제 활동에 유용한 자원 또는 그것을 가진 암석

중학교 1-3 온실 효과, 지구 온난화

14 온실 효과 VS 지구 온난화

온실 효과 VS 지구 온난화 속으로

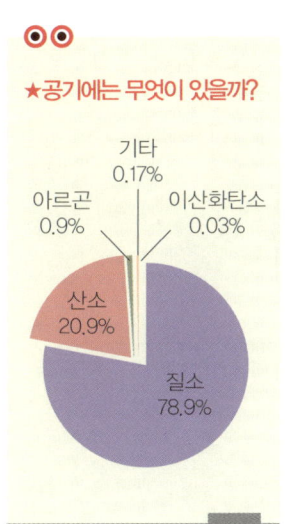

★공기에는 무엇이 있을까?
- 기타 0.17%
- 아르곤 0.9%
- 이산화탄소 0.03%
- 산소 20.9%
- 질소 78.9%

달에서는 우주복을 입고 생활해야 하지만, 지구에서는 우주복을 입지 않아도 숨을 쉴 수 있어요. 달에서는 왜 숨을 쉴 수 없을까요? 달에는 공기가 없기 때문이랍니다. 생물들이 숨을 쉴 수 있게 해 주는 *공기에는 질소·산소, 이산화탄소 등 여러 기체가 들어 있습니다. 이중 이산화탄소는 온실 효과로 지구의 온도를 따뜻하게 해 주는 역할을 해요. 그런데 잠깐! 여러분은 온실 효과와 지구 온난화가 어떻게 다른지 알고 있나요?

선생님, 왜 헷갈릴까요?

앞에서 온실 효과는 지구 온도를 따뜻하게 해 주는 역할을 한다고 했지? 친구들이 온실 효과와 지구 온난화를 헷갈리는 이유는 여기에 있어! 바로 "따뜻하다."의 따뜻할 온(溫) 자 때문이야. 두 개념 모두 온도를 따뜻하게 해 주는 뜻인 듯한데 대체 어떤 차이가 있는지 헷갈리는 거지. 이 둘을 헷갈리지 않으려면 먼저 두 개념이 긍정적 효과를 나타내는지 부정적 효과를 나타내는지, 그 현상을 일으키는 주원인이 무엇인지 정확하게 알아야 해. 그럼 지금부터 어떻게 다른지 살펴볼까?

온실 효과 vs 지구 온난화 | 327

온실 효과

지구 대기에 있는 이산화탄소와 같은 온실 기체에 의해 지구의 기온이 대기가 없을 때보다 따뜻하게 유지되는 현상이 있습니다. 온실을 둘러싸고 있는 유리가 햇빛은 통과시키고 온실 안에서 방출되는 빛을 다시 온실 내부로 돌려보내 온실을 따뜻하게 유지하는 것과 같은 효과이지요.

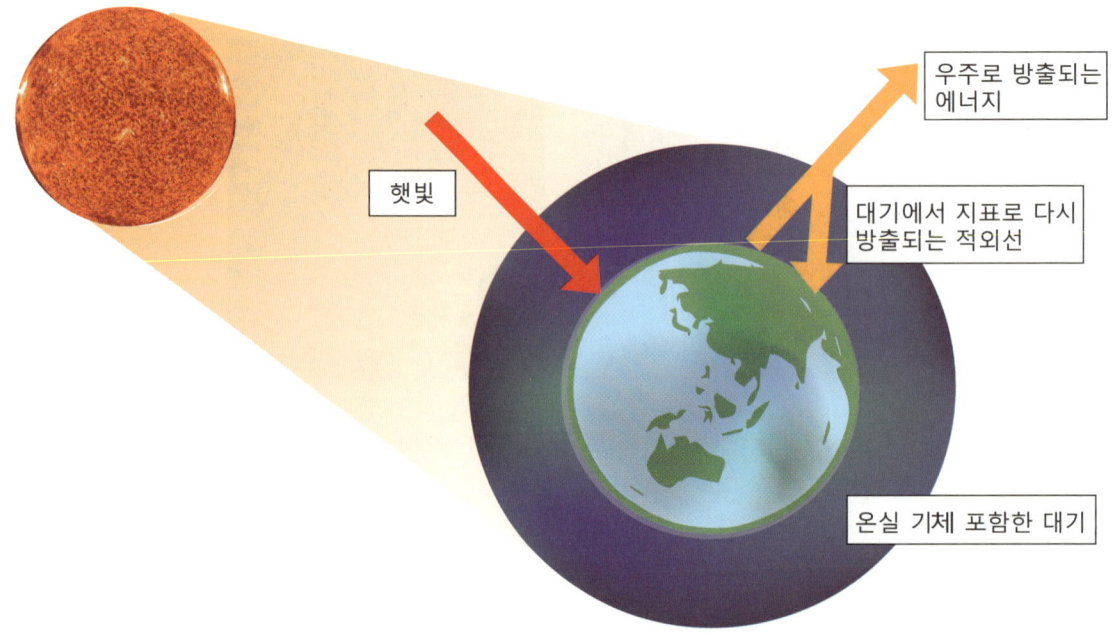

★**적외선**
지구가 방출하는 적외선은 눈에 보이지 않습니다.

대기 중의 이산화탄소는 태양에서 오는 햇빛은 통과시키고, 지구에서 방출하는 빛(적외선)은 다시 흡수하여 지구의 지표로 되돌려보내는 작용을 한답니다. 이때 지표로 되돌아온 적외선은 지구의 온도를 높이는데, 이를 '온실 효과'라고 해요.

온실 효과는 지구에서만 일어나지는 않아요. 대기를 가지고 있는 금성, 화성 등 다른 행성에서도 온실 효과가 나타납니다. 금성은 지구보다 대기가 훨씬 두껍고 온실가스의 양도 많아 온실 효과가 더 강하게 나타나 평균 온도가 460℃에 이른답니다. 온실 효과가 없다면 지구의 평균 온도는 영하 20℃로 지구에 물이 존재하기 어려워 생명체가 살기 어려울 거예요. 지금처럼 수많은 생

물이 살아가려면 온실 효과는 꼭 필요하지요. 이 온실 효과를 일으키는 기체가 온실 기체(온실가스)인데요, 이 온실 기체에는 *수증기·이산화탄소·*메테인 등이 있답니다. 그중 인간의 활동으로 이산화탄소가 가장 많이 증가하고 있지요.

★수증기
물이 기체로 증발한 것

★메테인
사람과 동물 내부에서 음식물이 소화될 때나 건초 더미나 낙엽이 썩을 때 발생합니다.

지구 온난화

지구 표면의 평균 온도가 상승하는 현상을 '지구 온난화'라고 합니다. 지난 100년 동안 지구의 평균 기온은 무려 0.7℃나 상승했어요. 지금과 같은 속도로 지구의 기온이 오른다면 앞으로 100년 동안 지구의 기온은 6℃나 오를 수도 있다고 해요. 지구의 온도가 올라가는 가장 큰 이유로는 대기 중 이산화탄소가 늘어나면서 온실 효과가 증가하는 것을 꼽을 수 있어요. 대기 중 이산화탄소가 증가하는 이유에는 여러 가지가 있습니다. 석유와 석탄과 같은 화석 연료의 사용, 나무와 숲의 감소 등이지요.

지구 온난화가 심해지면 빙하가 녹고 바다 높이가 높아져 몰디브와 같은 섬나라는 지도에서 없어질 수도 있답니다. 또 폭염이 더 심해지고 사막 지역이 확대되어 사람들과 동식물들이 살기가 힘들어지고 말아요.

지구 온난화 피해를 이야기할 때 이산화탄소를 가장 많이 언급합니다. 온실 기체의 양을 줄인다면 지구 온난화를 막을 수 있어요. 온실가스인 이산화탄소 발생을 막으려면 석유와 석탄 같은 화석 연료 사용을 줄여야 해요. 또 나무로 만든 종이와 다른 물건들을 아껴 쓰도록 노력해야겠지요.

온실 효과와 지구 온난화는 이렇게 쓴대!

온실 효과는 온실 기체가 지구에서 방출되는 적외선을 흡수하여 다시 지표로 돌려보내 지구를 따뜻하게 해 주는 현상입니다. 온실 효과는 지구에 꼭 필요한 현상이지요. 온실 효과를 일으키는 온실 기체에는 이산화탄소·메테인·수증기가 있어요.

반대로 지구 온난화는 온실 효과가 증가하면서 지구의 평균 온도가 점점 올라가는 현상이에요. 지구 온난화 원인에는 인간의 활동에 의한 급격한 온실 기체의 증가가 있어요. 급격한 지구 온난화는 지구 생태계의 파괴를 일으키기 때문에 우리가 노력해서 점차 줄여야 할 현상이랍니다.

▲ 지구 온난화로 먹이가 줄어든 북극곰

▲ 지구 온난화로 녹는 빙산

온실 효과 : 대기 중 온실 기체가 지구를 따뜻하게 해 주는 현상
온실 기체 : 온실 효과를 일으키는 기체
             : 인간 활동으로 많이 발생하는 이산화탄소가 있다.
지구 온난화 : 지구의 평균 온도가 점점 올라가는 현상

15 날씨 VS 기후

초등학교 5-6 계절별 날씨
중학교 1-3 대기의 운동과 순환

날씨 VS 기후 속으로

> 甲午七月十一日丁亥 陰雨 大風終日
>
> 갑오년 7월 11일 정해.
> 종일 궂은비가 내리고 센 바람이 불다.
> 장계를 내 손수 초 잡아 고쳐 주었다. 오후에 군관들과 함께 활을 쏘았다.
> 충청수사가 보러 왔다.

〈난중일기〉는 충무공 이순신 장군이 전라 좌수사가 된 1592년 임진왜란이 일어나던 해 1월 1일부터 적탄에 맞아 전사하기 전 날인 1598년 11월 17일까지 7년간의 상황을 꼼꼼하게 적은 일기입니다. 우리도 일기를 쓸 때 가장 먼저 그날의 날씨를 쓰지요? 〈난중일기〉도 그날 날씨로 시작하고 있어요. 〈난중일기〉에는 맑음과 비가 많이 내렸다는 내용이 많답니다. 우리나라 남해안 지역은 *난류의 영향으로 온난다습한 해양성 기후이기 때문이에요. 해양성 기후이기 때문에 날씨가 맑고 비가 많이 온다?

여러분은 이 말뜻을 이해하나요? 정확하게 날씨와 기후의 차이점을 알아 알맞게 쓸 수 있나요? 지금부터 그 차이를 알아볼까요?

★난류
적도에서 극으로 향하는 따뜻한 바닷물

선생님, 왜 헷갈릴까요?

생활에서 기후와 날씨를 정확하게 구별해서 쓰기가 어렵지?
　기후와 날씨를 이야기할 때 기온과 습도, 강수량 등으로 나타내고 있거든. 생각해 봐. 오늘 날씨 어땠니? 오늘 기후 어땠니? 일상에서는 이렇게 두 가지 뜻을 아무렇게나 써도 큰 차이가 없어. 모두 그날의 맑고 흐림, 또는 비 내림 등을 나타내는 것과 관련 있는 말로 쓰거든. 생활에서의 소통과 다르게 과학에서는 이 두 개념에 명확한 차이가 있단다. 이 두 개념을 이해하려면 하루하루의 상태를 가리키는지, 아니면 하루하루가 오랫동안 이어져 평균 상태를 가리키는지 염두에 두어야 해.

🔍 날씨

날씨weather는 지구 표면을 둘러싸고 있는 공기 상태를 말합니다. 지역마다 공기의 상태가 다르며 끊임없이 움직여서 주로 짧은 시간을 기준으로 공기의 온도기온, 공기 안에 포함된 수증기의 양습도, 바람의 세기풍속, 바람이 불어오는 방향풍향, 비 또는 눈의 양강수량 등으로 날씨를 나타내요. 따라서, 날씨가 덥다, 춥다, 맑다, 흐리다 등의 표현을 사용한답니다. 날씨에 변화를 일으키는 원인은 지표면에 도달하는 태양 에너지의 차이랍니다. 이로 인해 고기압과 저기압이 생기고 이동하면서 날씨가 변화하지요. 일반적으로 고기압에서는 날씨가 맑고 저기압에서는 흐리고 비가 올 가능성이 큽니다.

우리는 날씨의 영향을 받으며 살아가기 때문에 날씨를 미리 알고 싶어 합니다. 그래서, 첨단 *기상 관측 장비를 이용하여 모은 자료를 분석하고 예상 일기도를 만들어 날씨 예보를 해요. 텔레비전이나 휴대폰 앱을 통해 쉽게 내일 날씨를 알 수 있답니다.

> **★기상**
> 기상은 대기 중에 나타나는 하나하나의 물리적 현상을 말합니다. 이를테면 "덥다, 춥다, 비가 온다." 등의 상태를 표현한답니다.

> **★동서양에서의 기후**
> 동양에서는 중국이 가장 먼저 기후라는 단어를 사용했어요. 기원전 2000년 쯤 계절을 구분하는 말로 썼는데요, 5일(日)을 후(候)라 하고, 3후(後)를 기(氣)라 하며, 1년을 24기(氣)와 72후(後)로 구분하면서 기후라는 말을 처음 사용했죠. 농경 사회였던 동양에서 기후는 1년의 계절 변화와 깊게 관련 있었답니다. 서양의 기후(climate)는 그리스 어 'clinein'에서 유래해 "기울어지다."라는 뜻이 있어요. 지구의 자전 축이 기울어지면서 입사각의 차이가 생기고, 이것이 위도별로 기후 차이를 발생하는 근본 원인으로 생각했답니다.

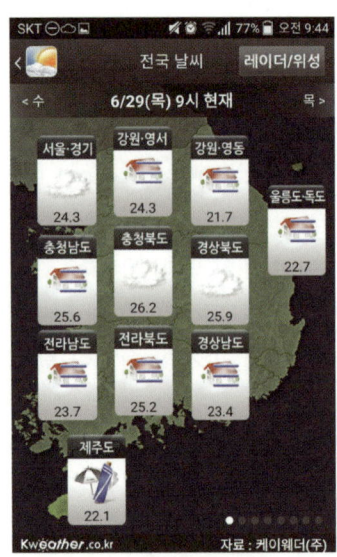 ▲ 날씨 예보(kweather App)

 ▲ 날씨 위성 사진

🔍 기후

*기후climate는 오랜 기간 평균적인 날씨average weather를 말해요. 일반적으로 30년간의 평균을 이용하지요. 날씨가 일시적인 기상 현상을 나타냈다면, 기후는 지속적이고 평균적인 기상 현상을 나타낸답니다. 기후는 날씨와 마찬가지로 기온·습도·강수·구름·바람으로 나타내요. 하지만 이것들에 영향을 미치는 위

도, 바다로부터의 거리·해류·산맥·해발 고도 등 지역에 따라 다양하며, 계절 등 시간에 따라서도 다양해진답니다.

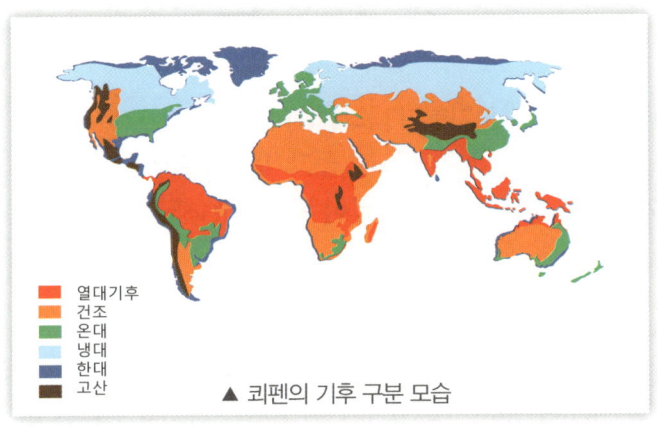

▲ 쾨펜의 기후 구분 모습

전 세계 기후를 처음으로 구분한 사람은 독일의 기후학자 쾨펜입니다. 쾨펜은 식생 분포에 영향을 주는 기온과 강수량을 이용하여 기후를 구분했습니다. 기온에 따라 열대 기후(A), 건조 기후(B), 온대 기후(C), 냉대 기후(D), 한대 기후(E)로 구분하고, 강수량에 따라 연중 습윤(f), 겨울 건조(w), 여름 건조(s)로 구분하였습니다. 이를테면 열대 기후(A)인데 연중 비가 많이 내리는 지역(f)을 열대 우림(Af)이라고 부릅니다.

▲ 쾨펜의 기후 구분(기온에 의한 구분)   ▲ 쾨펜의 기후 구분(강수량에 따른 구분)

기후는 자연적인 원인이나 인위적인 원인으로 바뀌곤 합니다. 자연적인 원인으로는 태양 활동의 변화와 해류의 변화, 화산 활동 때 분출되는 화산재 등이 있어요. 인위적인 원인으로는 인간 활동으로 발생하는 온실가스 배출, 산림 파괴, 산업화 등이 있습니다. 특히 인위적인 원인으로 지구의 평균 기온이 증가하는 지구 온난화 때문에 기후가 점점 바뀌고 있답니다.

날씨와 기후는 이렇게 쓴대!

> 태국은 세 개의 계절로 나뉜 열대 기후의 나라입니다. 3월에서 5월까지는 덥고 건조한 날씨로 평균 기온이 34℃ 정도로 올라가는 매우 더운 계절이고, 6월에서 10월까지는 평균 29℃ 정도의 날씨로 우기에 해당합니다.
> ……

윗글은 태국 정부 관광청에서 태국 날씨와 기후를 소개하는 내용이에요. 이처럼 날씨와 기후는 우리 삶에 큰 영향을 미친답니다. 이 둘은 비슷해 보여도 확실한 차이가 있어요.

기후는 일반적이고 날씨는 특수합니다. 기후는 매우 천천히 바뀌고 날씨는 빠르게 바뀔 수 있답니다. 또 기후는 앞일을 내다보지만, 날씨는 지금 코앞에 닥친 것이에요. 기후가 날씨를 변화시키면 우리는 날씨가 어떻게 변화될지를 예측해야 합니다.

한 줄 정리

날씨 : 매일의 기온 · 바람 · 구름 · 비 등의 대기 상태
기후 : 오랜 기간의 평균적인 날씨

16 엘니뇨 VS 라니냐

중학교 1-3 지구 온난화

엘니뇨 VS 라니냐 속으로

1997년 페루에서 예년 평균 강수량 150mm였던 지역에 무려 3,300mm의 비가 쏟아져 홍수 피해가 무척 컸습니다. 당시 에콰도르·칠레·페루 등 태평양의 동쪽 해안 지역은 홍수로 수백만 명이 사망하여 국가에 비상사태가 선포되었어요. 반대로 호주와 인도네시아에서는 극심한 가뭄으로 산불이 발생하여 3개월간 꺼지지 않았습니다. 이는 1997년도에 발생한 엘니뇨 때문에 발생했다고 알려져 있어요. 2011년, 전 세계를 강타한 폭설·한파·홍수 등은 강력한 라니냐 때문에 발생했는데요, 우리나라에서 발생하는 한파·폭설·폭염 등 기상 이변의 원인이 엘니뇨와 라니냐의 영향 때문이라고 해요. 엘니뇨와 라니냐는 어떻게 발생할까요? 엘니뇨와 라니냐의 차이점은 무엇인지 알고 있나요?

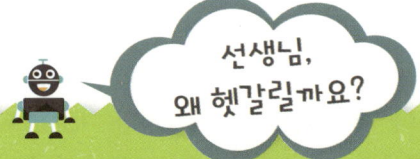

선생님, 왜 헷갈릴까요?

엘니뇨와 라니냐. 참 이상한 이름이지? 뉴스에서 하도 말하는 이 엘니뇨와 라니냐가 뭔지 모르겠다고? 지구에 좋지 않은 영향을 주니 태풍의 일종인가 싶기도 하고 말이야. 친구들 머릿속에서 엘니뇨와 라니냐는 대체로 "태풍의 일종이다."라는 고정 관념이 박혀 있을 거야. 그렇다 보니 지구에 안 좋은 영향을 미치는 무엇이라고 뭉뚱그려 생각해 버리는 거지. 엘니뇨와 라니냐는 바닷물이 무엇 때문에 어떤 지역에 영향을 주어 해수면 온도를 올리고 내리는지 그 차이를 염두에 두면서 공부해야 해.

★ **무역풍**
위도 30° 부근에서 적도를 향해 1년 내내 부는 바람. 북반구에서는 북동쪽에서 적도 쪽으로 부는 바람이라 북동 무역풍, 남반구에서는 남동쪽에서 적도 쪽으로 부는 바람이라 남동 무역풍이라고 부른답니다.

엘니뇨와 라니냐가 없는 평소의 바다는 어떤 상태일까요?

태평양 적도 근처 북반구에서는 북동 *무역풍이 불고, 남반구에서는 남동 무역풍이 불어 동태평양 표층의 따뜻한 바닷물을 서태평양으로 이동시켜 모이게 합니다. 이로 인해 동태평양 표층의 빈자리를 채우려고 깊은 바닷속의 차가운 바닷물이 솟아오릅니다. 이 때문에 동태평양의 표층 바닷물의 온도는 서태평양보다 낮아져 있지요.

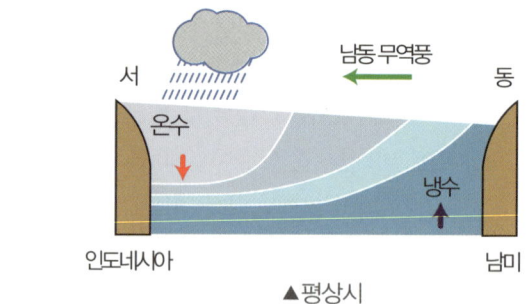
▲ 평상시

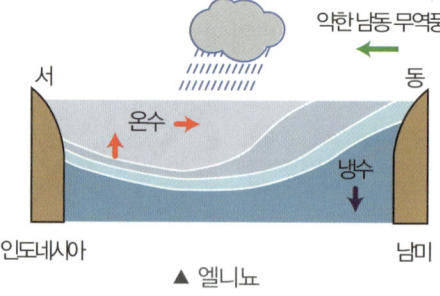
▲ 엘니뇨

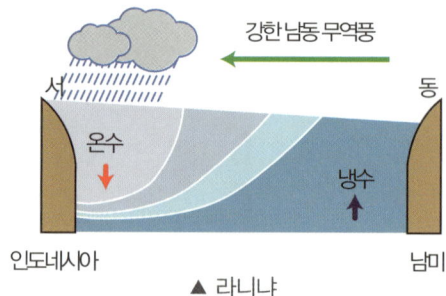
▲ 라니냐

🔍 엘니뇨

★ **엘니뇨(El Niño)**
크리스마스쯤에 자주 나타나 스페인어로 '아기 예수' 또는 '남자아이'를 뜻하게 되었습니다.

*엘니뇨는 태평양 동쪽에 해당하는 남아메리카 페루 및 에콰도르 주변 해역에서 해수면의 온도가 평상보다 높아지는 현상입니다. 엘니뇨가 발생하는 원인은 이렇습니다. 남동 무역풍이 약해지면 태평양의 동쪽에서 서쪽으로 흐르는 해류의 흐름이 약해지는데요, 평상시와 다르게 따뜻한 바닷물이 동쪽으로 이동하기 때문이에요. 이로 인해 페루 연안에서 발생하던 깊은 바닷속 차가운 바닷물이 상승하는 현상이 약해져서 동태평양의 수온이 평상보다 높아집니다. 이렇게 엘니뇨가 발생하면 어떤 일이 벌어질까요? 동태평양 해역에서는 따뜻해진 바닷물로 주변 지역에 폭우나 홍수가 발생하고, 상대적으로 차가워진 서태평양 해역에서는 가뭄이 발생하는 등 기상 이변이 생긴답니다. 여기서 그치지 않고 세계 각 지역에서도 기상 이변이 나타나지요.

🔍 라니냐

*라니냐는 엘니뇨와 달리 태평양 동쪽에 해당하는 남아메리카 페루 및 에콰도르 주변 해역에서 해수면의 온도가 평상보다 더 낮아지는 현상입니다. 라니냐가 발생하는 원인은 이렇습니다. 남동 무역풍이 평소보다 강해지면 태평양의 동쪽에서 서쪽으로 흐르는 해류의 흐름이 더 강해집니다. 이로 인해 평상시보다 따뜻한 해수가 서쪽으로 더 많이 이동하여 페루 연안에서는 깊은 바닷속 차가운 바닷물이 상승하는 현상이 더 강해진답니다. 그러면 동태평양의 수온이 평상시보다 더 낮아지지요. 라니냐가 발생하면 엘니뇨와 마찬가지로 세계 각 지역에서 기상 이변이 나타나 큰 피해를 줍니다.

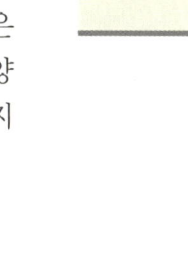

★**라니냐(La Niña)**
스페인어로 '여자아이'를 뜻합니다.

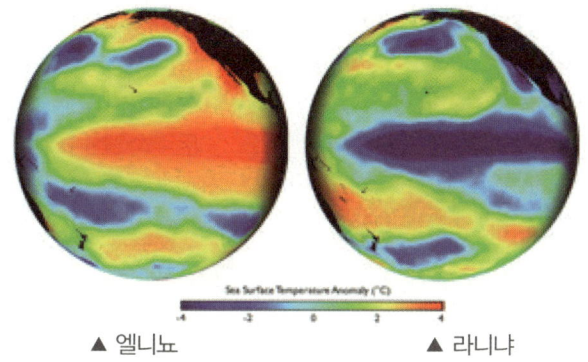

▲ 엘니뇨   ▲ 라니냐

엘니뇨가 발생하는 주기는 보통 2~7년에 1번 정도, 18개월 정도라고 알려졌지만 최근 들어 불규칙하게 나타나고 있습니다. 특히 엘니뇨가 발생한 후 라니냐가 발생한다고 생각하곤 하는데요, 꼭 그렇지는 않답니다. 지금까지 나타난 기록을 보면 엘니뇨가 발생한 후 예년 기온으로 돌아가는 경우가 많았고, 라니냐로 기후 변화가 진행되는 경우는 드물었습니다. 지난 20년간 라니냐는 3번 발생했지만, 엘니뇨는 7번 발생했답니다. 따라서 엘니뇨와 라니냐가 주기적으로 발생하지 않는다는 점을 알 수 있어요.

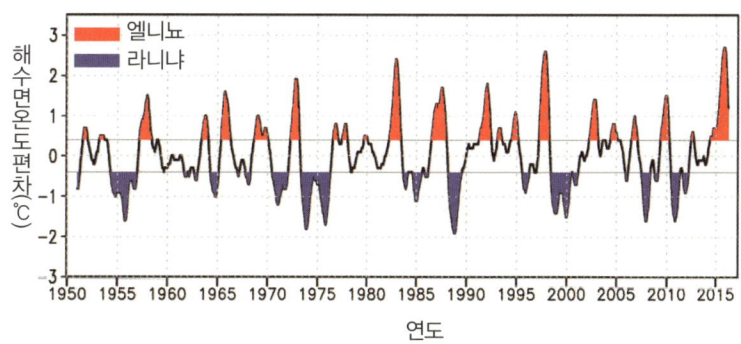

엘니뇨와 라니냐는 이렇게 쓴대!

엘니뇨와 라니냐는 태평양 바닷물의 온도가 바뀌면서 나타나는 현상입니다. 엘니뇨와 라니냐는 세계 곳곳에 홍수와 가뭄, 한파 같은 기상 이변을 일으킵니다.

엘니뇨는 적도 동태평양의 해수면 온도가 평소보다 0.5℃ 이상 올라간 상태로 5개월 이상 지속되는 현상이에요. 엘니뇨가 발생하면 동남아시아에서는 가뭄, 남아메리카에서는 홍수가 생깁니다. 태평양의 온도가 올라가면 태풍이 자주 발생하고 그 위력도 더욱더 강해져 큰 피해를 주고, 페루 연안에서는 엘니뇨로 어획량이 감소하는 피해가 생긴답니다.

한국의 경우, 대체로 여름철 이상 저온 현상이나 긴 장마와 폭우 현상이 일어납니다. 겨울에는 이상 고온 현상이나 가뭄이 일어나지만, 기후에는 여러 요인이 영향을 미치기 때문에 경우에 따라 달라집니다. 한국은 다른 지역보다 엘니뇨가 뚜렷하게 나타나는 지역은 아니에요.

라니냐는 적도 동태평양의 해수면 온도가 평년보다 0.5℃ 낮은 상태로 5개월 이상 계속되는 현상을 말합니다. 라니냐 역시 세계 각 지역에 장마와 가뭄, 추위 등의 기상 이변을 가져온답니다. 인도네시아, 필리핀 등의 동남아시아 지역에는 격심한 장마가, 페루 등 남아메리카에는 가뭄이, 그리고 북아메리카에는 강추위가 찾아올 수 있습니다. 한국에서 라니냐가 발생한 1967년과 1973년에는 강수량도 적고 춥고 건조한 날씨였습니다. 라니냐의 원인이나 영향 등은 뚜렷하게 밝혀지지 않은 상태입니다.

엘니뇨와 라니냐는 단순히 바닷물의 온도 변화에 머물지 않고 해양과 대기의 흐름에 영향을 끼쳐 기상 이변을 일으킨답니다. 앞으로 엘니뇨와 라니냐 등을 지속적으로 살펴서 우리에게 닥칠 문제들을 최소화할 수 있도록 노력해야겠지요?

엘니뇨 : 동태평양의 수온이 평상보다 높아지는 현상
라니냐 : 동태평양의 수온이 평상보다 더 낮아지는 현상

17 태풍 VS 토네이도

초등학교 5-6 저기압과 고기압
중학교 1-3 저기압과 고기압

태풍 VS 토네이도 속으로

태풍 '차바'로 일본행 여객기 일부 지연   2016.10.03.   뉴스
mania@newsis.com 오키나와 행 여객기 10시간 이상 지연확정 = 제18호 태풍 '차바'(CHABA)의 영향으로 인천공항을 출발해 일본으로 향하는 일부 여객기가 지연되고 있다. 또 일부 여객기는 결항을 검토중이…

ㄴ '태풍 차바 북상' 일본 여객기 지연… …   2016.10.03.   뉴스
ㄴ 일본행 여객기 태풍 '차바'의 영향으로…   2016.10.03.   뉴스

관련뉴스 전체보기 ▶

미 미시시피주 토네이도 강타로 4명 사망 .. 대규모 정전등 큰 피해
2017.01.22.   뉴스
지나간 토네이도로 인해 해티스버그 시 인근에서 4명이 숨지고 주택들과 교회의 지붕이 모두 날아가고 나무들이 산산히 찢기는 큰 피해가 발생했다. 이 날의 강풍은 이 지역을 통과한 폭풍우 장벽의 일부분으로 폭우와…

　자연재해 관련 뉴스를 잘 살펴봤나요? 태풍과 토네이도는 상승하는 공기의 소용돌이 현상으로 강한 바람이 분다는 점이 비슷하네요. 그렇다면, 무엇을 태풍이라 부르고, 무엇을 토네이도라 할까요? 태풍과 토네이도는 어떤 점에서 다른지 살펴볼까요?

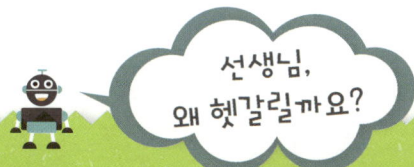

선생님, 왜 헷갈릴까요?

"태풍으로 낯선 곳에 떨어진 도로시는 그곳에서 사자, 양철 나무꾼, 허수아비를 만나 친구가 되었어요."

　동화 〈오즈의 마법사〉에서 볼 수 있는 장면이지? 그런데 여기에서 '태풍으로 낯선 곳에 떨어진 도로시'라는 표현은 잘못 썼단다. 왜 잘못됐는지는 태풍과 토네이도가 어떻게 다른지 알려 주는 글에서 확인해 봐. 친구들이 태풍과 토네이도를 헷갈리는 이유는 두 개념 다 안 좋은 영향을 끼치는 '무엇'이라는 생각 때문이야. 또 두 개념이 무엇 때문에 생기는지도 비슷해서 헷갈릴 수 있어. 태풍과 토네이도를 확실히 알아두려면 각각 어디에서 생기는 현상인지, 둘의 이동 속도 등을 알면 헷갈리지 않을 수 있어.

태풍 vs 토네이토 | 339

태풍

태풍은 위도 5~25°, 수온 26~27℃ 이상의 열대 해상에서 발생하는 공기의 소용돌이입니다. 우리나라에서는 중심 최대 풍속이 17m/s 이상인 폭풍우를 동반한 열대 저기압을 '태풍'이라고 해요. 일반적으로 저기압은 주위보다 상대적으로 기압이 낮아 사방에서 바람이 불어 들어옵니다. 불어 들어온 바람은 저기압의 중심 부근에서 상승하는데요, 이때 지구 자전으로 회전하는 힘이 가해져 공기의 소용돌이 현상이 크게 일어납니다. 특히 바닷물 온도가 높아 수증기를 많이 포함한 열대 지역의 저기압에서는 두꺼운 구름이 생기면서 강한 비와 바람을 동반해요. 이렇게 열대 지역에서 발생하는 저기압을 *열대 저기압이라고 합니다. 우리나라에 영향을 주는 태풍은 주로 필리핀 동남쪽 바다에서 주로 생긴답니다.

태풍의 크기는 반지름이 수백 킬로미터에 달하며, 시속 10~50km의 느린 속도로 저위도에서 고위도로 5,000km 이상 이동합니다. 태풍 피해는 강한 바람으로도 입지만, 바람에 의한 높은 파도, 폭우로 인한 홍수 때문입니다. 2003년에는 태풍 '매미'로 부산과 경남 지방에 큰 피해가 있었습니다.

> ★ **열대 저기압**
> 열대 지방에서 생기는 저기압. 발생 지역에 따라 다르게 부릅니다. 북태평양 서부에서는 태풍, 대서양과 북태평양 동부에서는 허리케인, 남인도양에서는 사이클론으로 불리고 지역에 따라 정의하는 기준이 조금씩 다릅니다.

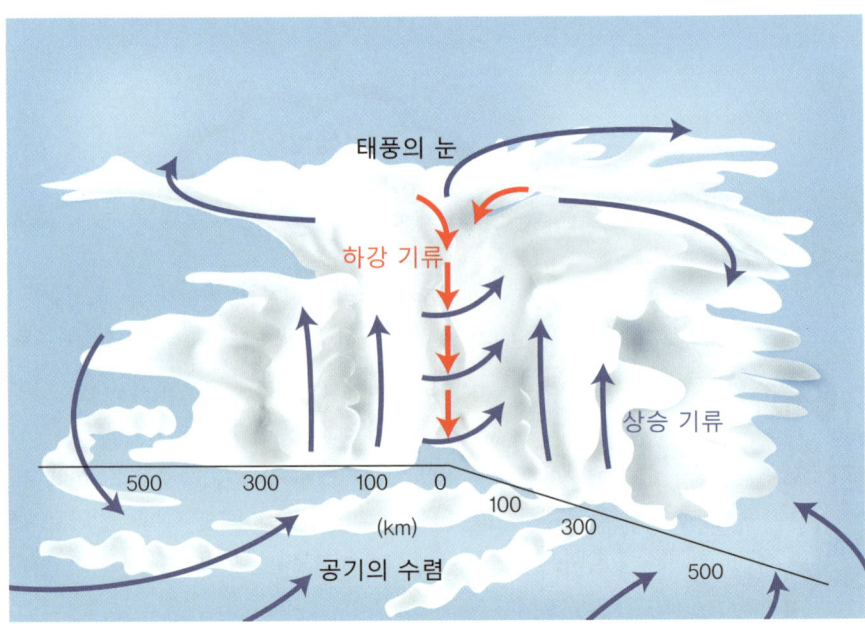

토네이도

▲ 토네이도

▲ 용오름

*토네이도는 연평균 기온이 10~20℃ 사이에 있는 온대 지방에서 생기는 강력한 회오리바람의 일종입니다. 토네이도는 주로 북아메리카나 호주와 같은 대평원 지역에서 생긴답니다. 우리나라처럼 산맥으로 이루어진 지형에서는 발생 가능성이 작고, 발생하더라도 규모가 약합니다. 대신 우리나라에서는 동해 울릉도 주변에서 *용오름이 매년 수차례 발생하기도 합니다.

★토네이도
트위스터 또는 사이클론으로 불리기도 합니다.
★용오름
바다 위에서 생기는 토네이도. 지름이 100m 이하, 풍속 25m/s 이하로 토네이도보다 규모도 작고 파괴력도 약합니다.
★적란운
강한 상승 기류로 만들어지는 구름. 상층부 높이가 최고 13km까지 형성될 수 있습니다.

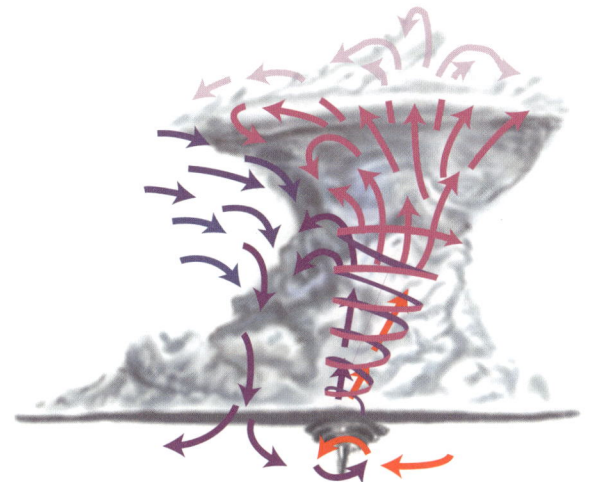

대부분의 토네이도는 시계 반대 방향으로 회전합니다. *적란운의 아랫부분에서 깔때기 모양 구름이 만들어져 이것이 지면에 닿으면 소용돌이가 강해집니다. 최대 풍속은 100~200m/s, 시속 40~70km의 속도로 이동하고 지속 시간은 수 분에서 수 시간입니다.

토네이도 피해는 강력한 바람 탓이에요. 나무를 뿌리째 뽑아 올리거나 건물을 파괴하며 자동차를 날려 버리는 등 엄청난 피해를 주고 있습니다. 미국은 2011년에 토네이도가 발생하여 305명의 사망자가 있었습니다.

태풍과 토네이도는 이렇게 쓴대!

태풍은 적도 부근의 열대 해상에서 발생하는 열대성 저기압으로 중위도로 이동합니다. 최대 풍속은 17m/s 이상이며, 반지름이 약 500km로 많은 비와 강한 바람을 동반한답니다. 우리나라에는 주로 여름철에 영향을 줘요. 하지만 육지에 상륙하면 급격히 쇠약해지는데, 에너지원이 되는 수증기의 공급이 끊기기 때문이에요.

토네이도는 평야나 바다에서 발생하는 강력한 바람의 일종이에요. 남극 대륙을 제외한 전 세계 모든 지역에서 관찰되지만, 주로 미국의 대평원 지역에서 발생합니다. 봄철에 많이 발생하는 토네이도는 하루 평균 5개 정도가 발생합니다. 최대 풍속은 150m/s 이상, 반지름이 50~300m로 수명이 짧아 평균 이동 거리가 10km에 불과하지요.

토네이도는 어떻게 특유의 깔때기 모양을 만들까요? 적란운 속에서 생긴 강한 회전이 점점 아래쪽으로 확장해 깔때기 모양을 만드는데요, 이 깔때기가 지면과 닿으며 토네이도가 된답니다. 매우 강한 상승 기류로 진공청소기처럼 지면의 다양한 것을 엄청난 힘으로 감아올립니다. 동화 〈오즈의 마법사〉에서 도로시의 집을 들어 올려 낯선 곳으로 이동시킨 것은 태풍이 아니라 토네이도라고 볼 수 있습니다.

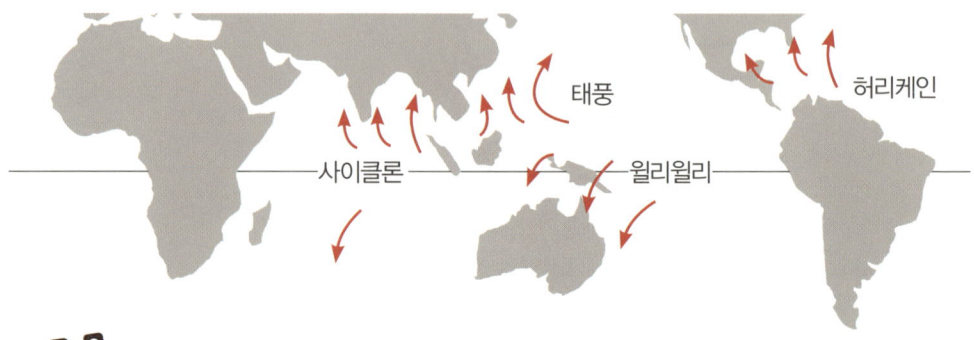

태풍 : 중심 최대 풍속이 17m/s 이상
: 폭풍우를 동반하는 열대 저기압
토네이도 : 평야나 바다에서 발생하는 깔때기 모양의 강력한 회오리바람
: 태풍 크기의 $\frac{1}{1,000}$

18 기단 VS 전선

중학교 1-3 기단과 전선

기단 VS 전선 속으로

> ⚠ 긴급재난문자 　 오전 11:11
>
> 긴급재난문자
> [행정안전부]오늘 21시 강원,수도권 등 중부
> 한파경보, 노약자 외출자제 건강유의, 동파방지,
> 화재예방 등 피해에 주의바랍니다

강력한 추위가 이어지면서 *한파 경보가 내려졌습니다. 우리나라는 4계절이 뚜렷하며 날씨 변화가 심하다는 특징이 있어요. 특히 온대 저기압이 한반도를 지날 때 온난 전선과 한랭 전선의 영향으로 흐리고 비가 내린답니다. 이렇게 날씨를 이야기하는 뉴스나 신문을 보다 보면 자주 나오는 말을 눈치챘나요? '기단'과 '전선'이라는 말이 끊임없이 나오지요? 한랭 기단과 한랭 전선. 비슷비슷한 이름 같지만 다른 개념이에요. 여러분은 이 둘의 차이가 무엇인지 알고 있나요? 그럼 지금부터 기단과 전선이 어떻게 다른지 알아보겠습니다.

★한파
온도가 낮은 한랭 기단이 위도가 낮은 지방으로 내려와 기온이 급격히 떨어지는 현상을 말합니다. 겨울에 시베리아 기단이 확장하면서 생긴답니다.

선생님, 왜 헷갈릴까요?

한랭 기단과 한랭 전선 모두 이름에 '한랭(寒冷)'이 들어가서 차갑다는 뜻이 있지? 그런데 기단과 전선 모두 날씨와 관련한 표현에서 함께 나오다 보니 정확한 뜻은 생각하지 않는 경우가 많아. 이를테면 기단과 전선이 그저 날씨와 관련해서 쓰는 같은 말이라고 생각하는 거지. 기단과 전선을 공부할 때 어떤 지역에 어떤 영향을 어떻게 주는지 그 차이를 알아야 해. 그게 정리되지 않으면 정확한 뜻이 머릿속에 남을 수 없어.

기단

기단은 기온과 습도 등의 성질이 비슷한 공기 덩어리를 말합니다. 바람이 약하고 성질이 일정한 넓은 평지에 오랫동안 머물러 있어야 기단이 생긴답니다. 그러면 생성 지역의 환경과 비슷한 성질의 기단이 생성되지요. 이를테면 대륙에서 생긴 기단은 건조하고 해양에서 생긴 기단은 습합니다. 고위도에서 발생한 기단은 한랭하고 저위도에서 발생한 기단은 온난합니다.

우리나라는 대륙과 해양의 경계와 중위도에 있어 기단이 생기기 어렵습니다. 그렇지만, 주변의 대륙과 바다에서 생긴 기단이 계절에 따라 영향을 준답니다. 겨울철에는 고위도 대륙에서 생성된 시베리아 기단의 영향으로 한랭 건조, 여름철에는 저위도 바다에서 생성된 북태평양 기단의 영향으로 고온 다습, 봄, 가을엔 중국 대륙에서 발생한 양쯔강 기단의 영향으로 온난 건조합니다. 특히 초여름에는 한랭 다습한 오호츠크해 기단과 고온 다습한 북태평양 기단의 영향으로 많은 비가 계속 내리는데, 이를 '장마철'이라고 합니다.

기단은 언제까지나 한곳에 오래 머물러만 있지 않아요. 기상 상황에 따라 이동하기도 합니다. 그러면 기단이 지표면과 만나는 하층부터 성질이 바뀌지요. 이를테면 한랭한 기단이 따뜻한 저위도로 이동하면 기단 하부의 온도가 상승하면서 구름을 만든답니다. 특히 이동하는 경로에 바다가 있으면 많은 수증기를 받아 구름이 두꺼워져 소나기나 함박눈이 내릴 수 있습니다. 우리나라 겨울철에 시베리아 기단이 황해를 지나면 기단이 바뀌어 서해안에 많은 눈을 내리게 합니다.

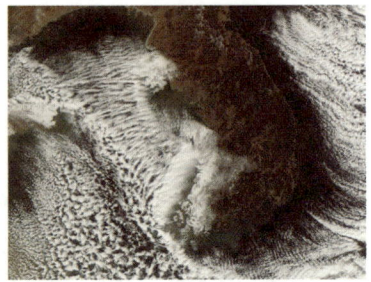

▲ 한반도 황해, 동해 눈구름

전선

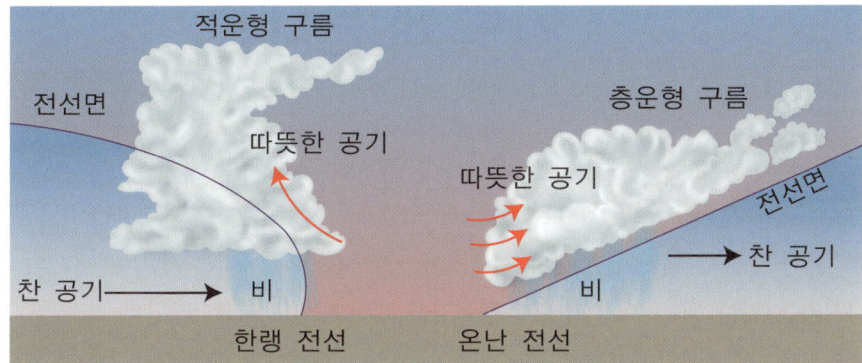

전선은 온도·밀도·습도 등 성질이 다른 두 기단이 마주하는 *전선면이 지표면과 만나는 경계선이랍니다. 전선에서는 기온·습도·기압·풍향 등의 변화가 크며 전선 부근에서는 날씨가 나쁩니다. 전선은 주로 *온대 저기압에 동반되며, 온대 지역 날씨를 결정하는 요인이랍니다.

전선은 기단 운동에 따라 온난 전선·한랭 전선·폐색 전선·정체 전선으로 나눌 수 있습니다.

주로 고위도에는 한랭 기단, 저위도에는 온난 기단이 있으며 이 두 기단이 마주하는 중위도에 전선이 이루어집니다. 이때 한랭 기단의 세력이 강해 온난 기단 쪽으로 이동하면 한랭 전선입니다. 반대로 온난 기단의 세력이 강해 한랭 기단 쪽으로 이동하면 온난 전선입니다.

한랭 기단과 온난 기단의 세력이 비슷해 거의 이동하지 않고 머물러 있으면 정체 전선이라고 하지요. 초여름 장마 전선이 대표적인 정체 전선입니다. 주로 온대 저기압에 동반된 한랭 전선의 이동 속도가 온난 전선보다 빨라 한랭 전선과 온난 전선이 합쳐지면 폐색 전선이라고 합니다.

★전선면
전선을 경계로 두 개의 기단이 마주하는 면

★온대 저기압
온대 지방에 생기는 저기압. 찬 공기와 따뜻한 공기가 만나 생깁니다.

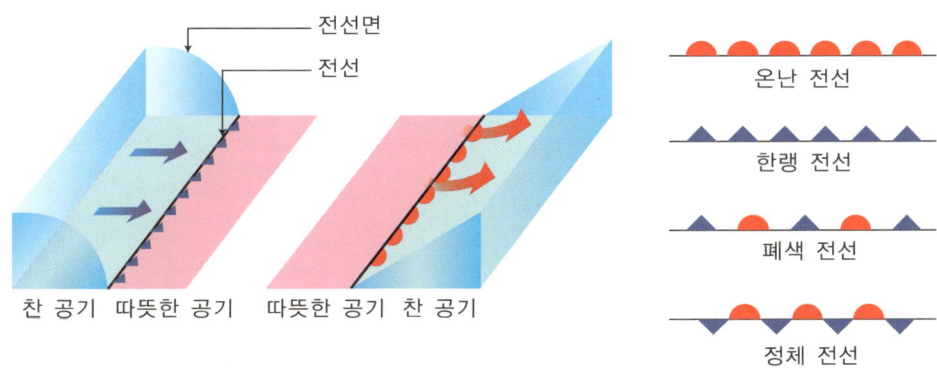

기단 vs 전선 | **345**

기단과 전선은 이렇게 쓴대!

꽃샘추위는 따뜻한 봄철 날씨가 이어지다가 다시 추워지는 기상 현상이에요. 꽃이 피는 것을 시샘하듯 온다 하여 '꽃샘추위'라고 부른답니다. 이때 부는 찬바람은 '꽃샘바람'이라 합니다. 꽃샘추위는 봄이 오면서 세력이 약해진 시베리아 기단이 다시 기세를 부리며 시작됩니다. 보통 이런 날씨의 원인이 되는 거대한 공기 덩어리를 기단이라고 해요. 기단은 생성된 대륙이나 해양에 따라 성질이 다르답니다. 시베리아 대륙에서 만들어진 시베리아 기단은 차고 건조한 성질이 있어 우리나라 겨울철 날씨에 영향을 끼치는 한랭 기단이에요.

5월 13일 13시쯤, 경기 북부를 시작으로 천둥 번개·돌풍·우박을 동반한 한랭 전선이 통과하였습니다. 순식간에 지나갔지만, 기온이 30분 만에 5℃ 이상 떨어졌고, 충남 예산, 경북 안동에서는 우박이 떨어졌다고 합니다. 이런 기상 변화에 영향을 준 것은 무엇일까요? 바로 전선입니다.

서로 다른 두 기단의 접촉면이 지상과 만나는 선을 전선이라고 해요. 이 전선을 경계로 기압·기온·습도·풍향 등의 기상 요소가 급변하지요. 또 구름의 생성과 강수 등 기상 현상이 집중적으로 나타나기도 한답니다.

기단 : 기온과 습도가 비슷한 공기 덩어리
전선 : 기온 · 습도 · 밀도가 다른 두 기단이 만나는 경계선

19 구름 VS 안개

초등학교 5-6 이슬과 구름
중학교 1-3 단열 팽창과 강수 과정

구름 VS 안개 속으로

사진 속 하얀 물체의 정체는 구름인가요? 안개인가요? 여러분이 보기에 사진 제목으로 '산에 내려앉은 구름'이 좋을까요? 아니면 '안개 낀 산기슭'이 좋을까요?

하늘에 떠 있는 하얀 솜뭉치 같은 것을 우리는 '구름'이라고 합니다. 뭉게구름·양떼구름·새털구름 등 이름도 다양합니다. 하늘 높이 떠 있어 손으로 만질 수도 없습니다. 그런데, "구름 속을 걷다."라는 표현은 전혀 어색하지 않습니다. 정말 구름 속을 걸을 수 있을까요? 혹시 "안개 속을 걷다."가 정확한 표현이 아닐까요? '안개구름'이라는 표현도 어색하지 않습니다. 이처럼 생활에서 구름과 안개는 서로 섞어 쓰기도 하는데요, 이 둘은 어떤 점에서 비슷하고 어떤 점에서 차이가 있는지 알아보겠습니다.

구름과 안개. 이 둘은 공통점이 있지? 하늘에 둥둥 떠 있고, 손에 잡히지 않으면서 희뿌옇고. 여러분이 구름과 안개를 헷갈리는 이유는 바로 이 때문이야. 서로 비슷한 특징을 갖고 있기 때문이지. 생김이나 특징마저 비슷하다 보니 어떤 차이점이 있는지 명확하게 모르는 상태야. 서로 비슷한 원리로 생기는 까닭 역시 두 개념을 헷갈리게 하는 큰 원인이지. 하지만, 구름과 안개를 공부할 때 어디에서 어떤 형태로 어떻게 생기는지를 구별해서 알아두면 이해가 쉬워.

🔍 구름

구름은 대기 중의 작은 물방울이나 얼음 알갱이가 모여 하늘에 떠 있는 것입니다. 안개와 성분은 같지만, 지표면과 떨어져 있어 안개와 구별됩니다.

하늘 높은 곳에 어떻게 물방울이 생길 수 있을까요? 구름의 발생 원리는 '공기의 상승'입니다. 어떤 원인으로 수증기를 포함한 공기가 상승하면 주변의 기압이 낮아지고 공기의 부피가 *팽창하지요. 부피 팽창으로 에너지를 사용하여 공기 온도는 낮아집니다. 공기의 온도가 낮아지면 상대 습도가 높아지는데요, 상대 습도 100%가 넘으면 수증기가 물방울로 바뀌면서 구름이 생긴답니다. 이렇듯 상승하는 공기 안의 수증기가 물방울로 바뀌어 하늘 높이 떠 있는 구름을 만들지요.

> ★팽창
> 부풀어서 부피가 커지는 것. 기체는 온도가 높아지거나 주변 기압이 낮아지면 부피가 커지게 됩니다.

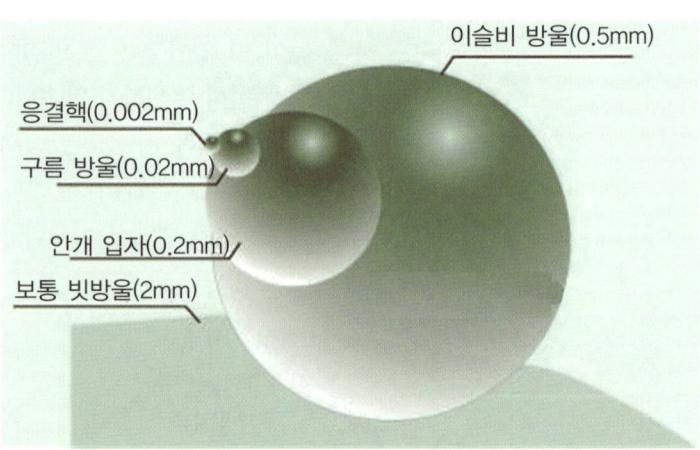

▲ 구름 입자와 빗방울의 크기 비교

구름을 이루는 물방울 크기(반지름)는 약 0.02~0.05mm로, 100만 개가 모이면 빗방울 한 개를 만들 수 있습니다. 하지만 하늘에 있는 구름이 다 빗방울을 만들지는 못해서 모두 비를 내리게 하지는 않아요. 구름이 하얗게 보이는 이유는 태양 빛을 대부분 반사하기 때문이지만, 구름 속 물방울 크기가 커질수록 태양 빛을 흡수하여 아래로 내려갈수록 회색을 띤답니다. 따라서 짙은 색 구름에서는 비가 내릴 확률이 높아지지요.

🔍 안개

안개는 대기 중의 작은 물방울들이 지표면 근처에 모여 있는 것이랍니다. *가시거리가 1km 미만인 경우이지요. 구름처럼 수증기가 응결하여 하얗게 보인다는 점에서 비슷한 현상이긴 하지요? 하지만 지표면 부근에서 응결하여 가시거리에 영향을 준답니다. 안개는 관측자가 있는 위치를 기준으로 보통 수직으로 800m 이하에서 생기고, 구름은 그 이상에서 생긴답니다. 그래서 안개는 구름에 포함되지 않아요. 습도가 높고 기온이 낮아져 공기가 포화 상태, 즉 상대 습도가 100%에 이르면 안개가 생깁니다. 그렇지만, *응결핵이 많으면 상대 습도가 80% 정도에 이르러도 생깁니다.

> ★ **가시거리**
> 사람의 눈으로 볼 수 있는 물체까지의 수평 거리
>
> ★ **응결핵**
> 작은 먼지나 소금 입자처럼 습기를 잘 빨아들이는 입자

▲ 바다 안개(해무) : 안개가 짙고 한번 생기면 오랫동안 지속됩니다.

안개는 생성 원인에 따라 *복사 안개·이류 안개·활승 안개·전선 안개로 나눌 수 있어요.

안개의 색깔은 주로 백색이지만 공장 지대나 도시 등에서는 연기나 먼지와 결합하여 회색이나 황색을 띠기도 합니다. 이 오염 물질을 *스모그라고 불러요.

> ★ **복사 안개**
> 맑은 날 밤에 땅 온도가 낮아지면 땅 근처에 생겨 '땅 안개'라고도 합니다. 보통 가을철, 내륙 지방에서 자주 생기며 해가 뜨면 사라집니다.
>
> ★ **이류 안개**
> 따뜻하고 습기가 많은 공기가 찬 땅 위로 이동할 때 생겨 '바다 안개' 또는 '해무'라고도 합니다.
>
> ★ **활승 안개**
> 습기가 많은 공기가 산 사면을 타고 올라갈 때 생겨 '산안개'라고도 합니다.
>
> ★ **전선 안개**
> 온난 또는 한랭 전선이 통과할 때 생기며 빗방울의 증발과 찬 공기로 생긴답니다.
>
> ★ **스모그(smog)**
> 안개(fog)와 연기(smoke)의 합성어입니다.

▲ 도심 속 스모그

구름과 안개는 이렇게 쓴대!

새벽에 안개가 끼면 그날은 날씨가 대부분 맑지요? 그 이유는 안개가 어떻게 생기는지를 알면 이해할 수 있답니다.

안개는 지표면 근처의 공기 온도가 낮아져서 수증기가 작은 물방울로 응결된 상태예요. 이런 안개가 만들어지려면 지표면의 온도가 낮아져야 합니다. 흐린 날씨는 구름이 이불처럼 지표면을 덮어 주기 때문에 지표면의 열을 빼앗기지 않지만 맑은 날씨는 이불 역할을 하는 구름이 없기 때문에 지표면의 열을 대기권으로 빼앗겨 기온이 떨어지게 됩니다. 이렇게 맑은 날 새벽에 끼는 안개를 복사 안개라고 합니다. 그렇기 때문에 복사 안개가 낀 날은 구름 한 점 없는 맑은 날씨인 경우가 많습니다. 복사 안개는 해가 뜬 후 1시간 사이 주로 발생하며 대개 1~2시간 이내에 사라집니다.

안개는 구름과 발생 과정이 비슷합니다. 차이는 밑부분이 지표면에 접해 있으면서 가시거리가 1km 미만이면 안개이고, 지표면에서 떨어져 있으면 구름입니다. 산허리에 낀 안개는 산기슭에서 보면 구름이지만 등산하는 사람에게는 안개가 됩니다. 즉 지형이나 관측자의 위치에 따라 구름이 되기도 하고 안개가 되기도 합니다.

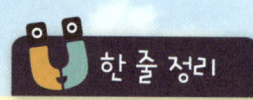

구름 : 대기 중의 작은 물방울이나 얼음 알갱이가 모여 하늘에 떠 있는 것
안개 : 대기 중의 작은 물방울이 모여 지표면과 접촉하여 가시거리 1km 이하가 되게 만드는 것